日本社会主义论著
在中国的译介及影响（1919—1937）

刘庆霖◎著

光明日报出版社

图书在版编目（CIP）数据

日本社会主义论著在中国的译介及影响：1919—1937 / 刘庆霖著. --北京：光明日报出版社，2025.2. -- ISBN 978-7-5194-8524-5

Ⅰ.D093.13；D092.6

中国国家版本馆 CIP 数据核字第 202529KF46 号

日本社会主义论著在中国的译介及影响：1919—1937
RIBEN SHEHUI ZHUYI LUNZHU ZAI ZHONGGUO DE YIJIE JI YINGXIANG：1919—1937

著　　者：刘庆霖	
责任编辑：宋　悦	责任校对：刘兴华　李海慧
封面设计：中联华文	责任印制：曹　净

出版发行：光明日报出版社
地　　址：北京市西城区永安路 106 号，100050
电　　话：010-63169890（咨询），010-63131930（邮购）
传　　真：010-63131930
网　　址：http://book.gmw.cn
E - mail：gmrbcbs@gmw.cn
法律顾问：北京市兰台律师事务所龚柳方律师
印　　刷：三河市华东印刷有限公司
装　　订：三河市华东印刷有限公司
本书如有破损、缺页、装订错误，请与本社联系调换，电话：010-63131930

开　　本：170mm×240mm	
字　　数：350 千字	印　　张：19.5
版　　次：2025 年 2 月第 1 版	印　　次：2025 年 2 月第 1 次印刷
书　　号：ISBN 978-7-5194-8524-5	

定　　价：98.00 元

版权所有　　翻印必究

序 一

刘庆霖博士的学位论文，在通过了答辩8年之后，得以在光明日报出版社出版。作为她曾经的指导教师，笔者感到很欣慰和高兴。

刘庆霖博士本科、硕士均毕业于中山大学历史学系。她的硕士论文研究的是日本著名马克思主义学者河上肇的论著在民国时期的中国学界的传播情况，包括译介、出版与论争等。记得她在参加博士研究生面试的时候，老师们对她印象深刻，评价较好，一致认为其博士研究必将更有长进。2011年秋季博士入学以后，她在学业上勤奋努力，加强日语学习，以河上肇为中心，继续拓展研究领域、扩大研究视野，努力提升研究理论与方法，特别是在日本东京御茶水女子大学研修的一年，她收集了大量的相关资料，并注意与日本学者的交流探讨，从而为其博士论文的写作奠定了充分的、良好的基础。2017年寒假前夕，她顺利通过了博士论文的评审与答辩过程，随后进入北京大学马克思主义学院从事博雅博士后的研究，出站后受聘担任该院中国近现代史研究所的助理教授。期间，她结合在学院从事"马藏"工程的课题研究经验，继续修订、完善了博士论文，终成此书。

梁启超先生曾断言"社会主义，其必将磅礴于20世纪也明矣。"由于各种原因，近代日本社会主义论著与思潮在中国的传播及其影响，是个不争的史实和重要的课题。国内学界自20世纪80年代以来即有较多的研究成果问世，且主要探讨的是清末民初这一时期。但是，对于五四运动以后至抗战前期的1919—1937年间，关于日本社会主义论著在中国的译介与影响问题，专门的研究成果则相对欠缺与薄弱，故本书在选题上具有相当高的学术价值和较大的研究意义。

作者对于以往国内学界所忽略的日本社会主义论著，掌握了全面与充分的日文文献资料；同时，对于中国学界在此期间的译介、发表与出版方面的有关日本社会主义论著的资料，也有较为全面与系统的整理，且进行了严格的数据统计。通过对于上述第一手中、日文献史料的运用，本书围绕日本社会主义论著在中国的出版与交流、翻译与诠释、普及与运用、误解与厘正四方面，分别进行了深入的论述。通过以上论述，作者对于1919—1937年日本社会主义论著在中国的译介、出版情况的统计与掌握以及中日社会主义著译者之间的交流情况之分析，对于河上肇、堺利彦、山川均、高畠素之等日本社会主义者论著在中国的译介情况之分析，相对于国内学界的既有成果，应该说是有相当大的推进作用。对于日本社会主义论著作为初级读物在中国的传播及其在社会主义论战中的影响，对于唯物史观、唯物辩证法等马克思主义基本的重要概念在中国由误解到厘正的过程，本书的相关研究，也具有一定的创新意义。

俄国十月社会主义革命之后，特别是五四运动爆发及中国共产党成立以来，来自世界各地的社会主义思潮，在20世纪20至30年代的民国初年中国思想文化界，可谓汹涌澎湃、高潮迭起。在这样的历史背景之下，我们要研究来自日本的社会主义论者及其影响，不可忽略同一时代来自苏俄、欧洲的社会主义思潮及其在中国的传播情况。苏东坡所谓"横看成岭侧成峰，远近高低各不同"，笔者想就是因为观者身在庐山之中的视角之不一。因此，本书在以主要篇幅纵向论析了日本社会主义论著在民初中国的译介与影响情况之后，作者在结论中注意到了苏俄、欧美及日本三个传播途径的问题，并通过横向比较，指出了社会主义在中国传播的"日本路径"之特点。此外，作者还关注到了中国的日本社会主义论著译者的选择与命运问题，比较了社会主义思想在中日两国发展中的不同命运。这些重要问题，实则涉及了近代中日两国的比较这个更为宏大的学术命题。作者的相关见解，虽不无值得商榷之余地，但笔者认为其视野和创见还是值得称道的。

总之，学术各有千秋，章法言人人殊。笔者愿以此与刘庆霖博士共勉。

臧运祜

2025年1月20日于北京大学人文学苑

序 二

2015年，北京大学《马藏》编纂与研究工作正式启动不久，刘庆霖博士就作为博士后进入北京大学《马藏》编纂与研究中心，成为这一中心成立后第一批研究人员。十年过去了，刘庆霖博士以《日本社会主义论著在中国的译介及影响（1919—1937）》为题的专著的出版，是她进入马克思主义在中国的传播和发展这一研究领域后的一项重要成果。

马克思主义在中国的传播和发展是马克思主义中国化时代化研究领域的重要课题，也是马克思主义发展史研究的重要课题。列宁曾经认为："在分析任何一个社会问题时，马克思主义理论的绝对要求，就是要把问题提到一定的历史范围之内。"[①] 从"一定的历史范围之内"对马克思主义在中国传播和发展的探索，不仅是马克思主义发展史研究的"绝对要求"，而且是马克思主义中国化时代化研究学术内涵和学理依循的"绝对要求"。

《马藏》编纂与研究之初，确实有一种学术上"荷戟独彷徨"的感觉。推进《马藏》编纂与研究，要有一批青年学者参加，更要依托和发掘青年学者所蕴藏的学术睿智和意蕴。2021年6月，在《马藏》累计出版14卷之际，笔者约请了《长江日报》记者秦孟婷，她对当时《马藏》编纂与研究团队内7位青年学者作了访谈，后来《长江日报》发表了以《年轻人是最需要马克思的那一群人——〈马藏〉团队七位青年马克思主义学者对话录》为题的报道。刘庆霖作为被访谈的青年学者之一提出："我们这些青年学者，做《马藏》编纂与研究工作，目前面对的文献资料，都是那些从19世纪70年代末到20世纪20年代的新闻、报刊、图书和档案。这就意味着，校注和评价这些社会主义、马克思主义文献，要用到中国近现代政治史、思想史、中共党史、中外思想文化交流史、

---

① 中共中央马克思恩格斯列宁斯大林著作编译局. 列宁专题文集：论马克思主义 [M]. 北京：人民出版社，2009：302.

世界近现代史、国际共产主义运动史以及马克思主义基本原理、马克思主义发展史等多个领域的知识。"她的体会就是:"参与《马藏》工程前,我主要研究民国时期日本社会主义思想对中国的影响,参与了《马藏》工作后,学习了历史文献和研究方法,我才认识到过去的不足,我还发现,清末民初中国知识分子理解和接纳社会主义思想和马克思学说的深度和广度,与学界以往的认知有很大差距,值得我们作更系统、细致的研究。"① 这些见解和体会,应该是刘庆霖博士这10年学术探索和学说追求的真实感受,也是她能完成这一著作具有的学术基础和学说视野的真切写照。

哲学社会科学各个学科,归根到底都可以归为广义上的历史科学,而其中的思想历史更是各个学科作为历史科学的根本所在。现在学界都认同学科的"自主知识体系",这根本上也是建立在各学科的思想历史基础之上的。笔者很高兴能在《日本社会主义论著在中国的译介及影响(1919—1937)》正式出版之前读到该书的清样。笔者读后,对该著作中蕴含的"历史科学"意义上的学术见解深为赞赏,也颇受启发。择其要义,该著作一是选择对1919年至1937年这一时间段为研究对象的历史社会背景和学术学理根据作出的深刻阐释;二是对这一时间段之前日本社会主义论著在中国传播的前史作出的系统阐述;三是对这一时间段日本社会主义论著中传播的各种社会主义流派及其同其他各种思想思潮的关系所作出的比较研究;四是对这一时间段日本社会主义论著的思想倾向和理论特色及其在中国传播的影响力作出的深入探索;五是对这一时间段日本社会主义论著中传播的各种社会主义思想的内容、形式及其特征作出的深入剖析;六是对这一时间段日本社会主义论著在中国传播的主要作者传略、理论内涵和思想体系及其变化等作出的深刻论述;七是对日本社会主义论著在中国传播的中国学者的贡献及其发挥的中日文化交流作用作出的全面分析;八是对这一时间段日本社会主义论著在中国流传的资料汇纂和文献整理作出的详尽陈述;九是这一时间段日本社会主义论著传播对之后马克思主义在中国发展长期影响的深刻展示;十是对这一时间段日本社会主义论著马克思主义中国化时代化演进影响作出的深入分析,等等。

在刘庆霖博士《日本社会主义论著在中国的译介及影响(1919—1937)》出版之际,写下这些文字,一是对该著作的正式出版深表祝贺,二是对该著作

---

① 秦孟婷. 年轻人是最需要马克思的那一群人:《马藏》团队七位青年马克思主义学者对话录[N]. 长江日报,2021-06-29(13).

取得的学术成就的深感赞赏,三是对继该著作之后还有更多精品问世的深切期待。

是以为序。

顾海良
2025 年春上

目 录
CONTENTS

绪论 ··· 1

第一章　社会主义思想在中日两国的早期传播 ······················· 15
一、社会主义思想在日本的早期传播（1870—1900） ··············· 16
二、社会主义思想在中国的早期传播及日本的影响（1870—1912） ······ 28
三、20世纪初中日社会主义思想的发展 ································· 37
小结 ··· 47

第二章　出版与交流
——五四以后的汉译日本社会主义论著（1919—1937） ········ 49
一、五四以后社会主义论著的译介概况 ································· 50
二、日本社会主义论著的翻译活动及译者间的交流往来 ············ 62
三、国人对日本社会主义者的评价转变及其对翻译活动的影响 ······ 73
小结 ··· 88

第三章　翻译与诠释
——汉译日本社会主义论著的文本分析 ···························· 90
一、河上肇 ··· 91
二、堺利彦、山川均 ··· 109
三、高畠素之 ··· 127
小结 ··· 140

1

第四章　普及与运用
——作为初级读物和论战武器的汉译日本社会主义论著 …… 142
　一、汉译日本社会主义初级读物在中国的传播及影响 …………… 143
　二、汉译日本社会主义论著与"社会主义论战" ………………… 151
　小结 …………………………………………………………………… 164

第五章　误解与厘正
——汉译日书对理解马克思主义概念的影响 ………………… 166
　一、关于唯物史观 …………………………………………………… 167
　二、关于唯物辩证法 ………………………………………………… 177
　小结 …………………………………………………………………… 195

结语 ………………………………………………………………………… 197

附录 ………………………………………………………………………… 208

参考文献 …………………………………………………………………… 278

绪　论

本书以汉译日本社会主义论著为中心，论述1919—1937年，即五四运动始到全面抗战爆发前，中国知识群体阅读和翻译这些论著的相关史实，包括围绕这些论著所产生的思考、论争及影响。同时也简易论及1919年以前中日社会主义思想的早期传播，以及1937年以后的发展趋向。

晚清到民国初年，社会主义思想在中国的引介，往往将马克思的社会主义学说和空想社会主义、无政府主义混为一谈。新文化运动初期，国人对社会主义的关注有所提升，但"民主""科学"才是当时引介西学的主流。五四以后，社会主义思想在中国才拥有了比较普遍的感召力。此后的社会主义思想，主要是指马克思的科学社会主义。[①] 因此，本书所论及的日本社会主义论著，也是以马克思主义论著为主。非马克思的社会主义流派，如基尔特社会主义、工团主义和无政府主义的相关论著亦稍有涉及。

以马克思主义为主流的社会主义思想，在五四以后获得了前所未有的关注和讨论，大量社会主义文献涌入中国。日本社会主义论著的译介，也是在此时开始急剧增加的。这一趋势在1932年以后有所缓和，并在1937年抗日战争全面爆发后日渐式微。从1919年到1937年，随着国内外局势，尤其是中日关系的发展变化，中日社会主义思想的交流也经历了大起和渐落，这是本书选取1919—1937年作为主要时间段的原因。通过整理这一时段的汉译日本社会主义书目，统计和分析其数量的变化，可以了解日本社会主义论著在中国的实际传播情况。在此基础上，本书将分析论著中具体的思想内容，探讨国人在思考与论争社会问题时，对汉译日本社会主义论著内相关知识的理解和运用。

社会主义思想在东亚的传播，可以追溯到1870年加藤弘之的著书《真政大意》。而中国方面，1878年黎庶昌和李凤苞在日记中对德国社会党的记载，是中国人最早论及社会主义的文献。现今通用的"社会主义"一词，在1879年以后

[①] 张立波. 翻译与马克思主义中国化[J]. 现代哲学, 2007 (2): 24—32.

的日本成为较为固定的用语①,并被梁启超于1899年引介到中国②。此后,起源于西欧并首先在东瀛引起关注的社会主义思想,通过众多与日本关系密切的中国学人,不断被引介入中国。虽然西方传教士和欧美留学生在此前也留下了些许言及社会主义的文字,但20世纪初中国人对社会主义的认知与理解,主要还是以日本为媒介。除了把日本社会主义论著翻译成中文以外,较早思考如何将社会主义思想运用到解决中国社会问题之上的国人,也是与日本关系密切的革命派诸人物。

毛泽东曾在《论人民民主专政》中有一段经典的论述:

> 中国人找到马克思主义,是经过俄国人介绍的。在十月革命以前,中国人不但不知道列宁、斯大林,也不知道马克思、恩格斯。十月革命一声炮响,给我们送来了马克思列宁主义。③

事实上,马恩的思想及论著在十月革命以前就已经被介绍入中国。但毛泽东的说法却也有重要的意义。因为正是十月革命,让社会主义思想在中国的传播进入了前所未有的阶段。布尔什维克在俄国的胜利,影响了一战的进程,改变了世界局势。随着一战的结束,巴黎和会在法国开幕,国人对国际权益分配的变化以及中国在这场变化中的利害得失给予了高度关注,五四运动便是在这样的背景下爆发的。而"西学东渐"的情势,也因此发生了显著的变化。如果说五四以前,中国知识群体主要通过日本的中转而引入西学,那么在五四以后,他们更希望能直接把欧美、苏俄的论著翻译成中文。这一方面是在十月革命和欧洲各国社会党的刺激下,国人意识到比起来自日本的"二手知识",欧美和苏俄的论著更具有翻译和引进的价值;另一方面,也得益于日渐增多的留欧、美、俄的学生在知识传播过程中起到的媒介作用。因此,当论及社会主义在中国的引介,苏俄无疑是这一思想学说的重要来源。而西欧作为马克思、恩格斯发表论著的中心,也是另一个被关注的思想发源地。

然而,从思想学说被译介的过程上看,社会主义思想并非在十月革命后就立即获得了广泛的关注,马克思主义在当时也不是直接从西欧或从俄国传入中国的。日本社会主义思想对中国的影响,在1919年以后仍然具有重要的研究价

---

① 1879年6月,以《东京曙新闻》《朝野新闻》《横滨每日新闻》为中心展开了一场关于"社会党的来势及原因"的讨论,本书将在第一章详细论述。
② 柴四郎著,梁启超译.佳人奇遇(第十四回)[M]//新民社辑.清议报全编:第三集.台北:文海出版社,1986:254.
③ 毛泽东.毛泽东选集:第4卷[M].北京:人民出版社,2003:1468.

值。汉译日书的数量在五四以后并没有减少，而是呈现出更显著的上升趋势。这说明虽然"取径东洋"已不是一枝独大的引入途径，但译自日文的思想论著却仍在影响着国人。巴黎和会以后，中日关系趋于紧张，爱国救亡、抵制日货的宣传活动此起彼伏，但中日社会主义学者间的交流却没有间断。中国知识群体对《太阳》《改造》《经济论丛》《新社会》《社会主义研究》《社会问题研究》等日本报刊仍然保持着关注。在《晨报副刊》《觉悟》《学灯》《新青年》《建设》等同情社会主义的刊物中，译自这些日文报刊的社会主义文章也不在少数。

1927年，随着第一次国共合作的破裂，风云变幻的国内形势推动了思想文化的发展。国共两党对各自的革命策略和思想方针都做出了重新探讨，其他知识群体也在进一步思考中国社会的现状和本质。以"社会性质论战"为首，社会主义思想也成为各种论战中非常重要的理论武器。此外，南京政府的成立，使以南京和上海为中心的国内政局趋向稳定，这为翻译、出版等文化事业提供了较好的社会环境。此时国人对社会科学知识的需求有增无减，也让日本社会主义论著得到了更多译者和读者的青睐。这种情况一直持续到1931年九一八事变的爆发。此后，中日关系再一次趋于紧张，而一·二八事变更是直接冲击了文化事业最为发达的上海，导致中日社会主义思想的交流受阻。而到了抗战全面爆发的1937年，日本社会主义论著对中国的影响已经大为减弱。

社会主义思想在中国的传播，所涉及的相关史实庞大而复杂，日本论著在此间的影响，仅是其中的一部分。与来自苏俄、欧美的社会主义思想不同，日本的影响自晚清以来便在中国打下了深厚的基础，因此在五四以后显现出异于苏俄和欧美的特点。由于中日在语言上有"同文"的优势，再加上大量留日学生和旅日学人的亲日基础，社会主义知识构成中大量相关的概念、语汇都直接来自日本，这对论著的翻译效率和精准度都有很大的帮助。译者和读者对日文论著的诠释与理解，也因此避免了很多困难。这也使不少学人认为相比晦涩难懂的欧美社会主义论著，译自日文的作品更加容易理解。此外，将经济学作为重心的知识结构，是日本社会主义思想的重要特点。明治后期以来，日本学者大多以经济学为切入点开始接触和研究社会主义，其中对马克思主义政治经济学中剩余价值论的探讨最为热门。除此以外的其他领域，尤其是马克思主义的哲学体系，则是日本学者理解较为滞后的部分。直到20世纪20年代中期，他们才注意到这种偏向给日本社会主义思想体系带来的问题和不足，并展开了反思与批判。① 而这样的特点也在一定程度上表现到了20世纪二三十年代中国的社会主义知识架构之上。这是不少先行研究中已经注意到的问题。② 此外，基督教社会主义以及国家社会主义在日本的蓬勃发展、部分日本学者对社会主义思想带有东方儒学的理解方式，也是日本社会主义思想中值得留意的因素，它们对中国造成的影响同样不应忽视。

观察五四运动后汉译日书的出版趋势，可见除小说、诗集等文学作品外，社会科学类论著在所有门类中占有最大比例。这些汉译日本社会科学论著中，河上肇、堺利彦、山川均和高畠素之等日本社会主义学者的著作尤其受到欢迎。③ 不少中国近现代史上著名的人物，如李大钊、周佛海、戴季陶、郭沫若等人都翻译过日本社会主义论著。他们虽然持有不同的政治立场，但却同样对社会主义思想给予了关注。通过这些译者的努力，被翻译成中文的日本社会主义论著无论是数量、规模还是思想内涵，都受到了学界的瞩目，成为中国知识群体热议的话题。因此，除了日本社会主义论著的中文译者外，通过译者或其他宣传者而接触、了解到社会主义思想的读者，则是一个更为庞大的群体。从翻译或阅读日本社会主义论著的国人所留下的言论可见，他们围绕"社会主义"这一主题做出的思考和讨论层出不穷。如何将这一源自西方的思想主张与中国的历史发展及社会现状结合起来，并运用到实际的政治改革、社会建设或革命运动之上，是他们最为关心的问题，同时也是社会主义思想在中国得以理解和运用的过程。

虽然日本因素对中国人理解与接纳社会主义思想有着深刻的影响，但与社会主义在日本的命运不同——中国在经过抗日战争和解放战争之后成为社会主义阵营的一部分，至今仍在"建设有中国特色的社会主义现代化国家"中探索和发展。而曾作为中国社会主义思想资源的日本，自昭和年间始，便受到日渐强大的军国主义支配，这无疑对社会主义思想的传播以及社会主义运动的组织起到了压制作用。1945年日本的战败与投降，宣告了军国主义的末路。但总体而言，日本从战后至今对社会主义，尤其是马克思主义的理解和关心仍偏于冷漠。要分析社会主义在中日两国发展的不同命运，有必要从历史中做更加深远

---

① 絲屋寿雄. 日本社会主義運動思想史：II [M]. 東京：法政大学出版社，1980：17.
② 赵利栋. 略论二十世纪二十年代中国马克思主义的思想资源 [M] // 中国社会科学院近代史研究所编. 中国社会科学院近代史研究所青年学术论坛：2004年卷. 北京：社会科学文献出版社，2005：579.
③ 谭汝谦，实藤惠秀. 中国译日本书综合目录 [M]. 香港：香港中文大学出版社，1980：3；三田剛史. 甦る河上肇 [M]. 東京：藤原書店，2003：475.

的追溯。

综上所述，本书希望能够概括1919—1937年社会主义思想传入中日两国的发展趋势，统计和整理五四以后汉译社会主义论著的出版情况，分析"原作者—译者—读者"所形成的网络关系。在此基础之上，探讨日本社会主义思想如何具体影响中国知识群体对社会主义的理解、接纳和运用。最后，本书还希望以当代中日两国的社会现状为参考，分析在中日文化交流的背景下，社会主义思想史的发展流变为中日两国带来的持续影响。

本书研究的主要对象是汉译日本社会主义论著。其中的"社会主义"并不是当代政治学或经济学范畴内的狭义定义，而是历史语境中为不同群体、人物所广泛讨论和运用的思想学说体系。五四以后，社会主义思想以科学社会主义为主流，被译成中文的日本社会主义论著也以河上肇、堺利彦、山川均等"马克思派社会主义者"的作品居多，这些论著包括发表在报刊中的译文，以及出版成单行本的译书。

本书的主要研究时段在1919—1937年，以1919年的五四运动为起点。五四运动是一场由青年知识群体为开端并扩大到社会全体群众的爱国运动，也是一场承前启后的思想解放运动。它标志着中国人民的政治觉醒，对社会主义思想在中国的传播具有里程碑式的意义；而作为时间段终点的七七事变，标志着日本从局部侵华到全面侵华的转折，亦是中国进入全面抗日战争的开端。中日文化交流活动也从此进入低谷期，汉译日书的数量在此后大为减少。1919—1937年，国人对"社会主义"的理解和讨论也决定了本书对"社会主义"一词的界定范围。

从社会主义发展史出发，社会主义是随着资本主义的矛盾应运而生的思想学说。恩格斯曾指出，科学社会主义直接来源于空想社会主义；唯物史观和剩余价值学说两大理论的发现，使社会主义从空想变成了科学；资本主义基本矛盾的发展，导致社会主义的必然出现。[1] 可见在社会主义思想的发展过程中，不同学派及不同学科领域的知识，也曾为科学社会主义的形成提供过思想资源。从马克思主义的三个组成部分来看，马克思主义哲学、政治经济学和科学社会主义共属一个有机的整体。因此，讨论"社会主义"的发展史，也必然离不开辩证唯物主义、历史唯物主义及马克思主义政治经济学对其的理论支撑。

在《现代汉语词典》的释义中，社会主义是"科学社会主义"的简称，同

---

[1] 马克思，恩格斯．马克思恩格斯选集：第3卷［M］．北京：人民出版社，1995：740.

时也代表共产主义的初级阶段。① 《中国大百科全书》对"社会主义"有如下释义：

> 社会主义作为一种思想体系，经历了空想社会主义和科学社会主义两个阶段。空想社会主义是社会主义思想的初级形态，经历300多年的发展，到19世纪上半叶达到顶峰时期。K. 马克思、E. 恩格斯于19世纪40年代创立了科学社会主义，才使社会主义发展到它的高级形态，成为科学的思想体系，并以此武装全世界无产阶级和劳动人民为建立社会主义制度而斗争。科学社会主义指导下的社会主义运动发展的必然结果是建立社会主义的社会制度。社会主义社会是共产主义社会的初级阶段。按马克思、恩格斯的设想，社会主义社会实行生产资料公有制和计划经济；商品货币将被消除；实行各尽所能、按劳分配的原则等。②

该释义还指出，科学社会主义产生的同时和以后，世界上仍有不同的社会主义流派出现。但"社会主义"在当代汉语中，"科学社会主义"的意义是被着重强调的。而作为社会经济形态的概念，即表达"共产主义低级阶段"的含义，也在当代中国的政治用语中占有重要的地位。但在当代日本语的情境中，"社会主义"的范围则比较含糊。在《日本百科大事典》中，"社会主义（社会主義）"有如下释义：

> （社会主义是）批判资本主义社会的矛盾，并克服此矛盾，以建设新的未来社会的思想和运动的总称。……马克思、恩格斯的社会主义的理论，通常被称作"科学社会主义"。是由世界观（唯物史观）、科学理论（在《资本论》中概括的经济学说）以及实践学说（阶级斗争的历史意义、革命的任务、战略和战术等规定）三者，根据辩证法统一而成的实践性理论。③

此释义并没有把"社会主义"归于"马克思主义"的范畴之下，但也着重介绍了"科学社会主义"的含义，且介绍了科学社会主义的世界观，以及支撑其理论的"辩证法"。另外，在日本的《大辞泉》中，社会主义也包括空想社

---

① 中国社会科学院语言研究所词典编辑室. 现代汉语词典 [M]. 北京：商务印书馆，2023：1148.
② 中国大百科全书总编辑委员会. 中国大百科全书：第19卷 [M]. 北京：中国大百科全书出版社，2009：427.
③ 昭和出版研究所. 日本百科大事典：第7卷 [M]. 東京：小学館，1964：93-94.

会主义、共产主义和社会民主主义等内涵①，可以说，当代日本语的语境内，"社会主义"的范畴更为广泛，定义并不如当代汉语那样清晰。

1919—1937年，中国知识群体译介社会主义论著所涉及的范畴，以及他们讨论社会主义问题时所涵盖的领域，更接近当代日本语对这一概念的理解。这种定义虽然含糊不清，但也恰好表明了各种政治派系的人物对社会主义的不同看法，同时也反映了社会主义思想在中日两国的曲折发展。

自社会主义思想传入东亚以来，举着"社会主义"的旗帜、认为自身的主张才是"真正的社会主义"的人物，也包括共产主义、工团主义、基尔特社会主义、社会民主主义、无政府主义（包括新村主义）和国家社会主义等信者。②在"社会主义"的各种派别中，马克思主义为东亚国家带来了最大影响，故本书中讨论最多的也是与马克思主义相关的汉译论著。民国时期各种以"社会主义"为名的出版物中，也包括了和唯物史观、唯物辩证法以及资本论等主题相关的作品。本书也会将这些内容尽可能纳入研究视野。

综上所述，无论是从马克思主义思想体系，还是从1919—1937年的历史语境出发，本书所讨论的社会主义论著都涉及了"科学社会主义"以外更广阔的内容，尤其是包含了支撑社会主义理论的哲学思想，即唯物史观和唯物辩证法的相关研究。对于"社会主义论著"的选择，本书首先以几位重要的日本学者为出发点，整理和分析他们的原著中被翻译成中文的作品。由于这些日本社会主义者对人类社会及国际关系等问题拥有更广阔的视野和关怀，因此，如堺利彦的妇女研究、高畠素之的国家主义研究，以及山川均、赤松克麿的国际问题时评，这些论著虽不是直接研究社会主义的理论或实践，但也能反映这些日本学者的思想变化，所以也将被纳入本书的考察范围。

本书探讨的是社会主义在中国传播和发展的问题，也是中日思想文化交流的问题。有不少学者从思想史、概念史、翻译史和社会文化史的角度进行过相关研究。观察既有研究成果，可以概括为以下三个特点：

首先，社会主义在中国传播的相关研究，是在中共党史研究的框架下展开的。国民党与其他党派，还有众多无党派人士对社会主义的理解和接纳，往往在框架以外，没有得到应有的重视。在中共党史的框架中探讨马克思主义传播史中的日本因素，研究的对象自然会集中在李大钊、陈独秀、李达、周恩来等受日本影响较深的中共党员身上。而事实上，日本社会主义思想对中国的影响

---

① 小学館『大辞泉』编集部. 大辞泉［M］. 増補・新装版. 東京：小学館，1998：502.
② DURKHEIME. Socialism and Saint-Simon［M］. London：Routledge，2009.

还包括范围更广的知识群体。此外，近代史上的中日关系造成了复杂的民族情感，日本社会主义思想对中国的积极作用，也因此一度成为学者们避而不提的问题。20世纪80年代以来，随着学术研究的开放，这些问题也开始得到更多的关注，但既有的研究成果仍然有限。

其次，若将研究范围从"社会主义在中国的发展史"缩小到"中日社会主义思想关联"之上，可见中日学者都比较重视五四以前，尤其是辛亥革命以前的社会主义思想交流。五四以前，日本对中国社会主义思想的影响最为显著，社会主义思想尚未成为西学东渐的重心，与社会主义相关的文献资料比起五四以后，还算不上复杂烦琐。日本社会主义思想对中国的影响，在广度和深度上也相对有限。一些重要的中国近代思想人物，如梁启超、邓实、马君武、刘师培、孙中山等人，以及他们所代表的政治思想派别，在辛亥革命前后都与日本社会主义者有一定关系。这些关系如何反映到他们的思想主张和政治活动之中，是不少学者非常关注的问题。相对而言，五四以后复杂的思想流变和激增的文献资料，都加大了研究的难度。1919年以后，欧美和苏俄因素对中国社会主义思想的影响更引起研究者的注目。这也是日本因素相对缺乏研究的原因之一。但从史实和数据上可知，1919年以后，中国知识群体并没有停止从日本译介、引入社会主义论著。因此五四以后的中日社会主义思想关联，还需要进一步深入研究。

最后，既有研究多停留在资料的整理和史实的陈列上，相关的内涵探讨，尤其是文本对比和语境分析，还有待进一步加强。中日社会主义思想关联的"外延"与"内涵"是紧密相关的。留日学生及旅日学人受到日本社会主义思想的影响，并向国内引进了大量的论著——与此相关的史实不断被学者发现和指出。哪些日本社会主义者与中国学人有过联系与交流、哪些日文论著被中国译者引入国内并受到读者的欢迎，可以说是"思想关联"的"外延"研究。只要以史料为依据，做好考据工作，此"外延"便可得到证实。而中日学人围绕社会主义思想有怎样的交流与讨论，译著与原著在思想内涵上有何区别，日本因素与欧美、苏俄相比有何异同，具体如何影响到中国社会主义的发展和变化，则是思想史上更为重要的"内涵"研究，需要更加具体、深入的文本对比和语境分析。值得留意的是，概念史（或观念史）和翻译史、新闻出版史等研究领域的兴起，为社会主义思想史的研究提供了新的思考维度。受西方新文化史观的影响，传统的思想史叙述方式也受到了冲击，让不少学者尝试从其他角度对社会主义思想的引入做出诠释。这让社会主义思想的"内涵"也有所拓展。目前学界已出现一些相关的研究成果，如对"社会""社会主义""阶级"等概念或词汇的翻译和引进的具体研究；或是对英、日、中各版本的《共产党宣言》进行文本比较，并在比较中了解日文版对中文版的具体影响①，其学术价值不必赘言。但除了个别的单词和概念，或是《共产党宣言》这一部著作以外，有更多同样重要的社会主义文本和文献，同样需要做如此细致的探讨和分析。因此，关于中日社会主义思想史的内涵研究，还需要得到进一步的关注和提高。

以上述研究现状的特点为线索，可简单梳理出相关研究成果的发展脉络。

1945年以前，日本学者就已非常注重整理和总结社会主义在自国的发展状况。早在1907年便有石川三四郎和幸德秋水合作编写的《日本社会主义史》连载于《平民新闻》之上②，该文结合明治以来的重要历史事件，介绍不同派系的社会主义组织的发展状况，是研究日本社会主义思想的开端。此后在20世纪二三十年代陆续出现了不少研究日本社会主义思想运动的专著。③ 而1948年荒畑寒村的《日本社会主义运动史》是战后首部对战前日本社会主义思想做出全面梳理的作品④。相对而言，1949年以前中国学者对社会主义思想史的关注主要还在西方社会主义思想的起源和发展，关于社会主义在本国的发展状况，则在社会史和政党史等领域的研究论著中稍有提及。⑤ 这些研究主要是对中国各派别的社会主义思想及相关政党做简要的梳理和介绍，具有明显的现实意义，学术价值相对欠缺。至于中日社会主义的影响和关联，在1949年以前则基本上没有专门的研究成果。

较早对日本社会主义思想与中国的关系展开研究的是日本学者石母田正和实藤惠秀。1953年石母田正发表文章《幸德秋水与中国》⑥，对幸德秋水与中国社会主义、无政府主义思想的关系做出了探讨。而1960年实藤惠秀的《中国人

---

① 陈力卫．《共产党宣言》的翻译问题——由版本的变迁看译词的尖锐化［J］．二十一世纪，2006（93）；方红，王克非．《共产党宣言》在中国的早期翻译与传播［J］．外国语文，2011，27（6）：107-116.
② 石川三四郎编，幸德秋水补．日本社会主义史［N］．平民新闻，1907-01-20（1）—1907-03-24（1）.
③ 横沟光晖．日本社会主义运动史讲话［M］．东京：松华堂书店，1928；古川守圀．荊逆星霜史：日本社会主义运动侧面史［M］．东京：不二屋书房，1936.
④ 荒畑寒村．日本社会主义运动史［M］．东京：每日新闻社，1948.
⑤ 郭真．中国社会思想概观［M］．上海：光华书局，1929；杨幼炯．中国政党史［M］．上海：商务印书馆，1936．在介绍共产主义思想和中国共产党的章节中涉及社会主义思想传入中国的情况。
⑥ 石母田正．幸德秋水と中国——民族と爱国心の问题について［M］//石母田正．石母田正著作集：第十五卷．东京：岩波书店，1990.

日本留学史》① 则在论述留日学生的翻译活动时专门提及了社会科学类的翻译活动，其中日本社会主义学者的论著被大量译介成中文的现象引起了著者的注意。其后值得留意的是1976年狭间直树的《中国社会主义的黎明》②。该书以《民报》为切入点，探讨了辛亥前后革命党人在日本接受和宣传社会主义思想的具体史实，著者认为以孙中山、朱执信为中心的革命党人对社会主义的接纳，是中国社会主义的"黎明"，并影响了此后社会主义思想在中国的展开。

改革开放以后，学术研究的限制有所突破，中国学者对相关问题的研究也取得了一定成果。二战以前一些重要的日本学者对中国知识群体的影响成为中日学者都十分关心的问题。其中，"河上肇与中国"的相关研究最为丰富。1979年，正值日本马克思主义经济学者河上肇诞辰一百周年，中日两国都进行了纪念活动，小野信尔的《河上肇与中国革命》③ 以及吕元明的《河上肇的著作在中国》④、朱绍文的《河上肇博士的经济思想与科学精神——纪念河上肇博士诞生一百周年》⑤ 都是在这一年发表的学术论文，这些文章无不强调河上肇的论著在民国时期的广泛影响。以此为契机，不少学者开始关注日本社会主义学者与中国的关系。除河上肇以外，幸德秋水、堺利彦、大杉荣、福本和夫等人对中国的影响，都受到中日学者的关注⑥，直到近年也仍有一些学术论作陆续出现，对更多的日本社会主义者与中国知识群体的关系做出更加深入的探讨。

除了针对个别人物的具体研究之外，也有对晚清以来的中国社会主义思想史做出较为全面梳理的研究。不少学者还专门以日本社会主义在其中的影响为主题发表了论著。20世纪80年代初，中日学者合作出版了《中国译日本书综合目录》⑦ 一书，首次对近现代史上的汉译日书做出较为全面的整理和统计。编者谭汝谦在该书的序言中对近现代史上的汉译日书进行了较为详细的数据分析，

---

① さねとう・けいしゅう. 中国人日本留学史［M］. 東京：くろしお出版，1960.
② 狭間直樹. 中国社会主義の黎明［M］. 東京：岩波書店，1976.
③ 小野信爾. 河上肇と中国革命［M］//河上肇生誕百年記念祭実行委員会. 河上肇生誕百年記念誌. 1979.
④ 吕元明. 河上肇的著作在中国［J］. 吉林师大学报，1979（2）：119-120.
⑤ 朱绍文. 河上肇博士的经济思想与科学精神——纪念河上肇博士诞生一百周年［J］. 经济研究，1979（10）.
⑥ 比较重要的论著有：一海知義. 河上肇そして中国［M］. 東京：岩波書店，1982；王野. "革命文学"论争与福本和夫［J］. 鲁迅研究动态，1983（1）；杨奎松. 李大钊与河上肇［J］. 党史研究，1985（2）；刘民山. 李大钊与幸德秋水［J］. 近代史研究，1995（4）；嵯峨隆. 大杉栄と中国-近代における日中社会主義運動交流の一側面［J］. 教育論叢，1998（108）.
⑦ 谭汝谦，实藤惠秀. 中国译日本书综合目录［M］. 香港：香港大学出版社，1980.

并以大量的表格为基础对近现代汉译日书的发展趋势及其所代表的文化内涵展开了论述。作者也注意到五四以后日本社会科学类论著的庞大数量,并专门提及了社会主义思想论著的译介热潮。其后吴太平的《中国近代社会主义思潮与日本之关系:一八七〇至一九三七年》[1]、杨奎松与董士伟的《海市蜃楼与大漠绿洲——中国近代社会主义思潮研究》[2]、王奇生的《中国留学生的历史轨迹:1872—1949》[3] 都从不同角度对取径东洋的中国社会主义思想展开了探讨。此外,李泽厚的《中国现代思想史论》[4] 中也有专门讨论"马克思主义在中国"的章节,指出了1927年以前马克思主义思想在中国传播过程中的日本因素。

21世纪以后,相关的研究得到进一步拓展与深入。2001年石川祯浩的《中国共产党成立史》由岩波书店出版,并于2006年被翻译成中文[5],引起了中日学者的关注与讨论。石川在探讨中共成立前后的历史时,详细分析了河上肇、山川均等日本马克思主义者对李大钊、戴季陶、施存统等人的影响,揭示了不少中日社会主义思想交流的具体细节,让不少多年从事党史研究的大陆学者重新重视一些似乎已经成为定说,但实际上仍需考据的党史问题,也向研究社会主义思想史的学者提供了新的思路。三田刚史在两年后出版的《复苏的河上肇——近代中国的知识源泉》[6] 一书,则在石川祯浩的基础上对河上肇与近代中国的关系做出了更为深入的探讨。三田的研究并不止步于河上肇一人,而是将近代汉译日本社会主义论著做出了比谭汝谦更为详尽的整理,并向日本学界介绍了施存统、周佛海、李达等重要的社会主义思想论著的译者,三田的研究成果在日本获得了高度的评价。同年,德国学者李博在20世纪70年代写成的《汉语中的马克思主义术语的起源与作用》[7] 被翻译成了中文,这与中国学者冯天瑜的《新语探源》[8] 一同引起了学界对一些重要术语的关注。他们以文字学和概念史的角度探讨西学东渐的过程中日本因素的重要作用。

---

[1] 吴太平. 中国近代社会主义思潮与日本之关系:一八七〇至一九三七年[D]. 香港:香港中文大学,1983.
[2] 杨奎松,董士伟. 海市蜃楼与大漠绿洲——中国近代社会主义思潮研究[M]. 上海:上海人民出版社,1991.
[3] 王奇生. 中国留学生的历史轨迹:1872—1949[M]. 武汉:湖北教育出版社,1992.
[4] 李泽厚. 中国现代思想史论[M]. 北京:东方出版社,1987.
[5] 石川祯浩. 中国共产党成立史[M]. 東京:岩波書店,2001;石川祯浩. 中国共产党成立史[M]. 袁广泉,译. 北京:中国社会科学出版社,2006.
[6] 三田剛史. 甦る河上肇——近代中国の知の源泉[M]. 東京:藤原書店,2003.
[7] 李博. 汉语中的马克思主义术语的起源与作用[M]. 赵倩,王草,葛平竹,译. 北京:中国社会科学出版社,2003.
[8] 冯天瑜. 新语探源[M]. 北京:中华书局,2004.

近15年间，一些优秀的学术论著对社会主义思想在中国的译介和传播也有进一步深入的研究。新兴的观念史和翻译史的研究成果也涉及相关问题的探讨。如张立波在2007年主持"从翻译的视角看马克思主义在中国的传播和接受"的研究专题，并撰写了《翻译与马克思主义中国化》[1]一文，从思想学说被译介入中国的角度，指出了日本社会主义论著对马克思主义中国化的重要影响，并认为译著与原著的文本对比、翻译活动的选择取向，都有必要在今后的研究中做更深入的分析。郑匡民的《西学的中介：清末民初的中日文化交流》[2]，以传统的史学方法考证了中国旅日学人和日本社会主义者所办的"社会主义讲学会"活动，并对清末中日思想交流做了深入的探讨。金观涛、刘青峰的《观念史研究：中国现代重要政治术语的形成》[3]一书，虽然并非研究社会主义的专书，但对"社会主义"作为政治术语在中国的引入和观念的演变进行了分析。郑大华、高娟的《〈改造〉与五四时期社会主义思想的传播》[4]一文，则对《改造》杂志中译介日本社会主义论著的情况做出了介绍。方红、王克非的《〈共产党宣言〉在中国的早期翻译与传播》[5]从语言学和翻译史的角度探讨中文译文对《共产党宣言》的理解，这些都是与过往的思想史方法有所区别的研究，值得关注和参考。除此以外，郭刚的《中国早期马克思主义的传播——梁启超与西学东渐》[6]、王刚的《马克思主义中国化的起源语境研究》[7]，以及安井伸介的《中国无政府主义的思想基础》[8]等论著都比较注重中国社会主义思想之中与日本因素相关的探讨。京都大学人文科学研究所在2010年以后关于现代中国的研究成果，也陆续被翻译成中文，包括石川祯浩主编的《二十世纪中国的社会与文化》[9]，以及狭间直树、石川祯浩合编的《近代东亚翻译概念的发生与传

---

[1] 张立波. 翻译与马克思主义中国化[J]. 现代哲学, 2007 (2).
[2] 郑匡民. 西学的中介：清末民初的中日文化交流[M]. 成都：四川人民出版社, 2008.
[3] 金观涛, 刘青峰. 观念史研究：中国现代重要政治术语的形成[M]. 北京：法律出版社, 2009.
[4] 郑大华, 高娟. 《改造》与五四时期社会主义思想的传播[J]. 求是学刊, 2009 (5).
[5] 方红, 王克非. 《共产党宣言》在中国的早期翻译与传播[J]. 外国语文, 2011, 27 (6)：107-116.
[6] 郭刚. 中国早期马克思主义的传播——梁启超与西学东渐[M]. 北京：人民出版社, 2010.
[7] 王刚. 马克思主义中国化的起源语境研究[M]. 北京：人民出版社, 2011.
[8] 安井伸介. 中国无政府主义的思想基础[D]. 台北：台湾大学, 2011.
[9] 石川祯浩. 二十世纪中国的社会与文化[M]. 袁广泉, 译. 北京：社会科学文献出版社, 2013.

播》①。此外，石川祯浩近10年的个人研究文集，主要是他对近代中日思想交流史和早期中国共产党史的新思考，也被译成了中文。② 这些论文集中的个案研究，涉及中国知识群体对日本社会主义、民本主义等思想的接纳，以及对近现代翻译概念和翻译活动的研究和探讨。③ 2021年是中国共产党的百年诞辰，在此前后有一系列马克思主义传播史研究的重要成果相继问世。如谈敏的《1920—1929：从民国著作看马克思主义经济学的传播》④，系统介绍了20世纪20年代出版的马克思主义经济学著作，对其中译自日文的译著进行了详细介绍。由北京大学《马藏》编纂与研究中心出版、顾海良主编的《马藏》，自2019年推出，截止到2023年9月，已出版17卷。该丛书对马克思主义在中国的传播与发展过程中的相关文献进行系统性汇纂，对译自日文的著作也进行了详细的编校和解读。从这些最新的研究成果中可见，日本社会主义思想对中国的影响还有很多值得探讨的空间，从不同角度分析和观察日本因素对中国社会主义的影响，是进一步理解和把握社会主义思想在中国传播过程的重要途径。

在充分吸纳前人研究成果的基础上，本书以民国期间的汉译日本社会主义论著为基本史料，按时间顺序梳理日本社会主义思想传入中国的过程，并希望从外延到内涵，由浅入深地探讨1919—1937年，即五四以后到全面抗战以前日本社会主义思想对中国的影响。本书主要分为以下五部分内容：

第一，社会主义思想在中日两国的早期传播。自19世纪70年代到20世纪10年代，社会主义思想开始被中日两国初步接纳。在明治启蒙思潮之下，日本的明六社、东洋社会党、国民之友等知识群体开始探讨社会主义思想，初步接受和理解社会主义的内涵。中国方面，在清末民初西学东渐的背景下，梁启超、孙中山、邓实以及其他留日学生、在日革命党人也开始接触社会主义，并向国人介绍社会主义思想。1912年以后，中日两国的社会主义活动都经历了变化与转折，而在十月革命的刺激下，很快又进入了新的发展阶段。作为过渡时期的1912—1918年，中日两国的社会主义思想发展情况作为五四以后社会主义思想大受关注的前奏，值得特别留意。

---

① 狭间直树，石川祯浩. 近代东亚翻译概念的发生与传播[M]. 袁广泉，等译. 北京：社会科学文献出版社，2015.
② 石川祯浩. 中国近代历史的表与里[M]. 袁广泉，译. 北京：北京大学出版社，2015.
③ 森冈优《寻求描写"社会"的方法——从"写实"到社会主义现实主义》，江田宪治《中国共产党史中的翻译概念——"路线"与"コース"》，石川祯浩《李大钊早期思想中的日本因素——以茅原华山为例》，这些论文分别收入在上述三本论文集中。
④ 谈敏. 1920—1929：从民国著作看马克思主义经济学的传播[M]. 北京：经济科学出版社，2021.

第二，五四以后汉译日本社会主义论著出版与传播的总体情况。五四以后，被翻译成中文的西方思想论著大为增加，汉译日书仅是其中的一部分，从欧美和苏俄引入的文章和书籍，在数量上逐渐超过日本。日本、欧美与苏俄这三个引入渠道中，日本渠道有其特有的地位和作用。在这一时期，对日本社会主义论著给予关注的中国知识群体，并不是独立封闭的个体，他们之间的文献传递和思想交流，也促进了译书活动的发展。其中，施存统、李达等人是译书较多、影响较大的译者。他们所在的群体之间的交流往来，影响了他们的思想，也影响了汉译日书的出版情况。此外，随着中日关系的发展，国内舆论对日本社会主义者的评价也在发生变化，这对汉译日书的翻译和出版活动也产生了重要的影响，亦是1931年以后译书活动步伐放缓的深层原因。

第三，汉译日本社会主义论著的文本分析。河上肇、山川均、堺利彦以及高畠素之这四位日本学者的译著，是影响较大、再版较多、具有代表意义的社会主义论著。以日文原著和中文译著为基础进行的文本对比，有利于了解中文译者在翻译日本社会主义论著时做出的理解与诠释，并进一步了解中国译者作为"中转人"向国内读者介绍日本社会主义思想时，产生了怎样的偏差和衍生。

第四，汉译日本社会主义论著的特点分析。首先，在民国时期出版的汉译日本社会主义著书中，内容浅显的入门读物、通俗读物和解说读物占有很大比例。国人选择从日本文献中翻译这类初级读物，可以从多个方面找到原因与动机。其次，在五四期间发起的"社会主义论战"和汉译日本社会主义论著有着密切的思想联系。周佛海、李达、施存统等人对室伏高信、山川均、河上肇等社会主义者的引介，成为他们巩固自身立场、反击论敌的有力武器。中国译者对日本社会主义论著的具体运用，展现了汉译日本社会主义论著在国人接纳社会主义思想时的特殊作用。

第五，汉译日书对中国人认识马克思主义基本概念的影响。在20世纪二三十年代的几次思想论战中，中国人对"唯物史观"和"辩证法的唯物论"等概念的接纳，经历了一个曲折而复杂的过程。中国人对唯物史观的认知，最早是通过河上肇、枊田民藏和福本和夫等日本学者的著述了解的。在20世纪20年代后，批判和纠正河上肇唯物史观的日文论著随着"辩证唯物论"的引介，陆续被译介成中文。通过介绍和分析这一误解和厘正的过程，可以了解国人在认识马克思主义重要理论时所经历的曲折与反思。

通过这五个部分的论述，本书将在结论中概括日本社会主义论著对马克思主义中国化的影响，并分析社会主义和马克思主义思想在中日两国获得不同发展和命运的根本原因。

第一章　社会主义思想在中日两国的早期传播

社会主义思想在中日两国的引介都始于19世纪70年代。在中国，早期的来华传教士在他们所创办的报刊中，就已经介绍了欧美社会党的发展情况。一些驻欧中国使节也曾在日记中记录了社会党在德、法、俄等国家的社会运动。而最早向日本介绍社会主义思想的是以加藤弘之和西周为代表的明治启蒙学者。值得注意的是，在日本，当启蒙学者在论著中提及社会主义后，日本的新闻媒体和知识群体很快便开始对其展开思考和争论。而在中国，欧美传教士和驻欧使节对社会主义的关注，却并未引起太多的反响。在日本学人已围绕社会主义讨论了近三十年之后，即到了20世纪最初几年，中国学人才因为日本的影响而真正开始关注、译介和讨论与社会主义相关的问题。[①] 本章的论述希望比较中日

---

① 关于社会主义在中日两国早期传播的研究，日本学者注重将明治前期社会主义思想的发展放入启蒙思想及自由民权运动的脉络中去考察。（参见林茂. 自由民権論の社会的限界——その社会党論に関する一考察 [M] //明治史料研究連絡会. 自由民権運動. 東京：御茶の水書房，1956；山泉進. 社会主義事始——「明治」における直訳と自生 [M]. 東京：社会評論社，1990.）丝屋寿雄、小林太郎等当代日本社会主义者在探讨社会主义思想史时，更注重各个政党自身的成长经历。在政治立场的影响下，他们大多对明治启蒙思想家在社会主义引介上的贡献有所批判。[参见絲屋寿雄. 日本社会主義運動思想史 1853—1922 [M]. 東京：法政大学出版局，1979；小林太郎. なぜ日本共産党と名のるか——その由来とコミュニズムの翻訳をめぐって [J]. 前衛，1983（493）.] 21世纪后，日本学者对社会主义思想的关注有所减弱，但还有研究成果对明治时期的社会主义思想进行了重新审视和反思。[参见佐々野昭弘. 明治期の社会主義思想 [J]. 近畿大学短大論集，2007（12）；林彰. 表象としての『社会党』：明治期を中心にして [J]. 初期社会主義研究，2012（24）.] 关于社会主义思想初入晚清的研究，姜义华和杨奎松曾做出过文献整理和综述研究（参见姜义华. 社会主义学说在中国的初期传播 [M]. 上海：复旦大学出版社，1984；杨奎松，董士伟. 海市蜃楼与大漠绿洲——中国近代社会主义思潮研究 [M]. 上海：上海人民出版社，1991.），而实藤惠秀和狭间直树特别注意到日本社会主义思想对晚清中国的影响（参见さねとう·けいしゅう. 中国人日本留学史 [M]. 東京：くろしお出版，1960；狭間直樹. 中国社会主義の黎明 [M]. 東京：岩波書店，1976.）。

两国在引入社会主义思想的过程中所表现出的异同，观察其中的联系与区别，以及两国相互影响的因素。通过分析加藤弘之、西周、梁启超、孙中山等中日知识分子的文集，以及《明六杂志》《东京日日新闻》《清议报》《新民丛报》《民报》等报刊中与社会主义思想相关的史料，探讨明治日本和晚清中国在初步接纳社会主义思想时的思考和争议，留意两国间的传播与流动，并尝试分析其对两国社会主义思想发展的影响与作用。

一、社会主义思想在日本的早期传播（1870—1900）

（一）社会主义初入日本——加藤弘之、西周、福地源一郎的引介

社会主义思想在日本的传播，从文献上可追溯到1870年加藤弘之（1836—1916）的《真政大意》①及西周（1829—1897）的《百学连环》②。加藤弘之与西周同属明六社的成员。明六社是在日本明治维新以后，较早以"开化文明、启蒙民智"为目的而成立的知识群体。③ 在机关志《明六杂志》的发刊词中，有"近日吾侪盍簪，或论事理，或谈异闻，以研磨学问、爽快精神。……若能助吾邦人开化智识则幸甚"④ 的宣言。作为早期启蒙思想家，加藤与西周也秉承明六社的主旨，在文章和著书中经常论述和探讨近代西方的政治制度和思想知识。

加藤弘之17岁跟随佐久间象山学习西洋兵学，后接触兰学⑤。通过荷兰和英国的著作，加藤了解到西洋各国的风俗和政治。他于明治元年（1868年）担任大学大丞⑥，三年后成为明治天皇的侍讲。在撰写《真政大意》之时，加藤仍是"天赋人权论"的支持者，主张共和政体。但后受伯伦知理国家主义思想的影响，转而支持集权和强权的理论，主张君主立宪。⑦《真政大意》是加藤阐

---

① 加藤弘之. 真政大意：上下卷［M］. 東京：山城屋佐兵衛，1870.
② 西周. 百学連環［M］//西周全集：第四卷. 東京：宗高書房，1981.
③ 中野目徹. 明六社と『明六雑誌』［M］//山室信一，中野目徹. 明六雑誌（上）. 東京：岩波書店，1999：441.
④ 山室信一，中野目徹. 明六雑誌（上）［M］. 東京：岩波書店，1999：26. 原文"頃日吾儕盍簪シ或ハ事理ヲ論シ或ハ異聞ヲ談シーハ以テ学業ヲ研磨シーハ以テ精神ヲ爽快ニス……邦人ノ為ニ識ヲ開クノ一助ト為ラバ幸甚"。正文中的译文为笔者自译。若无特殊说明，本书中所有日文文献的译文都为笔者自译。
⑤ 兰学指的是在江户时代时期，经荷兰人传入日本的学术、文化、技术的总称。
⑥ 即明治政府高等教育机关大学南校的最高行政者，大学南校乃东京大学的前身。
⑦ 安世舟. 明治初期におけるドイツ国家思想の受容に関する一考察［M］//日本政治学会. 日本における西欧政治思想. 東京：岩波書店，1976.

释近代国家组织原理的论著,其中也最先向东方世界介绍了"socialism"的含义。在介绍社会主义之前,加藤首先提及了"均贫富"的概念:

> 世间所知之均贫富,乃以井田、均田及口分田等为据。今时尚有腐儒希望立此制度。对于此吾并无他言,仅以为其甚有害于安民之业。若问为何,则如前所述,**不羁自立**之观念与权利此二点,必须尽量伸扬。无论何人都应有此观念,各人都为不败不劣于他人而相互竞争。存此相互竞争之观念方可自由地获得幸福。……故政府不应束缚此观念与权利。若能自由放任人民相互竞争以追求幸福,则自然能达至安民之业。①

此处"不羁自立之观念与权利",即自由主义的中心思想。加藤受英国自由主义经济学派的影响,将自由竞争视为国家和政府最应保护、决不得干涉的权利。而"均贫富"的思想,是与此相矛盾的。因此,加藤得出了"均贫富并非仁政"的结论。以这种否定的态度为基础,加藤开始介绍"communism"和"socialism"两个概念:

> 欧洲古希腊繁盛之时已有此类制度(指均贫富的制度——译者注),后则有 communism 与 socialism② 二经济学派。此二派虽略有区别,实则大同小异。主张天下亿兆之生灵,以衣食住行为首,今日任何事物都应一同。此学派之所以产生,乃因放任天下人民自由,则根据人民之才与不才、勤与不勤而产生贫富。富者愈富,贫者愈贫,则四海之困穷由此产生。故以衣食为首,其他私有土地器物以致各种产业等,不应放任自由。各人私有之物,应悉数交予政府照料,以达到右述之无贫富之状态。此乃救世之一法,其劝导之心甚是真切。然其制度之严酷甚是不堪。因其束缚不羁自立

---

① 加藤弘之. 真政大意:下卷 [M]. 東京:山城屋佐兵衛,1870:13-14. 此处及本书中所有引文内的粗体,皆为笔者所加。
  原文:
  > 世ノ中ノ貧富ヲ均シュウシャウト存ジテ。井田均田又ハ口分田抔ニ基イテ。今時ニ相応スル制度ヲ立テタイ抔思フ腐儒モ儘アルコトヂャガ、元来世ノ中ノ貧富ヲ均シュウヤウト申スコトガ。以テノ外ノ心得違イデ。甚以テ安民ニ害ノアルコトデゴザル。何故ト申スニ。段々申ス通リノ訳デ、例ヘ**不羈自立**ノ情ト権利ノ二ツハ。成丈伸バサセル樣ニ致サネバナラヌモノデ。誰シノ人モ此情ガアレバコソ。各我負ケシ劣ラジト競イ合フモノデ。此競イ合ウ情ガアレバコソ。人々自在ニ其幸福ヲ招クコトガ出来ル。……(略)夫故政府ガコ此情ト権利トヲ束縛羈縻セズシテ人々ガ相競フテ其幸福ヲ求メラレル様ニ任セテ置ケバ、自然ト所謂安民ノ場合ニモ致ルデゴザル。

② 原文"コムミュニスメ"与"ソシアリスメ",乃日文片假名音译。

17

之观念与权利，实则妨害长治久安之制度也。①

这是现存最早论及社会主义思想的日文文献。加藤首先提及中国古代的井田、均田与口分田制度，以引出均贫富的讨论，并在其后论及古希腊亦有类似的政策。可见他认为与社会主义类似的思想，无论是在东方还是西方都已有很长的历史根源。而近代意义上的"communism"和"socialism"虽然与古代有所不同，但仍是以"均贫富"为主张的"经济学派"。它们防止贫富分化的出发点是值得同情的，但因为与人民自由竞争的权利和意志相矛盾，在宣传和主张自由主义的加藤弘之看来，社会主义还是有碍社会正常发展的思想。他在四年后发表的《就福泽先生之论的回答》中还引用了德国哲学家昆士坦丁·弗兰茨（Constantin Frantz，1817—1891）论述"liberal 党"和"communist 党"②的言论，表示"communist 党"主张扩张国权、减缩民权，农工商诸业皆由国家专门掌控，但实际上该党并不知国权与民权的真意。③ 这里再一次反映了加藤对这种干预"民权"的思想是表示反对的。

西周的《百学连环》与《真政大意》在同一年问世。该书以介绍西方的政治学、数学等各学科之概要为内容。西周曾于1863年赴荷兰留学，接受西方哲学、经济学和国际法知识的教育。回国后曾担任德川庆喜的法语教师，并于1870年创办私塾育英舍。《百学连环》便是西周在育英舍讲学的讲义。该书以类似百科辞典的形式成书，在"第二编·殊别学（particular science）—制产学

---

① 加藤弘之. 真政大意：上下卷［M］. 東京：山城屋佐兵衛，1870：15-16.
原文：

　　既ニ欧州ニモ往古希臘ノ盛ナ時分。之ニ類シタ制度モアリ。又其後ニ致リテハコムミュニスメヂャノ。或ハソシアリスメ抔申ス。二派ノ経済学ガ起リテ。二派少々異ナル所ハアレドモ先ハ大同小異デ。今日天下億兆ノ相生養スル上ニ於テ。衣食住ヲ始メ都テ今日ノ事ヲ何事ニヨラズ。一樣ニシャウト云フ論デ。元来此学派ノ起リタ所以トイウモノハ。天下ノ人民ヲ各勝手ニ任セテ置テハ。其才不オト勤惰トニヨリテ。大ニ貧富ノ差ヒヲ生ジテ。富者ハ益々富ミ貧者ハ益々貧シクナリ。就テハ四海ノ困窮モコレヨリ生ズルコトヂャカラ。今日衣食ヲ始メ、其外私有ノ地面器物及ヒ産業等ニ至ル迄、都テ人々ニ任セルコトヲ止メ、各人ノ私有トイフモノヲ相合シテ。悉ク政府デ世話ヲヤイテ。右ノ如ク貧富ノナイ様ニシャウト云フ。所謂救時ノ一法デゴザリテ。素ト勧導ノ心ノ切ナル所カラ出タコトニハ相違ナケレドモ。其制度ノ厳酷ナルコト実ニ堪ユベキニアラズ。例ノ所謂不羈ノ情ト権利トヲ束縛羈縻スルコト。此上モナク甚タシイコトデゴザルカラ。実ニ治安ノ上ニ於テ。尤モ害アル制度ト申スベキノデゴザル。

② 原文"リベラール党"与"コムムニスト党"。
③ 加藤弘之. 福沢先生の論に答う［M］//山室信一，中野目徹. 明六雑誌（上）. 東京：岩波書店，1999：67-68.

(political Economy)"之中,西周介绍了"socialism"和"communism"两个词条:

> 第九　Socialism 会社之说。英人 Robert Owen（1771—1858）之说。欲废止政府,连结农工商各会社,遍及全世界,建立一国。
> 第十　Communism 通有之说。即 Socialism 之一种。法人 St. Simon（1760—1825）之说。此说欲合并万民所有之田地与家财后平均之,共同生活。根据出生人类之总数平均之,以此建立一国。曾自结党派尝试实行,后以贫乏告终。①

西周将 socialism 和 communism 译为"会社之说"和"通有之说",是日本学者对社会主义和共产主义最早尝试做出的翻译。当时"社会"与"会社"等词语尚未与固定的西方概念形成对应关系,而西周在此处使用的"会社"与现今的"社会"相近,同时也有"社会上各行各业"的含义。在简短的解说中,西周提及了欧文和圣西门这两位空想社会主义思想家,亦使《百学连环》成为最早将西方社会主义学者介绍进日本的文献。结合《真政大意》与《百学连环》的内容,可知由政府掌控一切行业、平均财产和土地等主张,是他们对社会主义思想的初步认识。实际上,在 1870 年,距离科学社会主义的诞生,即《共产党宣言》的发表,已过了二十年有多,但以明六社为中心的日本学者们所理解的社会主义,还停留在对空想社会主义的初步接触上。这种认识当然是极为简陋亦不甚精准的,但以加藤弘之和西周为开端,日本知识群体很快便对社会主义给予了更多的关注。

明六社的学人最初介绍社会主义之时,相关的思想概念尚未有固定的日语词汇能够形成对应。而"社会主义"一词,也是在八年后才出现在报刊媒体中,随后再逐渐被知识群体所认同和使用。一般认为福地源一郎（1841—1906）于1878 年在《东京日日新闻》刊载的《谬论之害》中最早使用了"社会主义"一

---

① 西周. 西周全集:第四卷 [M]. 東京:宗高書房,1981:250.
　原文:
　　第九　Socialism 会社之説. 英のRobert Owen（1771-1858）なる人の説にて、政府たるものを廃止し、農工商悉く各其会社を結ひて以て之を世界中に及ほし国を建てむと欲せしなり。
　　第十　Communism　通有の説. 即ちソシアリシムの一種にして、佛のSt. Simon（1760-1825）なる人の説なり。此説は万民各所有となす田地及ひ家財等を合して平均し、相共に生活をなし、以来誕生せる人に随ふて悉く相分て平均し、国を立むと欲せしなり。曾て自から党を結ひて試みしか、終に貧するに至れりとす。

词。福地曾在欧洲学习英语和法语，并作为使节从事翻译工作。归国后他于1874年开始担任《东京日日新闻》的主编。该报是拥护明治政府的帝政党机关报，与支持自由和民权的其他政论报刊相对抗。该报中介绍西方时事近况、叙述西方政治文化、倡导国家主权与官权的文章，都由福地执笔。① 而《谬论之害》则是以西方人在横滨创办的英文报刊《日本每日捷报》（the Japan Daily Herald）的一篇社说为根据，对法国社会主义运动做出的评论。

福地首先提到了托马斯·莫尔的《乌托邦》，称其为"社会派的理论"，接着指出由于欧洲大陆贫贱问题的显著，导致"社会论"的日益盛行。他指出，在1848年的法国革命中，路易·布朗（Louis Blanc，1811—1882）依据"社会论的主义"提出了改革政策。福地特别强调，路易·布朗的主张没有得以实行，是非常庆幸的事情。② 其后，福地对当时在巴黎发生的一次由社会党人组织的"骚扰"做出了如下评论：

> 近时共同党（communism）于法京所起之骚扰亦是如此。高唱傅里叶首创之社会论，不过一群暴徒而已。若问其主张为何，则曰为社会之利而割让自家之利益，称其为国民之义务。法律规定没收各民自家之财产而供公用，人民无否定之权利。如此即有如社会之奴隶，因社会而不能保自家财产，是为谬说。……社会党论最大之错误在于一味偏重**社会主义**，而抛弃人生最为紧要之自家主义也。③

福地源一郎在此所使用的"社会"一词与"自家"相对，已有较固定的意义。但"社会派""社会论""社会论的主义""社会党论"以及"社会主义"等说法却还是含义模糊，有所混淆。然而，《谬论之害》作为首次出现"社会主义"一词的文章，在当时的新闻界与学界都引起了一定关注，"社会主义"一词

---

① 木邦新聞紙の歴史［N］. 読売新聞，1891-06-01（1）.
② 福地源一郎. 僻説の害［N］. 東京日々新聞，1878-06-06（1）.
③ 福地源一郎. 僻説の害［N］. 東京日々新聞，1878-06-06（1）.
原文：
　　近時仏京を騒擾して大難を起したる共同党（コムミュウニスム）の如きも亦同じく，フーリエを祖述して社会論を唱ふるの暴徒たるに過ぎず，其主義とする所を問へば，輒ち曰く国民の義務は社会を利するが為には自家の利益を割与するに在り，法律を以て各民自家の財産を没入して社会の公用に供するは至当なり，人民たる者は敢て之を否むの権利なしと，是直に一身を挙て社会の奴隷と成し社会の為には自家の財産を保安すること能はざるの僻説。……社会党論の大過誤は**社会主義**にのみ是れ偏して，却って人生に緊要なる自家主義を抛棄するが故なり云々。

20

也在其后逐渐为其他学人所使用。

从福地这篇时事评论中可知，西方此起彼伏的社会主义运动，终于也引起了东方世界的关注。福地对社会主义的理解，虽然也与加藤弘之、西周相似，即以莫尔、傅里叶等空想社会主义思想家为中心，并认为社会主义是为了社会的利益而妨害个人利益的主张。但对1848年的法国革命以及1878年同在法国发生的"骚乱"的记述，可知福地意识到社会主义的影响已不仅仅停留在空想上的"危害"，而是直接给西方国家造成了实际的威胁与冲突。在此，若结合明治初年声势浩荡的自由民权运动来考察，则不难理解福地对西方社会主义的警惕与重视是与自由民权思想对明治政府的冲击有密切联系的。

(二) 日本知识群体围绕社会主义展开的早期论争

自由民权运动发端于1870年，并在19世纪70年代末至80年代初达到顶峰。受西方政治思想影响的日本知识群体，结合不满萨长藩阀政府的士族群体，向政府提出制定宪法、开设议会、减轻地租、改善言论自由等要求，并最终实现1890年日本帝国议会的开设。① 整个自由民权运动的过程，无不体现了近代西方政治思想对明治政府的挑战。如何对待西学的冲击、如何将西方的思想融入维新以后的日本社会，又不至于威胁到明治政府的统治，成为不少学者致力于探讨的问题。继《谬论之害》后，各大新闻媒体围绕日本应如何对待社会主义思想，进行了热切的思考与争论，可谓社会主义初入日本后第一个争论的高峰。其中，以《东京曙新闻》《朝野新闻》两份报刊上的论争最为激烈。相对于官权派的《东京日日新闻》，这两份报刊都是代表自由民权派言论的刊物，它们常与官权派的新闻报刊围绕民权和立宪问题展开各种讨论。民权派的著名政治人物成岛柳北、广末铁肠、大井宪太郎等人都与这两份报刊有密切的联系②。但当涉及社会主义的问题时，《东京曙新闻》与《朝野新闻》却各持立场。

1879年6月16日，《东京曙新闻》开始连载《社会党之原因及来势》一文，成为此次论争的肇端。该文作者尚不可考，但从文章内容可知他的观点与上文所述及的启蒙思想家有所区别。作者首先也留意到社会主义政党发起的社会运动对西方社会的"危害"，并预言"其传染蔓延至东洋，已非远事"。其次，文章指出此前日本学者在介绍社会主义时，只是"根据二三本西洋书籍所见，视该主义之祸毒更甚毒蛇猛兽。但如何防其祸，除其毒，则全未讲究"。再次，作者探讨了社会党在欧洲势力壮大的原因。他认为"欧洲各国德义腐败至

---

① 遠山茂樹. 遠山茂樹著作集：第三卷 [M]. 東京：岩波書店，1991：279.
② 佐々木秀二郎. 新聞記者列伝：初篇 [M]. 東京：共同社，1880：36.

极""各贵族豪农等辈兼并财力与智力，恃强凌弱、以富欺贫，以致邦国元气郁结、极度腐败"是社会主义日趋得势的根本原因。最后，文章还强调虽然社会党的政论和思想从外看来是粗暴过激的，但若分析其宗旨，则能理解到"真理与正义的种子往往含蓄于其脑底"①。可见与之前的日本学者不同，《社会党之原因及来势》的作者对社会主义思想给予了肯定。在此基础上，作者还将社会主义与明治日本的国家政策结合起来进行了如下论述：

> 此时吾日本国亦有一社会主义之胚胎。此主义从外貌、皮相所见虽与现今欧洲社会党所持之理论相异，但实际上则完全相同。……（甲）废除门阀并赋予全国人民等同的参政权利。（乙）除君主为王室之尊，即天皇陛下以外，统一日本全国之民福。……诸社会党也，欧洲君主不得不忌避之，而吾日本国民则正有利用其之势。②

作者视社会主义为能让国民获予平等权利的思想，因此将明治维新后政府废除藩阀体制的政策与社会党的政策相等同。他尝试分析社会主义在西方盛行的原因，并认为欧洲国家排斥与压制社会主义政党的政策并非上策。这种对社会主义表示同情与肯定的态度，在前人的思考与论述中是未曾出现的，因此也引来了高度关注。

《社会党之原因及来势》连载完毕后，马上遭到了其他报刊媒体的围攻。同年8月10日，《朝野新闻》连载的《辟邪论》给予了最为激烈的反驳。该文极力反对社会主义，因此也对《东京曙新闻》的记者将维新政策与社会主义相联系的观点表示强烈反对。作者一再强调人民私有财产神圣不可侵犯的权利，认为这是"培养自主之精神、促进文明开化的唯一根元"，而社会主义政党的主张无法保障这种权利，毫无疑问是有害的。③《辟邪论》的观点和结论与其他反对社会主义的文章并没有太大的区别，与《社会党之原因及来势》相比，《辟邪论》的观点在当时得到了更多媒体和学者的支持。如《横滨每日新闻》就有言

---

① 社会党の原因及来勢 [N]. 東京曙新聞, 1879-06-16 (1) —1879-08-07 (1).
② 社会党の原因及来勢 [N]. 東京曙新聞, 1879-08-07 (1).
原文：
此時に当て吾日本社会中に始て一個の社会主義の胚胎せり。此主義の外貌を皮相すれば、其ろに藉く所の者は方今欧洲社会党の持論と相異なりと雖とも、其実は則全く一也。……（甲）は専ら門閥を廃し全国人民参政の権利を同等にせんと説きし者、（乙）は専ら王室を尊び君主即ち　天皇陛下を除く外は日本全国の民福を同一にせんと説きし者是なり。……抑均之社会党也、而も欧洲君相は則ち之を忌僻せざるなく、吾日本国民は則ち将に之を利用せんとするの勢あり。
③ 闢邪論 [N]. 朝野新聞, 1879-08-10 (1) —1879-08-21 (1).

论指明支持《辟邪论》①。但《东京曙新闻》的记者并没有放弃自己的立场，而是对《辟邪论》的反驳做出了两次大篇幅的回击。

《东京曙新闻》的第一次回击是《读朝野新闻辟邪论》一文。文中再次强调日本学者对社会主义的误解，表示"朝野记者所忧心之事，皆出自欧洲经济学士之通论。其对**社会主义**党之论，徒知其短而未见其长"。作者还认为，对于这种"将来有望"的新兴学理，不应该武断地将其定义为邪说，就此扼杀在摇篮之中。而应该做出更深入的理解和研究，并进一步进行合理的改良，使其"有利于世"②。文中指出《朝野新闻》的记者受欧洲自由主义经济学家的言论影响，因此站到了反对社会主义的立场，这可以说是明治初年大部分日本学者在接触社会主义之时的共同特点。除了《辟邪论》的作者以外，上文论及的加藤弘之、西周以及福地源一郎等人也都是亚当·斯密、约翰·密尔等经济学家的热心读者，他们从这些经济学家的作品中了解到社会主义，而并没有直接接触到社会主义者的言论。针对这样的情况，《东京曙新闻》的记者在另一篇文章《重读朝野新闻辟邪论》中翻译了《哥达纲领》的第一条，希望借此向日本人传达来自欧洲社会主义者的观点和立场：

> 第一条：致富与增才智，以保天赋之福祉，乃人类之职责。尽此人类之职责，需社会人民尽各自之勤劳。若甲劳乙逸、丙勤丁怠，则犯乱人类之职责，悖戾天心者也。故吾人宜随天心、重人职，不得不切实扩充社会共存之主义。③

《哥达纲领》是1875年德意志劳动者协会与社会劳动党在德国哥达市召开的共同大会中所通过的纲领文件。纲领中强调两党的目标是在政治上争取选举、教育和言论自由等权利，并在经济上争取缩短劳动时间和提高工资等利益。《东京曙新闻》的记者对《哥达纲领》的介绍，是为了向反对社会主义的日本学者表明，社会主义并不能简单概括为"均贫富"，更不是让有才之人无法发挥才能、让懒惰

---

① 社説 [N]. 横浜毎日新聞，1879-08-27（1）.
② 読朝野新聞闢邪論 [N]. 東京曙新聞，1879-08-23（1）.
③ 重読朝野新聞闢邪論 [N]. 東京曙新聞，1879-09-20（1）.
　原文：
　　　第一条：富を致し智を進めて其天賦の福祉を保つ，是れを人類の職と謂ふ。而して此人職を全くせんとするには社会人民をして各其応分の勤労を尽さしめざるべからず。甲は独り労して而も乙は独り逸し，丙は勤めて而も丁は怠るが如きは，是れ大に人職を犯乱し，天心に悖戾する者也。故に吾人は宜く天心に基づき，人職を重んじ，社会共存の主義を実地に拡充せざるべからず。

之人坐享其成的制度。作者指出,《哥达纲领》的第一条,表明社会党人倡导每个人都应该各尽勤劳,以完成人类的职责。他还在文中进一步表明,社会主义也不是限制个人权利与自由的思想。如果衣食住行、土地财产等是"有形的幸福",那么社会主义者更希望能平等享受的是如选举、教育等"无形的幸福"①。虽然节译的《哥达纲领》仅是社会主义言论中极为有限的一段,且《东京曙新闻》的译者在理解和翻译上仍有一些值得商榷的问题②,但这是日本学者首次将欧洲社会主义者的文献翻译成日文,这也使《重读朝野新闻辟邪论》被赋予更重要的意义。也正是《东京曙新闻》记者这两次对社会主义思想的辩护与论争,让日本知识群体对社会主义的理解和认知在深度和广度上都得到了拓展。

与《东京曙新闻》和《朝野新闻》等报刊展开社会主义论争几乎同一时期,西周也发表了专门探讨社会主义思想的新作,名为《社会党论之说》③。在这篇文章中,西周仍站在自由主义经济学派的立场,对社会主义有所批判。但经过近十年的西学研究,西周对各社会主义流派的理解已比之前更加全面与深入。在将各社会主义流派与约翰·密尔的经济思想相比较之时,西周还引出了供给、需求以及劳动价值等观念:

> 以劳力为基准可增生产,由此衍伸,劳力之度由**供给**与**需用**决定。通有学(communism——译者注)之主旨与此相反。通有学主张社会所获财产不论贤能愚不肖,平均分配之。经济学(economism——译者注)中则贤者贤、愚者愚,材能者用其材能,不肖者应其不肖。贫富贵贱乃不得不产生之事。此外虽同为材能者,同种同等者多时其**价值**减,寡时其价值腾。以此为据当今世界产生万般差别,而又以致时世之变,发生变革。④

---

① 重読朝野新聞闢邪論 [N]. 東京曙新聞, 1879-09-20 (1).
② 佐々木敏二. 日本の初期社会主義 [J]. 経済資料研究, 1974 (8).
③ 西周具体于何年写成《社会党论之说》现尚有争议,大久保利谦推断应在1879年左右。参见大久保利谦. 解説 [M] //西周. 西周全集:第二卷. 東京:宗高書房, 1971:741.
④ 西周. 西周全集:第二卷 [M]. 東京:宗高書房, 1971:424.
原文:
> 力ニ準シテ其生産ヲ殖ス可シト云フ、而テ又之ヲ布演シテ曰ク、其労力ノ度ハ**供給**ト**需用**トノ比例ニ於テ定マル者ナリト、是通有学ノ主旨ト全ク相反スル者ニシテ、通有学ニテハ其社会ニテ獲タル所ノ財産ハ賢能愚不肖ヲ論セスシテ、平均之ヲ分配セント云ヒ、経済学ニ在テハ賢ハ賢タケ愚ハ愚タケ能材アル者ハ其材能ニ従ヒ不肖ナル者ハ不肖ニ準スト立テ、貧富貴賎ノ生スルハ已ムヲ得サル事ナリトシ、而テ又同シ材能アル者ト雖ドモ、同種同等ノ者多キ時其**価直**減シ、寡キ時ハ其価直騰ル者ナリト立テタリ、是ニ依テ今日世界ノ万般ノ差別生シタルカ上ニ、又時世ニ従テ変革アル事ヲ発出セリ。

对这些概念的介绍与分析,虽然都用来批判"均贫富"的弊端,但同时亦有助于此后日本社会主义者对科学社会主义的理解和接纳。

(三) 东洋社会党的成立及社会主义思想在明治末年的发展

以上是社会主义思想初入明治日本10年间最值得留意的人物与言论。但除此以外,欧洲社会主义各政党的社会运动以及西方各国做出的武装镇压,亦经常作为外国新闻,在日本各大媒体报刊中报道和转载。① 它们与上述日本知识群体的言论,一同构成了明治日本了解西方社会主义的最初印象。这些日本知识群体大多是支持自由主义的早期启蒙思想家,对社会主义持反对和否定的态度。社会主义被他们简单理解为"均贫富"的概念,必然与自由主义中"不羁自立"的理念相冲突。尽管1870年前后,西方各流派的社会主义已有相当的发展,但日本知识群体对社会主义的认识,还是以空想社会主义学者的主张为根据,对社会主义的主旨和政策在理解上有所偏颇,并停留在相当浅薄的层面。② 尽管如此,在社会主义初入日本的前十年,人们便以新闻报刊为平台对其展开了较为热切的讨论,他们希望主动接触、了解西方新兴思想理论的意愿是十分明显的。由此,与社会主义相关的日文词汇,亦在新闻媒体和学术论著的反复运用中,逐渐明确了定义和内涵。1882年,宍户义知翻译出版了美国学者吴尔玺(Theodore Woolsey,1801—1889)的著作《古今社会党沿革说》(*Communism and Socialism*)③,终于在译文中明确了"社会主义"与"socialism"的对应关系,并为大部分日本知识群体所认同。

同年5月,以樽井藤吉(1850—1922)为首,同情社会主义思想的学人创立了日本第一个社会主义政党"东洋社会党"④。樽井自幼习汉学,并在东京接触了新兴刊物,在吸收西学知识的同时,因为目睹佐贺地区贫富悬殊的状况,而产生了成立社会主义政党的构想,并于1882年5月在肥前岛原的江东寺结

---

① 刺客の禍は何時に止止すべきか [N]. 東京日日新聞,1878-10-12 (1);社会党の主義及び目的 [N]. 東京日日新聞,1879-02-06 (1);魯国形勢論 [N]. 朝野新聞,1878-12-28 (1).
② 明治时期的启蒙思想家对社会主义的反对、曲解和误解,参见小林太郎. なぜ日本共産党と名のるか——その由来とコミュニズムの翻訳をめぐって [J]. 前衛,1983 (493). 该文站在日本共产党的立场上对日本自由主义学人进行尖锐的批判,其政治意义颇为浓厚,但对明治时期社会主义引入日本的史实整理和考据较为详尽,仍值得参考与肯定。
③ ウールセイ. 古今社会党沿革説 [M]. 宍戸義知,訳. 東京: 弘令社出版局,1882.
④ 与东洋社会党相关的研究,参见渡辺庫輔. 東洋社会党 [J]. 日本歴史,1955 (80);飯田鼎. 明治初期における社会主義思想の影響とくに東洋社会党をめぐって [J]. 三田学会雑誌,1973 (66).

党。在东洋社会党的党则里，有如下党纲：

　　一、以亲爱之言行为规准；
　　二、以**自他平等**为主义；
　　三、以社会公众之最大福利为目的。①

而在"手段"一则的说明中，则有"矫正旧来之弊习、破坏世袭之贫富"②的主张，足见"平等"和"均贫富"是党纲里最核心的思想，而这种思想也同样是不少日本学人反对社会主义的理由。由于俄国虚无党暗杀沙皇事件的影响，"社会党""虚无党"等词在日本相当敏感，因此，在尚未进行任何实际活动的情况下，东洋社会党便于6月被勒令解散。但从1870年日本知识群体初识社会主义，到12年后本国社会主义政党的结成，日本对社会主义知识的初步接纳，是在较短的时间内从反对和批判出发，并经过逐渐深入的理解和论争，从而得到同情与接纳，以致成立政党。

在东洋社会党成立的前后，日本新闻界还出现了一些对社会主义做出积极评价的言论。与较早前的自由主义学者发表的言论不同，19世纪80年代开始，新闻界先后出现了《六合杂志》、《国民之友》、《万朝报》、《劳动世界》（后改名《社会主义》）等支持和同情社会主义的报刊。其中《六合杂志》是1880年由东京基督教青年会会长小崎弘道（1856—1938）协同其他会员创办的青年会机关志，旨在宣扬基督教教义，并介绍西方思想、讨论社会问题③。小崎弘道最初也站在自由主义的立场对社会主义采取批判的态度，但与《谬论之害》等批判社会党的评论相比，小崎对社会主义的理解更为深入和透彻。1881年第七号的《六合杂志》中，小崎发表了《论近世社会党之原因》一文④，该文是根据美国政治学者伍尔西（T. D. Woolsey, 1801—1889）于1880年发表的著作 *Communism and Socialism in Their History and Theory, a Sketch*⑤ 译介而成的。文中对马克思的主张、第一国际的历史发展以及德国社会党的现状进行了详细介绍，并指出私有财产制度是导致贫富悬殊的原因，而社会主义的兴起是因为人民对生活的"不平不满"，而这种不平不满的产生则是因为宗教的衰败。因此要杜绝

---

① 田中惣五郎. 東洋社会党考 [M]. 東京：一元社，1930：89.
② 原文"**自他平等**を主義となす""旧来の弊習を矯正し貧富の世襲を破壊する"。参见田中惣五郎. 東洋社会党考 [M]. 東京：一元社，1930：89.
③ 土肥昭夫. 小崎弘道の思想と行動 [J]. キリスト教社会問題研究，1970 (3).
④ 小崎弘道. 近世社会党ノ原因ヲ論ズ [J]. 六合雑誌，1881 (4).
⑤ WOOLSEY T D. Communism and Socialism in Their History and Theory, a Sketch [M]. New York：C. Scribner's Sons, 1880.

社会主义的毒害,就必须倡导基督教的精神和主张。① 此时《东京日日新闻》《朝野新闻》上对社会主义的相关评论,也从简单的否认和反对转变为在深入分析的基础上做出的批判。1882年《朝野新闻》中刊载城多虎雄的《论欧洲社会党》② 就是一篇针对东洋社会党取缔事件而向读者详细介绍欧洲社会党的文章。该文详细介绍了欧洲社会党的性质、分布、组织和理论,与之前批评社会主义的文章比,具有更强的学术性。城多虎雄的《论欧洲社会党》与小崎弘道的《论近世社会党之原因》,一同体现了19世纪80年代日本学人对社会主义的理解和认知已到达较为深入的水平。而作为最先向日本介绍马克思思想的日本刊物,《六合杂志》于1895年转由安部矶雄主笔,成为宣传基督教社会主义的重要阵地。

除《六合杂志》以外,月刊《国民之友》及半月刊《劳动世界》也是宣传社会主义思想的重要刊物。1887年创刊的《国民之友》由德富苏峰(1863—1957)主笔,主张"平民的民主主义",对当时政府提倡的"欧化主义"和"国粹主义"进行批判,主张政治自由、经济平等和基督教的精神道德。③ 1891年以后,游学欧洲并参加了第二国际布鲁塞尔代表大会的酒井雄三郎,开始担任《国民之友》的通讯员,向此刊提供最新的欧洲社会主义通讯。④ 通过对欧洲社会主义运动的了解,《国民之友》开始注重日本劳动者的权益及与此相关的社会问题。在此基础上,日本最早的工人组织于1897年建立,其机关志便是由片山潜(1859—1933)主笔的《劳动世界》。《劳动世界》站在"保护劳动者的利益与幸福"的立场,号召劳动者参与政事、维护自身的政治利益。除了主笔者片山潜以外,安部矶雄、杉山重义、村井知至、幸德秋水、河上清、西川光二郎等人也是《劳动世界》的主要撰稿人。

与这些同情社会主义的报刊相呼应的,是继东洋社会党之后不断涌现的新兴社会主义政党和组织。其中包括车会党(1882)、东洋自由党(1892)、社会问题研究会(1897)、社会主义研究会(1898)、社会主义协会(1900)、社会民主党(1901)和社会平民党(1901)。⑤ 由于明治政府的打压和取缔,这些政党和组织的寿命都比较短暂。他们的组织者大多是同一批人物,如车会党和东

---

① 小崎弘道. 近世社会党ノ原因ヲ論ズ[J]. 六合雜誌, 1881 (4).
② 城多虎雄. 論欧洲社会党[N]. 朝野新聞, 1882-06-23 (1) —1882-08-02 (1).
③ 石川旭三, 幸德秋水. 日本社会主義史[N]. 日刊平民新聞, 1907-02-07 (1).
④ 細川嘉六, 渡部義通, 塩田庄兵衛. 日本社会主義文献解説[M]. 東京: 大月書店, 1950: 37.
⑤ 大河内一男. 日本の社会主義[M]. 東京: 河出書房, 1956: 259-261.

洋自由党的建立者都是大井宪太郎，而社会主义研究会、社会主义协会、社会民主党和社会平民党，都是以片山潜、村井知至、幸德秋水、安部矶雄、河上清、木下尚江、西川光二郎为中心建立起来的。其中，村井知至、幸德秋水和片山潜除了在报刊上发表相关的社会主义言论外，还开始出版宣传和介绍社会主义的专著，比较重要的著作有《社会主义》①、《廿世纪之怪物帝国主义》②、《社会主义神髓》③和《我社会主义》④。作为基督教徒的村井知至在《社会主义》一书中虽然介绍了马克思，但他更注重描绘社会主义的理想社会和文化价值，并强调社会主义者的伦理修养。而幸德秋水和片山潜的著作，则主要以英译版的《资本论》和《共产党宣言》为基础，介绍了科学社会主义的基本理论和经济原理，他们对社会主义的理解已经达到相当高的水平。而这些社会主义者在20世纪以后仍然是社会主义在日本传播和发展的关键人物。

综上所述，东洋社会党作为日本最早的社会主义政党仅持续了不到一个月的时间，但19世纪80年代的明治日本社会中，社会主义的报刊以及社会主义政党不断涌现。这与19世纪80年代以后日本贫民问题的日益严重有着密切的联系。加之自由民权运动进入后半阶段，除了之前的士族阶级以外，以农民和小工商业者为代表的劳动者也积极参与到集会和反抗活动中，为社会主义思想在日本的传播提供了土壤。而中日甲午战争加剧了日本国内矛盾的激化，贫富问题愈加严重，社会主义报刊及相关政党在此时致力于维护平民权益、建立劳动组织，亦得到了一定的支持。另外需要指出的是，《六合杂志》和《国民之友》都具有强烈的基督教色彩，其主要撰稿者小崎弘道、安部矶雄、德富苏峰、村井知至、片山潜等人也都是基督教徒。可见早期日本社会主义思想的传播，是与基督教思想有密不可分的关系的。这一特点也影响到了20世纪以后中日两国社会主义思想的发展和走向。

二、社会主义思想在中国的早期传播及日本的影响（1870—1912）

（一）社会主义初入中国——欧美传教士及中国驻欧使节的引介

中国初次接触到社会主义的相关知识，也是在19世纪70年代。但与日本不同，最早向中国介绍社会主义的是早期来华的欧美传教士。1871年，在巴黎

---

① 村井知至. 社会主义［M］. 東京：労働新聞社社会主義図書部，1899.
② 幸德秋水. 廿世紀之怪物帝國主義［M］. 東京：警醒社，1901.
③ 幸德秋水. 社会主义神髓［M］. 東京：朝報社，1903.
④ 片山潜. 我社会主义［M］. 東京：社会主義図書部，1903.

公社事件爆发一个月后，由美国传教士林乐知主编的《上海新报》便以"法京民变"为题报道了此次事件。此后，林乐知主编的另一报刊《中国教会新报》也持续跟进了巴黎公社展开斗争及最后被血腥镇压的一系列消息①。1873—1881年，以金楷理、林乐知等人为中心，在江南机器制造局翻译馆出版的周刊《西国近事汇编》上，又陆续出现了报道欧美工人运动和社会主义政党活动的新闻记事。在提及巴黎公社和社会党人时，这些消息和记事使用"乱民""奸民""乱党"等词，描述他们与工厂或政府之间的对抗活动。在1874年1月的某则记事中，为介绍德国众议员的组成比例，金楷理将德国的"社会民主党议员"翻译成"主欧罗巴大同之议会者"②。虽然这则简短的记事并没有介绍"欧罗巴大同"具体是怎样的政治主张，但"大同"一词已粗略体现了社会主义的主旨。此外，林乐知则将美国的共产主义者（communist）翻译成"康密尼人"，并介绍了他们在美国各州的分布形势，指出他们"唆使作工之人与富贵人为难"，仍然称他们为"乱党"③。另一则记事上，林乐知为报道德国社会民主党人被政府驱逐出境的事件而将社会民主党翻译为"民党"④。与金楷理所译之"大同"相比，林乐知的译法更倾向于表现社会党人所代表的阶级人群。但与金楷理一样，林乐知也未曾在简短的新闻报道中介绍社会民主党的具体主张。由于《上海新报》《中国教会新报》《西国近事汇编》这类报刊中与社会主义相关的记事大多是类似的简短新闻报道，且夹杂在众多政治、外交等新闻记事之中，要通过这些报刊来了解社会主义及其思想，并非易事。

继欧美传教士以后，出使西洋的中国外交使者黎庶昌和李凤苞，也留意到了社会党人对西方社会造成的影响。1878年，他们分别在各自的出使日记中记录了在柏林发生的社会主义革命者暗杀德皇的事件。在目前可见的文献中，这是中国人最早提及社会主义相关知识的记载。1878年也是福地源一郎发表《谬论之害》的年份，福地在介绍当时巴黎社会党人的骚动之后，还做出了自己的分析和评价。但与福地不同，黎、李二人在日记中仅以旁观者的角度做出简短的记录，并没有做太多思考和分析。黎庶昌音译"socialist"为"索昔阿利司脱"，并简单记述了其党派宗旨：

---

① 巩梅. 晚清时期"巴黎公社"在国内的传播与认知——基于《马藏》所收1911年前文献史料的梳理 [J]. 思想教育研究, 2021 (3)：37-42.
② 金楷理，蔡锡龄. 西历一月十九日至二十五日 [J]. 西国近事汇编, 1874 (1).
③ 林乐知，蔡锡龄. 西历五月九日至十五日 [J]. 西国近事汇编, 1877 (2).
④ 林乐知，蔡锡龄，钟天纬. 西历十一月五日至十二月二日 [J]. 西国近事汇编, 1881 (4).

天之生人，初无歧视，而贫贱者乃胼手胝足，以供富人驱使，此极不平之事。……（社会主义党派）冀尽除各国之君使国无主宰，然后富贵者无所恃，而贫贱者乃得以自伸。①

而李凤苞音译社会民主党（Socialdemocrat）为"莎舍尔德玛噶里会"，对该会的介绍与黎庶昌颇为相似，但在描述中称社会主义者为"愚者"②，透露了他对社会党人的态度取向。此外，黎、李二人在音译这些社会主义词汇以后，都在所提及的名词后追加意译，且都译为"平会"，乃取其党人"欲天下一切平等无贵贱贫富之分"③ 的含义。这是中国人最早对社会主义相关概念做出的理解和翻译。但值得留意的是，李凤苞的《使德日记》于1891年、黎庶昌的《西洋杂志》于1900年才在国内出版。因此，与在《东京日日新闻》上公开发表的《谬论之害》不同，两位留欧使节关于社会主义的言论并没有被及时引介入国内，其他中国人对社会主义的理解和认知，则是更晚的事情。

19世纪最后三十年，还有几名欧美传教士对社会主义做出过简要的介绍④，维新派的著名报刊《时务报》亦刊载过几则与欧美社会党相关的新闻⑤。古城贞吉于《时务报》上所译《硕儒讣音》中，也有"英国名士威呢暗摩里是氏……为近世**社会主义**（学派之名）之泰山北斗也"的记载。古城并没有对"社会主义"进行释义，仅保留了日文词汇于记事中。⑥ 可见，社会主义被介绍入中国后的近30年内，相关的文献都是上述简单的新闻记事，且数量也极为有限。在这些文献中，翻译和记述的中外学者，大都注重描述社会党人扰乱和破坏社会秩序的活动，并明显对社会主义持反对的态度。这与社会主义初入日本的情况有所相似。但相对日本而言，国人对社会主义的关注度并不大，更不论有何深入的分析与探讨。此外，上文引用的文献对社会主义相关词汇的译介，也没有在其后得到普遍的认同和运用。

---

① 黎庶昌. 西洋杂志［M］. 长沙：湖南人民出版社，1981：58.
② 李凤苞. 使德日记（及其他二种）［M］. 北京：中华书局，1985：29.
③ 李凤苞. 使德日记（及其他二种）［M］. 北京：中华书局，1985：29.
④ 如1885年傅兰雅在《佐治刍言》、1897年李提摩太在《万国公报》中对社会主义的相关记载，但这些记载都较为简陋。参见姜义华. 社会主义学说在中国的初期传播［M］. 上海：复旦大学出版社，1984.
⑤ 如1896年9月的《社会党开万国大会》、11月的《硕儒讣音》及1897年11月的《弹压虚无党议》。这些文章皆由日本学者古城贞吉译自日文报刊.
⑥ 参见金观涛，刘青峰. 观念史研究［M］. 北京：法律出版社，2010：549. 相对古城的翻译而言，下文提及梁启超译介相关日文论著时所用的"社会主义"更具有将其译介入中文的实际意义.

(二) 中国知识群体围绕社会主义进行的早期论争

现今所使用的"社会主义"一词及与其相关的思考和争论，是直到1899年梁启超于《清议报》中译载《佳人奇遇》第十四回之后，才逐渐得到国人关注和认可的。

《佳人奇遇》乃日本新闻记者柴四郎的政治小说，在宣扬民族主义思想上具有重要的启蒙意义。该书在《清议报》译载后，给中国也带来了很大影响。而1899年1月第十四回的连载中，则提及了与社会主义相关的内容：

> 天下之变，实莫与之京也。而此祸亦势之不可避也。但尚有一缕之可望者，则在于仁人学者能以**国家社会主义**，调和贫富之间而已，于外实无别法也。①

此处的"社会主义"是与前面的"国家"结合使用的，本身尚未有独立的含义。其后的"调和贫富"虽然简单解释了社会主义的主张，但亦不甚明确。在一年后，梁启超的另一篇译文《十九世纪思想变迁论》则对社会主义做出了更为详细的介绍。

《十九世纪思想变迁论》原作者便是第一位向日本引介社会主义知识的明六社成员加藤弘之。该文介绍西方的国家主义思想（译文中称"国家上思想"）"愈登绝顶、盛极而衰"，而社会主义思想（译文中称"社会上思想"）有"起而代之"的趋势。在介绍"社会思想"时，有如下文：

> 所谓社会思想者，即关于贫富问题者耳。此问题在数世纪以前，已有萌芽。虽然其全盛时，则在十九世纪下半期也。**社会主义**，至十九世纪下半期，其势力逐日增高，此显然之事也。……社会思想，起而思均贫富以救贫民之厄。此势之所必至也。方今经济学者及社会学者，皆尽力于兹。以谋救济之力。然绝不奏效。则虽有巩人民权利之法律，毕竟不免流于空文。②

与《佳人奇遇》一样，在《十九世纪思想变迁论》中，梁氏直接将日文汉字词"社会主义"引入中文。从文中还可看出，"社会主义"一词所代表的是"社会上思想"，即均贫富、谋救济、巩人民权利的思想，发展到19世纪下半期后势力大增并高度发达的表现。此思想的提出，是与国家主义相对应的。文章

---

① 柴四郎著，梁启超译. 佳人奇遇（第十四回）[M]//新民社辑. 清议报全编：第三集. 台北：文海出版社，1986：254.
② 加藤弘之. 十九世纪思想变迁论[J]. 清议报，1900（52）：5.

还提出社会主义乃大势所趋,可见与刚接触到社会主义时不同,加藤在《十九世纪思想变迁论》中已对社会主义发展的前景有所期待。梁氏将该文译介于《清议报》,并非专门讨论社会主义思想,他虽然没有对社会主义表示批判或反对,但也并未予以赞同①。

继梁启超翻译《十九世纪思想变迁论》之后,1901年由留日学生主办的《译书汇编》,在翻译有贺长雄的《近世政治史》第三章第一节时,对"社会主义"做出了如下解释:

> 西国学者,悯贫富之不等,而为佣工者,往往受资本家之压制,遂有倡均贫富制恒产之说者,谓之社会主义。社会云者,盖谓统筹全局,非为一人一家计也。中国古世有井田之法,即所谓社会主义。②

《近世政治史》的译者与梁启超一样,都认为社会主义乃救济穷人、提倡社会财富均等的思想。同时,《近世政治史》的译者将中国古代井田之法理解成社会主义,这与1904年梁启超于《新民丛报》所发的《中国之社会主义》中把王莽"分田劫假"看成中国的社会主义③颇为相似。若结合上章所述加藤弘之对"均贫富"之井田、均田与口分田制度的论述,可见中国学人与日本学人一样,都希望从东方历史中寻找相似的思想和制度,以此建立东西间的联系和对应。《译书汇编》的编辑杨廷栋、杨荫杭、雷奋、马君武等人都是留日学生,他们之中有不少人与梁启超有直接的交流,同时也在《新民丛报》中发表论作或刊载译文。译文的原作者,如加藤弘之、有贺长雄等人,都是明治日本引介西学的重要人物,他们对留日学生的影响是显而易见的,而梁启超与加藤弘之更是有直接的交流和往来。

梁氏最早与加藤相识,是在1899年的日本哲学会春季大会上,其后开始阅读加藤的论著,并通过加藤接触了伯伦知理的国家主义思想。④ 梁氏在20世纪初最先引介社会主义之时,已比加藤在《真政大意》里所介绍的"socialism"和"communism"有了更为深入的认识。在《进化论革命者颉德之学说》⑤《新

---

① 关于梁启超对社会主义及马克思主义思想的引介和传播,参见郭刚. 中国早期马克思主义的传播——梁启超与西学东渐 [M]. 北京:人民出版社,2010.
② 有贺长雄. 近世政治史 [J]. 译书汇编,1901 (2):15.
③ 梁启超. 中国之社会主义 [J]. 新民丛报,1904 (46—48).
④ 郑匡民. 梁启超启蒙思想的东学背景 [M]. 上海:上海书店出版社,2009:200-217.
⑤ 梁启超. 进化论革命者颉德之学说 [J]. 新民丛报,1902 (18).

大陆游记》①等同样提及社会主义的文章里,梁氏还引用过马克思的言论,并表明他曾与美国社会党成员有过直接交流。他虽然承认社会主义在欧美已是"最占势力"的思潮之一,且感叹"社会主义之万不可以已",但却也认为中国的改革"进步有等级,不能一蹴而就"②。在1906年发表的《社会革命果为今日中国所必要手》中,梁启超就强调"今日欲救中国,唯有昌国家主义,其他民族主义、社会主义,皆当诎于国家主义之下"③,这表明他对社会主义的态度从根本上还是与加藤弘之采取了相同的态度,认为这种主张并不是适合中国社会改革的政策。

比梁启超更加鲜明反对社会主义的,有主笔《政艺通报》的邓实。邓氏于1903年发表《论社会主义》,在详细介绍西方社会主义者所描绘的理想蓝图后,也认为这种思想暂不适用于中国:

> 虽然,社会主义者,又极不切于中国之主义也。凡人类进步之次第,由射猎而游牧,而耕稼,而工商,惟工商之期,而后有社会主义。吾国犹在耕稼之时代,故社会主义之问题,在欧洲已高唱、非难,日日绞政治思想家之脑髓而不能理者,在吾国则视若无动焉。④

可见与日本一样,社会主义在得到中国人关注的同时,也立即遭受了质疑。在初步了解了这一新兴西方思想的内涵后,如何将其与中国社会取得联系,并利用其解决当下的民族和社会问题,是当时的知识群体需要思考的问题。而除了上文述及的文章以外,从1900年到1905年,以《清议报》、《新民丛报》、《译书汇编》(后改名《政法学报》)、《游学译编》和《浙江潮》为中心,还出现了二十多篇介绍和讨论社会主义思想的文章。而幸德秋水、福井准造、西川光次郎、村井知至等日本学者所著有关社会主义的书籍,也在这段时间内被翻译成中文出版。

与之前近三十年间较为沉默的状态相比,国人在20世纪的最初几年对社会主义的关注已骤然提升,不难看出这与日本的影响有直接的关系。从梁启超开始,上文述及的中国学人无不具有留日背景,而这一系列文章所刊载的报刊也主要是在东京,而非中国本土内发行。经过日本知识群体的思考和译介,在19

---

① 梁启超. 新大陆游记 [M]. 上海:广智书局,1904. 参考林代昭,潘国华. 马克思主义在中国——从影响的传入到传播:上册 [M]. 北京:清华大学出版社,1983.
② 梁启超. 新大陆游记 [M]. 上海:广智书局,1904.
③ 梁启超. 社会革命果为今日中国所必要手 [J]. 新民丛报,1906 (86):52.
④ 邓实. 论社会主义 [J]. 政艺通报,1903 (2):6b.

世纪 80 年代,"社会主义"一词基本上已拥有了较为明确的定义。进入 20 世纪后,与社会主义思想相关的探讨和论争也达到较为成熟的程度。因此,留日中国知识群体在接触到社会主义之时,用较短时间就确定了相关的概念和含义,并很快进入更为深入的思考和探讨。这是 20 世纪最初几年中国知识群体通过日本理解和接纳社会主义思想的一大特点。

(三)革命党人对社会主义思想的理解和运用

如果说梁启超、邓实和上述的其他留日学人,对社会主义的接触还停留在理解和讨论的层面,那么 1903 年幸德秋水和堺利彦在东京创刊的《平民新闻》周刊,以及受此周刊影响的中国革命党人对社会主义的关注,则已开始主动尝试将社会主义思想运用于解决国家社会建设的问题。

1903 年 11 月,正值日俄战争爆发前夕,日本国民大部分都狂热地支持战争。一直坚持与主流媒体对抗、坚持反对"对俄强硬"的《万朝报》,也抵挡不住政府和舆论的压力,转向赞同战争的一方。此时,坚持反战的社会主义者幸德秋水和堺利彦决定退出万朝报社,建立"平民社",于 11 月 15 日首刊《平民新闻》第一号,正面批判政府对内、对外的各种政策,宣传和普及社会主义。《平民新闻》成为日本社会主义运动史上最早的社会主义机关志。

1902 年,孙中山和章炳麟在东京讨论土地、赋税改革的问题。当时孙中山提出了如下建议:

> 夫贫富斗绝者,革命之媒。虽然,工商贫富不可均,材也……彼工商废居有巧拙,而欲均贫富者,此天下之大愚也。方土者,自然者也。自然者,非材力,席六幕之余壤,而富斗绝于类丑。故法以均人。①

孙中山认为"均贫富"的主张并不适用于天下所有财产,但不显示"材力"区别的土地却应该得以平均。因此他更进一步拟定了"均田法"的方案,并得到了章氏的赞赏。可见在他看来,"均贫富"已不是一个简单的概念或主张,而是有了更加具体详细的方案。次年,孙中山又在东京和幸德秋水对社会主义在中国的实行交换了意见,进一步促成了其社会主义思想的形成。直到 1905 年《民报》于东京创刊,在《民报发刊词》中,孙中山首次提出了三民主义的概念。其中论及民生主义时道:

> ……欧美强矣,其民实困,观大同盟罢工与无政府党、社会党之日炽,社会革命其将不远。吾国纵能媲迹于欧美,犹不能免于第二次之革命,而

---

① 章炳麟. 訄书[M]. 东京:东京翔鸾社,1904:144.

况追逐于人已然之末轨者之终无成耶！夫欧美社会之祸，伏之数十年，及今而后发见之，又不能使之遽去。吾国治民生主义者，发达最先，睹其祸害于未萌，诚可举政治革命、社会革命毕其功于一役。①

除此以外，孙中山在此时期对民生主义并没有太多其他论述，他强调继"民族主义"解决国家独立，"民权主义"解决政治问题后，"民生主义"乃解决经济问题的关键。但在《民报》的其他文章中可见"民生主义"与"社会主义"混用的现象。如朱执信的《从社会主义论铁道国有及中国铁道之官办私办》中便有"社会主义本译民生主义……今以篇中术语多仍日译故此二者亦并从之"②的注释。而冯自由的《录中国日报民生主义与中国政治革命之前途》中亦有"民生主义，(socialism)，日人译名社会主义"③的解释。可见民生主义最初只是"socialism"的另一翻译。若观察在《民报》中相关文章的行文与用词，"社会主义"比"民生主义"出现得更为频繁。④

在孙中山看来，社会主义已不是"均贫富"的简单概念，欧美各种社会主义政党的活跃，使他意识到在中国社会中也有必要利用社会主义思想"治民生"，解决以土地问题为首的经济问题，以避免"欧美社会之祸"。然而，民生主义是三民主义之中最不迫切需要解决的问题。《民报》中集中讨论"民生主义"或"社会主义"的文章，仅在孙中山提出三民主义后的两三年内出现了六篇。再加上其后《民报》主编的更换，民生主义更是从《民报》的话题中消失。可以说，自"民生主义"提出始，它就长期位于"民族"与"民权"之后，直到民国成立后才开始再受重视。

然而，孙中山的这种观点并没有得到所有革命党人的赞同。在同盟会之中，与孙中山意见相左的张继、刘师培等人，他们联合日本社会主义学者幸德秋水、堺利彦等人创办了"社会主义讲习所"（又称"社会主义讲习会"）⑤。针对孙中山认为社会主义并不急于研究和实践的态度，他们在《社会主义讲习所广告》中做出如下回应：

---

① 孙中山. 民报发刊词 [J]. 民报，1905（1）：2.
② 县解（朱执信）. 从社会主义论铁道国有及中国铁道之官办私办 [J]. 民报，1906（4）：45.
③ 自由（冯自由）. 录中国日报民生主义与中国政治革命之前途 [J]. 民报，1906（4）：97.
④ 狭间直树. 中国社会主义的黎明 [M]. 東京：岩波書店，1976：120.
⑤ 关于社会主义讲习所，本书参考了郑匡民《西学的中介：清末民初的中日文化交流》中的第六章"社会主义讲习所与政闻社"。郑氏对社会主义讲习会已做出了非常详细深入的研究。

……虽有志之士倡民族主义，然仅辨种族之异同，不复计民生之休戚，即使光复之说果见实行，亦恐以暴易暴，不知其非。同人有鉴于此，拟研究社会（主义）问题……①

这是讲习所的成员与孙中山的思想理念有所分歧之处。他们认为倘若"不计民生之疾苦，不求根本之革命"，则无法达到真正的革命目的，以此强调社会主义思想在中国革命实践活动中的重要性。此外，他们认为此讲习所"不仅以实行社会主义为止，乃以无政府为目的也"，"惟无政府以后，必行共产，共产以后，必行均力"。② 这无疑是受到了幸德秋水的影响。在他们眼中，"社会主义"是达到"无政府主义"和实行"共产"的中介，而并非最终目的。这种无政府主义思想的宣传活动让日本政府倍感紧张，在警察机关严密监视下，社会主义讲习所的活动仅持续了半年。但由于幸德秋水的影响力以及该活动强大的号召力，讲习所的思想及其对"社会主义"的理念，已给不少留日学生和中国知识群体带来了重要影响。

从梁启超于1899年将社会主义知识引入中国，到革命党人对社会主义的宣传与运用，国人对取径东洋的社会主义的接纳是相当迅速的。虽然大部分接触社会主义的人物在当时都以日本为活动中心，但在日本发行的相关图书和报刊传入国内后亦得到了大量关注和反响。1911年6月，江亢虎于上海创办了"社会主义研究会"，并于辛亥革命后成立了首个中国本土的社会主义政党"中国社会党"。江氏曾于1901年留学日本，后又赴欧游学，西欧无政府主义对他的影响更为深厚。③ 但留日学人及相关言论对国内的影响无疑为中国社会党的结成提供了契机与环境。在中国社会党于1911年11月发布的规章中，可见其宗旨如下：

一、赞同共和；一、融化种界；一、改良法律，尊重个人；一、破除世袭遗产制度；一、组织公共机关，普及平民教育；一、振兴直接升利之事业，奖励劳动家；一、专征地税，罢免一切税；一、限制军备、并力军备以外之竞争。④

比起日本的第一个社会主义政党，中国社会党在成立时所阐明的主张是更为详细而实际的。与东洋社会党不同，中国社会党在民国成立以后仍持续活动，

---

① 社会主义讲习所广告［J］.天义，1907（3）：57.
② "社会主义讲习会"第一次开会记事［J］.天义，1907（6）：52.
③ 汪佩伟.江亢虎研究［M］.武汉：武汉出版社，1998：3-6.
④ 中国社会党规章［N］.天铎报，1911-11-24（1）.

后又与中华民国工党联合，直到1913年因涉嫌参加二次革命才被取缔解散。但其后又在1916年复党，并对民国时期的社会主义政党的发展产生了持续的影响。① 中日两国第一个社会主义政党的成立相差了近二十年，它们的命运如此相异，除了国家环境和时代背景的原因以外，也与当时的国民对社会主义思想的理解程度有密切的关系。除了中国社会党以外，辛亥革命以后国人对社会主义的关注与讨论也进入更为深入和广阔的阶段。与此同时，日本社会主义运动在20世纪最初十年经历过政府强力的打压之后，也在1912年，即大正时期的开端迎来了新的发展。

三、20世纪初中日社会主义思想的发展

1912年对中日两国来说都是重要的年份。中华民国的成立和大正时代的到来，给社会主义在两国的发展带来了划时代的影响。如果说在19世纪末期，中日两国对社会主义的引介都处于日渐扩大与深入的情势，那么进入20世纪，在各自政府的压力下，两国的社会主义发展都先后进入了低潮时期，社会主义者之间的跨国交流也有所减少。但在大正民主运动的影响下，日本社会主义政党被赋予了新的活力，自称"真正的社会主义"的无政府主义者，成为维系中日两国社会主义交流的重要线索。

（一）"寒冬期"后日本社会主义思想的新发展

大逆事件使日本社会主义运动进入"寒冬期"。1911年1月，以幸德秋水为代表的24名社会主义者，以企图暗杀天皇的"大逆罪"，被判处死刑或无期徒刑，轰动了全日本。在"大逆事件"中可确认有"危害皇室"思想的只有幸德秋水、菅野须贺、宫下太吉、新村忠雄、古河力作5人②。他们在过激社会主义和无政府主义思想的影响下，主张废除皇室，并开始讨论暗杀天皇的计划。在政府的打压下，他们的计划以失败告终。但除这五人以外，另有19名社会主义者受到牵连，被处以死刑。此事件让日本社会主义阵营失去了多名重要的领袖和学者。更重要的是，日本政府对社会主义运动的强力取缔与高度镇压，前所未有地限制了社会主义者的言行。

在"大逆事件"以前，日本政府对社会主义运动的镇压就已愈来愈强硬。

---

① 见李良玉. 江亢虎早期政治思想研究 [J]. 社会科学研究，1989 (1)；沈骏. 江亢虎的社会主义与中国社会党 [J]. 华中师范大学学报（哲学社会科学版），1989 (2)；吴汉全. 留学生与马克思主义在中国的传播 [J]. 徐州师范大学学报（哲学社会科学版），2001 (1).

② 石川啄木. 啄木全集：第十卷 [M]. 東京：岩波書店，1961：83.

1908年的"赤旗事件"中，大杉荣、堺利彦、山川均、荒畑寒村等人被判入狱，也是政府取缔社会主义活动的重要事件。明治末年，政府加强对社会主义运动的施压，与社会主义者中分裂出越来越多的过激派及无政府主义者不无关系。以幸德秋水为代表的无政府主义者致力于宣传反政府、反皇室的言论，而强硬的明治政府在实施言论管制的政策上并没有对他们表现出宽容。大逆事件的主角是过激派和无政府主义者，但从判刑和镇压的范围可知，日本政府对思想及言论的控制，已远远超出无政府主义的范畴。这一事实给在日中国知识群体以及中国国内，乃至身处欧洲的留学生都带来了影响。

早在赤旗事件发生之时，中国留学生在法国创办的无政府主义刊物《新世纪》便对其进行了报道与评论。在《日本无政府党红旗案之结束》[1] 一文中，作者对"横暴已极"的日本政府表示失望，并肯定了大杉荣等人在法庭上的辩护言论。另外，作者还假设若此种事件发生在北京，官吏定会对无政府主义者更加凶暴，而"中国人亦不过淡漠视之"。这种谴责与失望的情绪，在"大逆事件"以后的中国新闻记事中亦有所表现。如《东方杂志》的《日本无政府党员处罪》[2] 一文，就报道了日本报刊对日本政府的问责，同时还罗列了英、法、美、德社会党对此事件做出的批判和抗议，以及驻纽约日本领事馆因此被袭的消息。1913年，有学人回顾十年以来的国际形势时，也把"无政府党幸德秋水等之被处死刑"与"英日同盟结成""日俄战争"及"大正改元"等史实共同列为影响日本国势的重大事件[3]。从这些国内的报道中可见，中国媒体舆论不乏对日本社会主义运动的关注与同情。但关于大逆事件的报道，也有如《外交报》中《日本无政府党阴谋发觉》[4] 那样，以日本政府的立场描述事件经过，并谴责幸德秋水等人"阴谋暗杀日皇"的文章。

日本社会主义的"寒冬期"以"大逆事件"为开端，但不久后中国的辛亥革命便给沉寂的日本社会主义运动带来了刺激。虽然山县有朋及第二次西园寺内阁都不支持民国的建立，并一心希望延续清政府的寿命，但日本国内的舆论却大多对革命派抱以同情。他们对中国的共和制和国会选举的关心，甚至让日本政府感到紧张与不安。与此同时，大正时代的到来也对日本社会带来了影响。就在明治天皇去世两天后，政治家及社会运动家铃木文治（1885—1946）创立了著名的劳动组织"友爱会"。

---

[1] 夷. 日本无政府党红旗案之结束 [J]. 新世纪，1908 (17).
[2] 日本无政府党员处罪 [J]. 东方杂志，1911，8 (1).
[3] 凡将. 十年以来世界大势综论 [J]. 东方杂志，1913，9 (7).
[4] 日本无政府党阴谋发觉 [J]. 外交报，1910 (288).

友爱会创立时的纲领乃如下三条：

一、吾辈相互亲睦、一致协力，以求贯彻相爱扶助之目的。

二、吾辈遵从公共之理想，以求见识得以开发、德性得以涵养、技术得以进步。

三、吾辈以共同之力、持着实之方法，以求改善吾辈之地位。①

从友爱会的纲领上看，此组织与社会主义似无密切关系，且组织的最初目的，也的确仅是援助劳工以及为劳动团体谋求福利。但实际上却有不少社会主义者加入此会，而友爱会也是社会主义寒冬期中唯一的劳动组织。经历一战爆发及俄国十月革命，越来越多的社会主义者借友爱会的机关志，即《劳动及产业》等刊物，重新开始宣传社会主义思想。

一战爆发以后，日本国内应运而生的大正民主运动，使社会主义的寒冬期得以结束。在吉野造作主张的民本主义思想的带动下，日本知识群体重新开始关注劳农运动和社会主义运动。之前在大逆事件后保持沉默的堺利彦、安部矶雄、荒畑寒村、山川均等社会主义者也重新活跃起来。尤其在十月革命的刺激下，出现了不少新刊或复刊的社会主义杂志，除《劳动及产业》以外，《近代思想》《平民新闻》《劳动新闻》《劳动组合》《新社会》等报刊，都是此时重要的社会主义刊物，其内容以俄国革命形势报道及马克思主义宣传为主。而与此同时，堺利彦、山川均等人也加强了和俄国社会民主党的直接联系。

俄国二月革命后，山川均等人便向俄国社会党送去了贺电。② 而在十月革命后，堺利彦、高畠素之又向列宁直接寄予致贺书简，并将其抄送荷兰的第二国际总部。信中提道：

如卿等所悉，吾等于当地之活动受政府之迫害，几乎全然受制。然而

---

① 日本労働組合総同盟 50 周年記念事業資料蒐集委員会編. 友愛会・総同盟 50 年史年表[M]. 東京：日本労働組合同盟，1961：1-2.
原文：
一、われわれは互いに親睦し一致協力して、相愛扶助の目的を貫徹せんことを期する。
一、われわれは公共の理想に従い識見の開発徳性の涵養技術の進歩を図らんことを期する。
一、われわれは共同の力により着実なる方法をもってわれらの地位の改善を図らんことを期する。
② 近代日本史料研究会. 特別要視察人状勢一斑：続 1［M］. 東京：明治文献資料刊行会，1962：431.

终于有卿等反乱之烽火传递而来，相信今后吾等所受之压抑便可爆发。普遍之不平已然十分猛烈，民主及社会主义思想之步伐逐渐踏入所有中流及下流社会之间。卿等及与卿等并行的德意志革命纲领，于我国国民普遍之心理，尤其于我政党员、官僚主义者、大学教授、军国主义者及自以为是的爱国者之心理上，究竟有多大影响，恐怕难以估量，因此在世界社会改造的相关运动中，吾等之运动亦得以挽回。且吾等亦可公言，吾等与国际僚友诸君，于某种程度上共同合作的时期，也许也并非遥远。在休战的如此危机时刻，吾等期望能就一切重要事件与卿等通信。关于不久将来之国际社会主义大会，吾等将尽力派遣吾等委员，并为此做足准备。①

可见日本社会主义者对十月革命的评价极高，同时也十分强调其对日本社会主义运动的影响。此外，信中还十分期望能与俄国革命党及第二国际保持密切的联系。而事实上，在1918年以后，以山川均和堺利彦为代表，日本社会主义者在马克思主义研究及社会主义运动等方面，的确与俄国加强了交流，这也进一步影响了中国社会主义者对俄、日两国社会主义思想的接纳。

（二）辛亥革命后中国社会主义发展的变化与转折

在日本社会主义的发展经历起伏的同时，中国知识群体对社会主义的关注也因国内和国际局势的变化而变化。民国的建立以及孙中山对社会主义经济政策的重视，引起了不少学人的关注。1911年江亢虎成立社会主义研究会后，报刊中讨论社会主义的文章骤增。1912年民国正式成立后，相关文章的数量有了更大的增幅，此时也是社会主义思想传入中国以后第一次被热议的时期。观察

---

① 近代日本史料研究会．特別要視察人状勢一斑：続3［M］．東京：明治文献資料刊行会，1962：295-296.

原文：
卿等ノ了知セラルヽ如ク当地ニ於ケル我等ノ運動ハ政府ノ迫害ニヨリ殆ント全然圧伏セラレ申候　サレト卿等ノ反乱ノ烽火ハ久シキニ渉リテ圧抑ヲ受ケタル後今ヤ爆発セントシツツアリト信セラレテ可ナリ一般ノ不平ハ既ニ猛烈トナリ民主ノ或ハ社会主義的思想ハアラユル中流及下流社会ノ間ニ地歩ヲ得ツツアル次第ニ有之候　卿等ハ卿等並ニ独逸ノ革命ノ綱領カ我国民一般的心理特ニ我政党員、官僚主義者、大学教授、軍国主義者及自惚レタル愛国者ノ心理上ニ影響セシコト如何ニ甚大ナリシヤ恐クハ推定セラルル事難カラム、カカル故ニ我等ハ世界ノ社会的改造ニ関シ我等ノ運動カ挽回セラレ而シテ国際的僚友諸君ト共ニ或程度迄協力スルコトヲ得ルノ時期蓋シ遠キニ非サル可キコトヲ公言ス　休戦ノ此ノ危急ナル時期ニ際シ我等ノ重要ナルアラユル事件ニ関シ卿等ト通信センコトヲ望ム
　　近キ将来ニ於テ開カルヘキ国際社会主義大会ニ関シ、我等ハ出来得ル限リ我等委員ヲ派遣セントシテ或ル準備ヲナシツツアリ……

民国元年各大报刊中相关的文章内容,可见十几篇对孙中山的社会主义演讲的记录报道,而对孙中山的演讲做出评价、讨论的文章,也不占少数。

辛亥革命后,孙中山归国任临时大总统,但很快便由于国内外的压力,决定让位于袁世凯。其卸任后的主要活动之一,便是致力于解决民生问题。他在全国各地发表关于民生和实业的演讲,不时提到"社会主义乃救国之关键"。其时孙中山在行政职位上已非一国之领袖,但在民众中仍然保持巨大的影响力。他关于社会主义的演讲曾先后在《新世界》《生计》《生活杂志》《社会世界》《民谊》《民誓杂志》《民立报》《东方杂志》等报刊中连载。1912年有关社会主义的研究和探讨,也由孙中山对社会主义的再关注而起。与同盟会成立时的态度不同,孙中山认为既然民国已立,民族、民权的目标已达,那么现在最为重要的目标即是"民生":

> 今日满清退位,中华民国成立,民族、民权两主义俱达到,唯有民生主义尚未着手,今后吾人所当致力的即在此事……今日最富强的莫过英、美,最文明的莫过法国。英是君主立宪,法、美皆民主共和政体,已是极美的了。然国中贫富阶级相隔太远,仍不免有许多社会党要想革命。盖未经社会革命一层,人民不能全数安乐……一面图国家富强,一面当防资本家垄断之流弊,此防弊之政策无外社会主义。①

值得留意的是,民国元年众多讨论社会主义思想的文章中,大部分都是提倡和赞同社会主义的。一贯标榜持中立场的《东方杂志》②,其主编杜亚泉也在1912年5月译载了幸德秋水的《社会主义神髓》。杜氏在前言中努力表明其中立的态度:

> 社会主义,发达于欧美,渐暨于东亚,崇拜之者,称为人类幸福之源泉。非难之者,目为世界危险之种子。幸福乎,危险乎,吾人所不敢言,亦不能言。以吾人对于此主义,未尝加以研究故也。夫以为幸福耶,则此主义固有研究之价值。以为危险耶,则此主义更不可不为研究之准备。幸德秋水氏,固东亚社会主义之先导者。今译此著,非将以此造福于吾人,亦非将此贻危于社会。第以此供世人之研究。知其幸福之如何,明其危险之安在而已。抑吾更有进者,自社会主义盛而社会政策兴,社会政策者,

---

① 克恭. 孙中山先生社会主义谈 [J]. 新世界,1912 (4):1-12.
② 关于《东方杂志》及杜亚泉对社会主义思想的看法与态度,本书参考了郑师渠. 论杜亚泉与新文化运动 [J]. 北京师范大学学报(社会科学版),1994 (2);岳远尊.《东方杂志》作者群社会主义观念研究 [D]. 济南:山东大学,2013.

本源于社会主义。而趋其幸福避其危险之政策也。吾人苟知社会主义之真髓,而知社会政策之不容缓。则其关系于中华民国之前途,岂浅显哉。①

杜亚泉强调自己对社会主义研究尚浅,且认为社会主义思想可能还具有危险的因素,但他积极通过幸德秋水了解社会主义的内涵,并将《社会主义神髓》引介于国人,可见他对这一学说虽非强烈赞同,但也暂无敌意。另一篇译自永井柳太郎的文章,也很能说明当时的非社会主义者对社会主义的态度:

> 夫主张社会主义者之学说,失于独断,其议论又过于极端。凡此缺点,不难从而发见之。然世界之欢迎社会主义者,其势又如是之盛,此岂非因其主张投合于现今欲脱离经济压迫之多数人民自主的感情而然耶?吾等非主张社会主义者。故对于社会主义的运动,非但全然不能同意,且欲从而善导之。然吾辈对于注全部之精神欲贯彻其主义者。不得不表其敬意。②

除了翻译日本学者对社会主义的分析或评价以外,也有一些非社会主义者,以中国社会现状为出发点,结合世界局势,对社会主义做出商榷和讨论。如欧阳溥存③在探讨社会主义时,虽然反对"以经济上享受的财,亦一切归诸公有"④的共产主义,但也积极分析利用社会主义的理念,改良国家经济政策的可能性。⑤民国建立后,尤其是在孙中山"民生主义"的影响下,社会主义似乎获得了相当正面的形象,中国知识群体对社会主义在中国的发展和实践亦充满期待。

然而,袁世凯在北京就任后,发生了一系列的政治变局,这让国人对社会主义在中国的实现再次质疑。"社会主义"的美好愿望只是昙花一现,孙中山为社会主义所构想的蓝图,并没有在中华民国建立后付诸实践。国人很快认识到,这种平等大同的思想并没有解决中国的实际问题。"社会主义"的关注度也因此开始下滑。

1913年,出现了几篇对社会主义持有消极态度的文章,文章的内容并非以理性分析的方法提出批判,而是通过讽刺来表达作者对这一思想学说的不满。

---

① 高劳(杜亚泉). 社会主义神髓·译者记 [J]. 东方杂志, 1912, 8 (11): 2-3.
② 永井柳太郎. 二十世纪之政治问题 [J]. 东方杂志, 1912, 8 (10): 4.
③ 欧阳溥存(生卒年不详),字仲涛,江西丰城人。1917年任北洋政府内务部礼俗司司长。1919年任甘肃省泾原道道尹。(张宪文,方庆秋,苏美真,等. 中华民国史大辞典 [M]. 南京: 江苏古籍出版社, 2001: 1159.)
④ 欧阳溥存. 社会主义 [J]. 东方杂志, 1912, 8 (12): 4.
⑤ 欧阳溥存. 社会主义商兑 [J]. 东方杂志, 1912, 9 (2).

署名为"天笑生"的作者所发表的中篇小说《悲惨之社会主义》①,描述了一名对社会主义满怀期待的工人,在国家实行社会主义变革之后,遭受了种种不幸,以家破妻亡而告终。小说从虚构的"社会主义"法律制度、社会福利、议会体系等方面展开对社会主义的批判,暗示其荒谬和不切实际。最后,作者借主人公的感叹表达了他的失望之情:

> 嗟夫诸君。今日国内既大混乱,人人朝不保暮,我妻则旦夕间将为陈死人。老翁亦垂尽矣。……迩来新社会之滋味,亦已尝遍,然至于今日,则一家均牺牲于此。社会主义,尚何言哉!②

另一个值得留意的例子,是《小说新报》1915年创刊号中的小笑话,题名即为《社会主义》:

> 某君游学归国,提倡社会主义,不遗余力。共产主义、公妻制度,所至演说,闻者为之动容。有来报告者,谓先生家中昨夜被盗。师母亦不知下落。先生闻言大骇,遣人四出探听。或谓先生曰:先生日日倡导社会主义,他人之妻即先生之妻。先生之妻亦即他人之妻。何必介介。先生急忙分辨道:况弟提倡社会主义并与贱内无涉,何必与他作对呢。③

《小说新报》中出自不同作者的此类笑话还有不少。社会主义在1912年的正面形象,也因为这些文章而受到挑战。从这些作品中可以看到,作者普遍将"社会主义"理解为不切实际、破坏现有社会秩序的"共产制度",认为这样的主张定不可能在国内实施。与民国元年相比,人们对社会主义的热切期待已经有所变质。这些言论的持有者并不了解社会主义的真正内涵,而采取了盲目排斥的态度。与他们不同,有一些知识涵养较高的学人还是持理性态度提出商榷和批判。经孙中山让位和袁世凯就任的权力变更以后,可以看到以《东方杂志》为中心的知识群体,尤其是作为主编的杜亚泉,对社会主义的中立态度已经有所改变。杜氏在1913年发表的几篇文章中,消极和失望的态度已十分明显。在《现代文明之弱点》一文中,他就认为中国对社会主义的认识,其实大多是"知其当然而不知其所以然":

> 吾社会之进步,亦有绝景而驰之势。以数千年慑伏专制之民族,不数年而民权立宪之说,遍布海内,且因而见诸事实,改建共和。此外如伦理

---

① 天笑生. 悲惨之社会主义 [J]. 时事汇报, 1913 (1), 1914 (2).
② 天笑生. 悲惨之社会主义 [J]. 时事汇报, 1914 (2):27.
③ 无愁. 社会主义 [J]. 小说新报, 1915, 1 (1):11.

论理教育诸问题，亦莫不有新思想之输入。甚至社会主义，文明各国尚未能实行者，吾社会亦起而倡导之，似亦足与欧美争胜矣。然细为推究，吾社会程度，究足当此精神文明之名称否耶。新思潮之灌注，虽弥漫全国，然知其当然而不知其所以然者，仍居多数。①

而对于社会主义思想在全球范围内的宣传和实践，杜氏也质疑其实际的成效，认为社会主义"经学者多方之研究，累年之倡导，而终无何等之效果"②。

时任商务印书馆编辑、与《东方杂志》关系密切的陶孟和，也认为社会主义并不具有可行性。他表示，社会党人主张的"生计之平等"是按功劳或按需要来分配财产，但这并不符合人类天生的多样性，"即使其成，人性亦将起而逆之矣"③。

可以看到，无论是讽刺还是批判，1913年后国人对社会主义思想的期待，已不如前一年。与此同时，一些仍然对社会主义抱有希望的知识群体，也开始重新思考社会主义的内涵。以刘师复为首的无政府主义者，在广州创办的《民声》，就是仍以"社会主义"为名义而立刊的杂志。在众多讽刺和质疑的声音中，《民声》的创立具有非常重要的意义。

《民声》在创刊时名为《晦鸣录》，第三期改名《民声》。在创刊号的绪言中，刘师复表明了该刊立场：

今天下平民生活之幸福，已悉数被夺于强权而自陷于痛苦秽辱不可名状之境。推原其故，实社会组织之不善有以致之。欲救其弊，必从根本上实行世界革命，破除现社会一切强权而改造正当真理之新社会以代之。然后吾平民真正自由之幸福始有可言。④

《民声》最主要的内容是介绍克鲁泡特金、巴枯宁、普鲁东等人的思想。同时几乎每期都报道国内外的社会主义、无政府主义运动，另涉及其他劳农运动。在社会主义的热潮已有所减弱的1913年，一般人心目中"言社会主义者"就只有孙中山和江亢虎二人，但刘氏认为，"必须从根本推翻现社会之组织，由资本家之手取回生产机关"才能称为真正的社会主义。因此孙、江二人的社会主义只是"社会政策"而已。⑤ 这种主张与日本社会主义者大杉荣于1914年复刊

---

① 高劳（杜亚泉）. 现代文明之弱点 [J]. 东方杂志, 1913, 9 (11): 2.
② 高劳（杜亚泉）. 理性之势力 [J]. 东方杂志, 1913, 10 (6): 3.
③ 陶履恭. 平等篇 [J]. 东方杂志, 1913, 9 (8): 8.
④ 师复. 编辑绪言 [J]. 晦鸣录, 1913 (1): 1.
⑤ 师复. 孙逸仙江亢虎之社会主义 [J]. 民声, 1914 (6): 2.

《平民新闻》后的思想非常接近，而《民声》与《平民新闻》的交流也十分密切。

《平民新闻》复刊之际，《民声》立即刊载了"《平民新闻》复活"的消息，认为这是社会主义者"在日本之第一快事"，且把大杉荣称为大逆事件以来继承幸德秋水遗志的"无政府共产主义健将"①。另外，《平民新闻》复刊后的第一号也介绍了刘师复等人在广州的活动②。自《平民新闻》复刊后，刘师复与大杉荣一直在相互赠阅杂志，并保持着情报互换的通信。此外，大杉还在自己主办的研究会上组织其他同志一同阅读《民声》③。

1915年3月，刘师复因肺结核在上海逝世，这对《民声》而言是巨大的损失，杂志也在半年后停刊。1915年4月，由山鹿泰治、大杉荣、渡边政太郎等人主办的"平民演讲会"上，聚集起来的日本社会主义者一同对刘师复进行了哀悼。大杉荣等人认为，自19世纪末以来，不少中国留学生或前来日本或奔赴西欧，他们在不同的地方接受社会主义和无政府主义的影响。张继、刘师培、刘师复等人都是在留日期间与日本社会主义者交流甚密的代表。但自幸德秋水遇害以后，日本社会主义学者一度沉寂，而中国留学生归国后，也有不少被清政府收买而思想"软化"的人。刘师复能在归国后带领其他同志者坚持社会主义和无政府主义的主张，已经十分不易，且在日本政府的监察系统十分严密的条件下还能致力于中日革命运动之联络，更是难得。④可见刘师复的逝世给中日社会主义的发展都带来了损失。大杉荣等人对刘师复的评价，也是大逆事件和辛亥革命后中日两国社会主义发展的缩影。

除了刘师复的活跃以外，欧洲各国的矛盾与冲突也让国人重新关注国际局势中社会主义运动的发展动向。其中，《甲寅》和《新青年》先后创刊，成为关注新思潮的知识群体讨论政局、研究西学的新阵地。⑤一战爆发后，西欧诸国

---

① 《平民新闻》复活［J］. 民声，1914（18）：8.
② 支那無政府黨［N］. 平民新聞，1914-10-15（1）.
③ 支那無政府主義者トノ関係［M］//近代日本史料研究会. 特別要視察人状勢一斑：続1. 東京：明治文献資料刊行会，1962：67.
④ 支那無政府主義者トノ関係［M］//近代日本史料研究会. 特別要視察人状勢一斑：続1. 東京：明治文献資料刊行会，1962：67.
⑤ 以《甲寅》和《新青年》为中心，关于新文化运动早期（即1919年以前）社会主义思想的传播，本书参考了一下先行研究：靳明全. 中国新文化运动早期的"日本影响"因素［J］. 重庆师院学报（哲学社会科学版），1999（4）；滕峰丽. 从前、后《甲寅》看章士钊的思想转变（1914—1927）［D］. 武汉：华中师范大学，2004；罗志田. 他永远是他自己——陈独秀的人生和心路［J］. 四川大学学报（哲学社会科学版），2010（5）.

的社会主义运动是他们关注的重点之一。此时他们对社会主义的讨论,虽不及五四后热议的盛况,但作为新思潮的前奏,章士钊、章勤士兄弟以及陈独秀和李大钊等人发表的文章也引起了青年学人的注目。

需要指出的是,《甲寅》自创刊以来,虽然多次报道社会主义运动在欧美各国的动向①,但从章氏兄弟在"人患"问题的讨论中可看出他们对社会主义并非完全赞同。关于"人患"的讨论,是章氏兄弟围绕马尔萨斯人口论的专题连载。其中章勤士对"人患"问题的回应,就明确表明了他对社会主义思想"不得不排斥"的态度:

> 社会主义,则尚不过初在萌芽。由少数学者主唱之,而渐见势力。举行之期,自有其会要。非今日之所能望。……社会主义之起,绝非无故也。欧美之人,非不尽知此一主义之善。将来国家主义一旦失其效力,起而代之者,首推乎此,固可断言。特在今日,则**明知其善而不能不排斥之**。在此过渡之中,所最难解决者,贫民与劳动问题是也。一方富者益富,贫者益贫;一方奖励人口,以备国际竞争。而贫民愈以增多,人患既烈。社会主义乃张其势,同盟罢工,一日数起,国家主义安得不危?于是此两主义,交替之先,不得不另有一过渡时代之主义,以转换之。是何乎,曰社会改良主义是已。②

可见章勤士并不否认社会主义在思想主张上的先进之处,但却认为它的实践为时尚早,因此提倡一个过渡的时代,实施社会改良。在章勤士该文发表的五天后,当时还名为"青年杂志"的《新青年》发行了它的创刊号。作为创刊者的陈独秀,也曾在《甲寅》上刊载多篇政论。但创刊号中他的《法兰西人与近世文明》一文所表现出对社会主义的态度,则与章勤士截然不同。陈独秀认为,社会主义与"人权说""生物进化论"一样,都是"最足以变古之道,而使人心社会划然一新"的近代文明特征。③陈氏还强调,在巴黎公社运动和法国社会党的一系列活动下,社会主义对世界的影响将不断增强,并会继续促进人类文明的进步,这也必将波及中国。1916年以后欧洲战役的扩大和推进,让陈独秀的观点获得了更多中国人的附议。时由梁启超任主编的《大中华》杂志,

---

① 这些文章分别是:运甓(章勤士).非募债主义[J].甲寅,1914,1(3);渐生.法兰西内阁[J].甲寅,1914,1(3);秋桐(章士钊).联邦论[J].甲寅,1914,1(4);杨超.欧美教育之进步及其趋向[J].甲寅,1914,1(4).
② 运甓(章勤士).人患[J].甲寅,1915,1(9):4-5.
③ 陈独秀.法兰西人与近世文明[J].青年杂志,1915,1(1):1.

就出现了两篇译自日文的时评,内容主要是肯定欧洲社会主义者主和平、反战的态度,并认为社会主义运动必会影响世界格局,以致影响文明的进程。①

1918 年,俄国的二月革命和十月革命印证了陈独秀的观点,同时也让更多的国人意识到,社会主义已不仅仅是理念上的构想,而成为革命的潮流。除了李大钊著名的《布尔什维克的胜利》,之前明文反对社会主义的杜亚泉也不得不在 1918 年年末承认"大战的胜利是社会主义的胜利",且"大战终结后,社会主义之勃兴其影响必及吾国"。② 此外,一些学者也开始系统分析社会主义的内涵,并尝试区别社会主义不同派别的不同主张。以当时发表的一些文章为例,有冈悌治、卢鸿堉的《社会主义各派之学说》③、和孟的《社会主义释义》④ 以及刘大钧的《社会主义》⑤,它们试图梳理社会主义发展的来龙去脉,并详细划分社会主义的各种流派,了解不同社会主义流派的优劣之处。这么做的目的就如刘大钧所说,"取其长而弃其短,融诸说于一炉。改良社会,庸有冀乎"⑥。这样的讨论与研究在当时虽然并不多,但却为五四以后的社会主义热潮吹响了前奏、奠定了基础。

小结

从 1870 年到 1910 年的 40 年间,社会主义在中日两国都经历了曲折的发展。"社会主义"这一概念初入中日两国时,中日知识群体主要受到空想社会主义和无政府主义的影响,且对其仅有浅薄的认知。他们以"消灭国家、平均财产"理念简单概括这一学说,从而进行批判与反对。但也有不少愿意深入了解社会主义的中日学者,他们不但支持这一学说,还希望能将其运用到解决本国的社会问题之上。在他们的研究与宣传下,中日两国先后出现了社会主义政党,这些政党的成员在两国政府的压制与取缔中,艰难维持着社会主义在东亚的发展脉络。

在此过程中,日本社会主义者对中国留学生和旅日革命党人的影响是显而易见的。1907 年幸德秋水与刘师培、张继等人合作的社会主义讲习会,以及

---

① 河上肇.战后世界之文明[J].丁锡华,译.大中华,1916,2(6);欧洲战役与社会主义[J].友箕,译.大中华,1916,2(6).
② 伧父(杜亚泉).大战终结后国人之觉悟如何[J].东方杂志,1919,16(1):7.
③ 冈悌治,卢鸿堉.社会主义各派之学说[J].法政学报,1918(5).
④ 和孟.社会主义释义[J].法政学报,1918(6—7).
⑤ 刘大钧.社会主义[J].清华学报,1918,3(8).
⑥ 刘大钧.社会主义[J].清华学报,1918,3(8):20.

1914年大杉荣与刘师复等人的跨国通信,都是中日社会主义者的直接互动。除了这些直接的交流以外,在日创办的各种中文进步报刊,包括这些报刊转移到上海后继续译载的日本社会主义论著,都可以反映日本社会主义思想对中国的影响。具体到清末民初的重要思想人物,从梁启超、孙中山、杜亚泉及陈独秀、李大钊等人对社会主义的言论中可见,日本社会主义论著的影响,在当时已涉及不同派系、持不同政见的各方人物。无论是支持还是反对,他们的阅读资源都离不开当时在日本发行的日文图书与报刊。

20世纪初期,大逆事件与袁世凯窃国,分别让中日社会主义的发展受到挫折,但社会主义者的坚持与努力,让这一学说在东亚仍得以延续。国际社会主义运动的发展潮流,尤其是一战以后欧洲社会主义运动的热潮,加上十月革命的枪声,都激起了东亚人民对社会主义的更多关注。此外,从中日两国的思想潮流来看,日本的大正民主运动和中国的新文化运动,也为社会主义在1919年后的蓬发,提供了良好的环境和背景。1919年后,日本的社会主义者在翻译与研究活动中取得更加丰富和深入的成果,这也给中国社会主义的发展带来了全新的影响。

第二章 出版与交流——五四以后的汉译日本社会主义论著（1919—1937）

晚清时期，日本是译介西学最重要的中转地，而到了民国以后，尤其是在五四运动以后，西学传入的途径变得更为多元。一战以后的国际局势变化，让国人对日、美、欧以及俄国有了新的认识。在政治与文化上曾被认为是值得去学习的先进国家，他们的国际政策是否对华有利、他们的政治与文化发展模式是否真的适合中国去模仿，这些都是国人需要重新审视的问题。刘晶芳评价五四以后西学引介的发展变化时，认为民主主义思想在五四以后被冷落，而各种社会主义思想，包括无政府主义、空想主义、工团主义、新村主义、泛劳动主义、工读主义和基尔特社会主义等流派，都在中国思想的橱窗里展示出来。[1] 中国知识群体在广泛接触了各种社会主义思想后，最终接受了马克思主义。五四以后马克思主义的传播特点有三个突出的变化：一是传播途径从日本渠道拓宽到西欧渠道和俄国渠道；二是传播阵地从寥寥无几的刊物，猛增至数百余种新兴报刊；三是传播的内容也更为丰富、深化。汉译日本社会主义论著的翻译和出版情况，也随着这种历史的变化有了新的发展。[2]

1919—1937年，日本社会主义论著译介活动的增多，得益于译者群体的努力。这些译者持有不同的政治见解，对社会主义也有不同的看法。他们的译书活动并不是各自孤立的行为，译者之间的文献传递与出版合作，形成了社会主义思想的交流网络。此外，译者与读者间的互动也让这一网络扩大到更广的范围。在翻译与阅读的同时，国人对日本社会主义者的政党活动、思想流变也有

---

[1] 刘晶芳. 五四运动与马克思主义在中国的传播 [J]. 史学集刊, 2009 (2)：3-11.
[2] 关于民国时期汉译日书的翻译出版情况，本书参考了谭汝谦. 中日之间译书事业的过去、现在与未来 [M]//谭汝谦，实藤惠秀. 中国译日本书综合目录. 香港：香港中文大学出版社, 1980；王奇生. 民国时期的日书汉译 [J]. 近代史研究, 2008 (6)；郑丽芬. 民国时期商务印书馆哲学类图书的翻译出版 [J]. 出版科学, 2013, 21 (2)；田雁. 倒影在汉译日文书目中的中日文化交流群像 [J]. 科技与出版, 2015 (7).

着密切的关注。对国人而言，日本社会主义者的反战态度和对华主张，是继续或放弃引介日本论著的判断依据之一。考察不同时期国人对日本社会主义者的评价，也能理解到汉译日书活动发展变化的深层原因。综上所述，本章希望从西学译介的环境变化、译书统计、译者间的交流往来、国人对日本社会主义者的评价等多个角度，考察1919—1937年日本社会主义论著译介的整体情况。

一、五四以后社会主义论著的译介概况

（一）五四以后西学译介的环境与背景

十月革命的胜利与一战的结束，让中国人对西方文明有了新的认识。对国际局势具有敏锐洞察力的知识群体，在俄国革命爆发时就已意识到，社会主义的发展势不可当。一战给欧洲诸国带来的经济损失，也让国人了解到资本主义文明的弊端，并重新思考欧美的发展模式是否适用于中国。

1918年10月，在一战接近尾声之时，杜亚泉就曾表示，虽然他并不赞同社会主义的主张，但社会主义的经济理论的确揭示了"现世界经济制度之破绽"[①]。1919年元旦，在李大钊、陈独秀的帮助下，傅斯年、罗家伦等人创办了《新潮》。罗家伦在创刊号中呼应刊名而作《今日之世界新潮》一文。在文中，他认为历史上的法国大革命是政治革命，而当下的俄国革命则是社会革命。此外，罗氏还强调社会主义革命如"大潮"一般不可阻挡[②]。五四以后，这种对欧洲战役和社会主义的讨论有增无减。一些对社会主义革命过分乐观的言论甚至还认为拜世界大战所赐，社会平等之实现、阶级制度的破除之日很快就会到来。[③] 瞿秋白在谈及欧洲大战及巴黎和会的感想时，首先表达了他对克列孟梭和威尔逊的不满；其后他也提醒国人，世界的社会主义潮流涌起，英、法、美、日都兴起了罢工运动，而中国人应该迎合世界的潮流，才能得以自救。[④] 可见在1919年，无论对社会主义赞同与否，进步知识群体已经认识到西方资本主义的破绽，并承认社会主义乃国际上不可逆转的潮流。因此，张东荪也在1919年年末感慨，"当欧战未终以前，中国人没有一个讲社会主义的；欧战完了，忽然大家都讲起社会主义来了"[⑤]。

[①] 伧父（杜亚泉）. 对于未来世界之准备如何 [J]. 东方杂志，1918, 15（10）：4.
[②] 罗家伦. 今日之世界新潮 [J]. 新潮，1919, 1（1）：20.
[③] 远瞩. 世界对于大战之拜赐 [J]. 青年进步，1919（20）：6.
[④] 瞿秋白. 欧洲大战与国民自解 [J]. 新社会，1919, 11（1）：4.
[⑤] 张东荪. 我们为甚么要讲社会主义？[J]. 解放与改造，1919, 1（7）：3.

<<< 第二章 出版与交流——五四以后的汉译日本社会主义论著（1919—1937）

到了 1920 年，梁启超发表的《欧游心影录》，给国人带来了更大的反响。《欧游心影录》是梁启超游历战后欧洲，归国后发表的游记感想。该文在 1920 年 3 月开始连载，第一期就开门见山地揭露了战后欧洲的衰败状况。其第五篇"社会革命暗潮"之中，梁氏认为欧洲诸国的贫富悬殊已到了不寒而栗的状态。而俄国革命就是在这样的背景下发生的。文中有一段对国际形势的展望，很能体现梁氏对社会主义的看法：

> 俄国的火盖已自劈开，别国也到处埋着火线。有些非社会党的政治家眼光锐敏，办些社会主义的立法，想要缓和形势。只是积重难返，补牢已迟。社会革命恐怕是 20 世纪史唯一的特色，没有一国能免，不过争早晚罢了。①

战后西方的衰落和俄国社会革命掀起的"火盖"，让梁启超得出了"中国不能效法欧洲"的结论。但对于社会主义，梁氏也认为在中国并不可行。其中一个关键的理由在《欧游心影录》第十一篇，即"社会主义商榷"中有所论述：

> 欧洲为什么会有社会主义？是由工业革命孕育出来。因为工业组织发达得偏畸，愈发达愈生毒害，社会主义家想种种方法来矫正他，说得都是对症下药。在没有工业的中国，想要把他悉数搬来应用，流弊有无且不必管，却最苦的是瘙不着痒处。②

如梁启超所言，社会经济的发达，尤其是工业生产的发展，是支撑社会主义运动的经济基础。梁氏认为中国没有工业，显然是忽略了中国近代工业的兴起，以及中国工人阶级在一战期间的发展和壮大。鸦片战争以来，中国近代工人群体就开始在外国资本、官办资本和民族资本企业的发展中诞生。民国以后，北京政府的工业发展政策，以及一战以后欧洲列强的无暇东顾，共同造就了中国民族资本发展的第一个"黄金时期"③。在民族资本发展的同时，日美投资的企业也迅速在中国扩大规模，这让中国产业工人大幅成长，新兴的工人阶级在五四前夕已初具规模。相应而生的，是工人自发组织的罢工运动。由 1870 年到 1911 年的 41 年中，有记载的工人罢工斗争共 105 起，而民国以后到五四前夕，

---
① 梁启超. 梁启超全集：第十集 [M]. 北京：中国人民大学出版社，2018：60.
② 梁启超. 梁启超全集：第十集 [M]. 北京：中国人民大学出版社，2018：81.
③ 刘明逵. 中国工人阶级历史状况 [M]. 北京：中共党史出版社，1985：4.

有记载的罢工运动就达到了130起，且罢工的规模也更加庞大。① 此时的工人阶级并没有形成明确的阶级意识，更没有系统的理论支持他们的工运斗争，但民族资本的发展、工人阶级的壮大及罢工运动的活跃，都为社会主义思想在中国的传播奠定了有力的基础。

此外，从中外关系的发展上看，国人对西学知识的引介，是随着外国政府的对华政策而发生变化的。20世纪初，国内出版物对外国文学及社科类论著的关注，就发生了从日本到美国，再从美国到苏俄的转变。罗志田在分析五四前后中国思想特征时，论述了中国在一战以后"学习榜样的转变"。这一转变的过程，首先是"二十一条"事件后美国在华影响的上升和日本影响的下降；其次，威尔逊主义让中国人大失所望后，苏俄的《加拉罕宣言》呈现出对华有利的法权让渡，这让国人开始相信"以俄为师"的可能性。②

除了关注的国家发生了转移，"主义的风行"也是五四以后思想发展的另一特征。1919年7月始，胡适和李大钊等人以《每周评论》为中心，发起了著名的"问题与主义"论战。虽然胡适直到20世纪30年代以后，仍再三提及"主义"的危害，但自五四起，各种"主义"的兴起是不争的事实。胡适在著名的《问题与主义》中，认为研究实际的问题才是当时中国最急需之事，但人们并没有看到解决一个个"问题"所带来的成效——国人对北京政府的外交政策几近绝望，威尔逊主义的理想也迅速落空，这使他们逐渐产生了希望使用"主义"的猛药来解决所有问题的心态。李大钊在回应胡适时，认为"主义"所包含的理想和精神才是从根本上解决社会问题的重要工具。③ 这种希望"根本解决"所有问题的心态，在当时的中国知识群体中是普遍存在的。李大钊在文章中提到了"民主主义""过激主义"等概念，"社会主义"也是他论述的重点之一。但在"主义风行"的时期，社会主义也只是各种"主义"中的一种，在人们迫切寻求一剂医治社会的猛药时，这些五花八门的"主义"之间也有竞争和对立的关系。何况当时的中国思想领域还存在着新学与旧学的冲突。这让"社会主义"的引介处于一个极其复杂的背景之下。日本社会主义论著的引入，在这样的背景下还能获得更积极的发展，是这些思潮和倾向的变化，以及西学东渐传统的交接成果。

---

① 丁守和，殷叙彝. 从五四启蒙运动到马克思主义的传播 [M]. 北京：三联书店，1979：13.
② 罗志田. 权势转移——近代中国的思想与社会 [M]. 北京：北京师范大学出版社，2014：204-209.
③ 李大钊. 再论问题与主义 [J]. 每周评论，1919（35）.

(二) 日本、苏俄与西欧——三种译书途径的比较和分析

国际政治环境、国内经济发展与思想文化需求的变化，反映了五四以后西学译介的大环境，而论著的译介活动还必须要有译者付诸实际的行动。译者在翻译活动中获取文化和思想资源的可能性，与民国以后中国人留学活动的发展有密切的关系。其中最重要的事实，是留学生出国的去处打破了以往以日本为主的趋势。这是西学传入途径趋向多元的重要条件之一。

清政府派往美国和欧洲的留学生开创了中国留学事业的先河。但晚清留学欧美的中国人，多以理工或军事等"实业技艺"为主要目的。虽然他们在西学的接纳和传播中也有一定的影响，但留日学生显然表现得更为活跃。晚清留美学生的人数呈稳步渐增的趋势[1]。比起遇到政局动荡大批回国的留日学生，留美学生对时局与政事的态度是较为冷静的。民国以后，留美学生大幅增加，除庚款和各省官费留学生以外，私费留美学生的增长速度更为迅速[2]，而这些私费留学生中，选读文科类专业的占了大多数，比起"实业技艺"，他们也开始更注重在美国学习近代西洋的"哲理新思"。

欧洲一向因费用昂贵而不受中国留学生的欢迎，民国初年正值欧洲政局动荡，一战的爆发让大部分中国人对留欧望而却步。但由吴稚晖、张继、汪精卫、张静初等人发起的"留法俭学会"[3]，于一战尾声之际号召青年"兴苦学之风留学泰西"，并在一战结束后取得了成效。除留法勤工俭学运动以外，留英、留德等俭学会也陆续成立，这让远赴西欧的中国人大幅增多。

清末留学俄国的中国人，虽比起留日、留欧和留美的情况相对罕见，但清政府也有公费派遣留俄的政策。十月革命以后，留俄的中国青年逐渐增多。1921年，俄共开始组织培养东方革命人才的组织机构。而在上海，由李汉俊、陈望道和俞秀松等人组织的社会主义青年团开设俄文课程，培养赴俄留学的青年。[4] 1925年，莫斯科中山大学成立之后，留苏的中国青年又进一步增加。

从甲午以后到民国成立以前，留日学生一直是引入西学、译介西方思想知识的主力军。民国以后，随着赴欧美人数的增多，以及留学生对新学和政治的进一步关心，促成了西学传入的多元化局面。尤其在五四以后，无论是留学生

---

[1] 王奇生. 中国留学生的历史轨迹 1872—1949 [M]. 武汉：湖北教育出版社，1992 (22).
[2] 华人留学美洲之今昔 [J]. 东方杂志，1917，14 (12).
[3] 世界社. 旅欧教育运动 [M]. 巴黎：旅欧杂志社，1916：62.
[4] 华林. 渔阳里六号和赴俄学习的情况 [M] //党史资料丛刊：第1辑. 上海：上海人民出版社，1980.

在国外创办的出版物，还是国内的新兴报刊，其数量都在迅猛增长。大部分的新兴出版物都刊载了介绍欧美政治和社会的文章，并有不少译介西方学者论著的专栏，其内容包括文学、哲学及社会科学等科目，有关社会主义学说的内容也占有很大篇幅。1920年5月，周佛海回顾五四后历时一年的出版盛况就曾感慨道："新出版物翻起来看，差不多没有一本没有'社会主义'四个字的。"①而郑振铎在评价1919年中国出版界情况时，对"平民主义"刊物的发展也表现出非常乐观的态度：

> "五四"以后，受了爱国运动的影响，新思想传播得更快，定期出版物，出现的愈多。就十一月一个月里而论，我所知道的，已经有二十余种的月刊旬刊周刊出现了！他们的论调，虽不能一致，却总有一个定向——就是向着平民主义而走。"劳工神圣""妇女解放""社会改造"的思想，也大可算得是一致。这真是极可乐观的事！②

即使到了20世纪30年代，国人对五四以后的出版界再度回首，也还是持有相似的感言：

> 辛亥革命固然予国人以民族思想的启发和民主政治的改弦，然而在出版界内，还见不出多少新潮流。新潮流的产生是在五四运动之后；什么白话的运动，社会主义学说的输入，新文艺——尤其是俄国文艺——的介绍，都是发端在这时代中。③

在出版界如此盛况之下，外国的报刊中被译介成中文的文章，其具体的篇目和内容，值得进一步考察。此处以《新青年》杂志为例，对其中译介国外作品的情况做出整理（参见附录表A"《新青年》汉译外文作品目录"）。

作为新文化运动时期传播新思潮的代表刊物之一，《新青年》从1915年到1926年共出版9卷54号，平均每号都有4篇以上译自国外的作品，合计共221篇。其中小说、诗歌和戏剧等文学作品74篇，剩下的147篇主要是哲学社会科学类文章，另还有一部分是国外新闻和时事评论。这些作品中，译自英文（95篇）、俄文（59篇）和日文（29篇）的最多，分别占43%、27%和13%，此外还有译自法文（13篇，占6%）和德文（9篇，占4%）的作品。而其中与社会主义相关的文章有102篇，译自英文的有40（占39%）篇，俄文41篇（40%），

---

① 周佛海．社会主义的性质[J]．解放与改造，1920，2(10)：5.
② 郑振铎．一九一九年的中国出版界[J]．新社会，1920(7)：9.
③ 若虚．昨日今日与明日的新书业[J]．中国新书月报，1930，1(1)：2.

日文13篇（13%）。

这些与社会主义相关的译文，大部分是介绍苏联现状的文章，包括描述和评价苏俄的政治制度、社会发展和经济政策等内容。其中有罗素游俄感想的译文，以及列宁、布哈林和斯大林等苏联领导人针对新经济政策和民族政策等问题的讨论。此外，也有一部分的译文是关于社会主义或马克思主义的理论探讨。这些文章主要译自河上肇、山川均等日本社会主义学者的作品。《新青年》中与社会主义相关的译文，主要是《新青年》同人从纽约、伦敦、巴黎和东京的一些社会主义报刊中摘选并翻译的，他们对《苏联周报》（纽约）、《自由》（伦敦）、《共产报》（巴黎）、《社会主义研究》（东京）等报刊保持着密切的关注。1921年中国共产党成立以后，《新青年》正式成为中共中央的机关刊物，此后的翻译文章则主要来自苏联和共产国际的重要文件。

除直接译自外文的作品，《新青年》中还有中国作者用自己的理解和表述，介绍如易普生、达尔文、杜威、马克思、马尔萨斯、罗素等西方学者思想的文章。此外，如1920年5月的劳动节号（第七卷第六号），《新青年》同人除了翻译国外作品以外，还有中国作者根据自己的了解，对俄国、美国、英国、法国和日本的劳动组织、劳动党等情况的介绍。这些文章与上述译自外文的作品一样，无不反映了新文化运动以来，尤其是经历了"1919年出版界盛况"之后，西学引入的多样性。比起欧美和苏俄，从日本传来的西方思想知识，已不像晚清那般占领主流地位。但《新青年》中关于社会主义和马克思主义的理论探讨，主要都是译自日文的文章。与译自英文、俄文的作品相比，河上肇、山川均、佐野学和山川菊荣的几篇译文，更具有介绍思想学说的内涵和进行理论分析的意义。此外，李大钊在《新青年》6卷5号中发表了著名的《我的马克思主义观》，其中对马克思主义的说明也是译自河上肇的个人杂志《社会问题研究》中刊载的《マルクスの社会主義の理論の体系》一文。

《新青年》只是五四前后众多新兴报刊中的一例。除了《新青年》以外，此时期传播社会主义思想的重要定期出版物还有《建设》、《晨报》、《学灯》（《时事新报》副刊）、《觉悟》（《民国日报》副刊）和《解放与改造》等。这些报刊中刊载的重要理论研究译文，有河上肇的《马克思的唯物史观》[①]《马克

[①] 河上肇. 马克思的唯物史观[N]. 渊泉（陈溥贤），译. 晨报，1919-05-05（5）. 后转载于《新青年》1919年第6卷第5号以及《学灯》1919年5月19—21日、23日、26—27日。

司社会主义之理论的体系》①《科学的社会主义与唯物史观》②，山川均的《从科学的社会主义到行动的社会主义》③《社会主义者底社会观》④，高畠素之的《社会主义与进化论》⑤《个人主义与社会主义》⑥ 等，都是著名日本社会主义学者的经典论著。其中，《马克司社会主义之理论的体系》及《社会主义与进化论》是系统论述社会主义理论的长文，在《学灯》和《觉悟》中都经历了两个月以上的长篇连载。如果说五四前后的新兴报刊中译自日文的社会主义文章在数量上已被英文和俄文所超越，那么系统的理论性研究译文则主要还是译自日文作品。此外，无论是日文原著的内容，还是中国译者的翻译质量，都具有相当水准。回顾1919年以后中国定期出版物的暴增趋势，虽然有不少学人对这种"盛况"表示赞许，但同时也有一些人指出了大部分新兴刊物中浅薄、杂乱、浮躁和无科学的弊病⑦。在这样的背景下，观察译自日文的社会主义研究论文，其系统而有条理的论述是十分难得的。

然而，还是有很多学人认为，仅在报刊上译载文章，远远不能满足"中国知识界的饥荒"。《学灯》上的一篇短文，就针对新文化运动中翻译和传播新学的状况做出了批评，并得到不少学人的共鸣：

> 现今杂志第一个缺点，就是所介绍的知识，居多是片段的，仿佛是东鳞西爪，竹头木屑，既没有系统，又没有相互的关系；这类的材料，大概是从西文里抽译出来的，什么前因后果，译者都是不负责任的……
>
> ……不是说现在的人都喜欢谈哲学、社会学吗？其实谈社会学同哲学的人，对于哲学社会学未必个个都有真正的了解，不过人家个个都谈，我就不得不随住他们谈谈，做新文化运动的一分子罢了……

---

① 河上肇. 马克司社会主义之理论的体系 [N]. 罗琢章，籍碧，译. 学灯，1919-08-05 (1).
② 河上肇. 科学的社会主义与唯物史观 [J]. 徐苏中，译. 建设，1920，3 (1).
③ 山川均. 从科学的社会主义到行动的社会主义 [N]. 李达，译. 觉悟，1921-07-08 (1). 转载自《新青年》1921年第9卷第1号.
④ 李春涛. 现代生活矛盾之悲哀：抄译山川均"社会主义者底社会观"之一章 [N]. 晨报副刊，1925-01-25 (1).
⑤ 高畠素之. 社会主义与进化论 [N]. 夏丏尊，李继桢，译. 觉悟，1921-08-26 (1).
⑥ 高畠素之. 个人主义与社会主义 [N]. 晓风（陈望道），译. 觉悟，1921-03-10 (1).
⑦ 罗家伦. 今日中国之杂志界 [J]. 新潮，1919，1 (4)；郑振铎. 一九一九年的中国出版界 [J]. 新社会，1920 (7).

<<< 第二章 出版与交流——五四以后的汉译日本社会主义论著（1919—1937）

> 我说了这番话，并不是反对现今的杂志，我实在是以为文化运动的责任，非常之大，断不是什么周刊、半月刊、月刊担得起的。现在的人，动辄说中国知识界闹了饥荒，不可不办杂志来救济。我觉得杂志的功用，只可以引起智识界饥荒的感觉。真正的饥荒，杂志并不能救济……文化运动家，在这个时候，应当赶快联络同志，各就本分，分类译书，尽力地介绍有系统的科学；使翻译事业，放大光明于国内。①

这篇短文号召新文化人应该从零散"译文"转变成系统"译书"，很快便引起了其他学人对系统译书的关注和讨论。② 而译书出版的热潮，是在1927年之后出现的。

1927—1928年两年，国内形势的风云变幻影响了译书事业的发展，哲学社会科学类的译书在这两年的增长速度尤其显著。1927年，国共合作的破裂和国民大革命的失败，使国共两党对各自的革命策略都做出了重新探讨。持有不同政治立场的知识群体，在重新思考中国社会的现状和本质的过程中，对社会主义在中国的发展亦做出了激烈讨论。另外，国民政府定都南京后，国内政局趋于稳定，新闻和图书出版事业得以快速发展，知识界对译书的需求及呼声也不断提高，促成了译书活动的空前发达。有学人在分析国内政治对书业的影响时说道：

> 中国的政局困顿在军阀的宰割之下；他们一方在做弱肉强食之争，一方对于民众却只肆其盲目的压迫与拙劣的钳制，而于思想界的趋向之变迁，却茫然无所知觉。因此新文化的潮流倒在隐晦的形态之下，潜浸入思想界去。这样地酝酿了十余年，于是乃有国民革命的爆发。这不能不说是新文化在无形里贡的相当的功绩。
>
> 在民十五、十六那时候，新思潮的澎湃可谓达到最高度。显明的证象是新书的蠭出和新书业的云涌。现在大多数的书店都是那时代的产儿。他们适逢其会，竟以小小的资本，发展其营业；而民十七一年的小康，更在促进产业的发达，于是新书肆更接踵而起……③

这种"蠭出云涌"的趋势，持续到1931年才被国内的政治变动所影响。九一八事变以后，中国的对外关系趋于紧张，次年的一·二八事变冲击了书业最

---

① 邰爽秋. 敬告现在的新文化运动家 [N]. 学灯，1920-01-15（1）.
② 白华. 我对于翻译丛书的意见 [N]. 学灯，1920-01-17（1）.
③ 若虚. 昨日今日与明日的新书业 [J]. 中国新书月报，1930，1（1）：2.

日本社会主义论著在中国的译介及影响（1919—1937）　>>>

为集中和发达的上海①，才导致译书事业稍有受挫。但到1933年，出版界的繁荣开始逐渐恢复，并一直持续到全面抗战爆发的1937年。

　　根据王奇生对民国时期译书数量的统计，1911—1927年汉译外文图书有2217部，而1928—1937年数量则增长到6223部。② 具体到与社会主义相关的作品，1927—1937年出版的社会主义译作有430部（参见附录B"社会主义译书目录稿（1919—1937）"）。按照年份统计这些社会主义译作的出版数量，如图2.1所示。

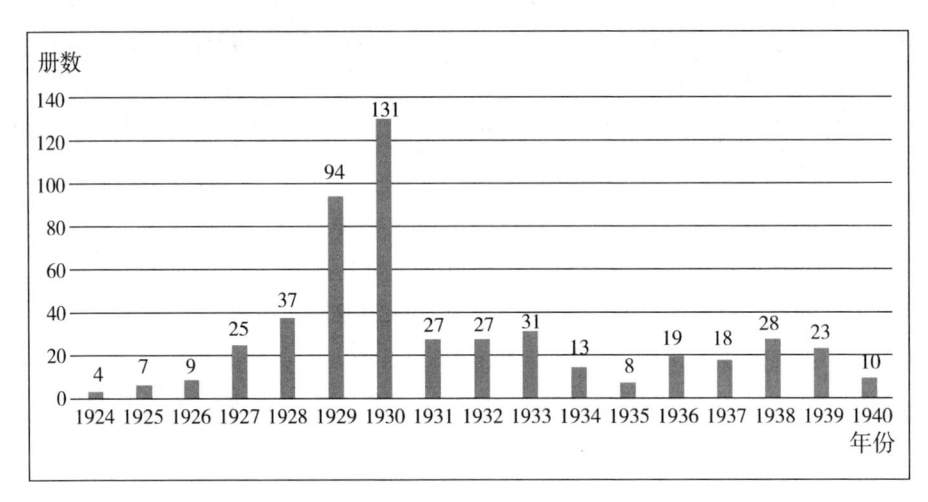

图 2.1　社会主义译书数年度统计（1924—1940）③

年份	1924	1925	1926	1927	1928	1929	1930	1931	1932	1933	1934	1935	1936	1937	1938	1939	1940
册数	4	7	9	25	37	94	131	27	27	31	13	8	19	18	28	23	10

　　图中可见，自1927年始到1930年，汉译社会主义相关论著的数量增长十分迅速，于1930年达到131部的高峰，但1931年又骤然下降到与1927年相当的水平，且直到1940年，汉译社会主义相关论著的出版数量都没有太大起色。但观察同一时期中国图书出版的整体情况以及汉译外国论著的总体数量，却能得到不一致的发展趋势：

---

① 王云五.十年来的中国出版事业［M］//中国文化建设协会.十年来的中国.上海：商务印书馆，1937：463.
② 王奇生.民国时期的日书汉译［J］.近代史研究，2008（6）：53.
③ 据本书附录表B统计而成。为便于分析社会主义相关译书的发展趋势，1927年之前与1937年之后的三年也列入统计之中。

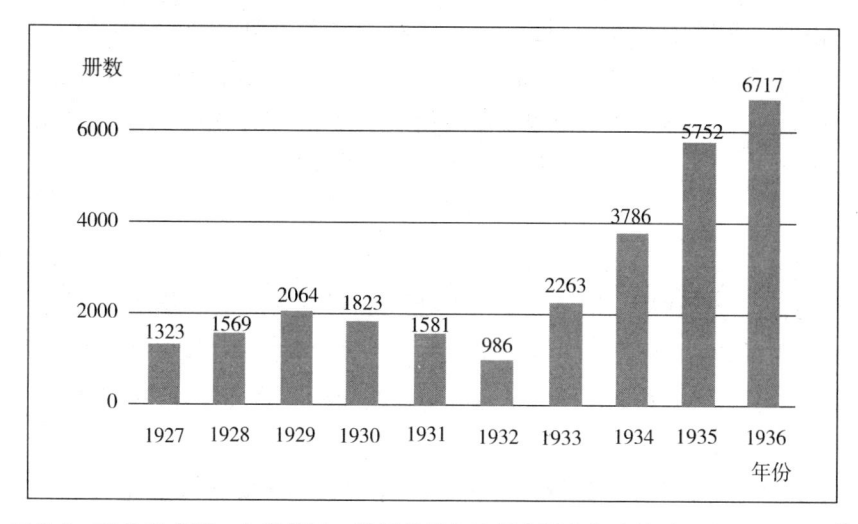

<<< 第二章 出版与交流——五四以后的汉译日本社会主义论著（1919—1937）

图 2.2 商务印书馆、中华书局、世界书局合计新出版物年度统计（1927—1936）①

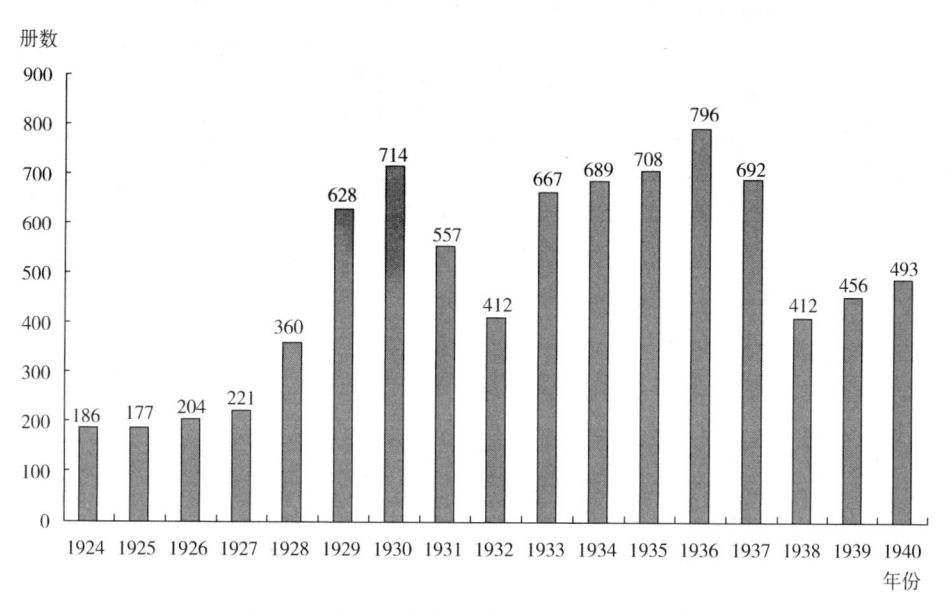

图 2.3 汉译日书年度统计（1924—1940）②

---

① 据王云五《十年来的中国出版事业》（中国文化建设协会.十年来的中国［M］.上海：商务印书馆，1937.）提供的数据制成。
② 据王奇生《民国时期的日书汉译》［王奇生.民国时期的日书汉译［J］.近代史研究，2008（6）.］提供的数据制成。

59

从图2.2和图2.3可见，九一八、一·二八事变的两年间，国内政局的变动以及上海书业的受挫，的确对出版和译书造成了一定影响，但程度并没有太大，且如前文所述，1933年出版界很快就开始恢复繁荣。新出版的社会主义相关译书数量仍然不见增长，这与南京国民政府加强审查和取缔"反动出版物"的政策不无关系。

1930年，南京国民政府出台了新的《出版法》和施行细则①，并于次年以南京市为首，开始建立"图书刊物审查处"②，查禁"反动出版物"。其中与社会主义、无政府主义和共产主义相关的书刊，成为审核与查禁的最主要对象③，这为当时社会主义刊物的出版和流通，以及现今的整理和统计，都带来了一定的影响。

另外，如果从语种上分析1927—1937年出版的430部社会主义译作，如表2.1。

表2.1　社会主义译书语种（国别）统计（1927—1937）④

语种	德语	俄语	法语	日语	英语			多种语言合译	合计
					英国作者	美国作者	其他		
数量	55	108	10	198	57			2	430
					18	29	10		
%	12.8%	25.1%	2.3%	46.0%	13.3%			0.5%	100%
					4.2%	6.7%	2.3%		

在同一时期不分科目对译书的整体状况做出的统计中，译自德文的作品占6.9%，译自俄文的作品占9.5%，译自英文的则有36.4%之多。⑤ 而根据上表所统计的社会主义译书数据，可见德国和苏俄的著作都占有更多的比例，来自英美的作品则在数量上没有太大优势。译自西欧、美国和苏俄的著作在其他思想和学科的类目中，逐渐超过日本对中国的影响，但译自日文的社会主义论著在数量上则还是保持着一定优势。

---

① 《出版法》1930年3月，《出版法施行细则》1930年5月 [M]//中华民国史档案资料汇编：第5辑第1编. 南京：江苏古籍出版社，1994：78-84.
② 反动出版物之末日 [J]. 中国新书月报，1931，1（6—7）：39.
③ 国民党中央宣传部取缔社会科学书刊一览表（1929—1936）[M]//中华民国史档案资料汇编：第5辑第1编. 南京：江苏古籍出版社，1994：246.
④ 根据本书附录表B统计而成。
⑤ 王奇生. 民国时期的日书汉译 [J]. 近代史研究，2008（6）：54.

第二章 出版与交流——五四以后的汉译日本社会主义论著（1919—1937）

之所以强调汉译日文社会主义论著在"数量"上保持着优势，是因为其影响力已不占优势。译自日文的书籍，多为对社会主义思想的"二手研究"。此外，还有将日本学者翻译的经典论著转译成中文的"二手译书"。相较之下，译自德文和俄文的论著，则有一系列来自马克思、恩格斯、考茨基、普列汉诺夫、列宁、布哈林、斯大林等人的经典论著。这些经典论著的译者主要有李季、侯外庐、瞿秋白、王唯真、张仲实等人。他们有留学西欧或苏俄的经历，对马克思主义理论也有较为深入的理解，因此译介的作品质量也相对较高。

另有一种吊诡的情况，一部分看似译自德文或俄文的作品，实际上由日文转译，但译者却隐瞒了转译的真相。这部分作品的译者大多是对日语文献比较熟悉的留日学生，虽不排除其中也有熟稔西文的人存在，但他们在翻译过程中主要参考的还是日译本。如1932年高希圣、郭真翻译的列宁的《经济学教程》①，根据译本的术语和行文，可见其明显是转译自河野重弘1929年的日译本②，但译本中并未提及转译的事实。像这样的情况并非孤例，因此有学人对此表达了不满：

> 中国人素来轻视日本的；所以学术上也轻视日本；于是一班投机的译者都从日文中找到外国书的译本，糊里糊涂地译了过来，在广告和封面上却大吹大擂说是由西文原著直译；其实日译未必都是坏，西译未必都是好。只要译得不错，何妨就用日译呢？③

此外，汉译日书的质量和译者的诚意，也经常遭受读者的质疑。前文所述五四前后《新青年》《晨报》《觉悟》《学灯》等积极宣传社会主义思想的报刊中，译载了不少日本社会主义学者的经典论著，翻译这些论著的中国译者，包括李大钊、陈溥贤、李达、徐苏中、夏丏尊等人，都是对社会主义和马克思主义思想有一定研究和了解的人物。他们都曾留学日本，其中陈溥贤更对日本社会主义的思潮和流派颇为熟悉④。但1927年以后翻译日本社会主义著作的众多译者中，却出现了不少希望借社会主义热潮趁机获取名利的投机之人。针对这样的情况，有如此批评：

> 本来译述比较著作容易多了。可是译述也有一番难处；第一须通中国文，第二须通外国文，第三须娴于所译的学科，第四须明了译书的诀窍，

---

① 列宁. 经济学教程［M］. 高希圣，郭真，译. 上海：神州国光社，1932.
② レーニン. 經濟學教程［M］. 河野重弘，訳. 東京：共生閣，1929.
③ 若虚. 评中国著译界［J］. 中国新书月报，1930，1（1）：5.
④ 渊泉（陈溥贤）. 东游随感录（二十六）［N］. 晨报，1919-11-18（7）.

然后才可以下笔；至于工巧流利，尚看译者的天才和经验。……现在中国译者可谓多矣，然而堪得称为译者的，到底有几人？译者原都是由外国译书来的；可是这其中又有东西之分。东文——就是日文——因为和中文是同文的；所以名词等等倒可以将就引用；因此翻译日文好似翻译西文容易些。……有一种文丐勉强学了一二年日文；就动起笔来翻译一切日文的书籍——上自文哲，下至科学——弄得读者莫名其妙，那真是糟透了。①

因中日有"同文"的优势，通过日人论著来引介西学已非新鲜之事，但欠缺诚意的译者，在新书业迅速兴起的这一时期，为赶上"新兴社会科学的时髦"②而借日文的"同文"之便，译出质量低劣的译作，的确让不少热心追求社会主义知识的读者感到困惑，甚至有评论人认为这些译者只是把"封面画着斧头镰刀的书籍尽量底东抄西割，印成本子，美其名曰'××革命思想''××主义的批评'来骗钱"③。如温盛光译《马克思主义经济学》④ 以及刘野平译《资本论入门》⑤ 就曾被评"完全不配原著"，甚至是"荒芜和肤浅"的恶意代表。⑥ 除此以外，更有人发现抄袭他人翻译成果的现象。如高希圣、郭真的《社会科学大纲》，就被指出是从杉山荣的《社会科学概论》⑦ 和青野季吉的《观念形态论》⑧ 等书中抄袭和拼凑而成的。批评者还指出，像这种抄袭他人译作的"烂污货"，在社会科学类书籍中，"比有价值的书不知多出若干倍来"⑨。因此，在了解社会主义译书出版数量之盛的同时，分析原著的水平和译者的实力，并细读译书的实际内容，才能进一步了解汉译日本社会主义论著的实际情况。

二、日本社会主义论著的翻译活动及译者间的交流往来

西学中译的环境与路径已发生了变化，但汉译社会主义论著，无论是在定

---

① 若虚. 评中国著译界 [J]. 中国新书月报, 1930, 1 (1): 4 5.
② 君素. 1929 年中国关于社会科学的翻译界 [J]. 新思潮, 1930 (2—3): 11.
③ 古烨锋, 华狷公. 先天不足后天失调的现代出版界 [J]. 中国新书月报, 1931 (6—7): 3. "×"乃刊载时的原文。
④ 河上肇. 马克思主义经济学 [M]. 温盛光, 译. 上海：启智书局, 1928.
⑤ 河上肇. 资本论入门 [M]. 刘野平, 译. 上海：晨曦书社, 1929.
⑥ 李德谟. 关于马克思及马克思主义中文译著书目试编 [J]. 新思潮, 1930 (2—3); 先之. 论翻译之易——介绍刘译《资本论入门》[J]. 一般, 1930, 9 (3).
⑦ 杉山荣. 社会科学概论 [M]. 李达, 钱铁如, 译. 上海：昆仑书店, 1929.
⑧ 青野季吉. 观念形态论 [M]. 若俊, 译. 上海：南强书局, 1929.
⑨ 风五. 郭真、高希圣合著之《社会科学大纲》之来历 [J]. 中国新书月报, 1930, 1 (6—7): 12.

<<< 第二章 出版与交流——五四以后的汉译日本社会主义论著（1919—1937）

期出版物还是图书中，都还占有相当多的数量。除了数量上的考察以外，译作的内容和质量更值得深入探讨。哲学社会科学类论著的译介活动中，译者的身份和立场以及他们对外文原作的甄选，都会影响到读者对新思想的理解和接纳。在汉译日本社会主义论著之中，译者的政治立场和他们之间的往来关系，构成了译介与传播的思想网络。①

本节从附录表B中提取了14名译者，这些译者在学界、新闻界或政界具有一定的知名度，整理他们的译书情况，可得表2.2。

表2.2 部分汉译日本社会主义论著译者的译书统计②

译者	译书数	日书原作者	译书的主要内容
施存统	19	河上肇、高畠素之、北泽新次郎、山川均、栉田民藏、福本和夫等	马克思主义经济学、唯物史观、辩证法、资本主义制度等
李达	13	河上肇、高畠素之、堺利彦、山川菊荣、杉山荣等	马克思主义经济学、唯物史观、辩证法、近代社会政策、妇女问题等
吕一鸣	7	堺利彦、山川均、山川菊荣、高畠素之等	马克思主义经济学、辩证法、唯物史观、妇女问题等
高希圣	7	堺利彦、山川均、山川菊荣等	俄国革命、妇女问题、资本主义制度等
钟复光	5	山川均、永田广志、平林初之辅等	唯物论、工人运动、苏联经济政策等
熊得山	3	山川均、住谷悦治	马克思主义经济学
周佛海	2	生田长江、本间久雄、北泽新次郎	马克思主义社会学、经济学
萨孟武	2	高畠素之、河西太一郎等	马克思主义经济学
郭沫若	2	河上肇	马克思主义社会学
陈家瓒	1	河田嗣郎	经济学概论

---

① 关于汉译日本社会主义论著，及其译者之间的交流往来，石川祯浩在《中国共产党成立史》中，曾考证了戴季陶、陈溥贤和李大钊等人传递日本社会主义文献的史实。此外，在研究中共上海发起组的论著中（如李蓉. 中国新文化运动与中共上海发起组的成立［M］//上海革命史资料与研究：第10辑. 上海：上海古籍出版社，2010；陆米强.《星期评论》社对中共发起组创建所起的重要作用［M］//上海革命史资料与研究：第10辑. 上海：上海古籍出版社，2010；肖甡. 中共早期历史探究［M］. 上海：上海人民出版社，2013.），都对本书论及的译者之间的交流往来进行过分析与考证。

② 根据本书附录表B，选取影响较大、译书数量较多的译者统计而成。

63

续表

译者	译书数	日书原作者	译书的主要内容
李汉俊	1	远藤无水	资本论入门
陈望道	1	幸德秋水、堺利彦	转译《共产党宣言》
陈溥贤	1	高畠素之	转译考茨基《马克思经济学说》
戴季陶	1	高畠素之	转译考茨基《资本论解说》

（一）以李汉俊、戴季陶和陈望道为中心的译介活动

上表列出的译者中，李汉俊（1890—1927）、戴季陶（1891—1949）、陈望道（1891—1977）较为年长，他们都曾在青年时期留学日本，在日本接触过马克思的思想和理论。戴季陶是其中思想变化最为复杂的人物。他在1925年孙中山去世之后明确提出了反共和反马克思主义的主张。但在五四运动前后，戴氏对宣传和研究马克思主义所做出的贡献还是得到了学界的认可。[①] 戴季陶最早对社会主义做出的介绍与评论，可见于1909年多家报刊上发表的文章。当时，他刚从日本留学归来，以一名新闻编辑的身份活跃于上海。在戴本人担任编辑的《天铎报》中，便有一篇《社会主义论》，该文指出世界各国贫富悬殊所造成的社会矛盾，介绍了社会主义的均贫富思想，并评价社会主义为"人来之福音也，除魔之天使也，社会幸福之大则也，世界平和之始基也"[②]。

1912年，在同盟会改组成国民党之际，戴季陶曾撰文展望国民党的前途。当讨论到三民主义与社会主义的关系时，他认为：

> 革命思潮之大发达也，稳和者流，主张自政治上之革命矣。急进者流，观乎世界大势之推移，非世界改革不足以尽去社会之恶魔也，于是主张社会主义，而提倡世界革命矣。此二者，其主张虽异，然而其推翻现政府之目的则一，故此二派又合而为一致焉。……主张社会主义者，以其说之不

---

① 关于戴季陶与社会主义思想的早期传播，参考唐文权. 前言[M]//戴季陶. 戴季陶集. 武汉：华中师范大学出版社，1990；郭圣福. 五四时期戴季陶对马克思主义的介绍和研究[J]. 学术月刊，1990（9）；李田贵，赵学琳. 20世纪20年代国民党人对马克思主义的传播[J]. 当代世界社会主义问题，2003（4）；信洪林. 戴季陶与中共上海发起组[J]. 上海革命史资料与研究：第10辑. 上海：上海古籍出版社，2010；张玉萍. 戴季陶与日本[M]. 北京：北京大学出版社，2014.

② 天仇. 社会主义论[N]. 天铎报，1910-12-04（2）.

第二章 出版与交流——五四以后的汉译日本社会主义论著(1919—1937)

易实现于中国今日也,亦同意于主张政治革命者,而形成一有形之大党。①

与1910年相比,此时戴季陶对社会主义明显有了更深入的理解。关于如何将社会主义思想运用到建设中国社会及国民党的党建之上,他也做出了思考。到了五四时期,当北京的陈独秀、李大钊、陈溥贤在《新青年》《每周评论》《晨报》等刊物上活跃时,戴季陶也在与胡汉民、朱执信、廖仲恺等国民党人密切交流。他们以国民党机关报《民国日报》及其副刊《觉悟》为中心,发表了一系列宣传和探讨马克思主义的文章。后来创刊的《建设》和《星期评论》,也是他们讨论社会主义的主要阵地。同时,戴季陶与陈独秀、张东荪等也保持着联系。张东荪主编的《时事新报》及其副刊《学灯》,也是在上海宣传社会主义思想的重要报刊之一。这些报刊的编辑们都有互寄文稿、互相转载时评与译文的习惯。当陈独秀与李大钊的《每周评论》面临被查封的危机时,戴季陶表示了急切的关注。在一篇为《每周评论》声讨的文章中,戴氏痛斥政府与官僚对言论自由的压迫,并提到了他对政府禁止国人翻译与宣传马克思主义论著的看法:

> 稍为读过一两部经济学书籍的人,总因该都晓得马克司是一个近代经济学的大家。稍为研究过一点欧美社会运动事情的人,总因该晓得马克司是近代社会运动的先觉。姑无论他所主张的是非如何,翻译马克司的著作和研究马克司批评马克司的著作,岂是可以禁止的吗?又岂是能够禁止的吗?他不许人家传布马克司的学说,人家传布因格尔斯的学说他们怎么样呢?人家传布考茨基的学说他们便怎么样呢?现在各国大学教授和著作家,主张社会改造的车载斗量。十个人的学说,就有十个是极端和他们权力财富的兼并世袭相冲突的。这些书籍一本一本的逐渐翻译出去,难道他们禁得完吗?就算是他们真有本事,外国的书一本都不准进口不准翻译,把所有的留学生都从学校里而赶了出去,那讲小国寡民的道家,不"不患寡而患不均"的儒家,讲兼爱的墨家,这许多古书褚难道都可以当作"无政府主义""共产主义"烧去了吗?咳!可怜!可怜!②

就如文中所言,除马克思本人的著作以外,其他国外马克思主义学者的论著都是中国译者有意愿去翻译与宣传的对象。戴季陶本人就在《建设》杂志中连载了考茨基解读《资本论》的名作 *Karl Marx's Oekononische Lehren*。戴的中文

---

① 天仇. 国民国家与国民党[N]. 民权报,1912-08-29(2).
② 戴季陶. 可怜的"他"[J]. 星期评论,1919(14):3.

译本名为《马克斯资本论解说》，是以高畠素之的日译本『マルクス資本論解説』① 为底本转译而成的。在译者前言中，戴季陶做了如下阐述：

> 我对于马克斯的经济学说，很想要用一番切实研究功夫。只可惜不能读他的原书。而且马克斯资本论的全文，现在在日文还没有全部的翻译，所以我还没有得到读的机会。原文第一卷日文的译本，最近已经有两种同时出版。我想先着手就考氏所叙述的书，了解一个大要，然后再读马氏的原作。所以把翻译的工作，作为细心诵读的手段。预计这个工作，两三个月可以作完，到那个时候便可以读马氏原著的第一卷，第一卷读完，第二卷第三卷的日文译本，或者也可以出版了。②

这段阐述可看出他学习与研究马克思政治经济学的两个特点。首先是他对日译马克思主义论著的依赖。由于无法直接阅读《资本论》的原文，他必须等待日译本的出版。其次，由于《资本论》原著庞大的篇幅和复杂的理论不易掌握，他选择了先以翻译的方式精读考茨基的解说作品，以此作为解读《资本论》的"敲门砖"。

这种转译日文论著的方法，在当时对马克思主义感兴趣的中国学人中并不少见。戴开始译载《马克斯资本论解说》的半年前，作为《晨报》主编的陈溥贤同样以高畠素之的日译本为底本，在《晨报》中连载了考茨基的这部名作。陈溥贤的译文名为《马氏资本论释义》，1919 年 11 月连载完毕后，又在 1920 年以《马克思经济学说》为名，由商务印书馆正式出版。由于高畠的日译版省略了德文原版的部分内容，陈溥贤还专门致函高畠素之，希望他能补译缺失的部分③，以便他也能把汉译版翻译完整，由此也可说明陈与戴一样，在研究马克思主义的过程中对日译文献的依赖。

此外，与戴季陶同为《星期评论》主要编辑的李汉俊，也以相同的方式翻译了美国女性社会主义者米里·E. 马尔西（Mary. E. Marcy）的《商谈经济学》（*Shop Talkson Economics*）。李汉俊转译的底本，是日本社会主义者远藤无水的译本『通俗マルクス資本論』④，汉译名为《马格斯资本论入门》，于 1920 年由上

---

① カール・カウツキー. マルクス資本論解説［M］. 高畠素之，訳. 東京：賣文社出版部，1919.
② 戴传贤. 马克斯资本论解说［J］. 建设，1919，1（4）：1.
③ 陈溥贤. 马克思经济学说［M］. 上海：商务印书馆，1920：序 4.
④ メリー・イー・マーシー. 通俗マルクス資本論［M］. 遠藤無水，訳. 東京：文泉堂，1919.

海社会主义研究社出版。在该书的译者序中，李汉俊提到，要了解马克思的社会主义，就必须详细了解《共产党宣言》《社会主义从空想到科学的发展》和《资本论》这三部马克思主义的经典著作。然而，以《资本论》为例，"里面的材料理论都太复杂，不是脑筋稍微钝的人所能了解"①。李汉俊认为，考茨基的《卡尔·马克思的经济学说》是一本能够帮助人们理解《资本论》的"解释书"。他还提及，戴季陶的翻译工作将为读者提供很大的便利。但这本解释书要求读者具备"普通经济学知识"，对中国的青年学生而言这仍然是有困难的。因此，李将自己翻译的《马格斯资本论入门》定位为"《资本论》的解释书之解释书"。在李汉俊看来，"以中国现在知识阶级底程度，《资本论》底中国译本暂时未必就能出现"②。因此，利用日文论著转译马克思主义著作，成为李汉俊、戴季陶等为中国广大知识青年传播马克思主义的主要方式。

李汉俊翻译的《马格斯资本论入门》成为"社会主义研究小丛书"中的"第二种"。这套丛书的"第一种"，则是著名的《共产党宣言》在中国的首个全译本，由陈望道根据幸德秋水和堺利彦的日译本转译而成。据陈望道回忆，他之所以参与《共产党宣言》的翻译工作，是接受了《星期评论》的函约。陈的译本以日译本为主要底本，同时参考了英译本，其中日译本是由戴季陶向他提供的。③ 在《共产党宣言》的汉译本出版以前，陈独秀和李汉俊还进行了修改和校对。④ 可见，以《星期评论》和上海社会主义研究社为中心，戴季陶、李汉俊、陈望道等人根据日文论著转译马克思主义文献的活动，是在相互的合作与联系中展开的。而他们的活动，也吸引了比他们年轻的周佛海、施存统和李达等人的关注。汉译日本社会主义论著的活动，也因译者人数的壮大而继续展开。

（二）以施存统、李达为中心的译介活动

施存统（1898—1970）是民国时期日本马克思主义论著翻译活动中最为活跃的译者。他于1917年考入浙江第一师范学校，在当时通过《新青年》接触到新思潮，陈独秀的文章给他带来了很大影响⑤。五四期间，为响应北京的学生运动热潮，施存统在《浙江新潮》上发表了《非孝》一文，旨在反对传统家庭中

---

① 李汉俊. 马格斯资本论入门［M］. 上海：新文化书社，1920：序2.
② 李汉俊. 马格斯资本论入门［M］. 上海：新文化书社，1920：序3.
③ 宁树藩，丁徐林. 关于上海马克思主义研究会活动的回忆——陈望道同志生前谈话纪录［J］. 复旦学报（社会科学版），1980（3）：1-4，10.
④ 玄庐. 答人问《共产党宣言》底发行所［N］. 觉悟，1920-09-30（1）.
⑤ 存统. 回头看二十二年来的我（续）［N］. 觉悟，1920-09-20（1）.

不平等的"孝道"。该文"引起浙江当局极大的不满。北洋军阀政府段祺瑞内阁还通令全国，禁止《浙江新潮》发行"①。这反而让全国关心新思潮的知识群体对《浙江新潮》给予了关注。陈独秀专门为此事撰文，鼓励《非孝》的作者和《浙江新潮》的编辑即使在报社被封的情况下也不必畏惧，希望他们能继续发扬这种与传统对抗的精神，"永续和'穷困及黑暗'奋斗，万万不可中途挫折"②。

  1920年，施存统到上海加入了由戴季陶、李汉俊负责的星期评论社。此时陈独秀正好也携《新青年》编辑部迁至上海，这让施存统获得了与新文化运动的领袖们直接交流的机会。与此同时，俄国共产党远东局的代表魏金斯基也经北京来到了上海，他的目的是联络中国的马克思主义者，以筹建中国的共产党组织。陈独秀、戴季陶和张东荪是魏金斯基所联系的最主要人物，而由于与陈、戴二人的关系密切，施存统也参与了共产党的筹建活动。除此以外，李汉俊、陈望道、周佛海和李达等人，也是共产党筹建活动中的重要人物。③ 在魏金斯基到上海的两个月后，施存统就通过戴季陶的帮助赴日留学，他在日本继续与上海的李大钊、李达等人保持联系，并在李大钊的指导下，与身处鹿儿岛留学的周佛海一同建立了旅日共产主义小组。施存统还通过李汉俊和戴季陶的介绍，认识了堺利彦、高津正道等日本社会主义学者，由此开始了他译介日本社会主义论著的工作。自1921年始，施存统虽身在日本，但国内的《新青年》《觉悟》等杂志中屡见他译自河上肇、山川均等日本马克思主义者的文章。当时国内正展开"社会主义论战"，施存统与陈独秀、李大钊、陈望道等人都是论战中马克思主义阵营的主力。在与社会改良主义、无政府主义的激烈交锋中，施氏以河上肇的文章作为论战武器，阐明了经济落后的国家也能发起社会主义革命、实行无产阶级专政的合理性，有力地反击了论敌。施氏翻译的文章大多来自《改造》《经济论丛》《社会主义研究》《社会问题研究》等日本杂志，可见他留日期间一直在留意日本学界研究马克思主义的最新动态。1921年12月，施存统与几个日本共产党员一同被捕，不久后被驱逐回国。回国后，施存统于1922年年初担任了中国社会主义青年团的代理书记，但不久后他就辞去团内职务，进入上海大学社会学系工作。

  在上海大学的三年间，施存统任教过社会进化史、社会运动史、社会思想

---

  ① 施存统. 五四在杭州[M]//中国社会科学院近代史研究所. 五四运动回忆录. 北京：中国社会科学出版社，1979：755.
  ② 独秀.《浙江新潮》—《少年》[J]. 新青年，1920，7（2）：153.
  ③ 信洪林. 戴季陶与中共上海发起组[M]//中共一大会址纪念馆. 中国共产党创建史研究文集2002—2012. 上海：上海人民出版社，2013：466.

史和社会问题等课程。① 为了配合授课,他在这段时间翻译了山川均、河上肇和枊田民藏等日本学者的著作②,还通过赤松克麿和林房雄的日译本,转译了苏联学者的《经济科学大纲》。③ 他与钟复光于1926年春结婚,此后不少马克思主义论著的翻译工作,都是施、钟夫妻二人共同完成的④。1927年,国共合作的分裂和国民大革命的失败,给施存统带来了很大影响,他在《中央日报》副刊发表《悲痛的自白》一文,宣布脱离共产党,钟复光亦随之脱党。但此后,施存统对马克思主义的研究工作却没有停止,在疏离政党活动的环境下,他与钟复光一同从事学术和翻译工作。施存统一生的大部分译作,主要出版于1927—1933年。这段时间正是民国译书和出版事业最为兴盛的时期,施存统与李达的昆仑书店、陈望道的大江书铺往来密切,这两个出版社都发行了他翻译的论著。1936年,施存统夫妻在上海筹建了进化书局,他们的译作从此通过该书局继续发行。⑤

综上所述,施存统早年受上海共产党发起小组的相关人物,即陈独秀、戴季陶、陈望道、李汉俊等人的影响,并在日本直接接触到堺利彦等马克思主义者及他们的作品。自1920年始,他参与了中国共产党的筹建,同时也开始在国内的刊物上以"施存统""施复统""施伏量""光亮"或"C. T."为名,译介日本马克思主义的论著。但他的译书主要还是完成于1927年,即他发表《悲痛的自白》并退出政党活动以后。1929年,施存统曾经通过英译本,再次修订了他翻译的《经济科学大纲》,在译者序言中,他说道:

> 本书初版出世后,自己感觉有许多不能满意(实在翻译时便有些不能满意,因为有英译本在手头,除很少的部分,都没有功夫对照),本想马上

---

① 钟复光.施复亮传略[M]//全国政协文史委员会.文史资料存稿选编:20.北京:中国文史出版社,2002:351.
② 河上肇,枊田民藏.马克思主义与唯物史观[M].施存统,译.上海:商务印书馆,1923;山川均.资本制度浅说[M].施存统,译.上海:上海书店,1925.
③ 波格达诺夫.经济科学大纲[M].赤松克麿,林房雄,译.施存统,转译.汉口:新青年社,1927.
④ 施存统、钟复光合作翻译的日本社会主义论著有:平林初之辅.近代社会思想史要[M].施存统,钟复光,译.上海:大江书铺,1929.山川均.工会运动底理论与实际[M].施复亮,钟复光,译.上海:大江书铺,1930;田中九一.苏联经济政策及社会政策[M].施复亮,钟复光,译.上海:春秋书店,1930;永田广志.现代唯物论[M].施复亮,钟复光,译.上海:进化书局,1937.
⑤ 钟复光.施复亮传略[M]//全国政协文史委员会.文史资料存稿选编:20.北京:中国文史出版社,2002:353.

修改，只苦于没有时间。直到前年十一月后，完全从革命的战场退为书斋的学徒，脱离了一切党派的实际关系，才有功夫开始修改。①

在施存统看来，"革命的战场"和"书斋的学徒"这两种生活方式，似乎有着不可避免的冲突。脱离了政党活动的施存统，得到了更多的时间与精力，让他能够专注到马克思主义的研究与翻译之中。

译书数量次于施存统的李达和吕一鸣，也是选择了避开党派活动而埋头于书斋的社会主义者。吕一鸣曾于1922年参与了在广州召开的中国社会主义青年团第一次全国代表大会。施存统是此次会议的主要组织者之一。在会议中，施存统被选为团书记。② 吕一鸣作为天津地方执行委员会的代表，却与保定、唐山的代表策划脱离团中央，因此被天津地方执行委员会在后来召开的改组大会中开除了团籍。③ 离开社会主义青年团的吕一鸣，曾于1924年加入了由留美学生康洪章、李博贤等人创立的新中国党④，并常在《晨报》和《时事新报》等报刊上看到他的时评和译文。但因为新中国党在两年后就几乎毫无进展，所以他与政党活动也至此无缘。1927年后，他已将主要的精力置于译书之上，1927—1929年，他先后翻译了堺利彦、桥野昇、山川均、山川菊荣和高畠素之等日本学者的论著，都由北新书局出版。

李达（1897—1966）与施存统一样是筹建中国共产党的参与人之一。他于1920年8月从日本留学归国，到上海后首先就去拜访了陈独秀。其后，李达与陈独秀、陈望道、李汉俊、施存统等人，一同成为组建中国共产党的"发起人"。在中共"一大"以前，他还担任过发起组的代理书记。这段时期，他在《新青年》《妇女评论》等杂志上，译载过堺利彦、佐野学、山川均和山川菊荣等日本学者的文章⑤，同时他还是中华书局的新文化丛书部编辑。高畠素之的《社会问题总览》和堺利彦的《唯物史观解说》及《女性中心说》，就是在1921

---

① 施存统.译者序言［M］//波格达诺夫.经济科学大纲.赤松克麿，林房雄，译.施存统，转译.汉口：新青年社，1927：2.
② 中共中央组织部，中共中央党史研究室，中央档案馆.中国共产党组织史资料：第1卷［M］.中共党史出版社，2000：54.
③ 中共中央组织部，中共中央党史研究室，中央档案馆.中国共产党组织史资料：第1卷［M］.中共党史出版社，2000：132.
④ 谢彬.增补订正民国政党史［M］.上海：学术研究会总会，1925：135.
⑤ 这些由李达翻译的作品是：佐野学.俄国农民阶级斗争史［J］.新青年，1921，8（6）；山川均.劳农俄国底结婚制度［J］.新青年，1921，8（6）；山川均.从科学的社会主义到行动的社会主义［J］.新青年，1921，9（1）；山川菊荣.劳农俄国底妇女解放［J］.新青年，1921，9（3）；山川菊荣.社会主义底妇女观［J］.妇女评论，1921（1）.

年由他译成中文,并通过中华书局和商务印书馆出版的。这一时期,他还能兼顾政党活动和翻译工作。但在1922年中共"二大"召开期间,由于与张国焘发生冲突,他开始对部分党员之间的斗争产生抵触。在回忆这段往事时,他说道:

> 我觉得马列主义的理论仍须有深入的研究的必要。一方面,我自认自己不够积极;另一方面,我想还是专心去研究理论为好。这样,从第二次大会以后,我便离开了中央,做一名普通党员了。①

1924年,李达已脱离了中国共产党,在总结脱党动机时,除了提到他与张国焘的不和,以及他不赞同国共合作的政策以外,"要专心于马克思主义的研究,不愿分心于他务"② 也是非常重要的原因。脱党后的李达确实将注意力集中到了马克思主义的研究工作之上。他曾任教于上海平民女学校、湖南自修大学、武汉中央军事政治学校、中央农民运动讲习所以及武昌中山大学,最终在1927年国共分裂以后,为逃离国民党的追捕潜往上海,一时结束了他的教书生涯。

1928年,李达在上海与熊得山、邓民初等人创办了昆仑书店。与施存统一样,在这段译书与出版业最为兴盛的时期,李达也翻译了他一生中大部分的译作。这些译作主要通过昆仑书店发行③,与他一同创办书店的熊得山也翻译了山川均的《唯物史观经济史》,于1929年出版。除了昆仑书店以外,陈望道在同期创办的大江书铺,也是当时众多宣传和发行社会主义著作的出版机构之一。创建书铺以后,陈望道本人虽然并没有直接参与到翻译工作之中,但大江书铺先后出版了山川均、高畠素之、平林初之辅、福本和夫和波多野鼎等日本马克思主义研究者的著作。陈望道在鲁迅的支持下所创办的《大江月刊》也译载了相关的论文。

纵观民国时期的社会主义相关论著,可见商务印书馆和中华书局出版的书目是最多的。仅次于这两家大出版社的,是新生命书局、太平洋书店和华通书局。1927年以后在上海如雨后春笋般出现的小书铺,从出版书目的种类到发行量上,自然都不及大型的出版机构。但译者们自己创立的小书铺也为他们提供

---

① 李达. 李达自传 [M]. 党史研究资料:第2辑. 成都:四川人民出版社,1981:9.
② 李达. 李达自传 [M]. 党史研究资料:第2辑. 成都:四川人民出版社,1981:11.
③ 李达通过昆仑书店出版的主要译作有:河西太一郎. 农业问题之理论 [M]. 李达,译. 上海:昆仑书店,1930;杉山荣. 社会科学概论 [M]. 李达,钱铁如,译. 上海:昆仑书店,1929;河上肇. 马克思主义经济学基础理论 [M]. 李达,王静,张栗原,译. 上海:昆仑书店,1930;塔尔海玛. 现代世界观 [M]. 李达,译. 上海:昆仑书店,1929.

了更多出版和传播社会主义思想的平台。由于当时出版业的兴盛以及青年读者对社会主义、马克思主义等"新兴社会科学思想"的关注，译者们也通过出版译书及经营这些小书铺获得了一定的经济来源，这也是他们在这段时间如此积极参与译书活动的重要原因之一。

（三）作为非社会主义者的陈家瓒

前文所述日本社会主义论著的译者们，基本都是在五四运动到中共"一大"这段时间内，关注和接受了日本马克思主义思想，并以不同的方式投入宣传与翻译的活动中。虽然在此后的政治倾向和思想变化中，这些译者走向了不同的道路，但他们无疑都曾作为一名同情马克思主义的学人，对译介马克思主义论著做出过贡献。除了这样的译者以外，还有另外一些参与到译介活动中的人物，其中陈家瓒便是具有代表性的人物之一。

陈家瓒是清末湖南官派留学生，曾任湖南财政厅副厅长[①]，也是最早以西方经济思想促进近代中国金融转型的经济学家之一。表2.2中记其译有一部译作，是他与李达合译的《土地经济论》。该书的原作者河田嗣郎（1883—1942）乃京都帝国大学经济学部教授，主要以新古典经济学的立场进行学术研究，但也温和地采纳马克思主义经济学的理论。由陈家瓒负责翻译的《土地经济论》后半篇，涉及社会主义的土地政策，包括"土地公有论"等内容。[②] 除了《土地经济论》以外，陈家瓒还翻译了其他日本经济学者的著作[③]，这些作品主要探讨货币、银行、工商、土地和财政等问题。从他的译作中可看出，陈氏专注于经济学、金融学和统计学领域，而社会主义思想并不是他译作的重心。比起站在社会主义立场的日本经济学者，陈家瓒对主张民本主义和自由主义的福田德三（1874—1930）更为关注。福田乃庆应义塾的教授，以批判马克思主义而闻名，曾与河上肇围绕社会劳动政策等问题展开过激烈论争。陈家瓒通过翻译《经济学原论》《生聚经济学》和《经济学大纲》等专著，向国人介绍了福田的经济思想。因此，除了与李达合译《土地经济论》以外，陈家瓒在译介和传播社会主义思想方面，并不是一个积极的贡献者。

在译书活动繁盛的20世纪二三十年代，非社会主义者翻译社会主义论著的情况并不罕见。日本社会主义论著的译者有可能是经济学或社会学领域的研究者，也有可能是以译书为生计的"翻译家"。以施存统和李达为代表，对马克思

---

① 寻霖，龚笃清. 湘人著述表：第2卷[M]. 长沙：岳麓书社，2010：633.
② 河田嗣郎. 土地经济论[M]. 李达，陈家瓒，译. 上海：商务印书馆，1930：251.
③ 寻霖，龚笃清. 湘人著述表：第2卷[M]. 长沙：岳麓书社，2010：633.

主义有深入研究、与中国共产党关系密切的译者最容易被关注，但参与翻译活动的国人涉及更广泛的知识群体。这一方面证明了社会主义思想在五四以后的强大影响力，另一方面也反映了译书活动中翻译动机的复杂性。

三、国人对日本社会主义者的评价转变及其对翻译活动的影响

在接触与译介日本社会主义论著时，中国人所留下的思考与评价经历了一系列变化和发展。译者通常会对原作者给予较高评价，尤其是几位最受国人熟知的社会主义者，即河上肇、堺利彦、山川均和高畠素之等人，译者惯于使用"资深"或"权威"等词对他们做出评价。这一方面反映了译者对他们的信任与尊重，但也可能仅是为了宣传自己的译作、彰显原书的价值而写出的抬举之词。实际上，在关注国际社会主义发展动态的过程中，国人对日本社会主义者的认识与讨论是更加详细而多样的。五四办刊热潮兴起后，国人在各种新兴报刊中对日本社会主义运动的讨论并不少见。这些讨论包括对明治以来日本劳农运动的回顾与概览，也有对日本社会主义政党中各派系团体的分析与评价。此外，日本译者对西方社会主义文献的翻译进度，以及对西方思想人物的生平、著作的评价，也经常被国人报道和介绍。中国知识群体对日本社会主义活动的关注与评价，一方面反映了国人对社会主义思想的认识，另一方面也对日本社会主义论著的翻译活动产生了影响。

（一）国人所见日本社会主义党派

清末以来，中日两国的关系以紧张和冲突为常态。从"二十一条"到九一八事变，再到卢沟桥事变，社会舆论对日本的总体印象主要是负面的。尤其在九一八以后，"警惕日人"和"抵制日货"的呼声更为激烈。1931年以后，中国知识群体对日本社会主义论著的译介虽有减少，但也并未中止。在日本侵华政策强硬化的背景下，大部分译者和读者也没有盲目否认日本社会主义思想对中国的积极影响。相反地，不少国人还认为，正因军国主义和对华侵略的主张日渐膨胀，日本社会主义政党的活跃才是对抗和扭转这一膨胀的希望所在。

1919年7月，留日归国的易家钺在北大加入了"社会主义研究会"。他所发表的《明治维新与社会主义运动》一文，首先介绍了日本明治维新的概况，再论及幸德秋水、安部矶雄等活跃于明治时期的社会主义者，最后，易氏对明治社会主义思想做出了如下评价：

> 日本之兴强，固非专由兵备之熟练、政府之贤明、实业之发达，而实由于社会主义之勃兴也。使当时无安部矶雄、幸德传次郎之流，则今日之

日本，直一无声无臭无光无色彩之日本耳。吾故曰：明治维新开日本历史上一新纪元，明治时代之社会主义者运动开日本精神上思想上一新纪元。①

易氏认为，与军事、政治和经济相对应，社会主义的勃兴属于思想与精神的范畴，并成为明治维新以后日本文明开化的标志之一。文章最后还讨论了大正以后日本社会主义的发展情况。易氏认为，从国际上看，自俄国革命与德国战败以来，社会党的活跃让日本国民认识到"强权之不足恃、武力之不足畏，而正义公理终有昌明之一日。且深恨其政府以军国主义一字，害其全国人民"的道理。从日本国内的政治形势上看，社会主义的发展则是打破日本天皇制中强权与专制的有力武器：

　　日本之天皇乃其上古社会制度之蜕化物，固非一定不能移动，或为神圣不可侵犯者。最近日本有名学者至谓神固不可侵犯，但天皇非"神"乃"人"，既为人，即无不可侵犯之理。虽然日本普通人民，其迷信天皇极深，闻天皇之名则面有失色，此盖二千余年传来之旧思想，欲一旦打破之，固属难事。所以社会主义者，欲从根本上着手。教育也，传道也，皆为创造日本国民新思想之唯一机械也。②

在作者看来，社会主义对改变日本天皇专制的传统有十分关键的作用，为此他还结合当时的国际格局，对日本的国家发展做出了如下预测：

　　况受外界之潮流乎，中华专制国也，俄罗斯亦专制国也，而今变为共和矣。德意志君主国也，奥大利亦君主国也，而今变为民主矣。今日之君主国在欧唯英，在亚唯日。此两国者不出十年吾信其必改为共和民主矣。③

易氏显然低估了天皇制与军国主义在日本的影响力，同时也高估了社会主义运动在此后十年间的发展。在指出易氏错误的预见以外，也应注意到他曾是一名早稻田大学的留学生。他曾目睹过左派学生团体和社会主义政党在东京的活跃，以致其对日本社会主义政党的将来做出如此大的期望。《明治维新与日本社会主义运动》一文发表于五四运动后不久，在国人因日本的对华政策而产生失望与愤恨的情绪之时，这篇文章对日本社会主义发展的介绍与期盼却是十分积极的。作者的预见虽然有所夸张，但也确实为读者展现了日本社会与学界的另一面。易氏这样的文章在当时的国内舆论中并非孤例。在同年的另一篇介绍

---

① 易家钺. 明治维新与日本社会主义运动 [J]. 民铎杂志，1919，1（7）：97.
② 易家钺. 明治维新与日本社会主义运动 [J]. 民铎杂志，1919，1（7）：99.
③ 易家钺. 明治维新与日本社会主义运动 [J]. 民铎杂志，1919，1（7）：99.

<<< 第二章　出版与交流——五四以后的汉译日本社会主义论著（1919—1937）

日本社会主义思想的文章中，作者也就日本社会主义者的对华态度给予了较高评价：

> 现在日本社会主义者派别甚多，难以枚举，然此等势力，皆日月奔腾，有进无退，观日本近数月之风潮，层变迭出，即可知矣。然主动原因，皆此等思想家鼓吹之力。近对于山东问题、南洋群岛问题，主张平允者，亦系此辈，故欲谋中日亲善，必先与彼辈联络，欲图东亚和平，必先助彼辈得势。盖彼辈主张稍近公平而少侵略野心也。此不唯吾国当局所宜注意，却亦两国国民所应谅解者。①

日俄战争以来，以堺利彦和山川均为首的社会主义者一直坚持反对日本政府在经济和军事上的对外侵略政策。他们在社会主义报刊上的舆论，也一度成为日本国内唯一敢于质疑政府外交决策的声音。在一些关注中日关系的中国知识群体看来，日本社会主义政党与团体不仅影响着日本自身的前途与命运，同时也是"中日亲善"的重要联络对象。因此，除了希望从日本引进和译介论著以外，国人对日本社会主义各派别的动态也保持着密切的留意。作为两国国民互相理解和提携的手段，也有人倡导以青年学者为首的中国人向日本的左派团体靠拢，不要让改造世界的角色被日本学生所"独占"②。此后日本社会主义同盟的建立，更是引起了国人的空前关注。

日本社会主义同盟于1920年7月开始筹建，是以堺利彦、山川均和大杉荣为中心，网罗了友爱会、信友会等各个日本劳动组合、左派学生团体和社会运动家而结成的组织。同盟的宗旨在于团结各个派别的社会主义者，以集结最大的力量进行社会运动。关于日本社会主义同盟筹建的消息，陈望道在1920年8月就收到了从日本寄来的规约草案传单。陈氏将其译载于《觉悟》之上③，而《时事旬刊》《民心》等报刊也对同盟的活动有详细的跟踪报道。此外，上海共产党发起组所创办的《共产党》杂志上，一篇名为《日本社会党之奋起》的文章，更是对日本社会主义者终于有了"精密的组织团体"而欢欣鼓舞，同时也对日本政府阻挠同盟的举措做出了谴责。该文以"正义一定能战胜强权"④的口号结尾，对日本社会主义者在对抗政府专制的使命上寄予厚望。陈望道在日

---

① 山. 日本社会主义思想发达记［J］. 时事旬刊，1919，1（21）：35.
② 渊泉（陈溥贤）. 日本最近的社会运动与文化运动［J］. 解放与改造，1919，1（7）：75.
③ 佛突（陈望道）. 日本社会主义同盟底创立［N］. 觉悟，1920-08-22（1）.
④ 日本社会党之奋起［J］. 共产党，1920（2）：48.

本社会主义同盟成立后不久,也对同盟团结社会主义各派人士的实际效果给予了很高的评价,他认为"会员因为意见有交换的时候,猜疑有解释的机会,至少可以在消极方面少了许多无谓的防卫与攻击",并表示日本政府的压迫,反而让同盟的成员更加团结。①

然而,日本社会主义同盟并没有免于政府的检举和镇压。这个在人数最多时有三千多人的组织,涵盖了持有各种不同主张的社会主义者。虽然其成立的初衷是"集结"与"统一",但实际上同盟内的关系十分松散,从同盟的成立到解散的十个月间,其成员也并没有发起过任何有实际影响的活动。国人对日本社会主义同盟的关注与期待也随着它的解散而消失殆尽。另外,不少了解社会主义发展动态的中国学人早已对日本左派团体及人物的种种不足之处提出了疑问。

(二) 国人所见日本社会主义者的模糊性

在日本社会主义同盟成立的两个月后,有身在日本的中国记者向国人介绍当地的社会运动概况,就指出了日本社会党的两个"特异点"②。其一是他们倾力于言论而对实践运动的忽视。作者表示自幸德秋水的大逆事件以后,近十年间除了"电车加价风潮"以外,日本的社会主义者几乎都只专注于创办报刊及研究理论,尽管《平民新闻》《新社会》等报刊在宣传和普及社会主义思想上起到了很大作用,且《社会主义研究》和《社会问题研究》中山川均、河上肇等人对马克思主义的理论研究也日渐深入,但缺少实际的社会动员还是容易让社会主义的发展面临趋向空谈的危险。其二是派系复杂林立而导致行动的不一致。即使在同一集团中也存在主张分离的情况。作者指出,"如堺派中有基尔特社会主义者,有工团主义者,有劳动组合主义者。大杉荣派亦然,有无政府主义者,亦有广义派主义者。形势上虽成团体,然主张绝不一致,不过有态度上之分别耳"③。这一点在同盟的解散和第一次日本共产党的分裂等史实中也得到了明显的体现。该文指出的两个"特异点",的确是日本社会主义政党长期存在的问题。在另一些针对个别日本社会主义者进行评价的文章中,也有中国人认为,同盟领导人之一的堺利彦虽然始终坚持马克思主义,但却没有实践的热情,"缺乏社会运动家的某种素质"④。而山川均也被认为是"笔砚上的人",非能进

---

① 晓风(陈望道). 日本社会运动家态度渐趋一致的原因 [N]. 觉悟,1921-03-15 (1).
② 鸣白. 日本社会主义运动史 [J]. 东方杂志,1920,17 (19):89.
③ 鸣白. 日本社会主义运动史 [J]. 东方杂志,1920,17 (19):89.
④ 鸣田. 日本社会主义中心人物评 [N]. 觉悟,1921-10-10 (1).

第二章　出版与交流——五四以后的汉译日本社会主义论著（1919—1937）

行实际运动的真正领袖。①

日本社会主义运动发展的过程中，另一个被多番批评的缺点，即他们"进退都留有余地"的含糊主张，这也是针对堺利彦、山川均等人提出的。1921年7月，《共产党》杂志的一篇文章介绍了日本社会主义同盟至1920年12月为止的发展情况。从内容上看，作者应该尚未知悉同盟解散的消息，但文中对同盟的意见，是国人较早对日本社会主义政党提出批评的言论之一。作者认为同盟的成立让日本社会主义运动有更强的民众根据，但在同盟的纲领中，"他们还不曾把他们所取的革命手段明明白白地表示出来"。为此，作者还强调劳工专政是达到共产主义的唯一手段，他期盼"邻国的同志们一点也不要迟疑的、从速的去决定采用劳工专政"②。

在同盟解散后的次年，山川均和堺利彦组织了第一次日本共产党，后来又分裂成劳农派。作为日本社会主义领袖人物的他们，并没有在这个过程中提出"劳农专政"的口号。与此相反，如何以合法手段争取积极的议会斗争才是他们努力的方向。针对这一特点，另一篇名为《日本社会运动现状》的文章，对其做出了更加直接的批评：

> 日本比欧美为后进国，文化与学术都远赶不上，虽也受着大战后潮流底激动，不满底声弥满全国，然而实际上运动却很幼稚、很薄弱，不过甫举呱呱之声……我们想述日本社会运动情形，第一，觉得就是内容太薄弱，处处感着不满，没有欧美那样坚实的运动。还有一层，在日本现国体现政体下，讲社会运动，本极不容易。政府底压迫、绅士阶级底反感，都是极大阻力。所以日本底运动没有一条堂堂正正可以看得清楚底正流，都是一些旁流暗流，或隐或现，时起时伏。有许多人物始终没有明了底主张……有许多团体也是含含糊糊，宣言上说几句抽象的门面话。他们底真实目的，是讳莫如深，旁观者只是在雾里看花罢了。③

在介绍几位具有代表意义的社会主义者时，作者还专门对山川均的模糊主张做出了评价：

> 社会主义中态度不明了的有个山川均君，有人说他无政府主义，又有人说他是 syndicalism（工团主义）。堺利彦去年在杂志《改造》上把他放在

---

① 鸣田. 日本社会运动之现状［J］. 东方杂志，1921，18（6）：82.
② 日本社会主义同盟［J］. 共产党，1921（6）：49.
③ 鸣田. 日本社会运动之现状［J］. 东方杂志，1921，18（6）：79.

无政府共产主义中,又把他放在工团主义中,又把他放在马克思派社会主义中。堺氏是山川氏最好的朋友,尚且如此说,就可想见山川氏自身毫无明了的表示,所以与堺氏受一同非难。①

作者指出,国家专制及政府对社会舆论的打压,让日本社会主义的发展步履维艰。不少社会主义者为了能在这样的政治环境中避免查封和取缔的危机,都习惯了话语含糊的表述方式,更不会明确提出任何激进的主张。从大正后期开始,在日本社会主义者的公开作品中,经常能看到以"×××"形式出现的"伏字",这便是应对日本高压取缔出版政策的方法之一。但这样的应对方法也让不少重要的思想主张和宣传口号无法准确传达。在中国,这些伏字通常被译者在"暗中摸索"②中赋予了具体的文字和意义,并公然在国内印刷出版。因此,虽然1927年以后南京政府也曾出台取缔社会主义、无政府主义和共产主义等定期出版物的政策,但中国的查禁举措实际上并没有日本那么严格。国人在指出日本社会主义者的模糊性的同时,也难得地站在了言论环境更为宽松的立场上,对日本的国情与背景进行批评,并对日本社会主义者的模糊性表达了遗憾和同情。

中国知识群体对日本社会主义发展的另一个关注点,是"西北风吹来的布尔什维克"让社会主义政党"赤化"的动向。十月革命的胜利让中日两国的社会主义者都为之振奋。受俄国苏维埃发展建设的影响,不同派系的日本社会主义政党都对布尔什维克给予了关注。作为日本无政府主义代表人物的大杉荣,也在日本社会主义同盟成立后,表现出由"黑"变"赤"的倾向。提倡共产主义,并对布尔什维克主义抱有好感的谢晋青③,对这种倾向给予了积极评价④,但也有人担心在日本政府对外侵略的意图日渐明显的情况下,"军国主义"与"布尔什维克主义"在日本国内的碰撞,可能会产生令人担忧的结果。

---

① 鸣田. 日本社会运动之现状 [J]. 东方杂志, 1921, 18 (6): 82.
② 李达. 译者例言 [M] //拉比杜斯, 奥斯特罗维采诺夫. 政治经济学教程. 北平: 笔耕堂书店, 1932: 2.
③ 谢晋青(1893—1923),名开勋,字莨卿,或晋卿、晋青,号敬止生,江苏省睢宁人。谢氏1920年留学日本,1921年夏回国。回国后筹办徐州中学,在徐州师院兼课,并从事研究和翻译工作。1922年,译成三浦藤作《西洋伦理学史》一书,因译书期间积劳过度而于次年去世。(参考许广明.《西洋伦理学史》和译者谢晋青 [J]. 伦理学与精神文明, 1983 (3); 宋庆阳. 徐州与南社 [M]. 北京: 团结出版社, 2014: 78.)谢氏在日留学期间,作为《觉悟》的日本特派记者,在《觉悟》上刊载了大量介绍日本劳动组织、社会运动和社会主义思想的文章。
④ 晋青. 日本社会运动家最近底倾向 [N]. 觉悟, 1921-03-14 (1).

<<< 第二章 出版与交流——五四以后的汉译日本社会主义论著(1919—1937)

北京的《学汇》杂志于1923年8月开始连载的《日本共产主义》一文，就对这种担忧给予了说明。这是一篇译自美国记者的时评，在讨论到"日本化的鲍尔雪维克"时，作者以高畠素之的国家主义倾向为例，指出了一些右倾的日本社会主义者的最新动向。作者认为这些右倾的学者最近所致力的运动并不注重下层民众，却有寄希望于军队，特别是寄希望于上级将校的倾向。对于这种倾向，该文做出了如下评价：

> 试想一下日本军国主义和尚武的传统势力，前记的运动，是极易了解的。于是从休止于日本过去历史和武力的一个官僚和别个官僚交代时节的干法，确实判断一下，很能看出来这新运动有些不适当的意义。①

文章最后表示，即使日本化的布尔什维克主义依靠人民的力量推翻了现在的专制制度，但新建立的"新专制政治"也很有可能会继续助长军国主义的气焰在日本的蔓延。与五四前后国人对日本社会主义政党的积极评价相比较，这篇文章展现了截然不同的态度，它反映了国内舆论对日本无产阶级运动发展方向的担忧。虽然该文的作者对布尔什维克主义的理解不一定准确，但日本社会主义者是否支持军国主义、是否赞同对外侵略的态度，的确是国人十分关注的问题。而随着日本对华侵略的步伐加快，这一问题也成为更多人关注的焦点。

（三）国人对日本社会主义者"转向"的关注与谴责

与《日本共产主义》一文的预测相左的是，日本社会主义运动的力量最终也未能推翻旧专制、建立新政权。昭和以后，日本军部实权的扩大及侵华政策的进一步实行，对不少社会主义者产生了影响。社会主义团体一度是日本反战言论的重要宣传阵地，但日本政府对社会主义运动的压迫，也让不少本来反战反专制的社会主义者选择了"方向转换"的道路，改变了他们一贯的立场。②

1922年，山川均发表著名的《无产阶级运动的方向转换》一文，当时"方向转换"（简称"转向"）一词带有积极的意义，山川均所提倡的转向，是希望社会主义政党摆脱劳动组合主义和经济主义，转向正确的运动方向。但在1928年后，随着日本政府对无产党派检举力度的加强，"转向"在日本思想史

---

① 美国某君. 日本共产主义 [J]. 老梅, 译. 学汇, 1923 (294): 2.
② 1930年以后，以日共党员为首的日本社会主义者的转向潮流，是近代日本思想史中非常重要的研究课题。转向研究的专书，有：藤田省三. 転向の思想史の研究 [M]. 東京：岩波書店, 1975；鶴見俊輔. 鶴見俊輔集：第4卷 [M]. 東京：筑摩書房, 1991；鶴見俊輔，鈴木正，いいだもも. 転向再論 [M]. 東京：平凡社, 2001. 本书对相关问题所关注的重心，是中国知识群体对日本转向者的看法和态度。

上也拥有了特殊的意义。从国家权力者的角度出发，左派人物的"转向"就是"受外国思想蛊惑的人经过自我批判后再次回归到国民思想中，并重新被体制认可"的经过。坚持在无产阶级阵营的社会主义者，则将"转向"理解为"向天皇制的日本以及权利支配者的屈服"①，是转向者走向失败与背叛的表现，其中谴责与批判的态度也不言自明。

在中国社会主义者看来，日本的转向者原是处于同一思想阵营的国际友人，但转向后便意味着放弃反战、支持日本政府侵华的立场。因此，国人对日本社会主义者方向转换的动态也是十分留意的②。九一八事变后赤松克麿的转向，以及1933年以佐野学和锅山贞亲为首的大批日本共产党的转向，都是轰动一时的话题。通州事件后山川均的相关言论，也成为国人强烈谴责的对象。

1. 赤松克麿的满蒙权益维持论

赤松克麿（1894—1955）是大正、昭和时代的日本社会主义运动家。他在东京帝国大学法科大学政治学科读书期间，曾加入左派学生团体"新人会"，后又参与了第一次日本共产党的筹建工作，在党内担任中央委员。1926年，赤松加入了从劳动农民党中分裂出来的社会民众党，并一直站在社会主义者中偏右的立场上。在中国，赤松所译俄国学者波格达诺夫的《经济科学大纲》③，于1927年被施存统转译成中文，与河上肇、山川均的很多译书一样，成为多次再版的畅销书。赤松著成的《日本学生与社会运动》④《日本劳动运动发达史》⑤等论著也在中国翻译出版。1930年，留日归国后潜心于日本研究的梅嵩南在国内发表了《日本现代社会运动家略传》一文，介绍了55名日本社会运动者的生平和主要著述。作为梅氏好友的赤松，也为该书提供了不少意见和指正，梅氏在文中也把赤松列为介绍对象之一，并评价他是"日本最右翼无产党——社会

---

① 藤田省三. 転向の思想史的研究［M］. 東京：岩波書店，1975：1-4.
② 中国学者的先行研究中，对日本社会主义者转向活动的关注并不多，其中有：孙立祥. "九一八"事变前后部分日共党员"转向"的原因初探［J］. 社会科学战线，1994（6）. 孙氏认为日共党员纷纷转向和变节，来自日本民众心理归向的消极影响，以及日本没有建立反统一的法西斯战线。近年来国内对日本转向者的关注，多集中于对日本转向文学的研究。如：杨华. 日本无产阶级转向文学与转向作家［J］. 时代文学，2011（3）；吴婷，王雯. 日本转向文学和战时文学的考察［J］. 文学教育，2014（2）. 中国知识群体对日本转向者的看法和态度，则少有人关注和研究。
③ 波格达诺夫. 经济科学大纲［M］. 赤松克麿，林房雄，译. 施存统，转译. 汉口：新青年社，1927.
④ 赤松克麿. 日本学生与社会运动［J］. 汪馥泉，译. 学生杂志，1926，3（2）.
⑤ 赤松克麿. 日本劳动运动发达史［M］. 许秋冈，译. 上海：现代书局，1930.

<<< 第二章 出版与交流——五四以后的汉译日本社会主义论著（1919—1937）

民众党——现实派唯一之理论斗士"①。但在1930年，赤松克麿的思想已开始进一步右倾，并向国家社会主义靠拢。1931年10月30日，赤松在《东京朝日新闻》中发表了《对国家计划经济实现的期望》一文，对于上月发生的九一八事变，做出了以下评价：

> 日本把有重工业资源之满蒙的权益去编入它有机的单位，才可以能够去建设其最小限度之自给自足的国民经济。这个国民经济的基础计划，资本主义的日本也好，社会主义的日本也好，是没有变化的。所以我们不同意于满蒙权益的放弃，就在于此。
>
> ……
>
> 满蒙的权益，始终应该去维持，但要在无榨取国家经济之下去实行。布尔乔亚和布尔乔亚政党去经营满蒙，则满蒙的权益，常不免陷于不安。基于日本和中国之国民的提携，其共存共荣的前途，还是很远，我们拥护满蒙权益的维持，同时，不断的快望无榨取国家计划经济的实现。②

赤松力图维护日本在中国东北的权益，立场已十分明显。虽然他强调"满蒙"的经营应该要在摒弃资本主义制度的前提下以无剥削榨取的国家计划去实行。但梅嵩南在一篇介绍日本无产政党对华政策的文章中，便质疑了这种"无榨取国家计划"实施的可能性：

> （赤松克麿所在的）社民党一方面高揭其解放被压迫民族、打破资本主义的侵略政策、打破对华的反动政策底旗帜；而赤松克麿氏则一方面却高唱拥护其所谓在满蒙权益底论调，岂不是矛盾之又矛盾？他虽然辨明自己的立场是反对以资本主义的日本去经营满蒙，而主张以社会主义的日本去经营满蒙的。……但资本主义的日本，怎样才能够把它打倒，世界压迫的民族，怎样才可以把它解放，布尔乔亚的对华反动政府，怎样会产生出来，整个世界资本主义的理论与实际，怎样才能够把它克服，惜乎！赤松氏对此，并没有下过透彻的论断。③

只给出假想的理论而缺乏实行的可能性，赤松以此为日本维持"满蒙权益"的正当性所进行的辩护，在梅嵩南的反驳中暴露了弊端。事实上，大部分日本

---

① 梅嵩南. 日本现代社会运动家略传 [J]. 台中, 1930 (26—27)：7-8.
② 赤松克麿. 国家計画経済実現を望む [N]. 東京朝日新聞, 1931-10-31 (2). 引文参考了梅嵩南的中文翻译.
③ 梅嵩南. 日本无产政党对华政策之研究 [J]. 朝晖, 1932, 1 (2)：85-86.

无产政党还是坚持"满蒙"利益放弃论的。在梅嵩南的文章中也介绍了日本农民党、日本劳农党在反对侵略、坚持对华不干涉外交以及解放被压迫民族的主张上所做出的努力。即使如此,中国国内批判和反驳赤松克麿的言论还是十分激烈。

例如,在一篇批判日"满"经济统制的文章中,留日归国的经济学专家徐鸿驭也认为要日本在"满蒙"放弃资本主义的经济榨取,必然是日本右翼无产主义者"自欺欺人"的行为。徐氏还认为,即使东北经济能持续上升,也无法解决日本国内大部分农民和劳工的不满,更无法解决资本主义社会根本的社会与阶级矛盾。因此,他认为以赤松克麿为代表的日本右翼无产阶级对"满蒙"的主张都是荒谬之见,从中只能看出他们自甘堕落的本质。①

另一篇名为《东北事件与日本社会革命》的文章,在批判赤松克麿满蒙利益维持论的同时,也详细介绍了以《普罗科学》杂志为中心的日本社会主义者"坚决反对对满侵略战争"的主张。该文的作者宋斐如,当时是北京"东方问题研究会"的成员,在反驳赤松克麿的言论时他提道:

> 日本资本主义发达至现阶段,生产关系上已经发生了障碍,所以觉有资源不足的缺陷。但若聪明的日本社会改造家能注意及于此点,先把拘束生产力发展的现在生产关系改造过来,把日本大众的种种重负,由资本家地主的奢侈方面,移于生产方面……以侵外的论据,必定探求不出正当的解释。②

宋氏认为,日本帝国主义一直以其"大陆经营"的政策在延长寿命,同时也让日本国内的社会革命"无期延宕"。作为社会主义者圈内一员的赤松克麿,他对日本"满蒙"政策的支持过分依赖"资源决定说",更缺少"无产群众应有的觉悟"。可以说,九一八以后东北局势突变、中日关系恶化的情况下,中国知识群体认为日本社会主义者不应如一般日本民众那样被政府的舆论导向所煽动,在这样的期许下,赤松克麿的主张是让他们非常失望的。由于此后赤松克麿的思想主张愈加倾向于国家社会主义和法西斯主义,因此在1937年后国内一些批判法西斯的论著中,赤松克麿也常以"机会主义者""分裂无产阶级阵营

---

① 徐鸿驭.所谓日"满"经济统制之批判[M]//计划经济论.北平:民友书局,1933:181,205.
② 剑华(宋斐如).东北事件与日本社会革命[J].新东方,1931(最近远东问题专号):143-144.

者""社会法西斯蒂"的名义出现。①

2. 佐野学与锅山贞亲的"转向声明"

继赤松以后,佐野学和锅山贞亲于1933年发出了"转向声明",这成为日本社会主义思想史上的又一重大事件。在中国,这一声明也同样引起了轰动。佐野和锅山当时都是日本共产党的重要干部,佐野学更是在1927年就任了指导党内工作的中央委员长。在中国,佐野学的论著也经常出现在宣传社会主义思想的报刊之中。其与妇女研究、社会主义农业研究和苏俄研究相关的文章,都曾被中国学人征引和译介过。1930年后,佐野学的唯物论研究以及他以唯物史观写成的日本史著作,也先后被翻译成中文。② 此外,在一篇介绍日本现代思想家的文章中,佐野学被看作"主张生产者本位的社会主义者"的代表。③ 因为曾经在早稻田大学担任教授,并有译介苏俄文献的丰富成果,中国学人对佐野学的评价原是很高的。因此,佐野学和锅山贞亲被捕入狱后所发表的《告日本共产党同志书》④(也被简称为"转向声明")才会引起中日左派群体的震惊。观察中国方面的舆论,在转向声明中,国人最常引用和批判的内容如下:

> 关于战争,反对第三国际的无政府主义式的败战政策。日本对中国军阀及美国资本的战争,是进步的战争,与内部改革是必然相结合的。劳动阶级在战争时是绝对必要的,故主张生产机构须由劳工管理,及以武装人民为基础,积极参加战争,以求战争的胜利。
>
> 我们不采取抽象的国际主义,而应为实现以日本为中心的"一国社会主义"而努力。
>
> 日本共产党将日本君主制与俄国的帝制等量齐观,而欲实行反君主制

---

① 红玉. 日本无产政党的政纲及其前途 [J]. 中央时事周报, 1937 (12): 10-11, 13; 德永直, 渡边顺三. 通俗辩证法读本 [M]. 包刚, 译. 上海: 上海杂志公司, 1944: 197.
② 佐野学. 唯物论的哲学 [M]. 徐韫知, 译. 上海: 乐华图书公司, 1930; 佐野学. 唯物论与宗教 [M]. 邓毅, 译. 上海: 秋阳书店, 1930; 佐野学. 物观日本史 [M]. 陈公培, 译. 上海: 神州国光社, 1932.
③ 郑里镇. 介绍日本现代思想评论家 [J]. 新声, 1930 (5): 193.
④ 此声明原标题为"緊迫せる内外情勢と日本民族及びその労働者階級―戦争及び内部改革の接近を前にしてコミンターン及び日本共産党を自己批判する",1933年6月10日由佐野学和锅山贞亲在市谷监狱联合发表,并刊载于日本各大新闻报刊中。声明的末尾有"共同被告に告ぐる書"的标注,日本学界多以此标注或"转向声明"作为简称,该声明首次全文被翻译成中文时,被命名为《佐野学等告日本共产党同志书》[佐野学, 锅山贞亲. 佐野学等告日本共产党同志书 [J]. 仲秀, 译. 国闻周报, 1933 (27).]。

的斗争，实属大错。日本的君主制，表现着民族的统一。我们应据实把我大众对君主制所抱的自然感情。①

简言之，反对共产国际、支持帝国主义战争和支持天皇制，是这篇转向声明的主旨。声明在日本发表一个月后就被全译成中文。署名为"仲秀"的译者并非社会主义者，但也敏锐察觉到转向声明在世界共产党史中的重要性。同时他还表示，该文发表于狱中的事实也使其价值有所减损②。在中国的左翼群体中，佐野学一直以来的正面形象加剧了他们的震惊程度，甚至有人怀疑这是日本统治者为了动摇社会主义者而制作出来的伪造文书。③

此外，那些并不怀疑转向声明真实性的国人，除了对佐野和锅山加以批判外，也有迁怒于日本共产党，并对整个日本社会主义团体感到失望的感想：

> 日本共产党是无产派中的最左倾的。其思想之荒谬，既如上述。那么，其他比共产党右倾的团体，更可想而知。比如那个社会民众党，平常时时派人到中国来联络。并且报上还说他们很信仰三民主义的。但是到九一八事变发生以后，他们大吹特吹，主张应在"满洲国"作社会主义的施设。在国会全体一致通过承认"满洲国"的时候，不待说，他们是投票赞成的。并且听说：他们与少壮军人派有密切的联络。他们到中国来说信仰三民主义，不过想骗几文钱做党费罢了。
>
> 所以照以上所述看来，在日本无论何派，对华政策总是同样的——侵略政策。以日本那种强盗式的民族性，加之以太和魂，武士道，皇室中心的教育，决不会养成优秀人物。这是必然的，无可如何的事。最要紧的，是希望全国同胞认清楚整个日本民族；决不像我们中国人这样易于感受新思想，也决不像我们中国人这样度量宽宏。所以我们同胞——尤其是共产党同胞，假使幻想什么大战开始，日本内部革命；共产党会要乘机暴动；效法苏俄的"退一步进两步"的妥协政策，那就大错特错了。④

引文中提到的"社会民众党"及其建议在"满洲国"做"社会主义施设"

---

① 佐野学，锅山真亲.共同被告に告ぐる書[M]//佐野学著作集：第一卷.東京：佐野学著作集刊行会，1957.汉译文参考：森正藏.风雪之碑：日本近代社会运动史[M].赵南柔，曹成修，闵德培，等译.上海：中国建设出版社，1948：95-97.
② 佐野学，锅山贞亲.佐野学等告日本共产党同志书[J].仲秀，译.国闻周报，1933（27）：8.
③ 胡秋原.第三种人及其他[J].读书杂志，1933，3（7）：12.
④ 杨宙康.读佐野学告同志书想到日本三大派的对华态度[J].不忘，1933，1（8）：45.

的主张，正是九一八事变后赤松克麿提出的观点。以赤松克麿为始，日本社会主义阵营中重要人物的转向，在佐野学时期达到了又一高峰。而中国社会主义者对整个日本社会主义阵营的看法，也因转向的潮流而愈加负面与消极。在批判和谴责这些转向者的同时，中国社会主义者对日本封建专制及帝国主义本质的分析与研究，以及对社会主义和法西斯主义在全球视野的发展，都做出了进一步的探讨。这也进一步加强了中国人对社会主义思想的深入研究。

3. 山川均与通州事件

比起赤松克麿和佐野学，山川均及其社会主义论著在中国显然拥有更大的影响力。山川均在日本国内并没有被看作转向者，但1937年通州事件以后，他所发表的《支那军的鬼畜性》和《北支事变的感想》等文章，在中国也引起了很大的声讨。

山川均的马克思主义理论研究、资本主义研究和苏俄研究，都是国人熟知的日本社会主义文献。除此以外，他在日本报刊中发表的时事评论也是中国译者热衷译载的文章。山川均最早被译成中文的时评乃刊载于《新青年》的《对于太平洋会议的我见》。该文强烈谴责了欧洲列强和日本帝国主义好战之恶习，并认为太平洋会议是1899年"强盗晚餐会"的重演，反映了战争最大得益者，即英、美、日的贪婪。① 此后，对于田中内阁和墨索里尼的法西斯倾向，山川均也做出过指责。② 直到1937年2月，二二六事件一周年之际，山川均还发表了反法西斯的时评，并认为只有无产阶级政党才能担当反法西斯的重任。③ 这些被译介成中文的时评可以看出，山川均作为一名日本社会主义者，其反帝、反战和反法西斯的立场都是十分明确的。另外，他自20世纪20年代以来开始关注日本的对台政策，致力于揭露日本资本主义榨取台湾资源及生产力的事实，也反映了他作为社会主义者的国际视野。山川均的台湾研究曾于1926年和1930年分别连载于不同的中文报刊上④。他的《台湾民众的悲哀》一书也在其后被译成了中文⑤。在翻译和推荐这些论著的国人看来，台湾被割让给日本已三十多年，但国内报刊对于台湾的事情却罕有记载，故以山川均的研究唤起中国民众

---

① 山川均. 对于太平洋会议的我见 [J]. 新青年, 1921, 9 (5).
② 山川均. 田中政治与莫索里尼政治 [J]. 修, 译. 前锋, 1929 (5).
③ 山川均. 日本政局展望：由二月廿六日到二月廿六日 [J]. 高璘度, 译. 时事类编, 1937, 5 (5).
④ 山川均. 弱少民族的悲哀 [J]. 张我军, 译. 台湾民报, 1926 (105—115); 山川均. 日本帝国主义铁蹄下的台湾 [J]. 宋蕉农, 译. 新东方, 1930, 1 (3—4).
⑤ 山川均. 台湾民众的悲哀 [M]. 宋蕉农, 译. 上海：新亚洲书局, 1931.

对台湾的关心，是他们希望能达到的目的。① 因此，也有译者对山川均的台湾研究给予了如此评价：

> 山川均氏能以异族的心肠，尤其本是站在征服者的地位，写出这篇满纸血泪的文章，喊出人道正义的呼声来，是我万分感服的。分属同胞，又是被征服者，又是送台湾人到异族铁蹄下的老大所不能顾及，或许不屑谈的台湾问题，分属异族，又是征服者的山川均氏，竟能关切周到，代为呼冤——这种情谊，不知道用什么文字，什么言语才能形容出万分之一来！②

译者的上述评价，让山川均在国人的印象中登上了"人道正义"的制高点。也正因如此，通州事件后山川均的言论才会带来更大的反差。

卢沟桥事变后，通州事件造成了日方一定程度的死伤。此消息传到日本国内后，《东京日日新闻》《读卖新闻》《大阪朝日新闻》等报纸连续报道了多则详细描写损伤细节，并夸大死伤程度、煽动日本民众对华发起报复和反击的言论。在这样的背景下，山川均发表的两篇文章，对通州事件表示了强烈谴责，但他的谴责已上升到对中国政府及中华文化的层面。山川均把卢沟桥事变和通州事件的发生归咎于民国政府的排日政策，完全忽略了近代以来日本侵华政策的主动性。③ 这样的论点自然引起了中国知识群体的强烈声讨，而其中最有力的反驳，是巴金于同年9月发表的《给山川均先生》。该文在《烽火》上发表后，《国闻周报》《集美周刊》等媒体也争相转载。④

巴金曾于1934年有过近一年的旅日经历，已经十分了解日本国内的新闻运作模式。通州事变发生后，对于日本媒体避而不提日军在华暴行，却夸大通州事件的死伤规模，并煽动民众反华情绪的情况，他在文章中并没有感到惊讶。但山川均受这些言论的影响所写出的《北支事变的感想》，则让他表示十分遗憾和愤怒。在巴金看来，山川均作为一名科学的社会主义者，理应对日本媒体的言论做出正义的批判：

> 所谓"通州事件"使你感到愤怒，使你发出诅咒似的恶骂，我并不想

---

① 华生. 日本帝国主义铁蹄下的台湾·序言 [J]. 新东方, 1930, 1 (3).
② 宋蕉农. 日本帝国主义铁蹄下的台湾·译者自序 [J]. 新东方, 1930, 1 (3)：129.
③ 山川均. 北支事变の感想 [J]. 改造, 1937 (9).
④ 关于巴金对日本知识群体的评价与批判，本书参考了陈思和、李辉. 论巴金前期的爱国主义思想 [J]. 齐鲁学刊, 1983 (6); 王学振. 巴金笔下的日军轰炸 [J]. 南阳师范学院学报 (社会科学版), 2012 (11); 崔秀婷. 巴金の日本認識の転換プロセス：一九三〇年代巴金の日本滞在体験の考察 [D]. 长春：东北师范大学, 2014; 于宁. 通州事件与南京大屠杀关系研究 [J]. 日本侵华史研究, 2016 (2).

<<< 第二章 出版与交流——五四以后的汉译日本社会主义论著（1919—1937）

把它掩饰或抹煞，像贵国的论客掩饰你们"皇军"的暴行那样。我们愿意明了那里的详情，然而一切信息都被你们的"皇军"封锁了，我只能知道当冀东保安队反正的时候，在通州有二三百日侨被害的消息。

通州事件自然是一个不幸的事变，但它却绝非"偶然的"，它有它的远因和近因。这个连在通州遭难的铃木医师也早料到了。……贵国的皇军种了因，贵国的官民食其果，这是无足怪的。对于熟悉历史的人，这类事变的发生是很容易解释的，我们已经见到不少的先例了。

……你一个社会主义者居然也跟在贵国新闻记者的后面用咒骂、陷害、中伤的言词去打动人们的偏狭爱国心！你是有意地落入贵国军阀的圈套中了。……先生，你是看见别人眼中的刺而忘记自己眼中的梁木了。①

一个社会主义者，对于一个即将崩溃的帝国的最后光荣，你还能够做什么呢？你等着看举起反叛之旗的民众来揭发你的背叛的阴谋吗？山川先生，我期待着你和你的同胞们的反省！②

山川均这种社会主义者的对华态度，在日本并非孤例。继山川均以后，林房雄、室伏高信和武者小路实笃等人，都曾受军国主义的影响而在不同程度上改变了社会主义者反战反侵略的立场。这种转向的潮流，也可以看作日本社会主义运动发展史上所存在的不足，即"缺乏实际行动力"和"主张上的模糊性"的进一步延伸。以巴金为代表的中国左派知识群体一直视日本社会主义者为共同对抗日本帝国主义、实现世界民族解放的盟友，因此，山川均等人的言论给他们带来的遗憾与失望也是十分巨大的。

受这种遗憾与失望的影响，国人开始放缓译介日本社会主义论著的步伐。在佐野学1933年发表转向声明后，张资平马上就对译介佐野学论文的译者进行了质疑。此事缘起于《申报》专栏对佐野学《日本历史》的连载，因连载途中佐野学的转向已成事实，但译者陈彬龢对佐野学的评价一如既往地加以恭维，并对他被捕后拒绝回答审问的节气高度赞扬。为此，及时了解到转向动态的张资平指出了陈氏因信息落后而造成的笑话，并进一步反思了国人译介社会科学类书籍时存在的问题：

陈氏本是主张"联合中日的劳苦大众以粉碎日本帝国主义"的人，当然是尊敬以前的士可杀不可辱的佐野学。不过读了佐野转变的消息后，陈

---

① 巴金. 给山川均先生 [J]. 烽火，1937（4）：50-53.
② 巴金. 给山川均先生（续）[J]. 烽火，1937（5）：78.

氏的感想当如何？本来抄译书籍是个人的自由。（其实，先要确定自身的主张，然后抄译同主张者之原著，才算是理想的介绍。不过我不敢吹毛求疵了。）但对于原著者个人，似可不必仓猝加以颂赞。因为人是最不可靠的！……我是主张，关于抄译，宁缺毋滥的。特别是关于社会科学的书籍。①

此时日本社会主义者的转向潮流，已让国人产生了不能对任何日本人轻易加以称赞的警惕。事实上，在赤松克麿、佐野学和山川均发表了带有反华和侵略主张的言论后，还有个别消息闭塞的国人，依旧以转向前的印象给予他们肯定与赞扬，但从总体趋势上看，九一八事变后，转向者的社会主义论著在中国的译介都明显减少了。1937年以后，转向者所著的作品基本上没有再被译介成中文。

小结

近代以来，中国人对社会主义思想的接纳一直受到时局变化的影响。一战的发生，让国人看到西方文明的破绽，也感受到社会主义革命的潮流。中国民族经济的发展，以及工人阶级的壮大，为社会主义思想在五四以后的空前发展奠定了基础。在社会主义论著的译介活动中，通过欧美或苏俄而受到影响的中国学人不断增多，他们将西方的译作直接引入中国，让社会主义的文献来源变得多元。

五四运动因反对日本强占山东而起。在民众反日情绪高涨的情况下，中国知识群体并没有放缓译介日本社会主义论著的速度，这说明译者群体能区分日本政府和日本社会主义者的不同。中国知识群体在五四以后并没有盲目排日，反而将日本社会主义阵营视为反对日本统治阶级强权专制的重要力量。从1919年后报刊中译载的社会主义文章来看，日本论著虽然已失去了数量上的绝对优势，但日本社会主义者提供了系统、深入的研究论文，仍是国人吸取相关知识的重要参考文献。

到了图书出版事业蓬勃发展的1927年，日本论著在所有语种来源中仍是最高占比，可见汉译日书的展开还是极具活力的。这得益于日书译者主动积极的研究态度。译者之间有频繁的交流往来，形成了活跃的网络关系，也促成了日书汉译活动的进一步发展。译者自身创建的各种出版书社，更为汉译日书提供了便利的发行平台。多名译者选择了远离政党活动、专心翻译与研究的工作，

---

① 张资平. 佐野学氏右倾 [J]. 文艺座谈，1933，1（2）：1-2.

这让他们的译书不仅在数量上,也在质量上得到了保障。

然而,译者们的努力所造就的译书盛况,在九一八事变后发生了变化。究其原因,"中日关系交恶"也许是最为简单和直观的答案。但若进一步探讨其深层的矛盾,还要从日本国内的政治局势入手。自赤松克麿以来,国人对于转向者的态度,尤其是对转向者的侵华主张产生了困惑、不满和愤怒,这才导致他们对日本社会主义论著失去以往的关注和热情。1937年4月,《中央时事周报》的一篇文章,讨论了日本"无产阵营法西斯化"的原因。作者认为在九一八事变以后,日本国内军需的膨胀,侵略中国东北军费的突增,成了日本各个阶层的极大负担。同时,社会主义运动的领袖们在资产阶级政党的镇压下,相继被捕入狱。他们在狱中被施以严酷的逼迫,再加上受到外界"非常时期准备战争""为国牺牲"等思想的引诱,便有一部分人或自动或被动地发生了"方向转换"。[①]另外,日本社会主义阵营中也发生了分化。左派团体的领袖中本身就有很多阶级意识并不稳固的人物,这些人即使没有遭受牢狱之灾,也很容易放弃原来具有国际视野的社会主义思想,转而倾向于国家主义和法西斯主义,进而支持日本的侵华主张。

因此,在检举制度的加强和军部强横的压力下,左派人物的转向成了止不住的潮流,1940年翼赞体制的出现,进一步导致更多人走上"方向转换"的道路。自赤松克麿以来,国人对于转向者的态度,尤其是对转向者的侵华主张产生了困惑、不满和愤怒。中国社会主义者减少了对日本社会主义思想的关注与引介,也正是在这样的深层背景下逐渐形成的。

马克思在《共产党宣言》和《国际工人协会共同章程》中向全世界无产阶级提出联合斗争的号召,反对侵略战争是社会主义者的必然选择。这一立场一旦发生改变,所谓"社会主义者"也可能成为法西斯的帮凶、对外侵略的赞美者。中日战争期间,日本社会主义者的转向行为,助长了日本法西斯对外侵略的气焰,是日本社会主义运动史上可悲的一页,其历史教训值得反思。

---

① 红玉. 日本无产党的政纲及其前途 [J]. 中央时事周报, 1937 (12): 10-11.

第三章 翻译与诠释——汉译日本社会主义论著的文本分析

在五四以后的汉译日本社会主义论著中,河上肇、堺利彦、山川均、高畠素之这四位日本学者的作品,是最受中国译者和读者欢迎的。他们虽然都持有"社会主义研究者"的身份,并以此闻名于中日两国,但在复杂的日本社会主义发展史之中,却占有着完全不同的地位、从属于不同的党派,彼此之间对社会主义的理解也有很大出入。以马克思主义政治经济学、无产阶级革命论和唯物史观为中心,他们之间甚至发生过激烈的论战。中国译者对他们作品的引介,也是一个理解、消化和诠释其社会主义思想的过程。

日本社会主义的发展于1910年大逆事件后进入了"寒冬期"。此后,由于大杉荣、堺利彦和山川均等人的努力,社会主义政党的活动在艰难的政治环境下得以延续。1917年的俄国十月革命,为中日两国的社会主义发展带来了转机。但对中国而言,五四运动给予社会主义思想传播的推动,更具有划时代的意义。而在日本,1919年已是大正后半期,受大正民主运动的影响,学生自治权运动和工人罢工运动相当活跃,这为一般民众接受社会主义思想提供了新的土壤。堺、山川、高畠与河上等学者在1919年以后翻译和撰写的论著,都得到了更广泛的接纳与认同。同年创刊的两份日本社会主义杂志《社会主义研究》和《社会问题研究》,也成为畅销全国的刊物。因此有学者认为,随着社会主义在学生、知识群体和劳动者中的普及,1919年以后的日本社会主义已从明治末年以来的"移植期社会主义",转变成结合本国现状的"日本社会主义"。[①]

在这样的背景下,中国人即使希望以日本的社会主义论著为中介,去了解纯粹的西方社会主义理论,尤其是马克思主义的理论,也不可避免地要受到日本因素的影响。为此,本章将逐一分析这几位日本社会主义者的思想特色,并

[①] 小山弘健,岸本英太郎. 日本の非共産党マルクス主義者—山川均の生涯と思想 [M]. 京都:三一書房,1962:11.

探讨他们的论著在中国被翻译与诠释的情况。

一、河上肇

（一）河上肇的社会主义研究及思想变化

河上肇（1879—1946）是日本马克思主义经济学家、日本共产党党员。自20世纪初，河上肇的著述陆续被引介入中国。截至1949年，河上肇的汉译单行本达41种之多，在民国时期哲学社会科学类汉译日书中居于首位。①

河上肇最受日本学者关注的是他对马克思主义政治经济学以及唯物史观的研究。在三十多年的研究生涯中，他曾引来栉田民藏、福本和夫等社会主义学者的商榷②，福田德三、高田保马、小泉信三等不赞同马克思主义的学者，则从批判和反对的立场对河上肇做出批判。③ 1946年河上肇去世以后，与河上肇相关的研究论著也大多把重点置于他的政治经济学和唯物史观之上。④ 除此以外，河上肇还具有中国古典文学素养，他所创作的和歌与汉诗也是文学研究的对象⑤。20世纪90年代以后，日本社会对农业发展再思考的热潮，使得青年时代

---

① 相关统计参考谭汝谦，实藤惠秀. 中国译日本书综合目录［M］. 香港：香港中文大学出版社，1980：800；三田剛史. 甦る河上肇——近代中国の知の源泉［M］. 東京：藤原書店，2003：475.

② 参阅栉田民藏. マルクスの価値観念にかんする一考察——河上博士の『価値人類犠牲説』に対する若干の疑問［M］//栉田民藏全集：第二巻. 東京：社会主義協会出版局，1987；福本和夫. 経済学批判のうちに於けるマルクス<資本論>の範囲を論ず［M］//福本和夫著作集：第二巻. 東京：こぶし書房，2010；福本和夫. 河上博士の唯物史観より分離せざるべからず［M］//福本和夫著作集：第二巻. 東京：こぶし書房，2010.

③ 参阅福田德三. 河上肇君の所論と読みて［N］. 読売新聞，1905-12-05（2）；小泉信三. 共産主義批判の常識［M］. 東京：新潮社，1949；高田保馬. マルクス批判［M］. 東京：弘文堂，1950.

④ 1946年以后出版的研究河上肇的专著有：天野敬太郎，野口務. 河上肇の人間像［M］. 東京：図書新聞社，1968；古田光. 河上肇［M］. 東京：東京大学出版会，1959；杉原四郎，一海知義. 河上肇：人と思想［M］. 東京：新評論社，1986；住谷悦治. 河上肇［M］. 東京：吉川弘文館，1986；ゲイル·L.バーンスタイン. 河上肇：日本的マルクス主義者の肖像［M］. 清水靖久，千本秀樹，桂川光正，訳. 京都：ミネルヴァ書房，1991；住谷一彦. 河上肇研究［M］. 東京：未来社，1992；小林漢二. 河上肇：マルクス経済学にいたるまでの軌跡［M］. 京都：法律文化社，1994；加藤周一. 河上肇：21世紀に生きる思想［M］. 京都：かもがわ出版，2000.

⑤ 参阅星野周一郎. 文学と経済学——河上肇の文学［J］. 帝塚山学院大学研究論集，1973（12）；一海知義. 漢詩人河上肇［M］. 東京：藤原書店，2008.

的河上肇对尊农论思想的研究重新得到日本学人的重视。①

河上肇于19岁入学东京帝国大学法科大学政治学科，1902年毕业后，曾任东京帝大农科大学实科讲师。1905年，26岁的河上肇曾将美国经济学者塞利格曼（Edwin R. A. Seligman, 1861—1939）的《经济史观》（*the Economic Interpretation of History*）翻译成日文。② 同年，他还在《读卖新闻》中连载《社会主义评论》③ 的系列专栏。当时尚未赞同社会主义思想的他，主要是站在国家主义的立场对社会贫富问题做出分析和批判。矢野龙溪、幸德秋水、堺利彦、久津见蕨村等人皆对此连载做出过回应和讨论，河上亦因此一举成名。作为农科大学的讲师，他也十分关注日本国内的农政问题。同年发表的《日本尊农论》，便是其在农政学研究上的重要著作，反映了他对日本农业和农民民生问题的关心。河上肇对平民阶级及民生问题的关注，亦是在此时产生的。

1905年，河上肇开始接触伊藤证信的"无我苑"宗教组织。当时河上肇"把绝对的非利己主义当作真理"④，并认为倡导"无我之爱"的无我苑符合自己对真理的追求。河上认为"无我之爱"具备孔子所言之仁义道德⑤，这是他加入无我苑的动力。虽然不到一年，他便意识到此宗教活动的空想性，并做出了与之诀别的宣言，但终其一生，河上对宗教的关注和思考，以及他对中国古典思想的研读未曾停止。河上肇追求真理的虔诚，以及被认为是"空想人道主义"⑥ 的品德，都与这一情结有关。这种带有中国古典意味的宗教思想特点，亦充分表现在其后的论著之中。

1908年，河上肇成为京都帝大法科大学讲师，由此开始20年的经济学教学工作。1913年，河上肇踏上了留学欧洲的旅程，留学期间他特别注重考察欧洲各国的经济制度和社会发展情况，并结合日本进行比较和分析。归国后出版的《回顾祖国》，便是河上向日本介绍西方的社会、经济现状，比较东西文明发展的著作。值得注意的是，赴欧留学的河上肇曾途经上海和香港，且于上海停留

---

① 杉原四郎. 河上肇の農業論［J］. 関西大学経済論集，1993（6）；住谷一彦. 新渡戸稲造と河上肇—日本農政学の系譜［J］. 環，2010（40）.
② Edwin Robert Anderson Seligman. 新史観：歴史之経済的説明［M］. 河上肇，訳. 東京：昌平堂川岡書店，1905.
③ 1905年10月1日起至12月10日止，河上肇以"千山万岁楼主人"的笔名于《读卖新闻》连载《社会主义评论》共三十六回。
④ 河上肇. 河上肇全集：续5卷［M］. 東京：岩波書店，1985：168.
⑤ 河上肇. 河上肇全集：第3卷［M］. 東京：岩波書店，1982：176-178.
⑥ 櫛田民蔵. 社会主義は闇に面するか光に面するか［M］//河上肇. 河上肇全集：第14卷. 東京：岩波書店，1983：137.

<<< 第三章　翻译与诠释——汉译日本社会主义论著的文本分析

数日，在友人的招待下游览观光。① 这是河上肇一生唯一一次踏足中国，上海租界内便利的交通和繁华的景象都让他颇为赞叹。但短暂的游览留给河上对中国的印象也仅限于此。

1916年，河上肇开始在《大阪朝日新闻》连载《贫乏物语》，并于1917年出版成书。一战爆发以来，资本主义世界发生了剧烈变化，贫困问题亦越发明显。《贫乏物语》对贫困问题的分析和思考，引起了日本知识群体的广泛关注。河上肇在书中首先探讨了贫困形成的原因，接着提出消除贫困的方法：首先，富人应废除奢侈品的生产和购买；其次，生产事业不该放任私人盈利。② 总而言之，《贫乏物语》强调富人在道德上的约束及国家在生产发展上的干涉和管理。虽然河上肇本人很快便认识到这些观点所存在的缺陷，并做出了公开否定③，但《贫乏物语》还是获得了大量的好评及热烈的反响，再版不断。该书甚至被视为河上肇的代表作，且直到现在，不少日本知识群体仍将《贫乏物语》视作河上肇的代表作。但河上肇在1928年的自编年谱④及晚年自传中，都不甚提及该书。1930年他写成《第二贫乏物语》，是介绍马克思主义政治经济学的著作，将其命名为《第二贫乏物语》，亦可视为对《贫乏物语》的否定。因此，围绕《贫乏物语》所产生的问题，亦可反映读者眼中的河上肇与河上肇自我认识间的偏差。

1919年，河上肇的个人杂志《社会问题研究》创刊，被认为是他"露出马克思主义者色彩"⑤的开端。此杂志全由河上肇一人执笔，创刊号便开始连载《马克司社会主义之理论的体系》，其后不断刊载他对马克思主义的研究成果，也成为他与福本和夫、高田保马等人展开思想论争的阵地。《社会问题研究》的销量非常可观⑥，并被认为是"日本人开始精细地研究马克思主义的开端"⑦。不少中国留学生，如陈溥贤、郭沫若、周恩来等人更是争相传阅、大受启发。在经营此杂志的同时，河上肇还出版了《近世经济思想史论》《社会组织和社会革命》《唯物史观略解》《资本主义经济学之史的发展》等著作，并翻译了马克思、列宁、布哈林等人的论著。

---

① 河上肇. 河上肇全集：第24卷［M］. 東京：岩波書店，1983：360-361.
② 河上肇. 河上肇全集：第9卷［M］. 東京：岩波書店，1982：66.
③ 河上肇. 河上肇全集：第9卷［M］. 東京：岩波書店，1982：66.
④ 河上肇. 河上肇全集：別卷［M］. 東京：岩波書店，1986.
⑤ 佚名学者对河上肇的评论，登载于1933年2月15日的《经济学者》，转引自河上肇. 河上肇全集：续5卷［M］. 東京：岩波書店，1985：197.
⑥ 渊泉（陈溥贤）. 东游随感录（十七）［N］. 晨报，1919-11-06（7）.
⑦ 岩崎允胤. 河上肇とマルクス主義哲学［J］. 河上肇全集月報，1982（8）：5.

作为一位马克思主义者，河上肇此段时间可谓积极活跃、备受瞩目，其学说亦引来不少学者的批评与商榷。其中，福本和夫与栉田民藏的批评，对河上肇的影响最为关键。他们屡次指出河上肇虽然倡导马克思主义，却有太多空想的人道主义色彩，并且仅注重政治经济学，忽略了对马克思主义哲学的认识。

如栉田民藏的批评里所说，对马克思主义哲学，尤其是对辩证法和唯物论缺乏关注和研究，是河上肇的经济学研究中非常严重的问题。① 在这样的抨击之下，河上肇不得不直面自己在哲学领域的缺陷。1927年，他在《社会问题研究》上连载《与唯物史观相关的自我清算——对过往发表之见解的更正兼回应福本和夫氏的批评》一文②，从黑格尔、费尔巴哈到马克思、恩格斯的论著中，梳理了辩证唯物论的形成与发展，由此才对唯物史观有了较透彻的理解。此后，在经济学研究之中，河上肇已非常注重对辩证法和唯物论的运用。在1930年发表的《第二贫乏物语》③ 一书中，他基于这些新的关注点，再一次对社会贫困问题做出了阐述。与1917年的《贫乏物语》不同，《第二贫乏物语》强调当今资本主义世界的社会问题，必须要从资本主义的根本矛盾，即生产力和生产关系的矛盾出发才能得到解决。④ 在该书的序章中，河上这样评价了他自己的思想历程：

> （我过去的思想）对于现在的我来说除了耻辱别无他物。我以过去那样的姿态为出发点，转化成现在这个截然相反（的立场），花费了超过四分之一个世纪，这只能证明我的愚钝。
>
> ……
>
> 我最初并非马克思主义者，连简单的唯物主义者也算不上。所以就算是现在的我，在无意识之中大概还保留了一些过去那种观念论的空想残滓，但我有意识地站在辩证唯物论的立场上，作为一位信奉马克思主义列宁主义的学徒，在此执笔第二贫乏物语。⑤

这是河上肇对自身思想变化的评述，也是影响读者对他个人评价的重要因素。他自1905年连载《社会主义评论》以来，便不断进行反思和自我否定，这种追求真理的过程得到不少学人的赞许，但同时也有研究者评价道：不断改变

---

① 櫛田民藏. 河上肇著『近世経済思想史論』批評 [J]. 著作評論, 1920 (4): 22.
② 河上肇. 唯物史観に関する自己清算—従来発表せし見解の誤謬を正しかねて福本和夫氏の批評に答ふ [J]. 社会問題研究, 1927 (77) —1928 (88).
③ 河上肇. 第二貧乏物語 [M]. 東京: 改造社, 1930.
④ 河上肇. 第二貧乏物語 [M]. 東京: 改造社, 1930: 285.
⑤ 河上肇. 第二貧乏物語 [M]. 東京: 改造社, 1930: 8.

立场的状态，使他"虽然能被看成是伟大的导师，但在学问上却无法成为第一线的人物"①。

河上肇的社会主义研究虽然引来很大的争议，但却没有动摇他在学界的影响力。日本政府和京都帝国大学担心他作为教授的地位，以及他的马克思主义思想倾向，会在学生及社会间带来巨大的影响，所以屡屡劝其主动辞职。1928年4月，河上肇在学部总长给予的压力下，最终向京大递交了辞职信。

河上肇在大学任教的二十多年间，正是日本青年学生群体对社会主义十分向往的时代。不少在河上肇任教期间赴日留学的中国人，也被河上肇所吸引。据三田刚史的统计，在河上肇任教期间，听取他在京都大学授课的中国留学生不下百人②，直接以河上肇为导师的学生亦有李希贤、张源祥、漆树芬、王守椿（王学文）四人。而李初梨、杜国庠、周佛海等人虽然不是河上门下的学生，但也曾接受过河上的教导。③ 此外，前往日本短期访学的中国知识群体，也往往会安排时间特地拜访河上肇。因此，河上肇并不缺少与中国人接触的机会。不过，在河上肇留下的文字作品中，无论是日记、随笔、书函还是论著，都未曾发现他对自己的中国留学生，或远道而来的拜访者有任何记载或评价。河上肇在辞职京大之前对中国的了解，主要还是来自他所阅读的中国经典著作及古典诗词。即使他的论著和思想在中国争先被翻译和传阅，他本人却并没有对自己的中国学生以及近代中国产生过特别的关注。直到河上肇从京大辞职后，尤其是他于1933年入狱后，他才对红军和蒋介石等与中国相关的时事或人物产生了兴趣。

辞职后的河上肇决定跳出学术研究的圈子，投身实践活动。其个人杂志《社会问题研究》亦在1928年年末全面改版。河上肇成为杂志的编辑，鼓励同为马克思主义者的同志和后辈发表论说。1932年，他开始投身地下活动，并于9月加入日本共产党，担任《赤旗》编辑。但在其实践活动还未有显著成果时，便以"违反治安维持法"的罪名被逮捕，并于1933年8月被判刑五年，开始了牢狱生活。

1933年6月，佐野学和锅山贞亲发表了"转向声明"，并因此获得减刑。与此产生鲜明对照的是河上肇被捕后的反应。在正式判刑之前，河上肇曾在市谷监狱向检察官提交一份《狱中独语》，表示保证不再参加政治活动，但今后将会

---

① 内田義彦. 作品としての社会科学［M］. 東京：岩波書店，1992：229.
② 三田剛史. 甦る河上肇——近代中国の知の源泉［M］. 東京：藤原書店，2003：312-315.
③ 三田剛史. 甦る河上肇——近代中国の知の源泉［M］. 東京：藤原書店，2003：316.

继续马克思主义研究,并坚持自己对马克思主义的信念,决不动摇。① 服刑期间,小菅监狱的狱长、检察官以及转向后的佐野学多次劝说他放弃马克思主义,且监狱几乎每周都举行"谈话会",劝其转向。但河上肇始终坚持自己的态度,所以也并未获得减刑。虽然受到牢狱的限制,河上肇在学术研究上无太大进展,但从其《狱中日记》及在牢房内撰写的自传小说《狱中赘语》,可见其仍然对马克思主义做出过许多思考。

与此同时,即使身陷囹圄,河上肇也没有丧失对国内外政治形势发展的关注。利用狱中有限的书籍,他仍然坚持阅读。1935 年,河上肇开始阅读新潮社出版的《世界现状大观》②,阅毕《苏维埃俄国篇》之后,开始阅读《中华民国篇》,其后是《西班牙篇》。③ 从其阅读顺序及阅读笔记来看,他尤为关心各国共产主义运动发展的情况。在此之后,河上肇也愈加留意红军长征和到达延安后的发展。每每听到与"共产军"相关的新闻,他都以满怀期待的语气记录下来。河上这种对中国革命现状的关心,直到 1937 年刑满出狱以后依然持续。

也许由于入狱前的承诺及晚年心态的转变,河上肇在出狱之后开始了低调的隐居生活。1938 年,河上肇阅读了日本杂志《改造》译载的毛泽东《论持久战》,当时曾激动地感叹:"如他的论文一般对前途有如此洞察力的,在日本从未出现过,究竟为何!"④ 其后他又阅读了《西行漫记》《续西行漫记》《中国在反击》等与中共相关的纪实文学作品,为中国所发生的抗战和革命运动感慨不断。直到其病逝的前一年 1945 年,他还曾表示愿到中国一游,并期待在中国埋骨的希望。⑤

河上晚年对日本侵华战争的思考,亦可从他《自叙传》中的一段话中看到:

> 正当大战期中,而希望祖国战败,那种人并不一定是不爱国。人们把那种人当作不爱国,那是因为人们还不能科学地认识到阶级国家的本质。统治着资本主义国家的是资本家阶级;它是资本主义国家的主人翁。不过一旦发生了战争,一切失去了常规,这个统治阶级要不是十分坚强,就会

---

① 河上肇. 河上肇全集:续 6 卷 [M]. 東京:岩波書店,1985:175-178.
② 佐藤义亮. 世界现状大观 [M]. 东京:新潮社,1930. 该书全 12 卷,分别为:1. 英吉利篇;2. 德意志共和国篇;3. 法兰西篇;4. 意大利·西班牙篇(附)葡萄牙;5. 印度·澳洲·加拿大篇;6. 北欧诸国篇;7. 苏维埃俄国篇;8. 土耳其·巴尔干诸国篇;9. 新兴国篇;10. 美利坚合众国篇;11. 墨西哥·中美·南美篇;12. 中华民国篇。
③ 河上肇. 河上肇全集:第 22 卷 [M]. 東京:岩波書店,1984:93.
④ 河上肇. 河上肇全集:第 23 卷 [M]. 東京:岩波書店,1984:103.
⑤ 河上肇. 河上肇全集:第 28 卷 [M]. 東京:岩波書店,1984:414.

完全失去政治能力，惊慌失措，乱来一气，自动地丧失群众的信任。……这样，一向貌似坚牢无比，难于反抗的统治机构，就会变成脆弱得一击即破。这就意味着革命成功的最好时机到来了。天下那些夙愿对一国的政治机构加以革命变革的志士，有时热烈希望本国战败，就是这个道理。①

作为马克思主义者，他对日本侵华战争有难得的洞见，希望自己的祖国战败，并对被侵略国的中国表示了理解与同情，对共同持有马克思主义信念的中国共产党寄予了期待。然而，不得不看到，虽然中国经典文化与近代中国革命都对河上肇有深刻的影响，但河上本人却没有重视与中国人的交流和互动。河上肇的论著在民国期间为中国知识群体带来了颇大影响，但河上本人却没有对自己的论著在中国风靡一时的现象给予过任何感想。这与他对中国的关注始于隐居的晚年有关。此外，五四以后的中国出版界虽翻译成风，但译者只要获得外国论著的底本，便可直接进行翻译，他们与原作者之间并没有必须要进行联络或商讨的机制。这也让河上肇错失了与中国译者交流的机会。

（二）国人对河上肇及其论著的评价

河上肇在众多中国知识群体眼中是日本最负盛名的马克思主义学者，因此也被赋予了不少象征意义。终其一生，河上肇曾发生过多次思想转变，常会对过去的自我做出批评和否定。这些批评和否定是否能被中国人看到，是值得进一步探讨的。例如，河上肇是自1919年才开始以马克思主义者的身份进行政治经济学和唯物史观研究的，而有些中国学人在译介其1919年以前的著述时，也打着"马克思主义"的招牌，则难免会影响他们对河上肇及马克思主义的理解。中国知识群体在译介其著述、传播其思想时，是否留意到河上肇的思想变化，又是否留意到他的早年著述中国家主义和理想主义的色彩，以及他在初步研究马克思主义时对唯物史观的一些误解？这将直接影响中国译者对社会主义的正确认识。

国人在1919年以前译介河上肇的著述时，介绍原作者所使用的是"日本法学士"②"日本京都大学教授，钻研经济学颇负时望"③等描述。但1919年之后，由于河上肇开始正式研究马克思主义思想，也由于五四运动以后国人对马

---

① 河上肇. 河上肇全集: 续5卷[M]. 東京: 岩波書店, 1985: 140-141.
② 陆咏黄. 共同生活与寄生生活[N]. 生活日报, 1914-05-03 (2).
③ 杨山木. 译者弁言[M]//河上肇. 救贫丛谈. 杨山木, 译. 上海: 商务印书馆, 1920: 1.

克思主义的进一步关注，中国译者对河上肇的介绍，则添加了"研究马克思有年"①"以研究马克思主义为己责"②之词。但译者和读者却没有及时对河上肇的思想变化及其原因做出思考。观察1919年到1921年的相关文献，可见译者几乎没有提及河上肇的思想转向问题，当然也未曾给读者做出更好的注释和导读。不少中国学人沿袭了河上肇早年时候对马克思主义思想的片面理解，对唯物史观等问题也产生了偏于机械的认识。

至今可见最早对河上肇的思想变化做出评论的，是1921年9月25日《觉悟》中施存统所写的《河上底左倾》。作者认为河上肇碍于大学教授的地位，没有明白地赞成"共产主义"和"赤俄主张"，但却在不少文章中暗示"马克斯底共产主义，就是布尔色维克主义"。"本来河上主张，有点同马克斯不对；然而从今年来，却一天一天左倾，革命的色彩，一天浓厚一天，竟可说与马克斯相差无几；实在是一件很可注意的事情。"③可见作者确是觉察到了河上肇的思想变化。然而，"河上的左倾"早在1919年就能明显看出事实，而施氏在2年后才发表论说，可见国人对河上肇思想变化的观察并不算及时。此外，仅指出河上的"左倾"，而未对此种变化做出具体的分析和解读，说明作者对河上肇思想变化的认识可能还不够深入。

1924年，郭沫若翻译了河上肇的《社会组织与社会革命》一书。郭氏对书中一些观点的质疑，是国人较早站在马克思主义的立场上对河上肇提出的批评。郭氏在当年写给成仿吾的信件中，曾表示"对于这书的内容并不能十分满意，如他（河上肇）不赞成早期的政治革命之企图，我觉得不是马克思的本旨"④。在1938年出版的《创造十年续篇》中，郭氏又补充说"原作者只强调社会变革在经济一方面的物质条件"⑤是他不能十分满意的原因。可见，郭氏认为河上肇片面强调发动革命的物质条件，忽略了马克思主义革命观中的其他因素，使他不能完全苟同。当然，郭沫若强调，即便如此，河上对他的影响主要还是积极的。郭氏还曾提到他与河上肇有过书信往来，交流的结果，河上肇直接向他表示《社会组织与社会革命》一书中确有自己也不能满意的地方，⑥并对郭氏的意见表示了赞同。郭沫若在翻译著作的同时也做出了自己的思考和批判，这

---

① 罗琢章. 马克司社会主义之理论的体系·译者序言 [N]. 学灯，1919-08-05（1）.
② 安体诚. 河上肇博士关于马可思之唯物史观的一考察 [N]. 学灯，1919-12-06（1）.
③ 光亮（施存统）. 河上底左倾 [N]. 觉悟，1921-09-25（1）.
④ 郭沫若. 郭沫若全集：文学编第12卷 [M]. 北京：人民文学出版社，1992：205.
⑤ 郭沫若. 郭沫若全集：文学编第12卷 [M]. 北京：人民文学出版社，1992：206.
⑥ 郭沫若. 郭沫若全集：文学编第12卷 [M]. 北京：人民文学出版社，1992：206.

<<< 第三章 翻译与诠释——汉译日本社会主义论著的文本分析

是以往译介河上肇的译作中未曾看到的。1951年，当商务印书馆再版《社会问题与社会研究》时，郭沫若于再版序言中说道：

> 全书偏重于学究式的论争，对于马克思主义的骨干——辩证唯物主义，根本没有接触到；对于马克思主义的实践——怎样来改造世界，更差不多采取回避的态度。这样来谈马克思主义，可以说是使马克思主义害上了软骨症了。①

这段话再次针对性地指出了20世纪20年代初期河上肇的经济学研究对马克思主义哲学思想缺乏关注的问题。

继郭沫若之后，施存统、巴克、雷敢等人，也对河上肇的思想提出了批判。他们的质疑和批评，几乎都与河上肇对唯物史观的认识有关。

1930年，施存统翻译了福本和夫的《社会进化论》，经大江书社出版。该书原名『社會の構成並に變革の過程』，1926年发表于东京，书中针对河上肇对唯物史观的理解进行了尖锐的批评。正是由于此时期福本和夫等人的言论，河上肇在20世纪20年代末对自己的观点做出了反思。施存统在1930年译介《社会进化论》，以"对于中国读者没有什么必要"②为由，删去了福本在书中对高田保马、福田德三的批评，只保留了部分对河上的批评。正是这次有意识的保留，使国内读者有机会接触到日本马克思主义学人对河上肇的批判。值得注意的是，施氏在《社会进化论》序言中强调："本书所批评的河上肇氏，近来思想已大有进步，他关于唯物史观的研究，已经实行'自己清算'了。这是我应当代著者声明的。"③可知此时施氏对河上肇思想变化发展的认识，已比以往更加深入、全面。自此以后，不少中国译者在翻译河上肇的著述时更加注重加入自己的观点，如巴克在《唯物史观的基础》、雷敢在《新社会科学讲话》的译者序言中，都曾提醒读者要注意原著者观点中曾存在的问题，以及著者在自我反思后所做出的思想转化。

除了译者外，也有读者注意到了河上肇的思想变化，以及其一度存在的理解偏差。当时留意到小泉信三和栉田民藏正与河上肇展开思想论战的留日学生朱绍文，便曾与朋友对这些争论进行学习和探讨，自认为颇有收获。④在注意分

---

① 郭沫若. 社会组织与社会革命 [M]. 上海：商务印书馆，1951：序2.
② 施复亮. 译者序言 [M] //福本和夫. 社会进化论. 施复亮，译. 上海：大江书社，1930：3.
③ 施复亮. 译者序言 [M] //福本和夫. 社会进化论. 施复亮，译. 上海：大江书社，1930：3.
④ 钟少华. 早年留日者谈日本 [M]. 济南：山东画报出版社，1996：64.

析和反思河上肇的观点的同时，朱绍文也对河上做出的转变给予了肯定，认为"河上肇是追求真理的了不起的人物，他有些见解不到，但言行一致"①。同为河上著述热心读者的林林（原名林仰山），也认为这位"对原先的观点感到惭愧，不断地探索真理的学者"确是值得尊敬的。② 更有学者在为河上肇勇于自我批评而感动时，赞叹日本经济学界和社会科学界的权威学者能有如此之态度，并痛感中国学界缺乏如此品德，由此对中国学者的学术精神做出了反思。③ 此外，作为河上肇著述热心读者的毛泽东，也曾留意到河上肇经常修订自我观点的特点。1960年，毛泽东与周恩来一同接见以野间宏为团长的日本文学家代表团时，便提到河上肇的著作在当时仍是中国人学习马克思主义的参考书之一，还向野间询问了河上肇著述的修改次数。④ 毛泽东当时并不知道河上肇早在1946年便已逝世，但对于河上肇"马克思主义政治经济学每年都有修改"的特点却印象深刻，而能够意识到这种修改和变化，说明毛泽东对河上肇著述的阅读亦是较为细致的。

（三）汉译河上肇论著的文本分析

目前可知最早将河上的文章翻译成中文的，是1914年5月3日《生活日报》刊载陆咏黄译的《共同生活与寄生生活》。而河上肇的论著大量被译载在各大报刊，同时其译著陆续出版问世的情况，是在1919年以后出现的。在先行研究的基础上，本书添补了新发现的资料，整理成《民国时期中文报刊中所见河上肇论著一览表》《民国时期汉译河上肇著作一览表》（参见附录表C1和表C2）。

从第一篇被译载于中文报刊的文章《共同生活与寄生生活》开始，河上肇的不少论著在中国都出现了两种以上的翻译版本，有些译作曾多次被转载或再版。此处选取四种论著，除第一篇《共同生活与寄生生活》（1912）外，后三篇都是在《社会问题研究》杂志创刊后发表的，分别为《马克司社会主义之理论的体系》（1919）、《社会组织与社会革命》（1922）以及《第二贫乏物语》（1930）。在这些论著的发表过程中，河上肇还在不断改变着自己对马克思主义经济学及唯物史观的理解。中国译者在关注和译介他的作品的同时，也不得不接受这种变化中的探索所带来的影响。此处将对每种论著的原作及不同版本的

---

① 钟少华. 早年留日者谈日本 [M]. 济南：山东画报出版社, 1996：64.
② 林林. 扶桑杂记 [M]. 天津：百花文艺出版社, 1982：85.
③ 黄自平. 读陈隐豹的河上肇《经济学大纲》[J]. 北新, 1929, 3 (15).
④ 龙剑宇. 毛泽东手迹寻踪 [M]. 北京：中共党史出版社, 2016：226.

译作进行对比、分析,以探讨不同译者在不同时期对河上肇的理解和诠释。

1.《共同生活与寄生生活》

该文原为河上肇于1912年在日本社会政策学会第六回大会上的演讲,于《国民经济杂志》上登载了稍作删减的概要,又于《雄辨》3卷12号刊载了完全版。1913年,日本社会政策学会将该文收入《生计费问题》一书,作为"社会政策学会丛书"的第六册出版。1918年,该文经修订后被收入河上肇在1918年出版的《社会问题管见》。该文首先介绍了生物界中"共同生活"和"寄生生活"两种生存方式,后将其类比到人类社会中,认为近代经济组织中也有特殊的"寄生虫"。在河上肇看来,"寄生生活"对寄生者和宿主来说都是不幸的事情,而且也是阻碍社会进步的根本原因。因此,他提议学者们应更关注这种社会寄生现象,并指出若不驱除寄生虫,将为社会带来极大的负担。[①] 该文发表时,河上肇对政治经济学的认识还局限于资产阶级自由主义体系之内,文中的主要观点源于亚当·斯密的《原富论》。1920年,在《社会问题管见》的修订版中,河上曾指出,发表于七八年前的旧文大部分已被他舍弃,但只有《共同生活与寄生生活》的观点"仍然有效",因此在修订的基础上做出保留。[②]

对"近代经济组织中特有的寄生虫"的论述,是该文的核心观点。河上肇在1912年发表演讲,此后该文曾经历多次改动,被收录在不同的报刊或著作中,但其核心观点基本不变,即认为失业劳动者和部分资本家,都是"伴随近世经济组织而产生的特有的寄生虫"。河上还指出,如果失业劳动者的数量不多,那么这类寄生虫并不会对社会造成太大负担。相比之下,部分过着极端奢侈生活的资本家,更有可能导致社会的"贫血"和"衰弱"。他指出,寄生现象会阻碍社会进步,也是社会贫困问题的主因之一,因此必须将其驱除。[③] 该文的观点可以反映出河上肇早年对社会贫困问题和劳资问题的关心。但由于尚未深入学习马克思主义理论,他对所谓"寄生问题"的分析,包括对社会贫困问题的探因,都是不够透彻的。当然,该文还是能展现他对劳动者的同情,以及对资产阶级的批判态度,这些都是他在此后能转变为马克思主义者的基础。

这篇代表河上肇早期思想的文章被引介入中国,一定程度上有利于中国知识群体对劳动问题和贫困问题的思考。1914年5月3日《生活日报》载陆咏黄所译《共同生活与寄生生活》,是最早公开出版的汉译河上肇作品。同年,该文

---

① 河上肇. 河上肇全集:第9卷 [M]. 東京:岩波書店,1982:172-177.
② 河上肇. 改版社会問題管見 [M]. 京都:弘文堂書房,1920:137.
③ 河上肇. 河上肇全集:第9卷 [M]. 東京:岩波書店,1982:174.

在《东方杂志》10卷12号转载。1919年7月,《晨报》刊载了署名为"髯客"的另一版译文,4天后在《民国日报》副刊《觉悟》中转载。同年9月,《解放和改造》的创刊号刊登了筑山醉翁译本,是该文的最右一版汉译。虽版本不一,但五种刊物先后刊出该文,引来不少中国读者的关注。

值得留意的是,不同译者对该文核心观点的理解并不相同。这与译者的自身立场及他们的翻译能力有关。《生活日报》中最先译载该文的陆咏黄,乃辛亥时期的革命党人,曾参加武昌革命,"癸丑(1913年)讨袁军起……君遂流寓沪上,尝于生活日报,及其后民国日报时代一度作报人,主持正义,并加入南社,以译述自给"①。可见陆氏有一定的翻译经验,《生活日报》也经常刊载他译自日本报刊,尤其是译自《国民经济杂志》的文章。《共同生活与寄生生活》是陆氏在河上肇原文发表两年后翻译的,日文底本也是刊载于《国民经济杂志》上的版本。陆氏对该文的核心观点,翻译如下:

> 近世之经济组织,大起变动,缘此组织而发生一特有之寄生虫。则驱除此等寄生虫之法,又为今日经济政策上之一大问题也。此特有之寄生虫,依余之考究,多发见于所谓劳动者阶级之间。例如失业劳动者。失业之居处食所,必有为之代谋者,而代谋者即为其宿主。失业者即寄生虫也。**而宿主又不能专限于资本家**。②

河上肇的原文"与此同时,也不能说资本家阶级中没有这样的寄生虫"③,被陆氏译为"而宿主又不能专限于资本家",明显曲解了河上肇的本意。如此一来,陆氏的译文仅指出失业劳动者的"寄生问题",回避了资本家的寄生性质。这一方面反映了陆氏的翻译水平有限,另一方面也说明他对资产阶级在社会生产中所起的作用并没有深刻的认识。五四运动后,《共同生活与寄生生活》的另两个汉译本问世,它们分别是1919年7月6日《晨报》所刊载的髯客译本,以及两个月后《解放与改造》所刊载的筑山醉翁译本。译者对同一问题的理解明显有了更准确的认识。

> 近世有近世的寄生虫。这寄生虫,是给近世经济的组织向因而生的。现在要驱逐这种近世特有社会的寄生虫。已成为经济政策上一个大问题。

---

① 萧继宗. 革命人物志:第十五集 [M]. 台北:文物供应社,1979:258.
② 河上肇. 共同生活与寄生生活 [N]. 咏黄,译. 生活日报,1914-05-03 (2).
③ 河上肇. 共同生活と寄生生活 [J]. 国民経済雑誌,1913,1 (15):111. 原文为"それと同時に資本家階級にも或はさういふ者が居らぬとも限らぬと思って居る"。

<<< 第三章 翻译与诠释——汉译日本社会主义论著的文本分析

这种寄生虫，无论劳动者阶级资本家阶级都是有的。①

近世的寄生虫，伴近世的经济组织而发生，为近世经济组织特有的寄生虫。所以驱除排斥这种近世特有的社会寄生虫，在今日经济政策上成一大问题。据愚所见，这种伴于近世经济组织发生的寄生虫，同在一个劳动者阶级中也是有的，——例如失业劳动者——失业徒哺啜者何尝不是，又资本家阶级中，同种的人类，自是不少。②

可见髯客和筑山醉翁的译文基本上都还原了河上肇的本意，其中筑山醉翁表现了更优秀的诠释能力。陆咏黄的译文，是河上肇的文章被引入中文报刊的开端，当时新文化运动尚未兴起，译文采用文言文的形式。而髯客的译本刊于五四以后，在新兴报刊大量出现的情况下，也是较早出现的河上肇译文之一。筑山醉翁的译文，在当时日本社会主义论著的译介活动中，已达到了较高的水平。译者陈筑山③，当时是日本早稻田大学的留学生。《解放与改造》创刊后，他与张东荪、梁启超保持着密切联系。作为身处日本、关心新文化运动的国人，他还为《解放与改造》译介了更多日本社会主义论作。《共同生活及寄生生活》在《解放与改造》的创刊号上刊载，也表明了研究系学人关心日本社会主义学者、希望从日本引进新思想的态度。

2.《马克思社会主义之理论的体系》

《马克思社会主义之理论的体系》的原文于1919年《社会问题研究》创刊号开始连载，至第十册止，共载七回，介绍了马克思的"历史观、经济论和政策论"④。作为该杂志创刊号的首篇文章，该文可以代表当时河上肇的思想。这篇连载长文对马克思主义，特别是对唯物史观的看法，与马克思在《政治经济学批判》中的论述有明显的差异。河上在文中将马克思的唯物史观理解为"经济史观"，被认为是他对马克思主义最大的误解之一，这是思想发生转变后的河

---

① 河上肇. 共同生活和寄生生活 [N]. 髯客，译. 晨报，1919-07-06 (7).
② 河上肇. 共同生活及寄生生活 [J]. 筑山醉翁，译. 解放与改造，1919, 1 (1): 66.
③ 陈筑山，生卒不详，贵州人，日本早稻田大学毕业，后又入美国密歇根大学学习。曾任国会众议院议员。历任过吴淞中国公学学长、代理校长，中华平民教育促进总会乡村教育部主任，中央大学区立民众教育学院讲师。1933年任四川省政府秘书长。1937年任贵州省政府委员。1938—1942年任四川省政府委员，1939—1942年兼任四川省政府建设厅厅长。（刘国铭. 中国国民党百年人物全书 [M]. 北京：团结出版社，2005：1141.）
④ 河上肇. 河上肇全集：第10卷 [M]. 东京：岩波书店，1982：234.

103

上肇自身也不得不承认的。虽然其后河上本人对这一谬误进行了反思，但在该文初次刊载的1919年，中国的译述者已在各种报刊上对其进行了不同方式的译载，其中具有争议的观点也因此在国内广泛流传。

1919年5月5日，《晨报》开始刊载的陈溥贤译文，是该文最早出现的汉译版本。当时河上肇的原作在日本连载到"其三"。而陈译本则选译了"其二""其三"两部分，正是河上肇讲解"马克思唯物史观"的章节。译文对原文的段落顺序做出了较大改动。在原文中，河上肇有详细的绪言，紧接绪言的是对马克思《共产党宣言》和《经济学批判》的大量引用，并经常断开引文，用自己的观点分析其中的唯物史观。但陈译本以简短的几行字交代了绪言，便开始翻译引文，且摒弃了河上插入的解释。总体来看，陈氏基本把握了河上原文的意思，并没有明显的曲解和误译，但他对文章的重新编排，是为了以河上肇的翻译为桥梁，借日语之便来转引马克思的论述。虽然河上对引文的分析十分详尽，但译者在编译中明显削弱了河上本人的主观内容。

在李大钊的《我的马克思主义观》中，李氏对《马克思社会主义之理论的体系》的引用也如陈译版一样，实为转译河上肇所引《共产党宣言》《哲学的贫困》及《经济学批判》的内容，并删去了陈译版所保留的注释。在译文的前一段，李大钊指出马克思的"唯物史观"与"经济论"同样重要，但与经济论不同，马克思并没有讨论唯物史观的专书。① 因此，引用河上肇从马克思的著作中整理出来的相关文献，可谓是了解唯物史观的一种捷径。值得留意的是，陈溥贤的《马克思的唯物史观》与李大钊的《我的马克思主义观》是在同一期《新青年》中出现的，可以看出他们对河上肇的共同重视。作为一位刚开始研究马克思主义的日本学者，河上肇的研究成果尚未深入，但还是为中国学人理解和传播马克思主义提供了重要的资源。

1919年8月至12月，由罗琢章和籍碧合译的《马克司社会主义之理论的体系》在《学灯》上连载，完整翻译了河上的原文。河上肇的原文每刊出一期，译文都能迅速跟上刊载的步伐。然而，该文在《学灯》上分22期，历时5个月，断断续续地连载，读者要将全文统一起来系统地阅读，恐非易事。从当时读者的反响来看，该文虽然最为全面地介绍了河上肇的原文，但在当时的影响力却是相当有限的。1920年，罗琢章又在北京《法政学报》上摘取了原文的第六部分，即"劳动价值论大意"和"剩余价值之实现"，罗氏将其命名为《马克思之经济论》。

---

① 李大钊. 我的马克思主义观 [J]. 新青年, 1919, 6 (5).

1921年范寿康①于《东方杂志》刊载的《马克思的唯物史观》，与陈溥贤、李大钊的译文一样，是译者以《马克思社会主义之理论的体系》的"其三"为底本，介绍唯物史观的文章。其行文的方式与陈溥贤的译文相似，主要是翻译马克思《经济学批判》的原文，并在最后再交代河上对引文的解释。精通日语和德语的范氏将《经济学批判》的原文分为五段，并把每一段以德文与中文对照的方式编排。对通晓德语的读者而言，这样的编排更利于他们对唯物史观的理解与研究。但范译版只刊载了河上肇原文的第三部分，该译文对唯物史观的论述仍是不太充分的。

以上五个版本的译述，反映了几名译者对《马克思社会主义之理论的体系》的不同诠释。陈溥贤译版在三种报刊上转载，对当时关注社会主义思想的读者而言，是非常瞩目的。而李大钊的《我的马克思主义观》，在中国马克思主义传播史中被赋予了里程碑式的意义。此外，罗琢章和籍碧的完整译版，以及两年后范寿康的中德对照版，都进一步证明了中国知识群体对河上肇这篇长文的重视。自1919年始，国人对马克思主义的认识，尤其是对其中唯物史观的理解，很大程度上是以《马克思社会主义之理论的体系》为桥梁的。正因如此，当时将唯物史观理解成"经济史观"的国人也不在少数②。

3.《社会组织与社会革命》

该书由河上肇于1921—1922年在《经济论丛》和《社会问题研究》中所发的论文编纂而成，于1922年年末整理出版。在序言中，河上表示该书致力于"以唯物史观考察社会组织及其变革"③，这与当时的日本乃至全球社会主义运动的新进展不无关系。共产国际于1919年诞生，次年堺利彦、山川均等人创立了日本社会主义同盟④。1922年，日本共产党成立，随之全日本各地也陆续创建了更多的社会主义、无产阶级政党和组织。⑤《社会组织与社会革命》是河上肇对蓬勃发展的社会主义运动的思考和响应。该书在探讨社会革命的过程中大

---

① 范寿康（1895—1983），浙江上虞人。早年留学日本，主修教育与哲学。其于日本接触到马克思主义，归国后主要从事哲学研究和教育工作，并积极翻译和传播马克思主义论著。抗战胜利后赴台湾参加接收工作，并留台从事教育重建工作。1982年返回大陆，次年在北京逝世。参考何家炜. 范寿康［J］. 浙江档案，1989（9）.
② 关于唯物史观在中国的接纳史，本书将在第五章做出详述。
③ 河上肇. 河上肇全集：第12卷［M］. 東京：岩波書店，1982：15.
④ 絲屋寿雄. 日本社會主義運動思想史1853—1922［M］. 東京：法政大学出版局，1979：268.
⑤ 平井俊彦. 解題［M］//河上肇. 河上肇全集：第12卷［M］. 東京：岩波書店，1982：500.

量运用了马克思的革命观,指出社会生产关系若不适应生产力的发展,便会发生社会革命,但倘若一种社会生产关系还有让生产力发展的余地,则发生革命的条件尚未成熟,革命难以成功。

在该书出版之前,一些中国知识群体就已经对书中所收入的部分论文予以关注①,而该书正式合编出版之后又得到了更多反响。1923年年末到1925年,以《孤军》杂志为中心,杜国庠、萨孟武、郭沫若等人展开了"经济政策讨论"。他们利用所学的马克思主义政治经济学知识,对中国经济政策的发展做出了探讨。② 其中不少学人在参与讨论时,都运用了《社会组织与社会革命》中的理论知识。如赵修鼎于《孤军》1924年第2卷第4期翻译的《时机尚早之社会革命计划》,就是节选自《社会组织与社会革命》的译文,该文强调了时机尚未成熟的社会革命终将失败的观点。郭心崧于《孤军》第5卷第7期发表的《进化论与革命论》,亦引用了《社会组织与社会革命》中关于"社会革命"与"政治革命"之关系的论述,对早前同一杂志所载杜国庠、李春涛合著的《社会主义与中国经济现状》进行了批判。

继赵修鼎、郭心崧之后,郭沫若也在《学艺》杂志上翻译了《社会组织与社会革命》中的部分章节,并于次年通过商务印书馆出版了该书的全译本,20世纪30年代后又由嘉陵书店重印,曾多次再版。③ 河上肇原文中的部分章节译自列宁的论文,因此郭氏也特地参考了俄语版原文,更正和补充了河上译自英文版的错漏。在后记中,郭氏如此说道:

> 日译者所据英译单行本及德译文均未能到手,殊引为遗憾。此文于社会革命之道途上非常重要,国人对此颇多误解,有人以为列宁改宗,遂援引为例,欲于中国现状之下提倡私人资本主义者,这真是侮辱列宁,造害社会了。译此文竟,倍感列宁之精明和博大,追悼之情又来摇震心旌,不禁泪之潸潸下也。④

可见郭沫若对自己的译书在国内的影响是有所期待的。在翻译该书的同时,

---

① 郭沫若. 郭沫若全集:文学编第12卷[M]. 北京:人民文学出版社,1992:204.
② 对于《孤军》杂志与马克思主义经济学以及河上肇之间的关系,三田刚史的《留日中国学生论马列主义革命》[三田刚史. 留日中国学生论马列主义革命[J]. 徐州师范大学学报,2005(5).]有详细的探讨,本书受其启发较多。
③ 根据1932年嘉陵书店出版的《社会组织与社会革命》,可知此译版至少再版了4次。但郭沫若在1951年版的序言中表示1925年商务印书馆停止发售后,该书流传甚少。可知郭沫若本人可能对嘉陵书店的版本并不知情。
④ 河上肇. 社会组织与社会革命[M]. 郭沫若,译. 上海:商务印书馆,1925:288.

郭氏也对书中关于社会革命的观点提出了疑问，但作为一名译者，郭氏还是把原书的论述忠实地表达了出来。因此在汉译版中也可以看到河上肇反复强调关于社会革命的"时机成熟论"：

> 据马克斯主义，以为无论是实现社会主义之社会革命或是实现社会革命之政治革命，是以就组织之资本主义下社会之生产力再无发展之余地为前提，所以资本主义下生产力发展之限度如何，这在马克斯主义研究上，自然不能不为重要问题之一。①

河上肇不赞成"早起的社会革命"，郭沫若对此是反对的。但他对这个问题的质疑只在与亲友的书信中表达，并没有在译书出版时公之于众。因此，读者也没有机会及时了解译者对原文的质疑与批判。直到26年后，商务印书馆重刊该书，郭沫若才在序言中将自己的观点做出了详细的论述。

4.《第二贫乏物语》

该书本是河上辞去京都帝大教授后，于1929—1930年在《改造》杂志连载的长文，后于1930年5月出版成书。在河上看来，该书与1905年的《社会主义评论》、1916年的《贫乏物语》一样，是向一般大众介绍社会问题的读物。② 但与两部旧著不同，在《第二贫乏物语》中，河上表示自己已经"有意识地站在辩证唯物论的立场，作为一位信奉马克思主义列宁主义的学徒，执笔该书"③。此时的河上肇辞去教职，积极参与政党活动，思想也越发"左"倾、激进，这些变化在书中也得以展现。受昭和初年日本政治局势的影响，书中出现如"共产党""革命""无产阶级独裁专政"等敏感词汇，在出版之前就被河上本人自发抹去，以"××"——当时称为"伏字"——的形式出现。由于伏字频繁，读者与译者在理解原著时亦产生了一定困难。

该书最早的汉译本是1933年潘敬业所译《马克斯主意经济论初步问答》。书中只摘译了原著的第十三至十九章，是仅有一百多页的小册子。从内容上看，潘氏选择了河上介绍"商品""价值"和"剩余价值"等概念的章节。这几章原本采用简单的口语对话行文，也是原书中较易于翻译和理解的一部分。潘氏表示，选译此段是为了向国内提供一本适合劳苦大众了解马克思主义经济学的书籍。④ 他认为，一般的初学者，特别是普通的劳动阶级，"抱了厚本大册的

---

① 河上肇. 社会组织与社会革命［M］. 郭沫若，译. 上海：商务印书馆，1925：2.
② 河上肇. 河上肇全集：第18卷［M］. 東京：岩波書店，1983：56.
③ 河上肇. 河上肇全集：第18卷［M］. 東京：岩波書店，1983：60.
④ 河上肇. 马克斯主意经济论初步问答［M］. 潘敬业，译. 北平：华北编译社，1933：1.

'资本论'去读，不懂，再拿'通俗资本论'，'资本论解说'……去读，仍然了解很少①，而《第二贫乏物语》对马克思主义经济学的解说十分简洁，因此能满足民众初步了解相关知识的需求。潘氏的译文在直译原著之基础上，又删去其中关于"日本的事和著者个人的事"的内容，并保持了河上肇在原文中通俗和亲切的行文特点。此外，这本译作定价为四角半大洋，与定价为一元的全译本相比，也是照顾到了"劳苦大众"的购买力，使他们更易接触到这类马克思主义的入门读物。原是针对日本普通民众著成的《第二贫乏物语》，在潘氏的编译下，也较为成功地介绍到中国普通民众的手中。

潘译本对原著伏字的处理值得留意。原著的第十九章，原名为"资本主义社会的穷途——其必然的××"②，是潘译本的第七章，名为"资本主义社会的穷途——其必然的崩溃"，较合理地处理了伏字中原要表达的意思。此章的正文中，潘氏也对不少伏字进行了诠释。如原文中伏字较多的一段话：

> 如果不彻底了解这个道理，在外表看起来强大的××××（**敌对阵营**③）跟前，无产阶级××（**解放**）的××便会丧失××。资本主义社会本身内部有××而导致××的特性。正因如此××便会××××××。④

如果按原文直译，一般读者当会有所困惑，但潘氏是如此翻译的：

> 如果不明白的了解那个道理，那么在帝国主义外表的强大之前，对于普罗列塔利亚之革命运动便失掉自信了。资本主义社会是把自己自身导入不可解决的矛盾中的。所以必然的会崩溃的。⑤

通过河上的手稿，可确定本为"敌对阵营"和"解放"的两个伏字，潘氏诠释为"帝国主义"和"革命"，虽然与河上肇的原文不同，但结合上下文，

---

① 河上肇. 马克斯主意经济论初步问答 [M]. 潘敬业，译. 北平：华北编译社，1933：1.
② 河上肇. 河上肇全集：第 18 卷 [M]. 東京：岩波書店，1983：55. 日文原文为"資本主義社会の行き詰り——その必然的××"。
③ 括号内的文字引自《河上肇全集》中收录的《第二贫乏物语》。全集的编者曾参考河上肇保存至今的原稿，确认了部分伏字的对应字词。
④ 河上肇. 河上肇全集：第 18 卷 [M]. 東京：岩波書店，1983：259. 日文原文为："その通りその通り。そこの道理をハッキリの見込んでいないと、××××（敵の陣営）の外見の強大の前に、プロレタリア××（解放）の××に対する××を失ってしまふのだ。資本主義社会はそれ自身のうちに自らを××に導くべき××を持っている。だからこそ××を××××××するのだ。"
⑤ 河上肇. 马克斯主意经济论初步问答 [M]. 潘敬业，译. 北平：华北编译社，1933：111.

也不致使意义大相径庭,没有影响主旨的表达。以此为例,其他无法确认的伏字,潘氏也以自己的理解,使文字较为合理地表现出来。

另一汉译本是署名为雷敢的译者,在1936年出版的《新社会科学讲话》。这是河上肇原书的全译本。雷氏除略去原著的两则附录①以外,基本上进行了完整的翻译。相对于潘译本为契合读者而做出的各种筛选和编改,雷译本几乎保留了原貌,且行文风格更具有面向知识群体的倾向。

对于原著伏字的处理,雷氏保留了其中一小部分,遵照原著以"××"的形式表现,但对于大部分伏字,亦做出了推测和补充。如前引同一段文字,雷译本如下:

> 这理论如不能透澈了解,则偶尔看见资本主义社会外貌的强大,便会失去对于普罗革命成功的信仰。资本主义社会中含有导自身于革命的破绽。正因此故革命终必成功。②

可见对相应的伏字,雷氏与潘氏的理解不尽相同。这样的情况在全书多处可见,两位译者对伏字的处理,显然已超越了"翻译"的定义,而更像是一种"创造"。但这种"创造"在传达河上肇原书的主旨和大意之时,不至于过分扭曲,反而可以反映译者对河上肇以及对相应的马克思主义政治经济学的认知。

二、堺利彦、山川均

(一) 堺利彦、山川均与劳农派的思想主张

在日本社会主义发展史上,堺利彦(1871—1933)与山川均(1880—1958)都是十分重要的人物。他们跨越明治末年和整个大正时代,直到昭和前期还活跃在日本社会主义运动的舞台上。现今可见的民国图书中,译自山川均的著作有27种,在日本社会主义者的汉译作品数量中仅次于河上肇。而堺利彦的中文译作也有14种,其中包括由陈望道转译的中国第一部《共产党宣言》全译本。

在日本的社会主义者中,有一部分是教授、学者,著书和授课是他们传播社会主义思想的主要方式,河上肇便是其中的代表之一。与河上肇不同,堺与山川是在政党活动和社会运动中十分活跃的实践家。他们的思想与政党活动有着密切联系。此外,日本工人运动的发展史也与他们的主张有着密切的联系。

---

① 分别为"共产主义社会的展望"和"世界资本主义危机的增大和苏维埃联邦社会主义建设的加速勃兴"。
② 河上肇. 新社会科学讲话 [M]. 雷敢,译. 北平:朴社,1936:320-321.

日本的无产阶级政党派系复杂，但从日本社会党到第一次日本共产党，再到从第一次日共分裂出的劳农派，堺利彦与山川均基本都保持在同一阵营中活动。堺与山川于1906年在东京筑地的平民社结识①，该社发行的《日刊平民新闻》，是日本社会党的机关志。堺利彦作为《平民新闻》的编辑，对新加入平民社的山川均颇为照顾。当时的日本社会主义运动，正面临一次激烈的理论论争。从美国归日的幸德秋水，受无政府主义的影响，在社会运动的战术上主张"直接行动"；而社会党领导人之一的片山潜，则主张较为温和的议会斗争。面对两派意见不和的局势，堺与山川留意到1907年第二国际在德国举行的斯图加特大会。此次大会中，考茨基和托洛茨基等人针对是否支持"在帝国主义中的社会殖民主义"做出了论争。堺利彦认为斯图加特大会的讨论，与他们在日本面临的理论论战颇为相似，即存在无政府主义派、改良派（或修正派）以及处于两者间的中间派。因此，认真研究了斯图加特大会的堺与山川，认为不应该偏向无政府主义派或改良派任何一边，而必须站在二者之间的立场，以守护"正统的马克思主义派"②。在山川均看来，正是以这个时期为开端，堺利彦一直"毫无瑕瑾地坚持着维护正统马克思主义的理念"③，而赞同这一理念的山川均，也在此后的社会主义运动中与堺基本保持着统一的行动。

1908年，堺利彦与山川均同因赤旗事件被捕，在狱中侥幸避开了大逆事件的牵连。在其后的"社会主义寒冬期"中，堺于1910年年末创办了卖文社，低调延续着社会主义在日本的发展脉络，而山川均也是卖文社中的一名重要成员。1919年，随着大正民主运动的展开，日本的社会情势发生了转变。此时堺与山川开始携手共编《马克思传》。与此同时，他们又分别翻译了列宁、考茨基等人的经典著作。这些作品的出版与传播，推动了大正后期社会主义运动在日本的重新活跃。此外，堺与山川还于1919年共同创立了《社会主义研究》杂志。山川均承担了大部分执笔与经营的工作。该刊以介绍日本国外的社会主义运动、研究西方社会主义者的理论为主要内容。1920年以后，该刊的文章几乎都是围绕苏维埃政治、布尔什维克主义和列宁主义等问题进行的介绍和解说。同年，堺利彦也在另一本社会主义杂志《新社会评论》中开始介绍共产国际和苏维埃体制④。当时日本知识群体对苏俄社会主义的理解和认识，与他们的努力不无关系。

---

① 山川均. 山川均自伝 [M]. 東京：岩波書店，1961：248.
② 山川均. 山川均自伝 [M]. 東京：岩波書店，1961：380-382.
③ 山川均. からす [M]. 東京：日本評論社，1935：64.
④ 荒畑寒村. 荒畑寒村著作集：第9卷 [M]. 東京：平凡社，1977：369.

<<< 第三章 翻译与诠释——汉译日本社会主义论著的文本分析

在研究苏俄社会主义思想与体制的同时，堺与山川也希望能尽快和共产国际取得直接联系。他们已听说共产国际向上海派遣了远东代表，然而大部分日本社会主义者都无法掌握具体情况。① 此时，与他们关系密切，但思想和行动都较为激进的无政府主义者大杉荣（1885—1923），被邀请参加上海的共产国际会议②，这是日本社会主义者和共产国际的首次联系。紧接着大杉荣的参会，又有日本无政府主义者参加了1921年在莫斯科举行的远东民族大会。随着苏俄与日本直接交流的不断加强，日本共产党的筹建也提上了日程。

堺利彦与山川均并没有出国参与过共产国际举办的任何会议，但由于他们在日本社会主义运动中的重要影响力，1922年建立的日本共产党，仍是以他们为中心聚集而成的。参与莫斯科远东民族大会的日本人，从莫斯科带回《日本共产党纲领草案》，成为共产国际指导和创建日共的重要资料。此纲领草案根据《布哈林世界纲领》制定而成，其中包含了"颠覆天皇政府、废除君主制"③ 的内容。在日本社会主义者看来，共产国际所制定的纲领仅仅是把俄国革命的模式套用于日本，对日本社会主义运动的基础与现状并不了解。因此，面对这样的纲领草案，堺利彦、山川均以及荒畑寒村等人在1922年9月召开的日本共产党全国大会上，同参与建党的无政府主义者做出了激烈的讨论，致力于让纲领与日本社会主义运动的实际情况尽可能结合起来。

在此次会议通过的《日本共产党纲领》中，开头部分有如下内容：

> 日本是远东最为强大的资本主义国家。在世界战争中也占有了有利地位，这让她的资本主义体制得到急剧的发展和扩张。在世界经济危机的压力下，日本资本主义已经对无产阶级大众、劳动者和农民，以及其他的下层民众带来了进一层的、不平等的剥削及迫害。共产党要自觉地接受使命，把这些无产阶级大众组织成强大的战斗体，带领他们参与无产阶级革命，把政治权力和生产体制夺取到无产者的手中。④

---

① 山川均. 山川均自伝 [M]. 東京：岩波書店，1961：389.
② 据大杉荣回忆，当时一名伪装姓为"马"的青年访问了大杉荣位于镰仓的邸宅，表示共产国际在上海组织的会议希望有日本代表能参加，并邀请大杉前往。大杉还提到此名马姓青年是当时位于上海的大韩民国临时政府中的首要成员。参考大杉荣. 自叙伝——日本脱出記 [M]. 東京：岩波書店，1971：284.
③ 村田陽一. コミンテルンと日本：第1巻 [M]. 東京：大月書店，1986：141-144.
④ 1922年的《日本共产党纲领》并没有现存的日文版文献。本书的节选是根据英文版 *Program of The Communist Party of Japan* 翻译而成。此原件保存于俄国现代史资料保存研究中心。本书根据加藤哲郎. 1922年9月の日本共産党綱領（上）[J]. 大原社会問題研究所雑誌，1998（481）. 中公开的版本译出，同时也参考了加藤氏的日文翻译版。

这一段分析了日本资本主义在国际环境下的发展形势，并指出了共产党的理想和使命。"带领大众进行无产阶级革命"，可以说是作为共产国际支部的日本共产党的基本纲领。但是，在涉及具体的工人运动和政治斗争运动时，《日本共产党纲领》中则有如下阐述：

> 日本的劳动者运动还处于摇篮期。劳动组合运动乃日本帝制的障碍，但却没有走到正常发展的道路上。大多数被迫害的大众没有被组织起来。与他们同时存在的，是自觉的、具有战斗力的少数派分子，他们在品质和意识形态上可以匹敌欧洲劳动者中最先进的一部分，极具革命性。而未被组织起来的劳动者中，即使是被野蛮压迫中的无产者中也存在着来自根本的本能反抗。对于这种本能的反抗和革命的要求，共产党致力于给予他们最明确定义的目的，以及为实现此目的的最有效手段。为此，共产主义者需要浸透到所有劳动者的组织中去，以主导劳动组合的政策；必须与他们保持紧密的接触，教育、指导、组织那些未被组织的大众，带领他们参加无产阶级的斗争。……
>
> 这个国家的诸政党都是资产阶级的政党。但是，封建日本遗制的官僚与军部产生的影响力，在支配与掌控着他们。……资产阶级民主主义还未曾到达最盛期，普通选举权还没有被提上日程。
>
> 共产党认为议会制度本身不过就是资本主义的机构，作为无产阶级革命的工具，它是不可靠的，这一点是完全确信的真理。但是，议会制度的完成应该要看成是无产者斗争的正常发展上最基本的一个阶梯。……我等在议会内外的政治活动，必须要遏制住我们共产主义中具有宣传性和煽动性的特征。①

此份纲领的主要内容，由山川均组织行文，堺利彦和荒畑寒村作为被选定的委员长和干事，也对纲领进行了整理和记录。整篇《日本共产党纲领》中，并没有提及与"天皇制"相关的内容，在山川均后来的回忆中，他甚至强调此次共产党全国大会上，根本就没有讨论到关于天皇制的问题。② 从纲领中劳动组合和议会运动的内容中可以看出，这份纲领是他们在充分考虑了日本社会主义运动的现实情况后制定而成的。他们对合法的议会斗争采取了积极肯定的态度，并表示有必要遏制共产党的"宣传性和煽动性"，这在思想偏向无政府主义的日

---

① 加藤哲郎．1922年9月日本共産党綱領（上）[J]．大原社会問題研究所雑誌，1998（481）：46．
② 山川均．山川均自伝 [M]．東京：岩波書店，1961：395．

共成员看来，显然是不能赞同的。由于日共内部的意见不合而产生的派系斗争，以及日本警视厅的监视与搜查，第一次建立的日本共产党在一年半以后便分崩离析。然而，从《日本共产党纲领》中的内容可以看出，山川均在接受共产国际统一指导时，也在努力尝试将社会主义思想结合日本的现状，制定出适合日本的无产阶级运动方针。这在山川均同年发表的另一篇著名的文章，即《无产阶级运动的方向转换》（以下简称《方向转换》）中也可得到反映。

在《方向转换》一文中，山川均对1922年以前的日本社会主义运动做出了全面的批判和检讨，也为今后的方向做出了自己的探索。他认为过去二十年间的日本社会主义运动，主要是少数的前卫分子"彻底纯化思想""明确理想和目标"的活动。这些少数分子已经从大众之中游离、孤立出来，产生了严重脱离群众的危机。因此，这些少数分子应该带着自己已经纯化的思想，回到后方的大众中去，致力于改善大众的生活、重视大众的现实要求，并为了这些要求做出诚实的努力。山川认为，"到大众中去"必须成为日本无产阶级运动的新标语。[1]

《日本共产党纲领》中对群众方针的简明阐述，可以在《方向转换》中得到详细的诠释。如果说《日本共产党纲领》只是日本共产党的内部文件，那么在《前卫》杂志中公开发表的《方向转换》，则为当时的社会主义运动带来了更大的反思和影响。结合对"合法议会斗争"的肯定态度，"到大众中去"也是山川均思想的重要特点之一，"山川主义"亦是在此时开始逐渐形成的。

第一次日本共产党解散后，堺利彦、山川均和荒畑寒村等人组成了"劳农派"，山川主义在其中起到了重要的作用。劳农派认为，马克思主义不仅仅只有苏俄布尔什维克主义这一种发展模式，日本无产阶级运动没有必要完全采取苏俄、德国或其他西方国家的革命模式，而应该结合日本的实际情况、考虑大众的现实需求。此外，他们还主张成立合法的政党，进行议会斗争。山川主义的这种主张，也成为此后成立的劳动农民党的指导方针。虽然山川均认为日本的无产政党应该结成统一的联盟、保持一致的行动，但劳农派及劳农党在进入昭和时期以后，始终与日本共产党保持着分离和相互批判的关系。堺利彦和山川均因此也被看作"非共产党马克思主义者"中的代表人物。

堺利彦在1930年以后由于疾病缠身而很少再参与政党活动，并于1933年逝世。山川均则在1945年以后仍作为一名社会主义者，活跃于战后的日本社会党之中。作为日本共产党以外的社会主义者，他们从第一次日共解党以后，就被

---

[1] 山川均. 無產階級運動の方向転換 [J]. 前衛, 1922 (7—8).

反对者批判为违背马克思政治斗争理论的"折中主义者"和"机会主义者"。①的确,在大逆事件之前,堺利彦与山川均就明确与"过左"和"过右"保持着距离,颇有"折衷"的意味。但在他们看来,介于无产阶级运动中的"左"和"右"之间,并不等于妥协,更不代表没有立场。他们在学习和研究苏俄的社会主义体制及模式以外,也重视日本民众的现实要求,并尝试将马克思主义与日本工人运动相结合。他们所做出的努力,被认为是日本社会主义运动史上第一次将社会主义本土化的尝试。②

(二) 堺利彦、山川均的论著在中国的译介

堺利彦与山川均是活跃于日本无产阶级政党运动中的非共产党派领导者,同时也是将西方马克思主义思想译介入日本的两名重要人物。1904年11月,堺利彦与幸德秋水在《周刊平民新闻》上刊载了他们共同翻译的《共产党宣言》,《共产党宣言》的全译本由此首次被引入亚洲国家。陈望道于1919年通过戴季陶获得了这个版本的日译本,完成了《共产党宣言》的第一次中文全译。

除了转译他们所翻译的马克思主义经典文献以外,国人与堺利彦的联系,其实在1907年,即幸德秋水、堺利彦和张继、刘师培等人合办"社会主义讲习所"时就已发生。而对于堺利彦论著的译载,则是从民国初年开始的。1913年,在上海创办的无政府杂志《良心》中,便刊载了堺利彦和森近运平合著的《社会主义纲要》。同一期杂志的"传记"栏目中,还刊登了堺利彦为森近运平所写的小传。但由于《良心》杂志发行了第二期以后便停刊,《社会主义纲要》的连载也只能在第一章结束后就不见下文。

五四运动后,堺利彦和山川均的论著才大量出现在报刊之中。除陈望道转译《共产党宣言》以外,山川均在《新社会》与《社会主义研究》等杂志上发表的文章,也在这一时期陆续被译成中文,在《东方杂志》和《觉悟》等中国报刊中登载。此外,施存统于1920年赴日留学,并通过戴季陶的介绍认识了堺利彦,从此开始译介日本社会主义学者的论著。山川均在《社会主义研究》中发表的论文,是施存统译介的主要对象之一。除施存统外,陈望道、李达、周佛海等人,也在《觉悟》《新青年》等杂志中译介了山川均的文章。1921年5月,当"社会主义论战"交战正酣之际,山川均还应陈望道之邀,专为《新青

---

① 福本和夫. 福本和夫著作集: 第1卷 [M]. 東京: こぶし書房, 2010: 247.
② 小山弘健, 岸本英太郎. 日本の非共産党マルクス主義者—山川均の生涯と思想 [M]. 東京: 三一書房, 1962: 12.

年》撰写了《从科学的社会主义到行动的社会主义》① 一文，并引起了赞同者和反对者的进一步争论。1927年，中国新闻和图书出版事业兴盛时期到来后，堺利彦和山川均的著作也受到了译者和读者的欢迎。其中施存统和吕一鸣在翻译和出版这两位日本学者的著作中，做出了最大的贡献。本书整理了民国时期堺利彦和山川均被翻译成中文的文章和著作（参见附录表C3—C6），并选择其中几种重要的作品进行详细分析。

1.《社会主义纲要 第一章 社会经济的基础》

堺利彦与森近运平合著的《社会主义纲要》，1907年由东京鸡声堂出版。作为明治末年日本社会主义运动活跃期的产物，该书与幸德秋水的《社会主义神髓》、片山潜的《我社会主义》，一同被评价为明治日本社会主义文献史上具有最高地位的作品。② 森近运平与堺利彦、山川均一样，参加了1906年日本社会党的建立活动，并于次年成为大阪平民新闻社的成员。《社会主义纲要》便是在平民新闻社时期写成的著作。同为平民社成员的堺利彦，在撰写该书时与森近曾有过很多议论和交流。该书的前十章主要由森近主笔，而最后一章则由堺利彦完成。

作为一本通俗的社会主义入门读物，《社会主义纲要》以介绍唯物史观、剩余价值论和阶级斗争观作为核心，简明解释了马克思主义的社会运动理论。最后两章还分别介绍了西方社会主义思想的发展史，以及社会主义运动在西方各国以及日本的发展现状。

该书的第一章题为"社会的经济基础"，指出经济活动是影响人类社会其他一切活动的根本。以经济活动和经济组织为中心，这一章还进一步论述了近代社会中，经济基础与国家、军队、法律和道德等因素的关系。这一章曾于1913年被翻译成中文，刊载于《良心》③ 的创刊号之上，中文译名为《社会主义纲要 第一章 社会经济的基础》。译者曹文麟（1879—1950）是江苏通州著名的教育家④。他曾于1904—1908年留学东京，接触了以《社会主义纲要》为代表的日本社会主义论著。从《良心》杂志为《社会主义纲要》设置了专栏来看，译

---

① 陈望道. 从科学的社会主义到行动的社会主义·附记［J］. 新青年，1921，9（1）. 参与"社会主义论战"的中国知识群体围绕该文的论争，将在本书第四章第二节"汉译日本社会主义论著与'社会主义论战'"中详述。
② 岸本英太郎. 凡例［M］//岸本英太郎. 森近運平·堺利彥集. 東京：青木書店，1955：5.
③ 《良心》杂志是1913年发行于上海的无政府主义刊物。
④ 谢巍. 中国历代人物年谱考录［M］. 北京：中华书局，1992：664.

者应该有计划在杂志中长期连载这一译作。但由于《良心》在第二期出版后便停刊，《社会主义纲要》的译介也就仅止于第一章。作为民国初年的日本社会主义译作，曹氏为堺利彦的论著在中国的引入写下了开端。与陆咏黄翻译河上肇的《共同生活与寄生生活》一样，这篇译文以文言文行文，在译者认为重要的句子和段落中，也加上了重点标记的符号。从译文整体上看，译者已大致理解了堺利彦和森近运平对社会经济基础的看法，但在一些重要的细节上，特别是曹氏自己标记了重点符号的文字上，还是可以看到译者对原文的理论存在一些理解不充分的地方。

中文译本中第一处被标记了重点的句子是关于人类基础物资生产的论述：

> 人间生活根本的要件，在食物之取得与寒温之保护。故采取生产必要物件之方法，为社会向他一切活动最强之影响。①

日文原句为：

> 蓋し人間生活の根本的要件は食物の取得と寒温の保護にあり、従って之に必要なる物件を採取し生産する方法は社会に於けるほかの一切の活動に向って最強の影響を及ぼすものたるや論なし。②

可见曹氏的译文大量保留了原文的日文汉字，这导致译文较为生硬、不通顺，同时也很难看出译者对原文的理解程度。如果说这一段译文只是存在一些翻译上的模糊与暧昧的话，那么在其后的行文中，曹氏对原文的理解则出现了一些明显的错误。

例如，原文第一章的最后一段，引用了马克思在《共产党宣言》中对社会经济基础的经典论述：

> 歴史の各時代に於ては、必ず生産分配に関する経済上特殊なる方法あり。又必然それよりして生ずる社会組織あり。其時代の政治及び思想の歴史は、此基礎の上に建設せられ、**又此基礎によりてのみ説明せらるべし。**③

---

① 森近运平，堺利彦. 社会主义纲要 第一章 社会经济的基础 [J]. 曹文麟，译. 良心, 1913（1）: 39.
② 森近運平，堺利彦. 社会主義綱要 [M]. 東京: 鶏声堂, 1907: 1. 作为参考，试翻译成简明的现代文: "盖人类生活的根本条件，在食物之获取和温暖之确保。因此，为了这些必要的物件而采取的生产方法，就是对社会中其他一切活动带来最强影响的事物，这是不必多论的。"
③ 森近運平，堺利彦. 社会主義綱要 [M]. 東京: 鶏声堂, 1907: 6.

<<< 第三章 翻译与诠释——汉译日本社会主义论著的文本分析

(在历史的各时代中,必有与生产分配相关的经济上的特殊方法。而且也必然会出现由此而产生的社会组织。那个时代的政治和思想的历史,是在此基础上建设而成的,**而且也只有这一基础才可能说明它们**。)

民国初年,马克思在汉语中还没有固定的译名,曹氏将马克思译为"麦尔克斯",并对这段论述翻译如下:

于历史各时代必有关于生产分配经济上特殊之方法。又因必然之势而有社会之组织。其时代之政治及思想盖建设于此基础之上。**又可依此基础而说明之**。①

可见,马克思强调了经济基础对政治、思想等上层建筑的唯一决定作用,森近运平与堺利彦也强调了这一观点,但在曹氏的译文中并没有表现出来。此外,原文中多次提到"经济组织"这一概念,指的是社会经济生产中的生产方式和分配方法。但在译文中,曹氏时而照搬"经济组织"这四个日文汉字,时而又翻译成"经济界",这一细节也可以说明曹氏无论是翻译水平还是对原文的理解程度都是有限的。可以说,作为堺利彦首篇被译成中文的作品,曹文麟的译文质量并不算高。

在同一期《良心》杂志上另一个名为"传记"的专栏中,笔名为"重光"的杂志主编还译载了森近运平的小传。这篇小传乃堺利彦为《社会主义纲要》所写序言的一部分,介绍了森近加入大阪平民新闻社,并与堺一同撰写该书的过程。译者的翻译止于堺利彦对森近的这样一句评价:

吾党诸同志,战迫害、忍生活,流离困顿之间,犹确守其主义而从事于传道者,个不少。然如我森近君者,其境遇变转之迹,盖尤最奇者之一人。②

介绍国外社会主义者在苛刻的政治环境和生活条件中坚持斗争的事迹,以鼓励国内共同志向的学人,是译者翻译《森近运平传》的目的。在这篇小传后面的译者后记,也进一步对此做出了说明:

译者学殖久荒,讹误自知不免,惟丞欲介绍世界各社会主义家于我同志之前,故勉强译出,尚望阅者有以谅之乎。③

---

① 森近运平,堺利彦. 社会主义纲要 第一章 社会经济的基础[J]. 曹文麟,译. 良心,1913(1):42.
② 堺利彦. 森近运平传[J]. 重光,译. 良心,1913(1):53.
③ 堺利彦. 森近运平传[J]. 重光,译. 良心,1913(1):53.

117

从翻译的行文特点来看，重光和曹文麟很可能是同一人。作为无政府主义杂志《良心》的主笔，他虽然对社会主义的理解还处于较为浅显的阶段，翻译水平也有待提高，但他通过译书办报的方式，展现出对传播社会主义思想的极大热情。有限的知识水平与充满诚意的译介动机所形成的矛盾，也是民国初年社会主义思想译介入中国的特点之一。

2. 《妇女问题》

除了堺利彦对马克思主义经济学和唯物史观等问题的研究以外，中国知识群体也非常关注他的妇女问题研究。在民国时期出版的15种堺利彦的中文著作中，有6种是与妇女研究相关的作品。

堺利彦在20世纪初便开始关注家庭问题与妇女问题。1903年，堺与幸德秋水、石川三四郎等人创办了周刊《平民新闻》。他在《平民新闻》以及《家庭杂志》《直言》等刊物中发表了一系列与妇女问题相关的文章。作为社会主义者，他坚持"研究妇女问题和两性问题的根本解决方法，必须要从社会主义的见地出发"[1]。他认为，近代社会中的妇女和劳动者，都是被压迫的对象，妇女运动应该与无产阶级革命运动结合起来，共同反抗他们的压迫者。[2] 在一篇讨论自由恋爱的文章中，堺利彦还提到，由于社会主义旨在追求社会全体人员在经济上的平等与自由，因此在社会主义社会中，女子就能够在经济上获得独立；而随着女子不必在衣食上依赖男子，也必然会带来男女关系的巨大变化。[3] 这个观点，是堺利彦社会主义妇女观的核心。他对妇女问题的研究，基本上是以科学社会主义的经济基础决定论为理论依据的。1907年，堺利彦将他在报刊中刊载的一些妇女研究论文，集结出版成《妇人问题》一书，这是他第一部阐述自己社会主义妇女观的专著。此后，堺利彦又先后发表了《男女关系的进化》（1908）、《女性中心说》（1916）、《社会主义的妇人观》（1926）、《妇人问题的本质》（1927）等专著。他对妇女问题的研究，是与对社会主义经济学和唯物史观的研究同步进行的。

1921年，唐伯焜[4]在《妇女评论》中译载了堺利彦《妇人问题》中的部分

---

[1] 堺利彦. 婦人問題 [M]. 東京：金尾文淵堂，1907：1.
[2] 堺利彦. 婦人問題 [M]. 東京：金尾文淵堂，1907：23.
[3] 堺利彦. 婦人問題 [M]. 東京：金尾文淵堂，1907：125.
[4] 唐伯焜，生卒年不详，重庆人，曾留学日本。1921年前后，他于《觉悟》《妇女杂志》等报刊中发表了一些与社会主义、工人运动和妇女运动相关的译文，并于1922年参加了中国社会主义青年团的第一次代表大会，后返回重庆，作为领导人组织成立了社会主义青年团重庆地方委员会。曾担任重庆联中的教师，支持该校的学生运动，1927年国民革命失败后脱离青年团。

文章,次年又将这些译文收入《妇女问题》一书,由上海民智书局出版,为国人系统了解堺利彦的妇女研究提供了平台。唐伯焜翻译了原著中《自由恋爱说》《妇女底天职》《妇女与经济的平等》《我们底家庭主义》《妇女问题概观》这几篇文章,而原著中探讨两性生理、性欲、男女发育和自由社会婚姻关系等问题的《两性新论》,以及其他一些内容重复的杂论则被译者删去。堺利彦关于社会主义与妇女问题之间关系的探讨,则基本上被唐伯焜保留在汉译本中。

在《妇女研究》的第一篇文章《自由恋爱说》中,译者把堺利彦社会主义妇女观的核心观点翻译如下:

> 西洋现今流行着"妇女解放"这句话。这原是对于奴隶解放底一句话,终因妇女也是一种奴隶,所以在文明社会里就如不得不解放黑奴一般,不得不喊着解放妇女了。彼底解放手段却是怎么样呢?那黑奴解放已在数十年之前实行了;工钱奴隶(即今日底劳动者)却不是依然存在着么?除了能够救济这个工钱奴隶底大手段之外,再也不能解放妇女奴隶。
>
> 这等,救济这个工钱奴隶底方法又怎么样呢?我们以为除了社会主义以外没有什么方法。因为现在社会弊害底根源,都由于土地资本握在一部少数富者底手里,只有将这个土地资本归于社会共有,才能使一切人民都可得着衣食住底自由,而工钱奴隶得归没有。这就是社会主义底主张。
>
> 一般人民即可以得衣食住底自由,女子自然也不须依赖男子了。女子于是可以得了经济上的独立,切断了衣食住底锁链,完全脱离了男子底束缚。妇女解放底手段,唯此而已。①

以这段译文为例,唐伯焜的译文相对同时期的社会主义译作而言,是较为准确的。在对马克思主义政治经济学基础知识有所了解的情况下,译者基本上能准确表达出堺利彦的社会主义妇女观。

在社会主义思想尚未被国人普遍认知的时期,有不少反社会主义言论都集中在批判社会主义思想的所谓"共产、共妻制度"。堺利彦关于妇女问题的研究论著被翻译成中文,对解除这种误解也起到了一定作用。唐伯焜译介堺利彦一篇讨论婚姻与恋爱的文章中,便对近代社会主义的婚姻观有如下解释:

> 近世社会主义者既不是信奉柏拉图的国家至上主义,也不是采取圣西门、福利耶底妻子共有说,不过自然的结果,社会主义却与近世自由恋爱说取同一的论调。因此自由恋爱说,也就为许多社会主义者和许多急进个

---

① 堺利彦. 妇女问题[M]. 唐伯焜,译. 上海:民智书局,1922:67.

人主义者所称道。①

其后他还强调，社会主义者支持的自由恋爱说，并不是反对一夫一妻制，因为自由恋爱与一夫一妻都是"符合人类生理心理自然"的恋爱、婚姻方式。对这一问题的探讨，为国人解除对"共妻制度"的误解、进一步了解马克思主义的婚姻观提供了认识的角度。

然而，堺利彦对社会主义社会中的女性地位，却还有一些认识的模糊，以及探讨不足的地方。这些欠缺之处也同样被译者中肯地译介成了中文。如关于社会主义是否应该制定特定男女关系的问题，《妇女问题》中有这样的论述：

> 社会主义只是要全然废了阶级使社会全员都有得到经济上的自由，便满足了。以后的事，社会主义并不过问。新社会组织底细目，都让新社会里的人，因时制宜，临时请求。今日不必打算，也无从打算。恋爱问题也是如此，新社会底男女关系，新社会自由男女但们自己自然会定出来的。我们现在不必打算罢。其实，也无从精密规划。②

堺利彦在此回避了对未来社会男女关系问题的探讨。但在《妇人问题》日文原书出版的9年后，堺利彦又以译述的方式介绍了美国社会学者瓦尔德（Lester Ward，1841—1913）讨论女性地位的作品，名为《女性中心说》。该书以女性对人类历史发展所起的作用为线索，探讨了女性在各个历史时期所处的地位，并预测了女性地位在将来社会的发展。堺利彦将该书翻译成日文的同时，也对女性在未来社会的地位有了更深入的研究。此外，他在该书的译序中强调了原作者瓦尔德的观点并不能完全为自己所赞同，尤其是关于人类社会从女性支配转变成男性支配的原因。瓦尔德认为是因为"男子理性思维的发达以及意识到作为父亲的这一身份"，而堺利彦则坚持马克思主义的唯物史观，认为"男子把握经济的权利"才是这一变化的根本原因。③ 为此，堺还在《女性中心说》的附录中介绍了恩格斯、倍倍尔和摩尔根等人对新社会女性地位的看法，并结合他们的观点论述了今后男女关系的发展和进化。然而，1921年分别由李达和夏丏尊翻译而成的《女性中心说》两个译本，都删去了堺利彦在日文原作中如此重要的序言和附录，这自然无法全面诠释堺利彦对妇女研究的最新进展。直到1927年吕一鸣翻译了《妇女问题的本质》后，堺利彦对"新社会妇女"的探

---

① 堺利彦. 妇女问题 [M]. 唐伯焜, 译. 上海：民智书局, 1922: 4-5.
② 堺利彦. 妇女问题 [M]. 唐伯焜, 译. 上海：民智书局, 1922: 4.
③ 堺利彦. 女性中心説 [M]. 東京：牧民社, 1916: 2-3.

讨才以更全面的形态展现在中国读者面前。该书从女性的身体、心智、就职、婚姻、生育和政治参与等方面进行了较为具体的阐述①。可以说，中国译者对堺利彦社会主义妇女观的译介，也是与堺利彦妇女研究的逐步深入而同步进展的。

3.《资本制度浅说》

如果说堺利彦的论著中，最受国人关注的是他的妇女研究，那么山川均最为国人关注的，则是他关于资本主义批判的各类著书。其中『資本主義のからくり』有四个汉译版，是不少中国人在了解资本主义生产制度相关知识的过程中，最先接触到的著作。

该书原是1921年山川均为信州松本市的青年教师启蒙社会主义思想而准备的演说。后于山川均主编的杂志《社会主义研究》中刊载，并被《劳动周报》转载。1922年，这些演讲内容又被整理成宣传用的小册子，经僚友社出版。"資本主義のからくり"的书名也是在此时由出版社的编辑添加的。全书只有70页，对资本主义的生产关系、财产制度等问题进行了简明介绍，并针对资本制度中存在的矛盾和冲突做出了分析。该书在1925年就已经再版了25次，出版社用"没有比此书更简明清晰地解剖和批判了资本主义，并以最平易的语句恰当地指出了马克思的全部学说"②的宣传语对其进行了评价。1926年，山川均针对该书的误记之处，以及他认为不满的地方进行了修订，由农民劳动社出版了改订版。在改订版的序言中，山川均表示，"原来的演说针对的是普通的地方劳动青年，因此在内容和篇幅上都有所限制。而即使是修订版，也还存在不少不足之处"③。但作为一本简明的启蒙册子，该书在日本产生了较大的影响。改订版在1930年就进行了第18次再版，与原版一样十分畅销。正因这种普及和畅销的效果，该书还被评价为将日本社会主义思想从"空想推进到科学"的重要著作之一④。

『資本主義のからくり』在中国最早的译介，是1923年3月，施存统于《民国日报·觉悟》中刊载的《资本制度浅说》。译文以原作改订前的版本为底本，后于1925年由上海书店出版。三年后，上海国光书店再次出版了该书。同年，新东方出版社发行的《增订资本制度解说》一书，虽然题为"增订"，但除了施氏新写的简短序言以外，译文的内容与之前出版的《资本制度浅说》并

---

① 堺利彦.妇女问题的本质[M].吕一鸣，译.上海：北新书局，1929：46-49.
② 田所輝明.第一無産者読本[M].東京：プロカルト叢書刊行所，1925：4.
③ 山川均.改訂版資本主義のからくり[M].東京：無産階級社，1926：1-2.
④ 小山弘健，岸本英太郎.日本の非共産党マルクス主義者——山川均の生涯と思想[M].東京：三一書房，1962：244.

121

没有区别。1929年，施存统将名为《辩证法的唯物论》和《资本主义的经济制度》的两部译作集成《辩证法与资本制度》出版，虽然施氏在这本合集的序言中指出他参照了新版的日文原著对译文做出过修改①，但作为这本合著下篇的《资本主义的经济制度》，却与旧译《资本制度浅说》完全一样。简言之，虽然施存统变换着标题和出版社发行这本山川均的名作，但实际上都是同一个译本。

山川均的原作共十五章，其中第二章名为"经济组织的变迁"，分为十个小节。但在施氏的译文中，第二章的最后三节被独立成新的一章，并命名为"经济组织进化的法则"，集中介绍了马克思的唯物史观，并根据唯物史观，说明生产关系（经济组织）随着生产力的发展而进化的过程与规律，最后指出了资本主义社会中所出现的生产关系与生产力产生矛盾的现象，预示着"社会革命时代"的到来。② 山川均的原文中有一段解说马克思在《政治经济学批判序言》中所阐述的唯物史观理论，施存统是如此翻译的：

>......社会的生产力更加进步，达到了用机械来生产的程度，这个新生产力和从前的生产条件，就起了冲突。如果从来的生产条件不革除，这新生产力就决不能充分发展。这旧的生产条件成了新生产力底障碍物那时候，就是社会革命的时期；于是旧的生产组织就为新生产力所破坏，其结果，**能率**更高效力更大的经济制度，就代之而兴。③

在讨论此译文的优劣以前，有必要对比一下其他版本的相同段落。1927年，崔物齐翻译的《资本主义的解剖》是该书的第二个中文译本。虽然这个时候原作的改订本已经在东京出版，但崔物齐翻译的底本还是1925年发行的旧作。与上文引文相对应的译文如下：

>......社会的生产是不断的进步，及生产力又发达到机械生产的程度时，这种新兴的生产力，便和旧来的生产条件冲突，此种旧来的生产条件要是不除去，新的生产力即不能得着充分的伸长。若果到了旧的生产条件成为新生产的障害物时，便到了社会的变革时期，旧的生产组织即被粉碎于新生产力之前，这样的结果，比较更一层有利的更一层**能率**高的经济制度，便代了旧的而产生了。④

---

① 施复亮. 序[M]//山川均. 辩证法与资本制度. 施复亮，译. 上海：新生命书局，1929：2.
② 山川均. 资本制度浅说[M]. 施存统，译. 上海：上海书店，1925：12-16.
③ 山川均. 资本制度浅说[M]. 施存统，译. 上海：上海书店，1925：14.
④ 山川均. 资本主义的解剖[M]. 崔物齐，译. 上海：光华书局，1927：19-20.

<<< 第三章 翻译与诠释——汉译日本社会主义论著的文本分析

崔物齐的译文遭到原书另一位译者吕一鸣的强烈批评。吕氏认为崔译本并没有忠于原著，存在很多漏译和不通的地方。从上文引用的段落来看，崔氏的译文的确不甚流畅，而在吕译本《资本主义之玄妙》中，吕一鸣对于原著的忠实，以及在文字的组织上的确花费了更多功夫。

吕氏的译文是首次以日文原著的改订本为底本翻译而成的，山川均于1926年修正和补充的内容，在吕氏的译文中都得到了保留。与前两个译本的引文相对应的段落如下：

……社会的生产更加进步，而达到依机械生产的程度，这个新的生产力就和旧有的生产关系冲突起来。并且旧有的关系若不除去，新的生产力就不能充分的发展。在这个旧有的生产条件成为生产的障碍物的一瞬间，即是社会的变革开始的时期；旧的生产组织粉碎于新的生产力之前，结果，更有效的**能率**更高的经济制度就代替了他。①

山川均的原著，是面向一般劳动群众的普及读物。在原著的行文中，能看到山川均有意选择简易的措辞，并在各种社会经济学的术语中加以平假拼音的标注。在解释生产力和经济组织的关系时，山川均经常使用"能率"这一概念，在原著中也进行了解释。"能率"一词在三个版本的汉译本中都出现，但只有吕一鸣的译文，在第二章第二节中对其做出了较为准确的译释。这一节的标题为"好的经济组织与坏的经济组织"，吕一鸣在这一节中把"高**能率**的经济组织"翻译成"效率较高的经济组织"，并补充解释了"经济组织有何等有效地供养社会全员的能力"是判断"能率"高低的依据。② 这对阅读者而言是有很大帮助的。而其他的译本对类似的社会经济学术语，则基本上保留了原著中的日文汉字，没有进行适当的解说。因此，就原著的创作初衷和该书面向的读者层而言，吕一鸣的译文应是质量最高的译作。虽然在1932年原著的最后一个汉译版《资本主义的机构》③ 得以出版，但其翻译的质量还是在吕译本之下。

每一个译者在他们的译本中都附加了"译序"，各个版本的序言中表达了一个共同意向，即希望通过这本小册子帮助中国的无产者客观了解资本主义社会的基本结构。但细读各个译本的文字，可见不少译本，尤其是崔译本的翻译质量对一般民众来说，并不一定能被轻松读懂。相比之下，施存统的译本翻译质量更高。然而，施氏使用几乎完全相同的译本，却声称修订过，变换着书名再

---

① 山川均. 资本主义之玄妙 [M]. 吕一鸣，译. 北京：北新书局，1927：12-13.
② 山川均. 资本主义之玄妙 [M]. 吕一鸣，译. 北京：北新书局，1927：5-6.
③ 山川均. 资本主义的机构 [M]. 陈华，译. 上海：长城书局，1932.

版多次，这难免让读者感到有所敷衍。相对而言，吕一鸣的译本展现了较高的诚意，其翻译质量也体现了对原著的敬畏。

此外，值得留意的是，作为在日本和中国都非常畅销的社会主义知识普及作品，该书在论及资本主义根本矛盾的解决方法时，却并没有明确按照马克思的阶级斗争观进行阐释。在该书的最后两章"社会的改造"和"斗争的生活"中，山川均对"新兴阶级（即无产阶级）使命"的阐述，避开了"革命"一说，并认为新兴阶级应该通过"正义的观念"和支配阶级进行对立，以改变支配者的观念，来达到改变经济组织的目的。这种观点与山川均在参与组建第一次共产党时期，以及其后的劳农派时期坚持的议会斗争方式是一致的。部分日本社会主义者对这种"不正确、不充分"的理论也进行了尖锐的批判[1]。但该书的各个汉译本中，译者们除了褒扬原著的简明和客观以外，都没有对书中存在的争议提出疑问。从另一个角度而言，各版本的译文都保留了原著中这种对无产阶级革命温和、暧昧的阐述，也使该书在国内各种出版查禁的制度下提高了存活的几率，并获得了再版和畅销的机会。

4. 山川均的苏俄研究及其中文译介

山川均被译介成中文的论著中的另一大主题是苏俄研究。十月革命的爆发与一战的终结，使中日两国的社会主义者都密切留意着国际情势的变化。一战以后，苏俄的发展是他们关注的重点之一。1919年年底，山川均开始对俄国革命和苏维埃的建设进行系统研究，并在他所活跃的刊物中翻译苏俄文献，为日本读者介绍苏俄的近况。同时，山川均曾发表时评，反对加藤高明内阁的对俄干涉，呼吁日本从西伯利亚撤兵。他的时评也成为日本新闻界批判政府外交政策的最强烈言论之一。1921年，山川均发表了《列宁与托洛斯基》与《劳农俄国研究》两部专著，把日本的苏俄研究水平带上了新的高度。此后，山川均把《列宁著作集》翻译成日文的同时，又著成了《社会主义苏维埃共和国同盟的现势》及《共产国际的历史》等书。这对日本的马克思主义和列宁主义的普及，以及日本民众对苏联、共产国际的了解，都起到了非常重要的作用。

除了在日本的影响，山川均对苏俄的介绍与研究，也成为国人在1920年代以后了解苏俄的重要途径之一。十月革命及五四运动以后，来自苏俄的社会主义文献对中国社会主义者有重要的影响。中国人直接阅读和翻译俄文论著，成为当时传播社会主义思想的最大趋势之一。但即使如此，还是有不少译者积极

---

[1] 細川嘉六，渡部義通，塩田庄兵衛. 日本社会主義文献解説 [M]. 東京：大月書店，1950：150.

<<< 第三章 翻译与诠释——汉译日本社会主义论著的文本分析

通过日本社会主义者的苏俄研究来了解苏俄现状。从1919年到1937年，翻译自日文的苏俄研究论著就有20部以上①，而山川均的几部苏俄研究著作也都被译成了中文。因此，他还被国人评价为"研究俄国国情的第一流人物"②。

1927年，署名为"张亮"的译者以《列宁与托洛斯基》为底本译成的《列宁传》，是山川均最早被翻译成中文的苏俄研究论著。十月革命以后，中国的报刊中开始出现一些对列宁的介绍与评论。1919年，《解放与改造》中一篇译自日本学者今井政吉的文章，就详细地向国人介绍了列宁的革命事迹，以及其"广义派主义"（即"布尔什维克主义"）的思想③。比较当时译自俄文的作品，可知今井政吉的这篇文章在介绍列宁及其思想的详细与深入程度上，已达到了相当高的水平。但总体而言，当时国人对列宁的关注并不算热切，直到1924年列宁逝世以后，以《中国青年》和《新青年》为首的一些杂志，发行了纪念列宁的专号，中国学人对列宁的关注与研究才得到了较为集中的展现。除报刊中的论文以外，与列宁相关的研究专著要在更晚后出现。苏联人为列宁撰写的传记，主要在1930年代以后被陆续翻译成中文。因此，张亮翻译山川均的《列宁传》成为国内最早出版成书的列宁传记。

山川均的原著《列宁与托洛斯基》发表于1921年，全书共有四章，前两章分别介绍了列宁与托洛斯基的生平，第三章阐述了列宁与托洛斯基在俄国革命中的关系，最后一章则译述了考茨基、克鲁泡特金等人对列宁的印象和评价。④张亮的汉译版只翻译了原著的第一章，作为列宁的传记，把列宁从出生到其领导十月革命走向胜利的过程完整呈现出来。译文从分章到行文都基本忠于原著，在一些文字的细节处理上，也可以看出译者认真负责的翻译态度。首先，文中涉及大量西欧和俄国的社会主义者，与他们相关的党派名、地名也经常被提及，而汉译本基本上对它们进行了细心而准确的英文标注，可以看出译者对西文文献也有一定的掌握。其次，鉴于当时日本的出版限制和查禁制度，原文中提及俄国过激派人士暗杀沙皇的内容，都被山川均以伏字的形式隐去。⑤ 但在汉译本

---

① 根据附录表B"社会主义译书目录稿（1919—1937）"所统计的结果。
② 东洋布衣. 日本社会运动家之近况［J］. 东方杂志，1923, 20（10）：64.
③ 今井政吉. 列宁与脱洛斯基之人物及其主义之实况［J］. 超然，空空，译. 解放与改造，1919, 1（1—2）.
④ 山川均. レーニンとトロッキー［M］. 東京：改造社，1921.
⑤ 如原著中"ツアーに対して手に手に□□と□□□□とを提さげて突進した是等の運動者"（山川均. レーニンとトロッキー［M］. 東京：改造社，1921：14.）。

125

中，译者对所有伏字的内容都做出了恰当的还原。① 此外，对于布尔什维克党、苏维埃等名词，虽然日文原著中采用的是音译，但在当时苏俄研究还处于起步状态的中国，译者都进行了内涵上的解释，并把这两个名词分别翻译成"多数党"和"劳兵会"。总体而言，作为第一部被翻译成中文的列宁传记，张亮翻译的《列宁传》不失为一部文字清晰、内容全面的译著。

《列宁传》的最后一章，是对列宁做出总体评价的"俄罗斯革命和列宁"。原著最后一段，以季诺维耶夫对列宁的高度评价收尾。而在汉译版的《列宁传》中，译者还在结尾加上了一句原文中没有的"无产阶级革命万岁"②，从中也可看出译者对社会主义的热情与信仰。

《列宁与托洛斯基》原著撰写于1921年，因此，苏联成立后的事迹并没有收入到这篇传记中。而山川均对1922年以后的列宁，包括列宁的新经济政策在内的苏联问题研究，也只能在此后的论著中进行补充。1928年出版的《社会主义苏维埃共和国同盟的现势》一书，便是山川均另一部受国人关注的苏俄研究论著。该书原是山川均为日本评论社撰写的《社会经济体系》论稿，经整理和修订后出版。山川均在序言中强调该书将努力避免个人的批评与见解，只做事实的陈述，以求从各方面帮助读者简明客观地认识苏维埃现状。③ 全书共十一章，分别从政治组织、工农业、国内外贸易以及财政、劳动和教育制度等方面介绍了苏联的基本情况。山川均在撰写该书时，除了利用苏联出版的对外宣传刊物以外，还参考了英、美、德国学者的研究文献，以求做到所期望的中立和客观。在介绍苏联的经济、人口和政治组织的章节中，他还提供了一系列的图表和数据，这些内容对当时及现今的苏联史研究而言，都是非常重要的参考资料。

该书原著出版后的次年，中国译者温盛光和汪允揆，几乎在同时将其译成中文，并于五月由不同的出版社发行。两位译者都将书名译为《苏俄之现势》，但相对汪允揆的译本而言，温盛光在翻译的过程中做出了更仔细的文献整理和校对。因此，温译本对原著中涉及的政治机构和劳动组织等概念，也做出了更加准确的英文注释和说明。此外，温译本保留了原著中山川均的序言及结尾所附的参考文献，这对希望进一步了解和研究苏联问题的读者来说是很有帮助的。

---

① 如前一注释的引文，译者将其翻译成"对于皇帝投掷炸弹开发手枪的那些运动者"（山川均. 列宁传 [M]. 张亮，译. 广州：广州人民出版社，1927：8.）。
② 山川均. 列宁传 [M]. 张亮，译. 广州：广州人民出版社，1927：67.
③ 山川均. 社会主義サヴェート共和国同盟の現勢 [M]. 東京：日本評論社，1928：2.

<<< 第三章 翻译与诠释——汉译日本社会主义论著的文本分析

温盛光在译者序言中对原著的介绍,也很好地说明了他的译书动机:

> 全世界人类的目光都注视着一九一七年以后的苏俄,无论其为善意或恶意。可是苏俄的真相却很不容易获得,尤其是在一切都贫乏的我国。苏俄的本身竭力扩大它自己的宣传,以获得全世界无产阶级弱小民族的信赖,促进世界革命的洪流,所以有时它告诉我们的材料,许微嫌"太宣传的";而世界资本主义的政府告诉我们的又只是含毒的诬蔑,离苏俄的真相恐怕还有十万八千里!……年来,国内关于苏俄现状的探讨,已与以相当的注意了,可惜大半是带着有色眼镜去观察的,所以各种主观的色彩还时时表现于事实的外层;而其中较忠实的介绍,却又非失之太繁,即失之太简,欲求一简赅明了的叙述,实不易得。本书是日本山川均氏的著述,只是以事实为事实,绝少参加个人的见解,实是理解苏俄现状的一本很好的参考材料。①

这段译序简单评价了国人对苏俄的认识,并指出了山川均的苏俄研究对于中国学人的参考意义。作为一名积极呼吁日本政府改善对苏政策的社会主义者,山川均的苏俄研究当然不可能做到完全客观和公正,但《苏俄之现势》中提供的对苏联政体和社会结构等方面的介绍,以及相关的统计数据,也的确是当时较为客观的参考资料。此外,国人对山川均作为日本著名的苏俄研究学者的尊敬与信赖,也加深了该书对译者和读者的影响。《苏俄之现势》在国内的翻译和出版,可以说是1919年以后,国人通过日本社会主义者来了解苏俄的一个缩影。

三、高畠素之

高畠素之(1886—1928)与北一辉、赤松克麿三人,被认为是日本国家社会主义的代表人物。在高畠形成自己的国家社会主义理论以前,他也以一位马克思主义研究者而闻名。作为第一位完整译成《资本论》的日本人,他还翻译了考茨基、巴拉诺夫斯基和拉法格等人的著作,并在阅读和翻译的过程中,形成了自己的政治观。高畠的翻译和研究工作,影响了中日两国引入社会主义思

---

① 温盛光.译序[M].山川均.苏俄之现势.温盛光,译.上海:启智书局,1929:1-2.

127

想的进程。在日本社会主义文献史①和中国马克思主义早期传播史②中，高畠素之的名字和事迹并不陌生。但事实上，日本学者更重视他倾向国家主义后的思想理论③，而中国学者对高畠的关注，主要是在研究戴季陶、李达和萨孟武等留日知识群体的思想和译书活动时有简略的提及。④

(一) 马克思主义研究者和国家社会主义者的二重身份

高畠素之在中学期间，就通过木下尚江的讲学接触到了社会主义。他于大学时期受到了平民社的影响，在堺利彦的直接指导和提示下，阅读了马克思和考茨基等西方社会主义者的名作。1908年，受赤旗事件的影响，高畠作为《东北评论》的编辑，因违反新闻出版法而被判入狱。他在狱中开始研读英译版《资本论》，并于出狱后有意识地学习德语，为直接阅读原版《资本论》做准备。大逆事件后，高畠在社会主义"寒冬期"加入了堺利彦和山川均创办的卖文社。在卖文社继续研读马克思经典论著的同时，高畠也与堺利彦等人一同参与到日本社会主义运动的策略论战之中。针对当时的社会主义运动应该采取"议会斗争（政治运动）"还是"经济斗争（工人罢工等运动）"的讨论，他

---

① 相关研究可参考：细川嘉六，渡部義通，塩田庄兵衛. 日本社会主義文献解説 [M]. 東京：大月書店，1950；鈴木鴻一郎.『資本論』と日本 [M]. 東京：弘文堂，1959；三木清.『資本論』に於ける日本語訳二著の対立 [M] //三木清全集：第20卷. 東京：岩波書店，1986；小山常実. マルクス-エンゲルスと高畠素之 [J]. 京都大学教育学部紀要，1977（23）；有山輝雄.『資本論』を読んだ人々：下からのメディア史の試み [J]. 桃山学院大学人間科学，2008（35）.

② 相关研究可参考中共中央党校科研办公室. 社会主义思想在中国的传播 [M]. 北京：中共中央党校科研办公室，1985；胡培兆，林圃.《资本论》在中国的传播 [M]. 济南：山东人民出版社，1985；张琳. 马克思主义在中国早期传播过程中的文本问题 [J]. 毛泽东邓小平理论研究，2009（5）.

③ 与高畠素之国家社会主义相关的研究专著有：田中真人. 高畠素之—日本の国家社会主義 [M]. 東京：現代評論社，1978；茂木実臣. 高畠素之先生の思想と人物：急進愛国主義の理論の根拠 [M]. 東京：大空社，1996. 相关研究论文有：橋川文三. 国家社会主義の発想様式——北一輝·高畠素之を中心に [J]. 日本政治学会年報政治学，1968（12）；有馬学. 高畠素之と国家社会主義派の動向——大正中期社会運動の一面 [J]. 史学雑誌，1974（10）；福家崇洋. 一九三〇年代初期日本における国家社会主義運動：そのナチ党論と「ファシズム」論に焦点をあてて [J]. 史學雑誌，2009（8）；堀茂.「国家社会主義者」高畠素之と「革新官僚」[J]. 政治経済史学，2014（2）.

④ 相关研究可参考张玉萍. 戴季陶的日本观——以五四时期为中心 [J]. 史林，2012（6）；丁兆梅. 李达社会主义思想研究 [D]. 济南：山东师范大学，2012；胡晓进. 学贯政法，著译精深——萨孟武的学术经历与政治思想 [J]. 社会科学论坛，2014（1）；刘明诗. 20世纪上半叶李达社会主义思想的基本特点 [J]. 武汉大学学报（人文科学版），2014（3）.

<<< 第三章 翻译与诠释——汉译日本社会主义论著的文本分析

于1918年发表了《政治运动与经济运动》一文。文中所体现的理论与见识，被认为是达到了大正时期大部分日本社会主义者尚未达到的高度。① 在这篇文章中，他论述了"政治运动"在社会主义革命中的重要意义：

> 我们一直以来都认为"政治运动"就意味着"议会政策"，但如果我们相信社会主义者获得政权、树立革命政府是实现新社会的有效手段的话，那么为了这个目的而行动的运动也完全能称作政治运动。从谢德曼到列宁都包括在政治运动之内，而经济运动则包括从冈姆巴斯到海伍德。经济运动中也有妥协与让步。就如政治运动中也有毫不妥协、毫不让步的。经济运动就是妥协、政治运动就是堕落的说法是没有道理的。②

以此观点为基础，高畠在堺利彦主编的《新社会》中又陆续发表了几篇文章，向日本社会主义者介绍列宁及布尔什维克的革命主张。这一系列的论述体现了他对西方社会主义经典文献和俄国革命运动的全面把握，是当时还保留着工团主义思想的堺利彦、山川均以及荒畑寒村等人所不能及的。③ 此后，在日本社会主义运动即将走出"寒冬期"的1919年，高畠素之与堺利彦、山川均一同为翻译和普及西欧与苏俄的马克思主义经典论著做出了贡献。《资本论》的翻译工作也是从这一年展开的。关于高畠素之译介《资本论》的情况，同在卖文社工作的山川均曾如此记录：

> （卖文社的）二楼是工作的场地，在走廊上间隔出来的小房间是社长室，堺先生布阵于此。高畠君则一个人埋头在三楼的屋顶，那是个像仓库一样有点阴暗的房间。在楼上的办公室中因为枯燥的文章而费尽心思、唉声叹气的时候，可以听到楼下大声议论的声音。论战的战场总是不知不觉地就扩张到了楼上。颇为宽敞的事务室里弥漫着廉价烟草的烟雾。这个时候，堺先生总是从社长室里走出来，不知不觉地便卷进了烟雾和议论以及大笑的漩涡之中，但高畠君则几乎没有参与过。偶尔从屋顶下来，他那芋虫一样粗的眉毛下强度的近视眼镜内闪现出微笑，扫视了一眼四周的一切，便又回到屋顶上学习了。在这种费尽精力的学习中，诞生了考茨基的《资本论解说》的翻译，《资本论》最初的翻译也是在此着手的。④

---

① 荒畑寒村. 荒畑寒村著作集：第9卷 [M]. 東京：平凡社，1977：365.
② 高畠素之. 政治運動と経済運動 [J]. 新社会，1918（2）：1.
③ 荒畑寒村. 荒畑寒村著作集：第9卷 [M]. 東京：平凡社，1977：364.
④ 山川均. 山川均自伝 [M]. 東京：岩波書店，1961：357.

山川均的这段叙述，除了体现出高畠素之对翻译文献的苦心贡献以外，也反映了高畠对堺利彦等卖文社成员的交流和讨论似乎并不关心。实际上，除了不参与交流，高畠在翻译《资本论解说》和《资本论》的过程中，其思想主张也渐渐与堺利彦、山川均等人拉开了距离。1919年3月，卖文社正式解散，高畠主办的《国家社会主义》杂志也于同年创刊。虽然这份刊物很快就被停办，但他的国家社会主义主张已于此时初步形成，并在他其后的作品内渐进得到发展。与此同时，高畠素之与堺利彦、山川均等人的社会主义政党活动，也走向了完全不同的方向。

1920年代的高畠素之，是集《资本论》翻译者、马克思主义研究者和国家社会主义者等身份于一身的人物。1924年，他初步完成了"资本论"的翻译。这部马克思的经典巨著，终于在日本以全译本的形式出版，但高畠并没有满足于当时的成果，他在1928年去世以前，一直致力于译本的修订工作。正是由于在修订的过程中仍保持一贯废寝忘食的状态，高畠在42岁的研究盛期忽然病倒，过早离世。对于高畠的《资本论》译本，在当时已有不少批判和争论。与高畠素之几乎同时展开《资本论》翻译工作的河上肇，便是对高畠译本提出最多疑问的学人之一。在河上肇看来，高畠的译本残留了一些英译《资本论》中的错误，与此同时，过度追求简练、流畅的日语行文，也使高畠的译本形成一些无法忠实于原著的表达。[①] 但鉴于河上肇以及此前安部矶雄、松浦要、生田长江等人对《资本论》的翻译都没有全部完成，所以高畠的全译本在日本社会主义文献史上，仍具有非常重要的地位。除1924年初次完成全译后在大镫阁发行的《资本论》全译本初版以外，1926年的新潮社版、1928年的改造社版的发行及再版，都让高畠素之译的《资本论》成为二战爆发前日本最有影响力的译本。即使对其微词颇多的河上肇，也购入了高畠的多个译本以便参考和研究。[②]

在完成和修订《资本论》译稿的同时，高畠也在用自己逐渐明朗的国家社会主义观点，对马克思的国家观提出批判和疑问。在高畠的遗作《马克思主义与国家主义》中，有专门探讨"阶级斗争与未来社会"的章节。这一章以马克思的国际工人运动理论为出发点，做出如下分析：

> 马克思一方面认为，资本主义生产方法的发达必然会造就实现社会主义经济制度的物质条件，另一方面又认为，这种发达必然会让无产阶级产生自觉，达到高度的阶级斗争，以成为实现社会主义的能动条件。然而，

---

① 河上肇. 河上肇全集：第25卷[M]. 東京：岩波書店，1985：100.
② 河上肇. 河上肇全集：第25卷[M]. 東京：岩波書店，1985：87.

<<< 第三章 翻译与诠释——汉译日本社会主义论著的文本分析

马克思又认为无产阶级斗争要超越国家，由全世界的劳动者的共同战线来展开。这也就是马克思主义所谓的 international。international 本来的语义中并没有超国家或者反国家的意义。而是 national（国家）对 national 间的交互联系，是以国家的存在为前提的问题。但马克思主义的 international 却是超国家主义的。①

文中介绍了"资本主义生产发展推动无产阶级斗争"以及"无产阶级斗争的跨国性"这两个观念。而高畠在接下来的阐述中，却认为这两个观念暴露了马克思主义的隐在矛盾：

> 马克思主义所预想的资本主义灭亡后的社会主义制度，也并没有超出国有主义、国家社会主义的界限。虽然（马克思主义）预想在遥远的将来世界将是自由联合的无国家社会，但至少作为预备阶段，还是必须要经过国家集中经济的过程。这一点是所有马克思主义者的共通见解。也就是说，马克思主义者对于资本主义灭亡后的经济制度是以国家的存在、并肯定国家的作用为前提的。
>
> 然而，作为资本主义灭亡的能动条件，马克思主义的 international 运动却对国家采取超绝以及否定的态度。也就是说，马克思主义一方面承认经济上的 national（国家主义）阶段的必然性，一方面又在运动政策上极端地高唱 international（超国家主义）的必要。如此一来，深藏在马克思主义中难以发现的矛盾就暴露出来了。②

因此，高畠认为，消除阶级对立后的社会，应该继续保持国家的存在，发挥国家作为"支配"和"统治"的基本机能——这是高畠素之国家社会主义的核心观点，也是他在去世前着手撰写的一系列马克思主义批判论文中的基本主张。③

可以说，高畠的国家社会主义观是以翻译、研究和批判马克思主义文献，尤其是以翻译和研读《资本论解说》《资本论》等著作为中心而形成的。其中体现了他对西方文献的高度掌握，以及对马克思主义理论的分析素养。在同年代的日本社会主义者中，以堺利彦、河上肇和福本和夫为首，都曾经从政治立场上，对他的国家社会主义转向进行了谴责。但关于他依据国家主义的理论对

---

① 高畠素之. マルキシズムと国家主義 [M]. 東京：改造社，1927：157.
② 高畠素之. マルキシズムと国家主義 [M]. 東京：改造社，1927：157-158.
③ 高畠素之. 批判マルクス主義 [M]. 東京：日本評論社，1929.

131

马克思的国家观进行的质疑，堺与河上等人却无法从正面进行学理上的反驳。另一名社会主义者荒畑寒村，曾在自传中多次感慨"完整翻译《资本论》的最大功劳者竟不是纯粹的马克思主义者，而是以国家社会主义者自居的高畠素之"①。这句话也能很好体现高畠素之的马克思主义研究者和国家社会主义者这二重身份的复杂性。进一步而言，当时能对马克思主义理论进行明细解析的日本学者中，应该也没有超越高畠素之的人物了。而这样一位特殊的日本学者，在社会主义思想引入中国的过程中，也起到了重要的作用。

（二）高畠素之论著在中国的译介

高畠素之的《资本论解说》《资本论》全译本，以及他本人的研究论著，都是国内社会主义者热衷阅读的作品。1919年，戴季陶与陈溥贤分别于《建设》和《晨报》上通过『マルクス資本論解説』转译考茨基的 Karl Marx's Oekononische Lehren，这是高畠最早被翻译成中文的作品。由此，高畠素之成为大部分国人了解马克思社会经济学时必然会接触到的人物。本书整理了民国期间被翻译成中文的高畠素之的论著，可以看到除了转译考茨基的论著以外，国人也译介了不少高畠素之原作的研究论著（参见本书附录表C7和表C8）。

随着1919年《国家社会主义》杂志的创刊，高畠素之的国家社会主义倾向已于此时初露头角。陈溥贤将他在晨报刊载的译作整理成《马克思经济学说》一书出版时，就曾在译序中提到，高畠是"很有名的马克思派学者，现在是日本国家社会主义的领袖"②，但在简短的译序中，陈氏并没有对高畠的国家社会主义思想做出更多的介绍。而戴季陶的译作，则更简单地将高畠认识为"日本社会主义者"③，忽略了他的国家主义倾向。1921年，陈望道在介绍夏丏尊、李继桢所译的《社会主义与进化论》一文时，也认为高畠是造诣很深的"马克斯派经济学者"④。可以说，在此时的国人眼中，高畠作为一名马克思主义文献翻译者的意义，是最为关键的。直到其去世后的1929年，国人才注意到高畠生前最后几年的思想转向。如《河北民国日报副刊》中一篇译介高畠素之的文章，译者吕希圣对高畠的介绍，就强调了他近数年来，已成为"右派理论健将"的事实。⑤ 但即使如此，高畠素之作为一名马克思主义研究者的权威性，却仍被中

---

① 荒畑寒村. 荒畑寒村著作集：第9卷［M］. 東京：平凡社，1977：366.
② 陈溥贤. 凡例［M］//考茨基. 马克思经济学说. 高畠素之，译. 陈溥贤，转译. 上海：商务印书馆，1920：2.
③ 戴传贤. 马克斯资本论解说［J］. 建设，1919（4）：1.
④ 陈望道. 名著译载·序言［N］. 觉悟，1921-03-10（1）.
⑤ 吕希圣. 论资本主义的功罪［J］. 河北民国日报副刊，1929（61）：5.

国学人所肯定。1930 年，一篇名为《马克思资本主义崩坏说之批判》的译文中，译者就以高畠素之的研究为范例，对中国的马克思主义批判做了如此评价：

> 近来中国的博士教授以及那些自命为"学者"的人，茶余酒后，间或也谈谈或批评马克思主义。然而他们所批评的马克思主义，是他们自己所拟构的马克思主义。他们在没有批评之前，就预先描出一种于自己的批评上有利的马克思主义。这种"打死老虎"的方法，原是他们的惯技。(据译者所知如马寅初郭任远就是最会玩这种手法的人）他们这种批评，非但不足以攻破马克思主义，反而暴露自己对于马克思主义理解程度之浅薄。而他们之所以敢于这样的信口开河，又无非是欺负中国目前一般读者知识幼稚的原故。因此，我们现在所急于需要的，是忠实的介绍马克思主义。……诚然著者（指高畠素之——引用者注）并不是一个马克思主义者，然而却是一个**忠实而广博的马克思主义研究者**。从这本书我们也可以看看别人批评主义的态度与方法。①

译者在认识到高畠素之是"非马克思主义者"的前提下，视其为"忠实而广博的马克思主义研究者"，并以其对马克思主义的批评和研究作为抨击中国学者的范本。可见在这名译者眼中，高畠素之对国人研究社会主义思想的意义，已不仅仅是"资本论的翻译者"这么简单了。但遗憾的是，如《论资本主义的功罪》及《马克思资本主义崩坏说之批判》这样被译介成中文的文章，毕竟只是少数。高畠素之对马克思主义的批判，以及他自成体系的国家社会主义思想，并没有被系统引介入中国。前文所述的《马克思主义与国家主义》一书，是他从国家的支配机能和统治结构等方面，详细论述其国家社会主义观点的遗作，也是昭和前期日本国家社会主义的代表著作之一。但高畠的这类论著，并没有给中国学人带来太大的影响。相比之下，高畠素之作为一名日本社会主义研究者，他对考茨基的《马克思资本论解说》的引介，才是最受国人瞩目的。下文也将以该书的三种中文译本为对象进行考察。

（三）『マルクス資本論解説』的三种汉译本

考茨基的《资本论解说》，原名 *Karl Marx's Oekononische Lehren*，写成于 1887 年，并于 1903 年进行了改订。全书一共分为三篇，分别对资本论体系中"商品、货币和资本""剩余价值""工资与资本所得"等概念进行了介绍和阐释。该书是考茨基留居伦敦期间撰写完成的，当时正是他与恩格斯成为密友，

---

① 粟剑超. 马克思资本主义崩坏说之批判·译序 [J]. 社会改造, 1930, 1 (2)：8-9.

并围绕马克思主义进行交流与探讨的重要时段。恩格斯去世后，考茨基一度被认为是正统马克思主义的唯一代表人物，《资本论解说》也是当时公认的马克思主义经济学入门佳作。直到第二国际成立以后，因对马克思主义的见解所产生的冲突，列宁发起了批判和弹劾考茨基的一系列活动。但在1931年的莫斯科列宁国际学校中，《资本论解说》也仍是一本重要的经济学教科书。① 可以说，尽管西方马克思主义者对社会主义政党的发展方向有所分歧，但考茨基的《资本论解说》作为马克思主义经济学经典教科书的地位，却一直没有动摇。

1919年5月，身处卖文社的高畠素之译成了考茨基的这本名作，其日文名为"マルクス資本論解説"，由卖文社和三田书房同时出版。该书到1922年年底，就刊行了一万三千五百册，其销量远远高于当时日本同类的社会主义著作。1924年，高畠在初步完成《资本论》翻译工作的基础上，又对该书进行了精密改订，由而立社和Anete书院同时出版了改订版。三年后，改造社出版的《改译资本论解说》，成为该书的最终版。最终版在出版后第二年就已出现了第72次再版。

对高畠来说，考茨基这部名著是引导他理解《资本论》的重要文献。在接触《资本论》的解说作品以前，高畠就已经翻阅过《资本论》的原著，但他认为"能够确信自己完全掌握了《资本论》的本质，却全靠此书的帮助"②。他最终在卖文社阴暗的屋顶做出了翻译《资本论》的决定，也是在阅读和翻译《资本论解说》的过程中逐渐明朗化的。在高畠看来，考茨基对资本论的分析和消化，就如一幅"有主观色彩和线条的绘画"③，充分描绘了马克思《资本论》原著的精髓。在高畠译本的第一次改订版发行的时候，他已意识到该书在日本马克思主义文献史上的重要贡献。而对中国的马克思主义研究来说，这本名著的日译本也同样具有重要的意义。

陈溥贤和戴季陶以卖文社初出的『マルクス資本論解説』为底本，在日文译作出版后，便马上开始了汉译的工作。他们几乎同时分别在北京和上海，开始了汉译版的连载。但不同的是，陈溥贤于11月便在《晨报》上刊登了译文的最后一节，并于次年以共学社的"马克思研究丛书"之一出版成书。而戴季陶

---

① Publisher's Note [M] //KAUTSKY K. The Economic Doctrines of Karl Marx. London: N. C. L. C. Publishing, 1936: 2.
② 高畠素之. 訳者序 [M] //カール・カウツキー. 改訂資本論解説. 高畠素之, 訳. 東京：而立社, 1924: 2.
③ 高畠素之. 訳者序 [M] //カール・カウツキー. 改訂資本論解説. 高畠素之, 訳. 東京：而立社, 1924: 3.

<<< 第三章 翻译与诠释——汉译日本社会主义论著的文本分析

在《建设》中的连载，则一直持续到1920年，且于完成了五分之四的情况下，因《建设》的停刊而告终。

在陈氏译本的序言中，他肯定了考茨基将马克思《资本论》通俗化的普及作用。同时他也强调，对没有经济学知识的一般青年来说，理解考茨基的这本《资本论》释义书，仍具有一定的难度。另外，陈氏还在译者序言中表示，自己尽量坚持了"宁以意害辞，不以辞害意"的原则，以此强调在翻译过程中忠于原作的苦心。① 但尽管如此，陈氏的译文还是被指出有较多的误译。如在解释"商品价格"的概念时，陈溥贤有一段这样的译文：

本来商品的价格，同他自然的性质是全然不同，无论我们把商品怎么看怎么擦也不会知道他的价格。价格这个东西从卖的人告诉买的人之后，才可以知道的。**但是要把货币来表示商品的价值，就是要去决定商品的价格，当时实际就没有货币也可以的**。比方裁缝铺的囊中，虽是一个物也没得，然而可以说他所提供的一件短褂子的价格，等于十格兰姆金。所以把货币看作价值的尺度，结局货币的作用，不过是假想上的就是思想上的货币罢了。

然而价格实际上还是要受货币商品的支配。裁缝铺可以说他的商品短褂子的价格，是十格兰姆金（这里因为求简单说明的缘故，一切附带的条件都不理他）。这一句话，限定于短褂子和十格兰姆金之中，包含有同量社会的所必要的劳动的场合，才可以说的。②

厘清商品价值与价格等概念，对理解马克思主义经济学中的剩余价值说而言，是不可或缺的。考茨基在这段论述中表示，决定商品的价格时，并不一定需要现实的货币的存在，但尽管如此，商品的价格却是还由"现实存在的货币"来决定的。③ 而陈溥贤的译文，显然没有把这段论述清晰地翻译出来。这种细节上的误译，在陈译本中普遍存在，对于理解《资本论》体系的基本理论，自然也造成了一定的障碍。

---

① 陈溥贤. 凡例 [M] // 考茨基. 马克思经济学说. 高畠素之, 译. 陈溥贤, 转译. 上海：商务印书馆, 1920: 3.
② 柯祖基. 马克思经济学说 [M]. 高畠素之, 译. 陈溥贤, 转译. 上海：商务印书馆, 1920: 55-56.
③ 高畠素之的日文原句是："即ち商品の価格を決定する為には、必ずしも現実的に貨幣が存在することを必要とするものでない。……価格は現実的の貨幣商品によって左右される。"（カール・カウツキー. 改訂資本論解説 [M]. 高畠素之, 訳. 東京：而立社, 1924: 57.）

相比之下，戴季陶的译本花费了更多时间进行修改和校对。虽然 1920 年《建设》杂志的停刊，终止了《马克思资本论解说》的连载，但 7 年后民智书局出版的《资本论解说》，让这个译本得到了完整的呈现。有趣的是，该书出版之时，戴季陶的反共理论已经基本形成，在译序中他强调，自己只是一个马克思主义的"介绍者"，且认为"中山先生的建国方略的意义，在历史上的伟大，不亚于马克思的《资本论》"。而实际上，该书能在 7 年后出版，也并不是早已对马克思主义失去热情的戴季陶本人的意愿，而应该归功于将戴氏未完成的作品补译完整的胡汉民。此外，朱执信、李汉俊也参与到该书的翻译和校对之中。因此，戴季陶也在译序中强调，这是 4 个人经历了 7 年的努力才得以完成的作品①。1919 年《建设》杂志初次刊登此译文时，戴季陶就表示希望能请人通过德文原著，对他的译文进行对照和修改。可惜直到 1927 年出版成书时，这个设想也尚未付诸实践。尽管如此，戴氏的译本还是能代表国民党派几位重要人物对研究和宣传社会主义思想所做出的贡献。至于《资本论解说》的翻译质量，以及译者们对《资本论》相关知识的理解程度，也可以从前引陈溥贤译本所对应的同一段译文中得到体现：

> 原来商品的价格，和他的自然性质，完全是两个东西。只是把商品拿来看拿来摸，都不会晓得他的价格。商品的价格，是要由卖主去告诉买主的。**但是用货币来说明商品的价值，就是决定商品的价格，实在不必一定要那里有货币**。裁缝师尽管身上一个钱没有，他也可以说我所提出的那件上衣是值十格兰姆的金。所以如果从货币是价值的尺度这一层说，货币这个东西，结果不过是成为观念上的即假想的货币而作用。
>
> **虽然如此说，价格到底实在是受货币商品支配的**。裁缝师可以叫他那件上衣成为商品的价格，是等于十格兰姆的金。但只是限于上衣和十格兰姆金的当中，含有同量社会的必要劳动的时候方才可以的。②

考茨基的原著将《资本论》"通俗化"的同时，又避免了"浅薄化"，是中国译者们对该书的共同评价。高畠素之在将其翻译成日文时，除了力求译文的严谨性，也保持了它作为解说读物的易读性。陈溥贤和戴季陶的两个汉译版，都采用了通俗易懂的白话文，保持了该书将《资本论》通俗化的原意。但与日

---

① 戴季陶．序一［M］//考茨基．资本论解说．高畠素之，译．戴季陶，转译．胡汉民，补译．上海：民智书局，1927：1．
② 考茨基．资本论解说［M］．高畠素之，译．戴季陶，转译．胡汉民，补译．上海：民智书局，1927：40-41．

<<< 第三章 翻译与诠释——汉译日本社会主义论著的文本分析

译本相比,两个汉译本的行文甚至已超出"通俗"的意义,并在部分表述上达到了接近口语化的程度。这对一般的读者大众而言当然显得更加亲切,但同时,译文也相对失去了日译本中"严谨"的特性。在引文中,戴季陶和陈溥贤一样,没有将"现实存在的货币"对商品价格的意义清晰地表述出来,这也是缺乏严谨性的表现之一。《资本论解说》出版两年后,有读者专门将该书对照高畠素之的日文版进行纠错,并对列举的 12 条误译之处逐条进行改正①,这也是戴季陶的译本因翻译质量不佳,而不能为读者满意的证据之一。如此细心的纠错,也体现了读者对该书的重视。此外,前两个版本的译文存在的各种缺陷,也促成了汪馥泉所翻译的第三种汉译本,即《马克思底经济学说》的出现。

汪馥泉②决定翻译《马克思底经济学说》的另一个原因,是 1927 年高畠素之日译本最终版的发行。最终版对之前发行的版本又进行了几百处修正③,这让汪馥泉感到中文版也有再译的必要。除了有意识地修正陈溥贤和戴季陶两个译本存在的误译,汪氏还参考了十几种当时日本和中国已有的《资本论》入门论著。该书完成以后,陈望道又对译文进行了详细的校对。因此,汪氏在译序中也表达了自己对译文准确度的信心。以前两种译文所引的对应段落为例,可看出汪译版的确对一些重要概念有了更准确的理解:

> 原本商品底价格,和它底自然的性质,是全然不同的。尽把商品拿来看拿来摩,都不会知道它底价格。价格,是要由卖主去告诉买主的。**但是用货币来说明商品底价值,就是决定商品底价格,并不以现实地有货币存在着为必要**。裁缝师傅,即令口袋里一个钱也没有,也可以说自己所提供的一件上衣底价格等于十格兰姆金。所以作为价值尺度来看,货币这东西,只是作为观念上的货币,即作为假想的货币而作用。
>
> **虽则如此说,价格是为现实的货币商品所左右的**。裁缝师傅,虽则可以把他底商品,一件上衣底价格,说是十格兰姆金;但是这限于在上衣和

---

① 张嘈. 春秋书报·资本论解说 [J]. 新月, 1929, 2 (6—7).
② 汪馥泉 (1900—1959),五四运动时期曾活跃于进步刊物《浙江新潮》,后留学日本,于 1922 年归国。归国后以编译和出版新兴社会科学类论著为主要工作,并于 1928 年帮助陈望道创办大江书铺。后曾在上海国立暨南大学附属中学、中国公学、复旦大学等校担任外国文学史、修辞作文等方向的教师。(张玉春. 百年暨大人物志 [M]. 广州:广州暨南大学出版社,2006:337.)
③ 高畠素之. 訳者序 [M] //カール・カウツキー. 改訳資本論解説. 高畠素之,訳. 東京:改造社,1929:1.

137

十格兰姆金之中，含有等量的社会的必要劳动的场合。①

可以看到，汪氏的译文有很多词句和表述，都明显参考了1927年的戴季陶译本。但戴译本中大部分误译之处，汪氏都做出了改正。在引文中，汪氏也终于准确表述了"商品价格"与"现实的货币"之间的关系。在行文中明显可以看到，他为了忠实于高畠日译版的内容，牺牲了中文的"易读性"，因此全文很少见到口语式的表达。作为高畠素之日译版的最后一个中文转译，汪馥泉的译本对原著中的经济理论的理解和表达，也是最为准确的。

比较高畠素之日译版《资本论解说》的三个汉译本，可看出随着时间的推移，译者在理解原著的能力和翻译的水平上都有很大进步。在他们的努力下，国人对马克思《资本论》体系的认识，有了更为系统和深入的了解。

《资本论解说》在中国的转译所造成的影响，主要有以下两点。

首先，《资本论》解说作品的流行，让大部分对社会主义感兴趣的读者，在没有接触《资本论》原著的情况下，也有机会了解到马克思主义政治经济学的基本常识。

高畠素之翻译考茨基的《资本论解说》，在日本是青年学人争先阅读的译作。它的三种汉译本，在国内也是持续多年的畅销之作。由于马克思的《资本论》原著篇幅巨大、晦涩难懂，考茨基的这本解说书自原版出版以来，就成为世界各国社会主义者学习《资本论》的敲门砖。陈溥贤在翻译该书时，就曾表示"读了这本书的人，就不再读《资本论》也可以了解《资本论》里头所说的是什么东西"②。在胡汉民补译和校对戴季陶的《资本论解说》时，也认为虽然考茨基在第二国际以后，走向了机会主义的路线，但由于该书写成于考茨基"变节"以前，所以书中丝毫没有曲解马克思的意愿。③ 因此，原著者、日译者以及中国的转译者，对该书作为"资本论"解释书的信任与评价都是非常高的。这一方面的确为国人了解马克思主义政治经济学提供了捷径，另一方面也让不少译者和读者满足于这种转译自日文的解释书，从而放缓了直接阅读和译介《资本论》原著的步伐。高畠素之在译成考茨基这本《资本论解说》五年后，便出版了《资本论》的第一个日语全译本。但《资本论》的第一个中文全译本

---

① 考茨基. 马克思底经济学说 [M]. 高畠素之，译. 汪馥泉，转译. 上海：神州国光社，1932：55-56.
② 陈溥贤. 凡例 [M] //考茨基. 马克思经济学说. 高畠素之，译. 陈溥贤，转译. 上海：商务印书馆，1920：1.
③ 胡汉民. 序二 [M] //考茨基. 资本论解说. 高畠素之，译. 戴季陶，转译. 胡汉民，补译. 上海：民智书局，1927：5.

<<< 第三章 翻译与诠释——汉译日本社会主义论著的文本分析

的出版,则要到1938年才问世。

其次,《资本论解说》的不同译本,成为研究和讨论欧、苏、日各国社会主义思想的平台。

考茨基在19世纪80年代曾与马克思、恩格斯有过直接交流的经历,他同时也是马恩著作的忠实读者,并在恩格斯去世后接手马克思遗稿的整理和编集工作。在《资本论解说》的著者序言中,考茨基曾表示,该书的撰写目的之一,就是为了纠正世人对马克思主义的误解和曲解。高畠素之将其翻译成日文时,也忠实阐释了考茨基在序言中的说明。[①] 受这类日文译作的影响,五四以后的中国社会主义者,大都肯定考茨基在解释马克思主义政治经济学方面的权威性。然而,从第二国际时期开始,一直持续到俄国革命以后,考茨基与列宁在无产阶级运动理念上产生的争论,也让不少研究社会主义思想的国人对考茨基产生了"修正主义"和"机会主义"的印象。胡汉民为戴季陶的译本进行补译和校对的同时,就留意到在20世纪10年代,国际社会主义阵营对考茨基的评价已经发生了变化。他认为,虽然考茨基在撰写《资本论解说》的时候还是一位马克思主义的"正统派"学者,但19世纪末的德国社会环境,已让考茨基产生了妥协的倾向。[②] 为此,胡汉民还围绕马克思主义的正统性,以及该正统性是否被曲解的问题,以列宁对机会主义者的批评为开端,对拉萨尔和罗素等人的马克思主义评论进行了批评。可以说,胡汉民为《资本论解说》所撰写的译序,也是一则介绍和评价欧洲及苏俄马克思学说的文章。

继胡汉民之后,汪馥泉在他所译的《马克思底经济学说》中,也通过译序对考茨基做出了自己的评价。相比于胡汉民,汪馥泉以日本社会主义者的相关讨论为材料,做出了更系统的论述。他认为阅读考茨基这本解说书之前,读者有必要初步了解马克思的政治经济学批判体系和《资本论》体系。因此,汪氏在译序中首先翻译了福本和夫的《经济学批判的方法》,接着介绍了河上肇和佐野文夫对考茨基原著的评价。通过河上肇的评价,读者可以了解到该书对《资本论》第二卷之后的解释尚未充分的事实;而佐野文夫对考茨基仅仅"祖述"《资本论》的论述方法,也给予了"教条主义"的评价。最后,汪氏还抄译了山川均为考茨基写的小传,并对考茨基的主要论著做出梳理。总体而言,从汪氏近30页的序言中可以看出,他在译书的过程中还进行了大量的文献考察。而

---

① カール・カウツキー. 改訳資本論解説 [M]. 高畠素之, 訳. 東京: 改造社, 1929: 5-6.
② 胡汉民. 序二 [M] //考茨基. 资本论解说. 高畠素之, 译. 戴季陶, 转译. 胡汉民, 补译. 上海: 民智书局, 1927: 5.

139

这些考察，都是以福本和夫、河上肇和山川均等日本社会主义者的研究成果为基础的。通过这些日本学者的帮助，汪氏除了肯定考茨基的贡献以外，也能批判地指出其中的局限与不足。这对于读者正确评价考茨基及其作品，是有很大帮助的。在此基础上，汪氏也为有意继续深入研究《资本论》的读者提供了较好的文献引导。

综上所述，中国译者将《资本论解说》一书从高畠的日译版转译成中文的同时，也带动了他们对欧洲、苏俄及日本社会主义者的关注。尽管《资本论》的中文全译本要在更晚后才问世，但在20世纪20年代，对马克思的资本理论感兴趣的国人已经可以通过这类《资本论》解说书了解到马克思的理论，同时还有机会在一定程度上了解到世界各国的《资本论》研究成果。

小结

本章介绍了河上肇、堺利彦、山川均和高畠素之等日本社会主义者的思想活动以及他们的研究经历，并选出其中较为重要的日文原作和中文译作进行了文本对比。在众多被中国知识群体所关注的汉译日书中，河上肇的论著数量最多，影响也最大。从社会主义经济学到唯物史观，再到辩证唯物论的研究，河上肇的作品在中国的译介涉及整个马克思主义理论体系。从一些最基础的理论和概念起步，河上的研究给中国马克思主义的引介带来了深入的影响，起到了十分积极的作用。他的文章最初被刊载于中文报刊时，中国社会主义者只是希望以他为中介，了解马克思原著的内容。但不久后，河上肇自己的研究成果，包含他对唯物史观等问题的理解，也逐渐被国人所接纳。在译介河上肇论著的过程中，国人对他的认识也不断深入，并洞察到其研究中存在的机械和片面的理解。在指出这些问题并加以批判的过程中，国人对马克思主义理论体系的认识也得以更加深入、完善。

比起河上肇，堺利彦和山川均的译著对中国的影响并不限于马克思主义基本原理，而是延伸到妇女研究和苏俄问题。五四以后，译自俄国的马克思主义文献增多，苏俄对中国的直接影响也不断增大。在可以直接接触到苏俄文献的情况下，国人依旧通过多部山川均的论著来了解苏俄的近况。可见日本社会主义者对中国的影响之大。中国知识群体对日本社会主义论著的依赖，也在此有所体现。

马克思主义经典论著的译介，尤其是《资本论》的译介，要求中国人必须掌握扎实而深厚的理论功底。20世纪20年代，这样的功底还在缓慢积累的过程中。来自日本的《资本论》解说作品，尤其是从高畠素之的译作转译过来的

《资本论解说》,最直接地为中国社会主义者提供了基础理论知识,同时也为国人提供了更全面了解欧洲、苏俄及日本社会主义者的平台。

在论述几名日本社会主义者的汉译论著时,本章提供了多则译著的文本比较。从中可以看到,中国译者在理解和翻译能力上优劣不一。但总体而言,译书的精确度随着时间的推移而不断提高,译者对社会主义思想的理解和认识也在不断深入。当他们不只进行简单的知识搬运,而是在译书的同时加入自己的批判和评论时,马克思主义理论在中国才算获得了真正的理解和接纳,这也为将马克思主义运用到解决中国问题之上提供了可能性。

# 第四章　普及与运用——作为初级读物和论战武器的汉译日本社会主义论著

1919年五四运动以后，社会主义思想比以往更受中国学人的关注，国外传入中国的社会主义论著不断增多。胡适在1919年发表的《问题与主义》，也是因社会主义的兴起而引起的思考。他警告国人应该少谈大道理，多研究问题。在他看来，空谈好听的主义极其容易，但是否有用则是另需商榷的事情。① 然而，胡适的警告似乎并没有改变"主义风行"的趋势。1930年，当胡适再次讨论这个问题时，他发现谈论和信奉主义的人却更多了。由此带来的问题，是"只看见无数抽象的名词在纸上炫人眼睛，迷人心智，而事实上却仍旧是一事无成，一事不办"②。针对胡适提出这个"主义"的弊端，人们对主义的理解就不能只停留在"抽象的名词"上。具体到社会主义思想的传播和理解，则必须有解构抽象理论的普及读物，以使其不再"炫目迷心"。这涉及中国译者如何选择、诠释和普及社会主义论著的问题。其中译介自日本的社会主义初级读物在数量上尤为可观，值得关注。社会主义的宣传和普及工作，为中国社会主义革命打下了普遍的思想基础。关于中国是否能进行社会主义革命的问题，也随着社会主义思想知识的普及而逐渐成为中国知识群体热议的话题。早在20世纪20年代初的"社会主义论战"中，不同立场的知识群体就已围绕社会主义革命的问题展开了激烈的论争。参与论战的各方，为了巩固自身的立场，都曾译介日本学者的文章，以译文作为反击敌论的武器。无论是作为初级读物还是作为论战武器，汉译日本社会主义论著在国人认识和接纳社会主义思想的过程中，都曾起到重要的作用。

---

① 胡适. 胡适文集：第2卷 [M]. 北京：北京大学出版社，1992：249.
② 胡适. 胡适文集：第8卷 [M]. 北京：北京大学出版社，1998：401-402.

<<< 第四章 普及与运用——作为初级读物和论战武器的汉译日本社会主义论著

一、汉译日本社会主义初级读物在中国的传播及影响

所谓社会主义初级读物，包括入门读物，即介绍社会主义基础知识的著作，如河上肇的《经济理论之基础知识》；也包括通俗读物，即以大众化、口语化的方式论说社会主义知识（包括马克思主义哲学知识）的著作，如艾思奇的《大众哲学》；还包括解说书，即解说社会主义相关理论和概念的著作，如堺利彦的《劳动价值说易解》。前两种作品面向基础知识相对薄弱的一般大众，具有很强的宣传和推广作用。第三种读物的深度，因作品而异。但解说书大部分都面向初入门的读者，为他们梳理、解说马克思主义理论体系中的复杂理论和概念。这三种作品之间有交集，都具有普及社会主义和马克思主义思想的作用。[1] 1919年以后，这类社会主义初级读物在中国大量出现，其中译自日本的作品也不在少数。

（一）日本社会主义初级读物的译介动机

"取径东洋"，一度是中国人了解社会主义思想的主要途径。但五四以后，随着国人对社会主义的关心，日文转译的西学论著中存在的缺陷也逐渐被人们所认知。有些人甚至认为"取径西洋"必定优于"东洋"。一些译自日文的译作，也要借"直译欧文"之名提高影响力。[2] 与此同时，直接从西欧和苏俄引进的社会主义论著，也的确更受译者和读者的关注。在20世纪二三十年代，国人了解社会主义思想的渠道，可分为日本、欧洲和苏俄三个途径，后两者的影响力不断增大。但即使如此，1919—1937年，译自日文的社会主义论著仍具有庞大的数量。因为即使国人希望更多地关注欧洲和苏俄的译作，且不少学人对欧洲各国语言的掌握能力也在加强，但日语仍是中国译者最熟悉的外语。由于日语的"同文"之便，日书译者在理解和翻译时也减少了很多困难。因此，译自日文的论著，相对译自欧美和苏俄的论著而言，给大多数读者留下了更易读懂的印象。

在"新兴科学社会主义"成为流行话题的20世纪二三十年代，中国知识群体有各种阅读社会主义论著的机会。社会主义者对一般劳动群众进行普及与宣

---

[1] 在现有的先行研究中，与社会主义思想在中国的宣传与普及相关的研究，基本在"马克思主义大众化"的主题内进行。其中涉及汉译日本社会主义论著的研究，有：古玥.李达马克思主义大众化研究［D］.长春：东北师范大学，2013；王梅清.艾思奇与马克思主义大众化［D］.武汉：武汉大学，2013；张新强.马克思主义著作在中国的出版、流通与阅读（1927—1937）［D］.北京：中共中央党校，2015.

[2] 王奇生.民国时期的日书汉译［J］.近代史研究，2008（6）：62.

传，进一步扩大了此类论著的读者群体。无论在日本还是中国，对一般民众影响最广泛的社会主义论著，必然都是基础的初级读物。马克思主义者以马克思、恩格斯、列宁等人为领袖和权威，但真正有能力阅读马恩列的经典原著，并对其学术和思想进行深入研究的中国学人，毕竟只在少数。《资本论》的中文全译本，由郭大力、王亚南等人历经磨难和曲折后，在1938年才得以出版。在此之前，中国人当然也可以阅读外文著作，但依赖中文读物来了解马克思主义的国人应该才是大多数。如自1919年始，国内出现了三个不同版本的汉译《资本论解说》。原作者考茨基将该书看成马克思主义思想的解说书①，但作为中文译者的陈溥贤、戴季陶和汪馥泉等人，却也不约而同地在译序中表示，考茨基的《资本论解说》有多处让他们感到"格外难懂"的内容。陈溥贤更是提到该书"对于经济学一点没有研究过的人看来，还是很不容易懂得的"②。在这样的情况下，日本学者创作出更浅显易懂的初级读物，对中国译者和读者都提供了便利。

河上肇、山川均、堺利彦和高畠素之，是最受中国人欢迎的日本社会主义者，他们虽然都编写过面向大众的初级读物，但对于马克思主义的研究，他们也并不是仅停留于入门阶段的学者。以河上肇为例，他曾与栉田民藏、福本和夫、高田保马等人，围绕唯物史观、剩余价值说及无产阶级政党的组织等问题进行过深入的论争，并被日本学界评价为推动社会主义本土化的重要人物③。但在河上肇的论著最初被介绍入中国的时候，一些译者只是希望通过河上肇了解社会主义的"理论之大概"。如罗琢章译河上肇《马克司社会主义之理论的体系》中，便有如下说明：

> 社会主义之说，由来旧矣。然在科学上立有根据者，则自马克司始。虽欧美学者，尚苦难解，至于吾国，更勿论矣。河上博士，对此研究有年，此篇系以马氏学说全体，缩其影而言其概，以独特之识见，为理论的叙述。使吾人读之，得知马克司社会主义之理论的大概。若更进而读马氏原著，自易得其正解，此译者区区之微意也。④

以河上肇的著作作为学习马克思主义的入门著作，这种译书的初衷，在潘

---

① カール・カウッキー. マルクス資本論解説［M］. 高畠素之，訳. 東京：賣文社出版部，1919.
② 陈溥贤. 凡例［M］//考茨基. 马克思经济学说. 高畠素之，译. 陈溥贤，转译. 上海：商务印书馆，1920：3.
③ 岩崎允胤. 日本マルクス哲学史序説［M］. 東京：未来社，1971：13.
④ 罗琢章. 马克司社会主义之理论的体系·译者序言［N］. 学灯，1919-08-05（1）.

<<< 第四章 普及与运用——作为初级读物和论战武器的汉译日本社会主义论著

敬业译《马克斯主意经济论初步问答》的译者序言中,也有类似的表达。此外,邓毅译《社会主义经济学》,也曾指出"(马克思主义政治经济学)各种译著,不是太深繁,就嫌过简略。这两种毛病,本书都没有,的确是便利于一般读者的书"①。

此外,如钱铁如译《新经济学之任务》②、巴克译《唯物史观的基础》、潘敬业译《马克斯主意经济论初步问答》③ 等作品,都有意选择河上肇的原著中论述马克思主义基础理论的章节。编译者之所以做出这样的编选,也是为了向国内大众提供入门性的读物,以便将一般读者初步引入马克思主义的知识殿堂。

本书第三章曾分析过山川均《资本制度浅说》的多种汉译本。作为理解资本主义社会基本结构的作品,该书也是面向一般劳动者的基础读物。除了《资本制度浅说》以外,山川均的《社会主义讲话》是另一部为中国读者所熟知的初级读物。该书的译者徐懋庸为读者留下的序言,进一步说明了大部分中国译者重视这类书物的目的与意识:

> 我现在把这本小册子献给亲爱的读者们了。但我有一个奢望,就是我的读者,最好是劳苦的工农同胞以及热心的青年朋友。我不想叫这本小册子闯入博雅的文人学士的书斋里去。……我知道我所希望的读者们,是并不期待高深卓特的理论的。只要一种知识是必需的,坚实的,他们不会笑它浅薄,嫌它平凡。……专门家志在博大精深,当作一种学问而研究,所以要读浩如烟海的文献。我们的朋友则不然,他们有别的正当的工作,无暇博读群书,他们的经济能力,也不让他们博读群书,而且,他们实在用不到博读群书,因为他们不想做学问,他们是想接受一种指导原理。他们所要求的是明白正确的知识,他们不耐琐屑的议论和考据,他们需要简单而卫生的荣养,他们厌恶奢侈而浪费的滋补。在这意味上,这本小册子恰好适合他们的胃口,因为它所贡献的社会主义的知识,虽是简单,却已完备。读了这本书,足够明白社会主义为何物了。④

徐懋庸(1911—1977)是一名文学翻译家,作为中国左翼作家联盟的成员,他与鲁迅、胡愈之等人的关系密切。徐氏的译作主要以法国和苏俄的文学作品

---

① 邓毅. 译者弁言[M]//河上肇. 社会主义经济学. 邓毅,译. 上海:光华书局,1936:1.
② 河上肇. 新经济学之任务[M]. 钱铁如,译. 上海:昆仑书店,1930.
③ 河上肇. 马克斯主意经济论初步问答[M]. 潘敬业,译. 北平:华北编译社,1933.
④ 徐懋庸. 序[M]//山川均. 社会主义讲话. 徐懋庸,译. 上海:生活书店,1933:1-3.

为主,《社会主义讲话》在他的译作中颇为特殊。在徐氏决定翻译该书之前,胡愈之曾给予他德国社会经济学家桑巴特(Werner Sombart, 1863—1941)的《资本主义》法文译本,希望他能译成中文,但因为书中保留了太多难以理解的拉丁语及德语引文,他不得不因能力有限而放弃。取而代之的,便是山川均的《社会主义讲话》。在胡愈之的帮助下,徐氏的译作由邹韬奋所主持的生活书店出版成书,并成为生活书店最早发行的马克思主义著作之一。①

从徐懋庸对译书的取舍过程来看,译者对西方诸国语言的掌控能力,并没有达到出版策划者对译书计划的需求。这也机缘巧合地促成了一部日本社会主义初级读物在中国的出版。对《社会主义讲话》的读者而言,译者避难求易的选择,反而让他们受益。例如,一位受过中学教育的读者,在评价该书时便说道:

> 关于社会主义的学说的书籍,在中国本已风行过一时,我也曾用了全力读过,努力过,但那时的许多著作,都太高深广博,我因为没有闲,又因自己学问程度不够。所以常苦不能读完,忍了头痛,瞎缠三官经的糊里糊涂去读,也只落得一知半解。现在若有人来问我读了那些书的结果如何,我会搬一大堆专门名词出来给你听,我能够骗骗小孩子,欺负乡下人说我博学,但其实要我说完全来了解了那种大著,实在不敢。本来讲大众的事,指导大众的书,这样难懂,以我稍受过中学教育的人都会受此大苦,则一般没进过中学的大众要想了解他们所必需的智识,一定更难了。于是我很希望作者、译者能代我们著作,或译述几部浅显、明白、正确的书……我一面在读这本书,一面觉得有趣,这本书术语很少而文笔颇生动流利,同时,山川均氏是日本的一个社会主义者,曾经干过实际运动,所以说起来格外有系统,而明白易解。②

在这位读者看来,抛去高深的专门术语是《社会主义讲话》让他感到"有趣"的原因之一。作为一位希望了解现代社会结构、学习社会主义理论的中国人,山川均的这本书满足了他的需求。在山川均另一部被译成中文的宣传小册子即《现代社会讲话》中,译者杨冲屿也提到,日本社会主义论著用浅近的语句写出了读者急切需要的知识,而这些知识往往在西方文献中以艰深的术语来表现,这是译者和读者都不一定有自信能完全理解的。③

---

① 徐懋庸. 徐懋庸回忆录 [M]. 北京: 人民文学出版社, 1982: 61-62.
② 袁矩. 读社会主义讲话 [J]. 社会与教育, 1933, 7 (3): 48.
③ 杨冲屿. 译者言 [M] //山川均. 现代社会讲话. 杨冲屿, 译. 上海: 新新书店, 1930: 2.

<<< 第四章　普及与运用——作为初级读物和论战武器的汉译日本社会主义论著

戴季陶在他翻译的考茨基的《资本论解说》中，提及了自己对日译版马克思主义文献的依赖。在《资本论》被翻译成日文以前，很多中国学人与戴氏一样，只能一边以日文版的《资本论解说》作为暂时"解渴"的读物，一边期盼高畠素之等人早日把《资本论》翻译完成。除了《资本论》以外，马克思的其他作品也有不少是通过日文的转译才初次被介绍到中国的。除了著名的《共产党宣言》以外，由堺利彦翻译成日文后再转译成中文的《劳动价值说易解》，也是值得留意的作品之一。

《劳动价值说易解》，原名《工资、价格与利润》，乃马克思于1865年参加伦敦第一国际代表会议的演讲稿。堺利彦于1923年将其整理翻译成宣传用的小册子，命名为『利潤の出処』①（《利潤的出处》），并受到了普遍好评，因而多次再版。1938年，署名为"西流"的译者将其翻译成中文，同时也肯定了堺利彦为该书做出的贡献：

> 我所根据的本子是堺利彦氏的日译本，堺氏为着便于日本大众的阅读起见，在翻译方面力求通俗明白，有许多的节略，如把其中与他人辩驳的地方都删去不译，他并又加了一些注释，在日文方面这是公认的很好的一个通俗的小册子。我想中国的初学者，也正需要这样一个通俗的小册子。
>
> 劳动价值说乃是马克思理论的基础；而剩余价值的学说，更是了解资本主义社会的锁钥；至于劳动与资本间的斗争，则马克思认定是走向新社会的唯一大道。而本书对于劳动价值，剩余价值，以及资本与劳动间的斗争，均有简单明白的叙述。②

实际上，在堺利彦译成《利润的出处》的两年前，河上肇就已经将马克思的原稿翻译成日文，并以『労賃、価格および利潤』为名出版成书。比起堺利彦，河上肇的译本并没有进行简化处理，基本上是忠于原著的全译本。但河上肇100多页的全译本没有被汉化，反而是堺利彦所译仅有33页的小册子，因其通俗简易的特点而受到了中国译者和读者的关注。有趣的是，汉译本发行的1938年，正是《资本论》的全译本在中国面世的年份。从马克思最初被介绍入中国的19世纪70年代，到《资本论》全译本的面世，是国人对马克思主义政治经济学的认识与研究不断深入的过程。但经历了近70年的引介与传播，如《劳动价值说易解》这类入门读物，也许才是最普通的民众所熟知的作品。作为

---

① マルクス．利潤の出処［M］．堺利彦，訳．東京：無産社，1923.
② 西流．译者的话［M］//马克思．劳动价值说易解．堺利彦，译．西流，转译．上海：亚东图书馆，1938：1-2.

理解社会主义思想的基础文献，它的理论深度当然有限，但在传播广度上却是《资本论》这类译作所不能及的。

(二) 汉译日本社会主义初级读物的特点——与《大众哲学》的比较

上文以国人的言论为基础，探讨了社会主义初级读物在中国受欢迎的缘由与实况。观察这类译作在民国期间的出版与传播，还可以发现以下两个特征：

首先，汉译日本社会主义初级读物的出版，主要集中在1919—1930年这个时间段内。自1919年《资本论解说》始，这类译自日文的初级读物就逐年增多。在社会科学类出版物极其兴盛的1927—1930年，出版数量达到了顶峰。1931年后，中日关系恶化，译书的数量已不如往年，但每年也仍能看到3~4种译自日文的社会主义初级读物，由上海的一些小出版社出版发行。直到抗战进入尾声的1945年，由包刚译成的《通俗辩证法讲话》（德永直、渡边顺三原著），还在延续着中国人翻译日本社会主义初级读物的历史。当然，在20世纪40年代以后，汉译日书的出版数量的确已越来越少，译自日文的初级读物对国人的影响，主要还是在1936年以前。

其次，这类译自日文的初级读物，主要集中在政治经济学的范畴。如《资本论解说》（高畠素之）、《马格斯资本论入门》（高畠素之）、《资本制度浅说》（山川均）、《马克斯主义经济初步问答》（河上肇）这样的作品，都是以《资本论》和马克思主义政治经济学为主题的。这类初级读物，无论在出版的种数还是再版的次数上，都远远高于如《辩证法浅说》（山川均）、《唯物史观的基础》（河上肇）、《唯物辩证法读本》（大森义太郎）、《唯物史观讲话》（永田广志）等以唯物论和辩证法为论述对象的哲学类读物。

译自日本的哲学类译书在中国发售的同时，由艾思奇写成的《大众哲学》（原名《哲学讲话》）也于1936年出版。该书在马克思主义中国化的历史进程中具有里程碑式的意义①。对比日本初级读物与《大众哲学》的异同，也能进一步发现它们各自的影响和作用。

与译自日文的同类作品一样，《大众哲学》也向广大群众普及"唯物论"和"辩证法"等概念。不过，《大众哲学》的畅销以及被热议的程度，则远远高于其他作品。艾思奇是中国著名的马克思主义哲学家，《大众哲学》则是他最

---

① 关于艾思奇与《大众哲学》的先行研究，本书参考了马汉儒. 哲学大众化第一人——艾思奇哲学思想研究 [M]. 昆明：云南人民出版社，2002；王伟光. 论艾思奇对马克思主义哲学中国化的重要贡献 [J]. 哲学研究，2008 (7)；李维武. 从唯物辩证法论战到马克思主义哲学大众化——对艾思奇《大众哲学》的解读 [J]. 吉林大学社会科学学报，2011 (6)；王梅清. 艾思奇与马克思主义大众化 [D]. 武汉：武汉大学，2013.

重要的代表作之一。该书并非译自日文，但艾氏的马克思主义哲学基础建构于其留学日本时所接触的论著①，《大众哲学》中具有亲和力的行文方式，以及新奇有趣的举例，也与山川均、河上肇撰写的通俗读物颇为相似。作为在中国把哲学通俗化的"第一人"②，艾思奇所撰写的《大众哲学》，比译自日文的通俗读物更符合中国读者的口味。例如，他在文中利用孙悟空的七十二变来解释"现象和本质"的区别③，让不少读者倍感亲切。不过当时也有书评认为，《大众哲学》畅销的主要原因，还是来自政治局势和学生运动的"恩赐"：

> （《大众哲学》）流行的主要原因并不如有的人所想的一样，在它写得通俗，而是因为它出现在这学生运动的时候。受了友邦的恩赐，学生不能安心埋头开矿……最初是少数分子感觉到不能再一味忍受友邦恩赐而无一点生人所应有的反应，顷刻间大多数的学生都相当的觉醒了。……他们要求开一开眼光的理论知识。这本书恰好遇着这机会，就大为学生所欢迎。④

这里的"学生运动"是指1935年年底的一二·九抗日救国运动。"受了友邦的恩赐"，是在讽刺日本侵略华北的一系列事件。在这样的背景下，学生们急于寻求新的哲学理论作为抗日救国的指导工具。而《大众哲学》是中国人自己著成的通俗读物，自然比译自日文的同类作品更受欢迎。这篇书评以当时的国内形势为出发点，分析了《大众哲学》畅销的原因，实际上也说明了为何同类的汉译日书在这一时期已不具备原有的影响力。

然而，要著成一部优秀的通俗读物并非易事。由于"通俗化"的工作容易陷入"庸俗化"的境地，也使得《大众哲学》在问世后获得了毁誉参半的评价。艾思奇在回忆《大众哲学》的写作经过时，就曾感慨过撰写通俗读物的困难：

> 《哲学讲话》实在花费了我不少的精力。如果我用同样的精力来做专门

---

① 李贤贞，李生葹．忆二哥青少年时代［M］//艾思奇文稿整理小组．一个哲学家的道路——回忆艾思奇同志．昆明：云南人民出版社，1981：7．

② 谭辅之．艾思奇的新哲学讲话——由对立哲学到联合哲学［J］．思想月刊，1937，1（3）：30．

③ 艾思奇．哲学讲话［M］．上海：读书生活社，1936：174．《大众哲学》最初以"哲学讲话"为名，于1934年开始在《读书生活》杂志上连载，1936年1月连载完毕后出版成书，后因出版审查的缘故改名为《大众哲学》，此后艾思奇还于1947年进行了改订，出版了"重改本"。本书主要考察1937年以前的社会主义论著，因此在参考史料时以1936年读书生活社出版的《哲学讲话》为主。

④ 丘西．书报评介——读《哲学讲话》［J］．清华周刊，1936，44（1）：80．

的学术研究，我想至少也可以有两倍以上的成绩了罢。一本不到十万字的小册子前后竟经过了一年才完。……而写出来的东西又是这么幼稚，在内容和形式上都没有做到完善的地步。……这一方面要归罪于我的不太敏活的头脑，一方面也是由于这件工作的本身有着许多的困难。第一，写通俗文章比专门学术文章更困难。专门的学术文章不十分着重写作技术，只要有材料，有内容，即使用了艰涩的文字和抽象的把握，也不是十分要紧的。通俗的文章却要求我们写得具体、轻松，要和现实生活打成一片。写作技术是第一要义，同时理论也切不可有丝毫的歪曲。……第二，是环境的困难，言论自由的限制，这不但是写作通俗文章感觉到，就是一切其他愿意存着良心来著作的人都很明白的。①

艾氏在文中还坦白了自己一直以来"把理论的深化看得比通俗化重要"的想法。对大部分具有专业知识的学者而言，撰写通俗读物，也许并非他们热衷的工作。连艾氏也承认，虽然《大众哲学》获得了很大的成功，但他在写作的时候，其实并没有投下相当的热情与资本。因此才会有书评认为，"现在并不是没有人能写出更好的同类的书，而是没有去努力"②。

作为第一本由中国人著成的马克思主义哲学通俗读物，《大众哲学》具有重大的意义，但也可以从作者的撰写经历和书评反馈中，看到国人创作和出版此类作品，其实并非易事。正因如此，在《大众哲学》问世以前，译自日本的同类通俗读物，为马克思主义的基础理论在中国的通俗化开创了道路。另一方面，《大众哲学》是介绍马克思主义哲学的读物。而介绍马克思主义政治经济学的通俗读物，则主要还是以译自日文的作品为主。

在另一篇《大众哲学》的书评中，评论者表示，"最最正确的经济学，是跟最进步的哲学打成一片的，这最进步的哲学就是辩证法唯物论"③。此处"最最正确的经济学"，指的也是与"剩余价值"和"资本再生产"相关的马克思主义政治经济学。可见，国人在当时已经注意到，在引介马克思主义思想的过程中，哲学与经济学两个领域的知识是缺一不可的。因此，日本社会主义初级读物与《大众哲学》分别在这两个领域产生影响，合力起到了推广和普及马克思主义的作用。

纵观民国时期的汉译日本社会主义著作，可见其中简明的入门读物，或是

---

① 艾思奇. 我怎样写成《哲学讲话》的? [J]. 新认识，1936，1（6）：216-217.
② 丘西. 书报评介——读《哲学讲话》[J]. 清华周刊，1936，44（1）：80.
③ 小洛. 两本哲学的入门书 [J]. 妇女生活，1939，7（11—12）：16.

<<< 第四章 普及与运用——作为初级读物和论战武器的汉译日本社会主义论著

带有"浅说""概要"等书名的译作,占有很大的比例。与《大众哲学》一样,这类作品在受欢迎的同时,也时常会得到"贫乏、浅薄、歪曲"等评价。无论是日本社会主义者还是中国译者,又或是希望为马克思主义本土化做出贡献的国内学人,他们往往不能同时进行"理论深化"和"理论通俗化",有时必须要在二者中做出选择。河上肇、高畠素之等人,被誉为日本社会主义研究的权威人物,虽然也有如《资本主义经济学之史的发展》《经济学大纲》和《社会问题详解》等篇幅较大、内容深入的专著,但这些日本社会主义者的中文译作中,面向一般大众的宣传用小册子,无论在译书种数,还是再版的次数,都更胜一筹。

二、汉译日本社会主义论著与"社会主义论战"

日本社会主义初级读物的译介,有助于社会主义思想在中国的普及。然而,一部分知识群体对社会主义的关心,可能只是出于思潮兴起后的一时流行。国人阅读过社会主义初级读物,只能说明他们对相关基础知识有所了解,并不意味着真正认同了社会主义思想。从新思想的传播与接纳过程来看,对社会主义的实践和运用,才是将其"中国化"的关键。五四以后,最早开始深入理解社会主义,并试图将其运用到解决中国问题上的思想活动,可追溯到1920年开始的"社会主义论战"。论战中的参与者对汉译日本社会主义论著的运用,也值得进一步关注。

(一)论战平台中的汉译日本社会主义论著

"社会主义论战"是20世纪20年代初,关心社会主义的中国知识群体,分别从社会改良主义、马克思主义和无政府主义等不同立场来解释中国社会问题,并提出解决中国社会问题的不同意见,而发生的论战。① 论战的主要参与者在社会改良派中,有张东荪②、梁启超、蓝公武、蒋百里、费觉天、徐六几等人;马克思主义者中,有陈独秀、李大钊、李达、陈望道和施存统等人;而无政府主义者中,则有黄凌霜、区声白、郑贤宗等人。有研究认为,"这次论战的中心,实质上是中国要不要建立无产阶级政党,中国要走资本主义道路还是要走社

---

① 吴俊才.吴序[M]//蔡国裕.1920年代初期中国社会主义论战.台北:台湾商务印书馆,1988:2.
② 张东荪发起了"社会主义论战",并在论战期间表现出对社会主义的关心,但实际上并没有明确的立场。他更倾向于主张资本主义、改良主义的道路,并用隐蔽的方式反对马克思主义宣传、反对社会主义运动。这一点也受到了共产主义者的批评和谴责。

主义道路的斗争"①。

1920年10月,张东荪陪同罗素访华,于11月发表了《由内地旅行而得又一教训》一文,成为论战的发端。文中提倡中国应专注于发展实业、"增加富力",不要空谈"主义"②,从而引来马克思主义者的反击。实际上,作为论战的前奏,1919年年末张东荪发表的《我们为甚么要讲社会主义?》,以及1920年3月梁启超的《欧游心影录》,就已经引起了论战参与者的关注。狭义的"社会主义论战"结束于1922年9月,因张东荪主编的《改造》杂志停刊而失去了重要的论战平台。广义的论战,则有《东方杂志》《学艺》《孤军》等刊物中的持续讨论,因而一直延长到1926年。直到北伐革命的发起,人们才逐渐对社会主义的问题失去了关注。③ 本研究所探讨的时间段,集中在狭义范围内的"社会主义论战",即自1919年12月起,到1922年9月止。

以"社会主义论战"为主题的先行研究中,研究者将关注的焦点集中于论战的直接参与者。他们以论战参与者的论作为中心,探讨交战的具体情况,以及论战者的思想内涵、历史意义。④ 但实际上,论战参与者撰写的论作,与他们所翻译或阅读的国外论著有着密切的思想关联,其中就包括大量译自日文的论著。

发表"社会主义论战"各方论作的平台,即五四以后的新兴报刊,以《时事新报》(包括副刊《学灯》)、《民国日报·觉悟》、《解放与改造》(后易名为《改造》)、《新青年》、《共产党》、《评论之评论》、《民声》等为主。在这些报刊中,除了参与论战的主要文章,还有大量与论战主题相关的译作。就报刊读者直接的阅读体验而言,在读者获得这些定期出版物后,论战者的原创文章和来自外国的译作,是同时呈现的。倘若只是以关注论战为目的而阅读刊物,也可能会被同一主题的译作所吸引,并延伸阅读。从论战参与者的角度看,译

---

① 丁守和,殷叙彝.从五四启蒙运动到马克思主义的传播[M].北京:三联书店,1979:293.
② 张东荪.由内地旅行而得又一教训[N].时事新报.1920-11-06(1).
③ "从五四运动到人民共和国成立"课题组.胡绳论"从五四运动到人民共和国成立"[M].北京:社会科学文献出版社,2001:125.
④ 关于"社会主义论战",本书参考的先行研究主要有:丁守和,殷叙彝.从五四启蒙运动到马克思主义的传播[M].北京:三联书店,1979;蔡国裕.1920年代初期中国社会主义论战[M].台北:台湾商务印书馆,1988;"从五四运动到人民共和国成立"课题组.胡绳论"从五四运动到人民共和国成立"[M].北京:社会科学文献出版社,2001;张天行.三大思潮鼎立格局的形成——五四后期的思想文化论战[M].南昌:百花洲文艺出版社,2008;高波.共和与社会主义——张东荪的早期思想与活动(1886—1927)[D]北京:北京大学,2011.

<<< 第四章 普及与运用——作为初级读物和论战武器的汉译日本社会主义论著

作是从国外引进的权威论据,可以作为攻击论敌的有力武器。作为论敌,在应战时除了要留意原创论作以外,也有必要反驳译作。可以说,译者们对日本社会主义论著的译介活动,也是参与论战的一种方式。因此,将原创论作和译作放在同一文本脉络中研究,更有利于还原论战的完整性。为更好地理解"社会主义论战"与日本译作间的思想联系,本书整理了主要报刊平台中的原创论作和相关日本译作,按文章发表的时间顺序列成表格(参见本书附录表D)。

可以看到,在《时事新报》《觉悟》《新青年》《共产党》以及《解放与改造》等报刊中,原创论作和汉译日本论作是交替出现的。同一期号的杂志上,原创论作与译作同时发表的情况也时常出现。这些文章所讨论的主题是十分集中的,在"社会主义"这一大主题下,有"社会主义和欧洲战争""社会主义的国家观""劳农俄国的发展模式""无政府主义""基尔特社会主义"等小主题。而贯穿在所有文章中的讨论线索,则是"中国是否适合发展社会主义"。

日本学者以原作者的身份,间接参与了论战。他们的原作基本上是1919—1922年在日本的报刊上发表的作品。其中山川均应陈望道之邀,专为《新青年》撰写《从科学的社会主义到行动的社会主义》一文。徐六几曾针对该文发表反击的言论,但山川当时正忙于信州地方的讲演活动①,没有做出回应。除了马克思主义者河上肇、山川均、堺利彦、佐野学和山川菊荣以外,高畠素之、井上哲次郎是倾向于国家社会主义立场的日本作者,室伏高信支持基尔特社会主义,而安部矶雄是日本基督教社会主义的领袖人物,森户辰男则是克鲁泡特金的研究专家。上述日本作者都是日本社会主义阵营的著名人物,唯有河田嗣郎是自由主义经济学者,但他对社会主义也保持同情的态度。可见在此次论战中,中国学人引介了各种立场的日文论作。

在参与翻译工作的中国知识群体中,李达和施存统是最为活跃的译者。他们在论战中也发表了一些关键的原创文章。张东荪、陈独秀是社会主义论战的主角,他们虽然没有直接翻译日本论作,但张氏作为《学灯》《解放与改造》的主编,陈氏作为《新青年》的主编,也参与了译作的审阅、筛选和编排。此外,当时发表社会主义论作较多的日本刊物,有《改造》《新社会》《社会主义研究》和《社会问题研究》。张、陈二人都是这些杂志的读者。

除了报刊平台以外,社会主义论战期间出版的日本社会主义著书,也是论战参与者和关注者的参考文献。其中一部分图书,如施存统编译的《社会经济

---

① 小山弘健,岸本英太郎. 日本の非共産党マルクス主義者——山川均の生涯と思想 [M]. 東京:三一書房,1962:243.

153

从刊》，是此前已在杂志中刊载过，其后整理出版的著作。在此整理制成1920—1922年汉译日本社会主义著书列表，以供参考。

表4.1　"社会主义论战"期间汉译日本社会主义著书列表（1920—1922）[①]

年份	书名	作者	译者	出版社	备注
1920	马克思经济学说	（德）考茨基	陈溥贤	商务印书馆	转译自高畠素之
1920	共产党宣言	（德）马克思、恩格斯	陈望道	社会主义研究社	转译自幸德秋水、堺利彦
1920	贫乏论	（日）河上肇	止止（李凤亭）	上海泰东书局	
1920	近世经济思想史论	（日）河上肇	李培天	上海泰东书局	
1920	救贫丛谈	（日）河上肇	杨山木	商务印书馆	
1920	劳动问题概论	（日）卖文社编	冯飞	华星印书社	
1920	马格思资本论入门	（英）M. Marcy	李汉俊	文化印务局	转译自远藤无水
1920	社会问题概观	（日）生田长江、本间久雄	周佛海	中华书局	
1920	经济思想史	（日）小林丑三郎	高一涵	商务印书馆	
1921	社会问题详解·第一册	（日）高畠素之	盟西	商务印书馆	
1921	社会问题详解·第二册	（日）高畠素之	盟西	商务印书馆	
1921	社会问题详解·第三册	（日）高畠素之	盟西	商务印书馆	
1921	社会问题总览	（日）高畠素之	李达	中华书局	
1921	唯物史观解说	（荷兰）郭泰	李达	中华书局	转译自堺利彦

---

① 此表根据本书附录表B整理而成。

第四章 普及与运用——作为初级读物和论战武器的汉译日本社会主义论著

续表

年份	书名	作者	译者	出版社	备注
1921	欧洲劳佣问题之大势	（日）桑田熊藏	刘景译、吴贯因校	内务部编译处	
1921	苏维埃研究	（日）山川均	王文俊	新知书社	
1922	马克斯学说概要	（日）高畠素之	施存统	商务印书馆	
1922	社会主义与进化论	（日）高畠素之	夏丏尊、李继桢	商务印书馆	
1922	近世经济思想史论	（日）河上肇	李培天	学术研究会总会	
1922	社会经济丛刊	（日）河上肇、北泽新次郎、山川均	施存统	泰东图书局	
1922	最新经济思潮史	（日）小林丑三郎	邝摩汉、徐冠	舆论报社	

虽然并不处于论战的中心，但这些单独发行的译作也构成了论战的出版环境和思想氛围。在大致了解论战平台中的译文，以及同一时期译书的出版情况后，下文将尝试对汉译日本社会主义论著在"社会主义论战"中的具体作用，做出具体分析。

（二）论战前期——以《学灯》《解放和改造》的译文为中心

社会主义论战中对日本社会主义论作的译介，以1921年5月山川均应邀为《新青年》撰文为分界，可划为前后两个阶段。前半段中，张东荪于1919年12月发表的《我们为甚么要讲社会主义?》是论战的前奏。该文引起中国知识群体对社会主义问题的关注。报刊平台中也出现了一系列相关的译作。

《我们为甚么要讲社会主义?》中，张东荪对社会主义在国内热议的情况给予了积极的评价。文中论及的三个问题，在论战中成为重要的话题。首先，张氏对一战后国人为何会突然热议社会主义提出了疑问；其次，他指出关于社会主义的讨论，需要在"共同承认的定义之下"方可进行；最后，他认为马克思主义"**不包括**（all-embracing）"社会主义，所以后人应该要去扩充、修正它。[①]

[①] 张东荪. 我们为甚么要讲社会主义 [J]. 解放与改造, 1919, 1 (7).

张东荪提出的第一个疑问，能引起中国知识群体进一步分析欧洲战争和社会主义的关系。在张氏发表该文不久，河上肇的《社会主义者所见的大战真因》就开始在《学灯》上连载。河上肇的论述，为解答张氏的疑问提供了线索。该文基于美国社会主义者路易斯·布丁（Louis B. Boudin，1874—1952）对欧洲战场的所见所想而做出评论①。在文中，河上利用唯物史观，分析西方资本主义发展到第三阶段后所产生的矛盾，并认为该矛盾正是大战爆发的真因。此外，河上谴责了以个人英雄主义解释战争的观点。他还认为一战最终成为"主义"的战争，而"社会主义"最终取得了胜利。值得一提的是，此篇译文连载于《时事新报》的副刊《学灯》上，张东荪正是此刊的主编，从中也可以看出张氏对这一问题的持续关注。

《我们为甚么要讲社会主义？》提出要厘清"社会主义"的定义。这与张东荪认为"马克思主义需要扩充和修正"的观点，是同一个问题内不同程度的延伸。张氏认为在讨论"社会主义是否适合中国"以前，诸论者要先对"社会主义"的定义达成一致。但实际上，关于"社会主义是什么"的问题，直到论战结束之际也没有一个明确的答案。当然，这不代表论者没有尝试去解决此问题——从堺利彦翻译恩格斯的《科学的社会主义》被《觉悟》所转译，到周佛海、李达等人介绍马克思主义的性质和派别，再到徐六几等人提出基尔特社会主义，并质疑布尔什维克主义的谬误——中国知识群体始终没有停止对"社会主义是什么"的论争。在论争的过程中，国人对社会主义的发展历史、当今流派都有了更深入的认识。张东荪于1919年年末，就已认为马克思主义不能涵盖社会主义，并提出修正的理念，可见他当时就已经展现了自己改良派的立场。正因如此，1920年后的《解放与改造》中出现了多篇探讨非马克思社会主义的译作，这些译作大部分译自日文。虽然张氏没有直接参与翻译，但从译作与张东荪自己的文章中，可以看到明显的思想联系。

《解放与改造》创刊于1919年9月，是梁启超、张东荪、张君劢所办"北平新学会"的会刊，属于研究系的政论刊物②。自创刊以来，该刊就致力于从

---

① 河上肇. 河上肇全集：第10卷[M]. 東京：岩波書店，1982：505-507.
② 关于研究系以《改造》为中心探讨社会主义，尤其是基尔特社会主义的相关研究，本书参考了：洪峻峰. 五四时期研究系的"社会主义研究"评析[J]. 厦门大学学报（哲学社会科学版），1990（1）；胡成. 二十世纪初中国基尔特社会主义的思想矛盾[J]. 南京大学学报（哲学·人文·社会科学），1996（1）；彭鹏. 研究系与五四时期新文化运动以1920年前后为中心[M]. 广州：中山大学出版社，2003；高娟.《改造》与五四时期社会主义思想传播[D]. 长沙：湖南师范大学，2008；郑大华，高娟.《改造》与五四时期社会主义思想的传播[J]. 求是学刊，2009（5）.

欧美和日本引介新思想。有研究统计，该刊中发表的三百多篇文章中，有三分之一是关于社会主义的。① 1919年，《解放与改造》就已刊载了河上肇、佐野学、今井政吉、堺利彦和河田嗣郎等日本学者的作品。有趣的是，张东荪发表《我们为甚么要讲社会主义?》以后，此杂志便不再译介日本马克思主义学者的文章。取而代之的，是室伏高信、森户辰男、安部矶雄和井上哲次郎的论作。其中支持基尔特社会主义的室伏高信，是《解放与改造》在1920—1922年引介次数最多的日本学者。

室伏高信（1892—1970）曾是日本《二六新报》《时事新报》《朝日新闻》的政治部记者。1919年后，室伏成为日本《改造》杂志的欧洲特派记者。日本的"社会主义寒冬期"结束后，《改造》是刊载社会主义论作的重要杂志之一，而室伏也是活跃于该刊的学者。② 当今中国学者对室伏高信的了解，源于他在1930年后的多次访华。室伏当时曾与胡适两次会面，并留下了公开讨论中日关系的多封书信。有学者介绍室伏为自由主义者③，但在1920年年初，室伏展现了他对社会主义思想的关心，并在文章中声明过支持基尔特社会主义的立场。④

《解放与改造》对室伏高信论作的引介，始于1920年3月刊载的《社会主义与劳动组合》一文。两个月后，又刊载了《工行社会主义之国家观》。两篇论作是室伏对马克思派社会主义、工团主义和基尔特社会主义的介绍和评论。在《社会主义与劳动组合》中，室伏认为马克思派社会主义和工团主义的追求并不一致，而"社会主义化的时代是已经过去的时代，所以新劳动组合主义的时代已经来了"⑤。室伏还表示，结合社会主义和工团主义，取其合理之处的基尔特社会主义更能适应时代的发展。在《工行社会主义之国家观》中，室伏进一步明确了马克思派社会主义、国家社会主义和基尔特社会主义的区别。他指出基尔特社会主义是反对阶级斗争和无产阶级专政的。在介绍基尔特社会主义的国家观时，他强调该主义"以国家为社会的政治组织的形式"，国家是代表消费者利益的组织，而非政治至上的机构。⑥

---

① 郑大华，高娟.《改造》与五四时期社会主义思想的传播[J]. 求是学刊，2009（5）：125.
② 関忠果，小林英三郎，松浦総三，等. 雑誌『改造』の四十年[M]. 東京：光和堂，1977：72.
③ 袁咏红，罗福惠. 对胡适与室伏高信对话的回顾与分析[J]. 近代史研究，2008（3）：76.
④ 室伏高信. 室伏高信著作集：第2卷[M]. 東京：批評社，1926：73.
⑤ 室伏高信. 社会主义与劳动组合[J]. 周佛海，译. 解放与改造，1920，3（6）：46.
⑥ 室伏高信. 工行社会主义之国家观[J]. 周佛海，译. 解放与改造，1920，2（10）：38.

作为日本《改造》杂志的欧洲特派记者，室伏高信对英、德两国社会党派的主张十分了解，他在文中还引用了一些欧洲学者讨论基尔特社会主义的著作。《解放与改造》对这两篇文章的引介，让读者对基尔特社会主义有了较为具体的认识。两篇文章刊载后不久，张东荪与张君劢的往来信件集，即《中国之前途：德国乎？俄国乎？》，也在《解放与改造》上公开刊载。张东荪在回复张君劢的信件中，透露了自己"近来思想倾向于工会的社会主义（Guild Socialism，即基尔特社会主义——引者注）之原理"的思想变化①。结合《解放与改造》对日本论作的选取，也能看到张东荪作为主编对杂志言论所进行的导向。

1920年11月，张东荪发表《由内地旅行而得又一教训》，正式引发了社会主义大论战。他在文中表示，"我们苟不把大多数人使他得着人的生活，而空谈主义必定是无结果"②。值得留意的是，自《由内地旅行而得又一教训》刊载于《时事新报》以后，张东荪主编的副刊《学灯》就基本不再刊载社会主义译作，这与前述《解放与改造》刊载译文的倾向有所相似。

（三）论战后期——以《新青年》《觉悟》《改造》的译文为中心

与《学灯》及《解放与改造》针锋相对的马克思主义阵营，主要的论战平台是陈独秀主编的《新青年》，以及邵力子、陈望道主编的《觉悟》。1921年元旦，《新青年》刊载了山川均的《劳农俄国底农业制度》。在日本，山川均是苏俄研究的权威人物。《劳农俄国底农业制度》译载于《新青年》的"俄罗斯研究专栏"。同一栏目中，还有陈望道翻译的《劳农俄国底劳动联合》。《劳农俄国底农业制度》是以日本《社会主义研究》杂志中山川均的原文为底本，并借鉴了几本布尔什维克研究的英文著作编写而成。文章介绍了俄国的土地政策和农业社会化发展情况，在翻译前言中，译者还指出中国与俄国一样是农业国，将来必定也会遇到土地问题，因此可将俄国的现状作为中国的重要借鉴。③

《新青年》译载山川均的苏俄研究，是马克思主义阵营引介山川均论作的开端。其后，张东荪为巩固改良派立场并反击马克思主义者的言论，在《改造》（即易名后的《解放与改造》）中专设了"社会主义研究"一栏。1920年2月发行的《改造》第3卷第6号中，梁启超、蓝公武、蒋百里等人在此专栏同时发表了论作。徐六几于《改造》第3卷第7号中，也以《基尔特社会主义研究》

---

① 张君劢，张东荪. 中国之前途：德国乎？俄国乎？[J]. 解放与改造，1920，2（14）：13.
② 张东荪. 由内地旅行而得又一教训[N]. 时事新，1920-11-06（1）.
③ 山川均. 劳农俄国底农业制度[J]. 新青年，1921，8（5）.

一文加入其中。这些论者的观点虽有细微出入,但基本上都赞同张东荪《由内地旅行而得又一教训》中"发展实业,少空谈社会主义"的观点。在此基础上,梁启超强调,"资本阶级发生,劳动阶级亦成,然后社会主义才有所凭借"①;蓝公武则认为,马克思主义和无政府主义是不可盲从的两个极端,"采用职业自治,而和联邦的民治调和",才能"得起正鹄"②;而徐六几更是直接表明了支持基尔特社会主义的立场③。这些论作与《新青年》《觉悟》的论调争锋相对。此外,署名为"权明"和"伯隽"的译者,继续在《改造》上译介室伏高信的文章。而井上哲次郎、河田嗣郎等日本学者,因为观点和改良派接近,也成为《改造》同人译介的对象。

以《新青年》《觉悟》为论战阵地的马克思主义者,在《改造》的"社会主义研究"专栏设立以后,面临了前所未有的挑战。在这样的情况下,山川均为《新青年》撰写《从科学的社会主义到行动的社会主义》一文,帮助他们对论敌做出有力反击。李达与陈望道曾对该文的写作缘由进行过解说:

> 这篇文章,是日本社会主义者山川均先生特意为本杂志作的,他把行动的社会主义介绍给我们,这实在是最切要的最有效的文字,读者自然都能够知道,用不着我来絮说。④
>
> 山川均、堺利彦两先生本来都要做一篇文章来;但堺先生要到北海道巡回讲演去了,没有空闲,所以现在本社只接到山川先生底一篇。山川先生原也很忙,而且同他夫人山川菊荣先生一样,现在正患肺病。他在这样的情状里却还替本社做这样扼要的文章,本社同人真是非常感激。⑤

李达没有"絮说",但从《新青年》与《改造》的笔战交锋中可知,该文是针对《改造》设立"社会主义研究"专栏后,"最切要最有效"的反击。山川均在文中将马克思比作达尔文,认为就如达尔文发现了生物进化的原则一样,马克思发现了社会进化的原则——唯物史观。而其中进化的枢纽,则是"阶级斗争"。山川还特地指出了罗素《自由之路》一书的模糊性。他认为罗素并没有明确说明如何才能走向"自由",而俄国无产阶级却已将走向自由的路"踏实"了。回顾张东荪受罗素影响而提倡专注实业、少谈社会主义的观点,可见山川

---

① 梁启超. 复张东荪书论社会主义运动 [J]. 改造, 1921, 3 (6): 21.
② 蓝公武. 社会主义与中国 [J]. 改造, 1921, 3 (6): 33.
③ 六几. 基尔特社会主义研究 [J]. 改造, 1921, 3 (7).
④ 李达. 从科学的社会主义到行动的社会主义·附识 [J]. 新青年, 1921, 9 (1): 3-4.
⑤ 陈望道. 从科学的社会主义到行动的社会主义·附记 [J]. 新青年, 1921, 9 (1): 4.

均的论述也是有的放矢的。在文章的最后,他对于"无产阶级底革命底独裁政治"做出了如下解析:

> 但有一件事却也不可忘记:马克思革命的无产阶级独裁底学说,并没有含着离开唯物史观说独立或者把唯物史观说修正的意思:这是唯物史观说当然的结论与应用。
>
> 依马克思说:历史是依唯物史观底法则进化的;他的作用在根本上是机械的。资本制度因为他底内部包含着矛盾,终必按着机械的历程崩坏。但这机械的历程,必定要成为人底心理现象表现出来。只有一层,这个历史底唯物的历程,并不是在一切人底意识上平均正确地反映出来,首先感觉到的大抵是少数的无产阶级,多数的无产阶级,只是仿佛感觉着。所以大多数的人还是半无意识地被历史的必然性拘束着。因此革命事业,必定是这些少数无产阶级底先锋首先着手实行。①

山川是日本社会主义阵营的领袖人物。五四以来,他的论著也是国人乐于引介的对象。此次他专为《新青年》撰文,论述无产阶级专政的合理性,给予了《新青年》同人很大的鼓励。

该文的译者李达,也是"社会主义论战"的主要参与者之一。在张东荪发表《由内地旅行而得又一教训》的次日,李达就撰文对其进行了抨击。他认为张早前主张"浑朴倾向"的社会主义,后又建议国人少空谈社会主义,显露了张东荪"无主义无定见"的"原形"。② 此后,中共上海发起组创办半公开的《共产党》杂志,李达亦在该刊的第2号发表《社会革命底商榷》一文。李达认为俄国革命的成功,是经济落后的国家也能进行无产阶级革命的极好例子。③ 除了原创的文章以外,在翻译山川均的文章以前,李达就曾在《新青年》译载过佐野学、山川菊荣的论作。《新青年》第9卷第1号上刊载《从科学的社会主义到行动的社会主义》的同时,还刊载了李达的《讨论社会主义并质梁任公》。该文针对梁启超《复张东荪书论社会主义运动》而作。因梁启超认为中国需先兴产业,才能行社会主义。④ 李达则表示社会主义的生产方式才是"兴产业"的最佳方法,且认为中国"或不得已要采用劳农主义直接行动,达到社会革命的目的"。可以看到,这期《新青年》中李达提供的译文和论作,都是回击《改

---

① 山川均. 从科学的社会主义到行动的社会主义[J]. 新青年, 1921, 9(1): 3.
② 李达. 张东荪现原形[N]. 觉悟, 1920-11-07(1).
③ 李达. 社会革命底商榷[J]. 共产党, 1920(2): 3.
④ 梁启超. 复张东荪书论社会主义运动[J]. 改造, 1921, 3(6).

<<< 第四章 普及与运用——作为初级读物和论战武器的汉译日本社会主义论著

造》的有力武器。

《新青年》刊载山川均的文章后,《改造》一方很快就做出了再回应。其中徐六几的《评山川均<从科学的社会主义到行动的社会主义>》,直接对山川的文章进行了攻击,具有很强的挑衅性。徐氏认为,马克思和布尔什维克主义其实是互相为敌的。因为"马克思经济学说的任务是在说明资本制度应当崩坏的纯经济的纯机械的历程",所以"列宁所实行的无产阶级独裁,完全私淑马克思"。徐氏对山川均的批评也十分尖锐:

> 不图山川均,自命为"马克思通"的山川均,却信认俄国无产阶级走到了马克思所指示的路!列宁他是不惜为"沙"的主义者,武人主义者的(Czarisn & Nilitarism)。难道山川均你也不怕你的祖师讥诮:直斥为革命的卖文者(Revolutionary Prose-Nonger)和无产阶级的阿谀者(Flattery Prolstariat)吗?①

关于山川均对罗素《自由之路》的批评,徐氏表示,罗素已经指出"自由"和"专制"的道路是互为歧路的。不唯罗素为然,所有基尔特社会主义者也都反对"专制"。因此,他讥讽山川均"忘记了自由为何物、认强制为自由、在生息与天皇万世一系的日本民族中"②。

徐六几文风辛辣,且具有很强的论理逻辑。他曾研读过室伏高信的多部著作,因此对布尔什维克主义的批判,以及对基尔特社会主义的认识,也受到了室伏的影响。③ 除《改造》以外,他还在《东方杂志》《民铎》等报刊中宣传过基尔特社会主义的理念。1921年9月,《时事新报》的又一副刊《社会主义研究》创刊,扩大了张东荪和徐六几等人的论战阵地。1921年年底,徐六几在《社会主义研究》中发表的《布尔札维克主义失败之真因》一文,再次重申了《评山川均》中的观点,并借考茨基的言论指出俄国革命的成功只是列宁、托洛夫斯基的成功,而人民还是处于被压迫的地位。④

面对这样的挑衅,施存统首先做出了反击。他的反击是以山川均、河上肇的研究为基础,并结合自己的议论而成的。实际上,施存统的译介活动在1921年年初就已经开始。时值施氏赴日留学,直接接触到《改造》《经济论丛》《社

---

① 徐六几. 评山川均《从科学的社会主义到行动的社会主义》[J]. 改造, 1921, 3 (12): 3.
② 徐六几. 评山川均《从科学的社会主义到行动的社会主义》[J]. 改造, 1921, 3 (12): 5.
③ 徐六几. 基尔特社会主义研究 [J]. 改造, 1921, 3 (7).
④ 徐六几. 布尔札维克主义失败之真因 [J]. 社会主义研究, 1922 (13).

会主义研究》和《社会问题研究》等日本杂志。在"社会主义论战"的后半期，他也是译介论著最多的译者。在徐六几发表《论山川均》以后，施存统首先翻译了河上肇的《马克斯主义和劳动全收权》，后又将该文的内容大段引用到自己撰写的《马克思底共产主义》之中，并结合山川均的论作，强调马克思提出的"过渡期"理论。① 此后施存统反击徐六几的主要方法，也正是对马克思主义过渡期理论的译介和解说。

关于"过渡期"，山川均在《从科学的社会主义到行动的社会主义》一文中虽略有提及，但并未详述。因此，施存统在 1921 年年末翻译河上肇《马克思主义上所谓"过渡期"》一文，对国人进一步理解这一理论，并巩固论战中马克思主义者的阵地，起到了很大作用。"过渡期"的理论在马克思的《哥达纲领批判》中就已提出，河上肇在文中首先对马克思的原意进行了介绍，指出从资本主义到共产主义的过程，分为过渡期、半熟期（即社会主义时期）和完成期。河上肇结合俄国当时的经济状况，引用列宁的话，指出列宁也承认俄国还处于"过渡期"的阶段。在对比俄罗斯和德国的经济状况后，河上肇最后做出了以下结论：

> 由此观之，一定的社会，在采取为实现社会主义所必要的政治形态——即无产阶级专政——的时候，就走入马克思主义上所谓"过渡期"。换句话说，过渡期底要件，就是"无产阶级专政"这政治形态。可是在经济状态幼稚的国家，纵使采取这种政治形态，也不能容易实现社会主义。那么，经济状态幼稚的国家，急入"过渡期"里，毕竟不过无用的吗？那又决不然的。社会如果采用这种政治形式，就能够意识地使那为实现社会主义所必需的经济的，物质的条件，很快地完成。……所以早一日进入过渡期以确保社会主义实现这件事，纵使在经济状态很幼稚的国家，也不能不说是有很大的意义的。②

通览全文，可知河上肇比山川均更详细论述了俄国无产阶级专政的合理性。值得留意的是，施存统在译完河上肇的原文后，还做出了如下附记：

> 河上先生是一位学者，如今尚有这种主张，真不能不使人感动。我很希望中国学者先生们，也要放点良心出来，不要专说些不负责任的空话！③

---

① 施存统. 马克思底共产主义 [J]. 新青年, 1921, 9 (4).
② 河上肇. 马克思主义上所谓"过渡期" [N]. 觉悟, 1921-12-19 (1).
③ 施存统. 马克思主义上所谓"过渡期"·附记 [N]. 觉悟, 1921-12-19 (1).

施存统指的"中国学者先生们",无疑是反对马克思主义和布尔什维克主义的梁启超、张东荪和徐六几等人。施存统译出该文后不到一个月,徐六几就发表了《布尔札维克主义失败之真因》。为此,施存统又译载了另一篇河上肇的文章,名为《俄罗斯革命和唯物史观》。该文以对话体的形式,再一次强调了《马克思主义上所谓"过渡期"》中的观点。施存统在译者附记中,更是指明翻译该文的目的,就是为了反击徐六几:

> 昨天看见《时事新报》上有一篇六几君底《布尔札维克主义失败之真因》,不知道说些什么,恨我头脑简单不能理解,所以提笔欲作驳论而又得终止。但任其信口雌黄,恐怕遗害社会,故暂译此篇,以正其谬。总而言之,在现在而大叫俄罗斯社会革命失败的人,就是不懂马克思主义,不懂布尔色维克主义,不懂俄罗斯革命的人。这种人患近视眼病,看见社会主义没有在二十四点钟内实现,就乱叫社会主义失败;故决不能理解社会革命。我很希望他们发点慈心,不要将这种疾病无辜地传染到别人![1]

河上肇的原文『唯物史観問答——唯物史観と露西亜革命』,刊载于1922年元旦发行的《我等》杂志。施氏在十几天后就将其译载于《觉悟》,具有很强的时效性。施氏所译河上肇的这两篇文章,后转载于7月发行的《新青年》第9卷第6号,施存统的论作《读新凯先生底"共产主义与基尔特社会主义"》也出现在同一期杂志中。施氏在文章中指出,"中国主张基尔特社会主义的人,就是存心要想主张资本主义而不敢明目张胆主张资本主义的懦人;不然,就是自欺欺人的伪善者"[2]。这明显也是针对张东荪和徐六几等人的评价。在"社会主义论战"接近尾声之际,施存统的译文和论作为马克思主义阵营的参与者做出了最后反击。

通过上文的论述,可见李达和施存统等人作为日文社会主义论著的译者,同时也作为坚定的马克思主义者,在社会主义论战中都把译文和自己的论作相结合,双管齐下,迎击论敌。在论敌火力最猛的时候,河上肇和山川均也是他们有力的思想后盾。除了直接发表原创论作以外,翻译活动也是他们参与论战的一种方式,译文则是他们反击论敌的有力武器。

---

[1] 施存统. 俄罗斯革命和唯物史观 [N]. 觉悟, 1922-01-19 (1).
[2] 施存统. 读新凯先生底"共产主义与基尔特社会主义" [J]. 新青年, 1922, 9 (6): 29-30.

小结

本章论述了汉译日本社会主义论著在普及社会主义思想，以及参与"社会主义论战"的过程中所起到的具体作用。在引介国外社会主义论著时，"取径东洋"并不是唯一的途径，但却具有异于欧美和苏俄的特点。

在选择初级读物以普及和宣传社会主义思想时，日本学者著成的入门书、解说书是中国知识群体最乐于参考与译介的作品。但需要注意的是，这类汉译日本社会主义论著，都是缺乏研究深度的。若要深入理解和探讨社会主义思想，仅停留在这些初步入门的作品中，自然远远不够。然而，国人在接触社会主义和马克思主义之时，更可能是选择阅读《唯物史观的基础》《资本制度浅说》和《劳动价值易解》这类译自日文的作品。此外，一些仅希望简单认识马克思主义，而并非以马克思主义为信仰的知识群体，他们对马克思主义的理解，则很可能止步于这类初级读物中。因此，被译成中文的日本社会主义初级读物，很可能比其他较为深入、精进的著述，拥有更加广大的读者群，也更为中国知识群体所熟知。这一方面得益于日本社会主义者解说和简化社会主义理论的努力，另一方面，清末以来，日书汉译的传统，让中国知识群体产生了对日文文献资源的高度依赖。这种依赖在民国以后得以延续。如不少日本学校为中国留学生设置"速成班"一样，译自日文的社会主义初级读物，成为认识这一思想学说的"速成法"。

在普及社会主义思想的同时，国人还需要对其进行进一步的探讨，才能将这一思想学说运用到解决中国自身问题之上。20世纪20年代初的"社会主义论战"，是最早就"中国是否能实行社会主义"展开探讨的思想论战。在此次论战中，中国知识群体围绕应该走"西欧的路（基尔特社会主义）"还是"俄国的路（布尔什维克主义）"展开了论争。这似乎对应了译介社会主义论著的其中两条途径。然而，"日本的路"却不在国人的考虑范围之内。因为当时的日本与中国一样，也还在探讨"走哪一条路"的过程中。从中国译者引介山川均、河上肇和室伏高信等人的论著中，可以看到国人是通过这些日本学者去了解"西欧的路"或"俄国的路"的。换一个角度看，中国知识群体对这两条道路的理解，很大程度上也是经日本学者解析过的"西欧的路"和"俄国的路"。

需要进一步指出的是，在"社会主义论战"中，无论马克思主义者还是他们的论敌对中国的剖析，以及他们所依据的理论，都还存在不够完善的地方。如梁启超、张东荪对中国经济、中国无产阶级状况的分析，其实并没有明确的数据支撑，很大程度上仅取决于主观的估测。另外，马克思主义者对"唯物史观""过渡期"等概念的理解，由于依赖日本社会主义者的研究成果，其理解也是比较肤浅和片面的。为此，本书将在下一章对这些概念的理解和变迁做出进一步的探讨。

第五章　误解与厘正——汉译日书对理解马克思主义概念的影响

五四以来，新思潮的涌入和新旧文化的冲突，引发了多次思想论战。"社会主义论战"只是其中较早发生的论战之一。此后，在"科学与人生观论战""社会性质论战""社会史论战""唯物辩证法论战"之中，中国知识群体也曾有过激烈的讨论，有一些主题其实也是"社会主义论战"的延伸。这些论战几乎都离不开对马克思主义相关理论的运用和批判。参与论战的人物中，有不少是继续通过日本的社会主义文献来武装自身论据的。在这些论战中所使用的马克思主义理论和概念，尤其是对"唯物史观"和"辩证法"这两个概念的认识，都明显与日本马克思主义发展史的色彩和脉络有密切的联系。国人在论战中对这两个概念的理解和运用，是了解马克思主义中国化中"日本因素"的重要线索。

在马克思主义理论体系中，唯物史观和唯物辩证法有着密切联系。从中国接受辩证唯物主义的过程来看，人们是先认识到"唯物史观"这一概念，并在讨论"唯物史观"可取与否的过程中，才逐渐引入"唯物辩证法"的相关知识的。这两个概念进入中国的时间差，也与日本社会主义学者对它们的研究过程有着直接关系。查阅河上肇和山川均等人的论著年表，可发现他们的研究范畴大致是从"政治经济学"到"唯物史观"，再到"唯物辩证法（或辩证法的唯物论）"的方向发生转移。① 他们的研究被译成中文时，也大致是依照这个方向推移的。因此，无论在日本还是中国，人们对"唯物史观"和"唯物辩证法"的理解，都是一个由浅入深、由误解经厘清再到反思与正视的过程。

德国学者李博在探讨日本马克思主义对中国的影响时，曾表示在幸德秋水活跃的明治末年，日本所引入的社会主义知识"过分强调了马克思主义历史观

---

① 河上肇. 河上肇全集：别卷 [M]. 東京：岩波書店, 1986；山川均. 山川均全集：第20卷 [M]. 東京：劲草書房, 2001.

<<< 第五章 误解与厘正——汉译日书对理解马克思主义概念的影响

的决定论,不重视作为社会变革手段的阶级斗争和革命在马克思理论大厦中的地位,将社会主义运动的所有暴力形式只归咎于无政府主义者和虚无主义者"。李博认为这一特点也影响到了早年中国社会主义的引介和发展。①

与李博有相似观点的,是李泽厚在《中国现代思想史论》中关于"马克思主义在中国的发展"的讨论。他认为在十月革命以前,中国知识分子知道的"大都是从日本人写作和翻译的一些小册子中所介绍、解说的马克思主义和列宁主义"。而十月革命以后,"尽管李大钊、陈独秀等人介绍马克思主义时,都要介绍剩余价值学说,但如果细看一下,便会发现,他们介绍的重点,真正极大地打动、影响、渗透到他们心灵和头脑中,并直接决定或支配其实际行动的,更多是马克思主义的唯物史观。其中,又特别是阶级斗争说"②。

李博与李泽厚的著作出版于 20 世纪七八十年代,但直到 21 世纪以后,认为中日两国在引介社会主义知识时"囿于唯物史观"的观点也仍被一些研究者所赞同。③ 马克思主义哲学包括辩证唯物主义和历史唯物主义,且两者间亦是有机关联的。倘若只囿于唯物史观(即历史唯物主义)一方,而忽略了对辩证法的理解和探讨,则必然会影响到对马克思主义的认识与实践。

李泽厚与李博提出的观点,主要针对中日两国在 1927 年以前的情况,且他们所提供的文献和史实也相当有限。具体到汉译日本社会主义论著中,译者和读者对唯物史观有怎样的关注与理解,他们是否只"囿于唯物史观"? 在 1927 年以后对"唯物史观"与"辩证法"的认知,又有怎样的发展和变化? 这是本章希望探讨的主要内容。

一、关于唯物史观

(一) 五四以后唯物史观的引介及相关讨论

日本的社会主义研究者普遍认为,明治末年,马克思主义刚传入日本,幸德秋水、片山潜和森近运平等人对马克思主义社会经济学方面的介绍,就已经有比较正确的把握。④ 直到 1920 年代,马克思主义对日本知识群体的影响,主

---

① 李博. 汉语中的马克思主义术语的起源与作用 [M]. 赵倩,王草,葛平竹,译. 北京:中国社会科学出版社,2003:83.
② 李泽厚. 中国现代思想史论 [M]. 北京:东方出版社,1987:145.
③ 张琳. 马克思主义在中国早期传播过程中的文本问题 [J]. 毛泽东邓小平理论研究,2009 (5):71-78,86.
④ 岩崎允胤. 日本マルクス哲学史序説 [M]. 東京:未来社,1971:9.

要也是在社会经济学方面。① 1922年,第一次日本共产党的建立,被认为是日本科学社会主义的开端,但"马克思主义哲学,即辩证的历史唯物论的意义及其本质却还没有完全被日本人所理解"②。直到20世纪20年代后半期,"河上肇、栉田民藏和福本和夫围绕唯物辩证法所进行的讨论,才让日本马克思主义哲学达到了一定高度"③。

哲学上"唯物论"的概念,于1903年就已被引介入中国。④ 而对于"唯物史观"的系统介绍则是五四以后,首先通过河上肇、堺利彦等人的文章翻译过来的。潘广镕于1933年回顾新文化运动之际,认为在新旧思想相互矛盾、冲突的背景下,"杜威以及他的信徒们从资本主义的美国带来的实验主义"和"发生于介绍马克斯思想到中国来之后的唯物史观",是人们所使用的两个最重要的武器。两种不同武器的持有者,"对于古籍的内容,真伪,东西文化的比较,社会的性质,及人生观等问题都有激烈的争辩;直到今日还在争辩着"⑤。可见,唯物史观是在诸多问题与论战中被当作"武器"介绍入中国的。

有研究者认为,"中国20年代初期的马克思主义理论几乎都是河上肇理论的翻版,中国马克思主义者对于唯物史观的解释基本上是顺着河上肇的思路来解释"⑥。这种说法或有夸张,但并非虚构。在多个版本的汉译《马克思社会主义之理论的体系》⑦ 中,可以窥见一斑。由于马克思本人并没有撰写过讨论唯物史观的专著,这让他在《共产党宣言》《政治经济学批判序言》和《资本论》中对唯物史观的论述,成了以河上肇为首的日本社会主义者研究此问题的主要参考资源。在《马克思社会主义之理论的体系》中,翻译一段马克思的原文后,加上自己的分析和解说,是河上肇的基本行文模式。陈溥贤的译文中,以下这段文字可以反映当时河上肇对唯物史观的基本看法:

> 马克思的历史观,已如上述,普通称他为唯物史观,我想称他为**经济**

---

① 大和田寛.1920年代におけるマルクス主義の受容と社会科学文献[J].大原社会問題研究所雑誌,2010(3).
② 古在由重.古在由重著作集:第三卷[M].東京:勁草書房,1965:21.
③ 岩崎允胤.日本マルクス哲学史序説[M].東京:未来社,1971:13.
④ 蒋大椿.五四运动前唯物史观理论在中国的传播[J].安徽史学,1995(2).
⑤ 潘广镕.序[M]//伍启元.中国新文化运动概观.现代:现代书局,1934:1-2.
⑥ 赵利栋.略论二十世纪二十年代中国马克思主义的思想资源[M]//中国社会科学院近代史研究所编.中国社会科学院近代史研究所青年学术论坛:2004年卷.北京:社会科学文献出版社,2005:5.
⑦ 《马克思社会主义之理论的体系》的五个汉译版本,请参考本书附录表C1"民国时期中文报刊中所见河上肇论著一览表"。

<<< 第五章 误解与厘正——汉译日书对理解马克思主义概念的影响

史观。何以有唯物史观的名称呢？因为他说明社会上历史的变迁，注重在社会上物质的条件的变化。……总而言之，观察社会的变迁，以物质的条件，再适切说起来，**以经济的事情为中心**，这就是马克思的历史观的特征了。①

随后，河上肇对"以经济的事情为中心"的"经济史观"进行了详细解析。他认为经济史观以社会组织变迁为问题的中心，其根本动力就是生产力。而生产力的发展"决不是以个人思想感情可决定的"。因此，也不能以思想去决定人的生活状态。虽然在文章的最后，河上肇也承认"一般道德能够改善，社会的经济也可以随之进步。精神文明本来也可以左右物质的文明"，但仅此一句简单的概括，也并不足以让译者和读者对唯物史观给予辩证的理解。

以河上肇为首的日本社会主义者对唯物史观的解析，本身就还在不全面的阶段。而中国人的译述和理解能力，也需要进一步提高。但唯物史观经此引介入中国后，很快就带来了积极的影响。首先，有不少肯定唯物史观的知识群体，已经意识到物质及经济在社会发展中的重要性，并试图将其运用到解决中国社会问题的讨论当中。施存统在翻译河上肇《见于共产党宣言中底唯物史观》时，就强调唯物史观最能医治当时中国知识群体的"空想"毛病。② 不久后，他在自己原创的《唯物史观在中国底运用》一文中，对此做出了更具体的论述，指出要解决中国的社会问题，必须要从提高社会生产力和改变经济组织出发。他还认为只有社会的经济基础发生变动，"新风俗、新道德、新法律、新政治等等"才能从根本上发生变更。③ 另外，施氏在论述的过程中，已表现出了轻视"上层建筑"，尤其是轻视制度改革的倾向。但在当时的社会改革舆论中，施氏根据唯物史观所提出的观点，也还是具有重要意义的。

除施存统以外，有读者在评价李达所译《唯物史观解说》④时，也做出了类似的评论：

> 眼前的问题是生活问题。现在一般屈服于田主厂主之下的农人工人，他们的饥饿究竟不是纸上的"善""美""爱"等等空名词所能疗救的——"没有面包固然不能生活，但是只有面包也不能生活"这是有产的读书的人

---

① 河上肇. 马克思的唯物史观 [J]. 陈溥贤，译. 新青年，1919，6（5）：514.
② 施存统. 见于共产党宣言中底唯物史观·附记 [N]. 觉悟，1921-05-15（1）.
③ 光亮（施存统）. 唯物史观在中国底运用 [N]. 觉悟，1921-09-08（1）.
④ 郭泰. 唯物史观解说 [M] 李达，译. 上海：中华书局，1921. 李达翻译该书时参考了堺利彦的日译版。

的真理。我们读书的人民一方面在说着这样高尚的话，而一方面有大多数人们连单有面包的生存都还够不到……

　　对于我们中国社会问题的第一步，物质么？精神么？若我们相信精神造成物质，而且有充分的理由，那也罢了。若尤觉得一般衣食不周的被剥夺者并不知道形而上学，而且觉得他们这种人底存在，使我们的光明美丽的理想主义上生出种种可耻的矛盾；那么，决定自己的社会问题解决的第一步恐怕究竟是物质而非精神罢？①

作者对面包问题的关心，是具体而切实的。类似这样以唯物史观为基础，建议国人注重物质建设和民生问题的文章还有很多。论者们在唯物史观刚传入中国的1920年代初便开始活跃于报刊间，到1925年后，唯物史观的运用领域不断扩大，诸如"唯物史观与中国教育""唯物史观与中国历史研究"等也已成为他们热衷讨论的话题。

1920年代初引介自日本的唯物史观为中国带来的另一讨论，是关于俄国革命与"马克思主义谬误"的问题。由于社会革命的成功并没有发生在资本主义最发达的美国或西欧诸国，以致俄国革命被一些反马克思主义者解释成"证明了马克思主义的谬误"。徐六几的《布尔札维克主义失败之真因》就因此对马克思的革命理论进行了质疑。面对这样的非难，很多马克思主义者虽然感到不服，却又囿于知识的有限而无从反驳。此时施存统译出河上肇的《马克思主义上所谓"过渡期"》及《俄罗斯革命和唯物史观》两篇文章，解决了不少读者的焦躁与困惑。

在《马克思主义上所谓"过渡期"》中，河上肇先是介绍了马克思《哥达纲领批判》里的"过渡期"理论，并结合当时俄国的状况说明了过渡时期内"无产阶级专政"和"资本统收归国有"的重要性。对于"经济状态幼稚"的国家，他认为有必要进入"过渡期"，以便尽快有意识地完成"实现社会主义所必需的经济的、物质的条件"②。文中还引用了列宁在《国家与革命》等作品中对俄国社会与经济状况的分析，表明"社会主义苏维埃共和国这个名称，不过表示必定要实现向社会主义推移的这苏维埃底决心而已，并不是说现在的经济秩序已经到了可以看做社会主义的东西"。相关问题在《俄罗斯革命和唯物史观》一文中做了更具体的解释。该文原名『唯物史観問答——唯物史観と露西

---

① 泽民. 看了郭泰《唯物史观解说》以后 [N]. 觉悟, 1921-07-14 (1).
② 河上肇. 马克思主义上所谓"过渡期" [N]. 光亮（施存统），译. 觉悟, 1921-12-18 (1).

<<< 第五章 误解与厘正——汉译日书对理解马克思主义概念的影响

亜革命』，采取的是两人对话的行文方式，由"甲"提出诸如"为何说俄罗斯不是社会主义国家"等问题，并由"乙"一一作答。面对"社会主义革命的国家为何却没有实现社会主义"的提问，河上肇做了以下回答：

> 这里，就是捉住马克思底唯物史观底不可动摇的真理的处所。因为无论怎样企图实现社会主义的革命，都有由"物质的条件底来缚"而发生的必然的约束，所以决不能一举而产出新社会组织。①

但对于无产阶级专政，河上肇则认为与资本主义的发达程度没有直接关系。为此，他还引用了托洛斯基的论述：

> 政治上的权利可以交付劳动阶级手里的时日，却并不是由经济的势力底资本主义的发达程度来直接决定的。毋宁是由阶级斗争底关系，国际的地位，以及种种主观的要素（例如传说、决战的发意及决心等）来决定的。所以无产阶级，在资本主义发达程度较少的后进国，可以有比高度发达的资本主义国还更早占取政治上优越地位的事情。②

河上肇在肯定"物质条件决定社会组织"的同时，也意识到"主观的要素"在社会主义革命中的作用。虽然是围绕俄国革命及苏维埃共和国所展开的论述与反驳，但对中国的译者和读者而言，这无疑也为中国的社会主义革命提供了理论依据。其后关于社会主义和马克思主义是否适用于中国的讨论中，河上肇的这两篇文章中介绍的理论也得到了更多的活用。

唯物史观的概念从日本引介入中国的同时，河上肇所提出的"唯物史观公式"也被国人所普遍接受。③"唯物史观公式"是河上肇根据马克思《政治经济学批判序言》中对唯物史观的讨论而总结出来的。在1921年出版的《唯物史观研究》④中，河上肇用前两章专门介绍了公式的结构与内容。《政治经济学批判序言》中马克思对社会生产力、生产关系、经济结构以及意识形态等因素的探讨，被河上肇划分为唯物史观公式的"第一节"。为了让读者更直观了解公式的结构，河上肇还制作了关系图（图5.1）。

---

① 河上肇. 俄罗斯革命和唯物史观［N］. C.T（施存统），译. 觉悟，1922-01-19（1）.
② 河上肇. 俄罗斯革命和唯物史观［N］. C.T（施存统），译. 觉悟，1922-01-19（1）.
③ 赵利栋. 略论二十世纪二十年代中国马克思主义的思想资源［M］//中国社会科学院近代史研究所编. 中国社会科学院近代史研究所青年学术论坛：2004年卷. 北京：社会科学文献出版社，2005：579.
④ 河上肇. 唯物史観研究［M］. 京都：弘文堂书房，1921.

171

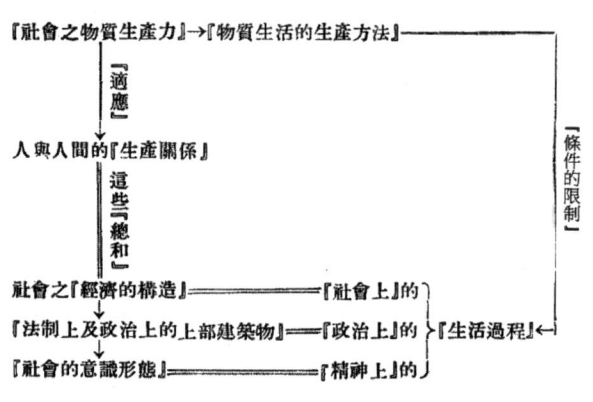

```
┌『社會之物質生產力』→『物質生活的生產方法』┐
│         ↓『適應』                              │
│   人與人間的『生產關係』                      │『條件的限制』
│         ↓這些『總和』                          │
│  社會之『經濟的構造』════『社會上』的       │
│ 『法制上及政治上的上部建築物』『政治上』的『生活過程』
│ 『社會的意識形態』════『精神上』的          │
```

图5.1 河上肇根据唯物史观公式第一节所制关系图①

关系图直观地说明了社会生产力在社会发展和变迁中的根本决定作用，并指明了它如何分层次对经济构造、上层建筑和意识形态造成影响。国人在理解和研究"唯物史观公式"之时，河上肇的这张关系图也成为常被征引的对象。如《学林杂志》的一篇文章中，署名为"墨笙"的作者就认为，比起腾尼斯（Ferdinand Tonnies，1855—1936）、巴尔特（E. E. P. Barth，1858—1922）、汉马赫（Emil Hammacher，1885—1916）和布列哈诺夫（Georgi Plekhanov，1856—1918）等人对唯物史观的表解，河上肇的这张图是最为"简明详备"的解说。因此，他还根据该图对唯物史观公式进行了文字说明：

> 由上标题和符号来看，非常明了，即适应社会底物质的生产力而结人与人的生产关系；这人与人的生产关系底总和，就是社会底经济的构造，而发生社会的意识状态。这是解释公式第一节头二段的。再社会底经济的构造，是社会的生活；法律上政治上底上层构造，是政治的生活；社会的意识状态，是精神的生活，而物质的生活底生产方法，即是决定社会的生活过程，政治的生活过程，精神的生活过程底条件。②

从马克思的原著到日本学者的简化图表，再到国人的二次诠释，这一系列因由和转变，也可看作唯物史观被引介入中国的基本途径。对哲学基础知识薄弱的一般知识群体而言，如此简化与诠释，确实使唯物史观变得更容易理解了。但"简明"的同时是否真的能做到精准而详备，则是需要进一步商榷的问题。

---

① 图片取自河上肇. 唯物史观公式中之一句[J]. 何崧龄, 译. 学艺, 1922, 4 (2): 2.
② 墨笙. 唯物史观公式的解释[J]. 学林杂志, 1922, 1 (4—5): 7.

<<< 第五章　误解与厘正——汉译日书对理解马克思主义概念的影响

(二) 唯物史观与宿命论

马克思主义的唯物史观并非机械唯物论，这是1922年以后以李汉俊为首的马克思主义学者再三强调的问题。而在此以前，唯物史观被一些人误解成忽略精神与意识的"宿命论"历史观。

河上肇在早期的研究论著中，强调"社会道德""主观要素"等意识层面的因素对经济组织和社会构造的影响。但与此相关的论述并不详实，以致国人往往将其忽略。正因如此，不注重主观作用的"宿命论"，成为对唯物史观的最大误解。这种误解无论在马克思主义的赞成者还是反对者中都存在，由此也导致了更多因歪曲与讹误而产生的争论。

李大钊探讨"唯物史观"在学界的多种称呼时，认为"唯物"二字泛指物质，是和这一学说的事实不符的。他指出，"此说只是历史之经济的解释，若以'物质'或'唯物'称之，则是凡基于物质的原因的变动，均应包括在内"，这是他所不赞同的。而当时在法国所流行的称呼，是"经济的决定论"，李大钊认为这种称呼"有倾于定命论、宿命论之嫌，恐怕很有流弊"①。可以看到，为了让国人更准确理解这个概念，李氏在命名的细节上也做出了细致的思考。但将唯物史观理解为"只是历史之经济的解释"，可知李氏当时对唯物史观的认识，也还在不断完善的过程中。另外，胡汉民在反驳唯物史观批评者的文章中，也强调"否认经济宿命论而非难唯物史观"的人，其实并没有理解到唯物史观的真实含义：

> 马克思的学说本来不是如此（指经济宿命论——引用者注），因格斯曾说马克思于一八四五年已完成他的学说，而这一年马克思有反对"旧派机械的唯物"的论文。旧派以人类不过周围影响，马克思驳他说"这种学说把环境也依于人类而变化一节忘却"。至一八五二年所著法兰西政变论上说"人类能够造成他自己的历史，但必要于一定条件之下去做"。这意思，对于人类意志的势力，或是心理的作用，不是不承认，不过承认是有条件限制的。②

从时间上看，在唯物史观刚被介绍入中国之际，胡、李二人就已经开始致力于澄清人们对唯物史观的误解，但这些努力并不一定能被误解者接受或采纳。

---

① 李大钊. 唯物史观在现代史学上的价值 [J]. 新青年，1920, 8 (4)：1.
② 胡汉民. 唯物史观批评之批评 [J]. 建设，1919, 1 (5)：23.

173

如在科学与人生观论战的尾声，当陈独秀倡导用"唯物的历史观"支配人生观时①，胡适的回应就依然把唯物史观看成"全靠客观物质原因"的历史观：

> 我们治史学的人，知道历史事实的原因往往是多方面的，所以我们虽然极端欢迎"经济史观"来做一种重要的史学工具，同时我们也不能不承认思想知识等事也都是"客观原因"，也可以"变动社会，解释历史，支配人生观"。所以我个人至今还只能说，"唯物（经济）史观至多只能解释大部分的问题"。
>
> 其实独秀也只承认"经济史观至多只能解释大部分的问题"。他若不相信思想知识言论教育也可以"变动社会，解释历史，支配人生观"，那么，他尽可以袖着手坐待经济组织的变更就完了，又何必辛辛苦苦地努力做宣传事业，谋思想的革新呢？②

胡适将唯物史观理解成不相信"思想知识言论教育"的历史观，并认为相信唯物史观的人，只需袖手坐待历史的发展，引来了陈独秀的再回应：

> 适之好像于唯物史观的理论还不大清楚，因此发生了许多误会，兹不得不略加说明。第一，唯物史观所谓客观的物质原因，在人类社会，自然以经济（即生产方法）为骨干。第二，唯物史观所谓客观的物质原因，是指物质的本因而言，由物而发生之心的现象，当然不包括在内。世界上无论如何彻底的唯物论者，断不能不承认有心的现象这种事实；唯物史观的哲学者也并不是不重视思想文化宗教道德教育等心的现象之存在，惟只承认他们都是经济的基础上面之建筑物，而非基础本身。……
>
> 在社会的物质条件可能范围内，唯物史观论者本不否认人的努力及天才之活动。我们不妄想一条铁路通月宫，但我们却不妨妄想造一条铁路到新疆……人的努力及天才之活动，本为社会进步所必需，然其效力只在社会的物质条件可能以内……我们并不抹杀知识思想言论教育，但我们只把他当作经济的儿子，不像适之把他当作经济的弟兄。③

陈独秀对"物质"与"心"的关系解说，已体现了辩证的观念。但由于对唯物辩证法还没有系统的认识，因此将"知识思想言论教育"比作"经济的儿子"，可见他还是没有清楚地阐释出二者的辩证关系。作为马克思主义者中领袖

---

① 陈独秀. 序一 [M]//亚东图书馆. 科学与人生观. 上海：亚东图书馆，1923：11.
② 胡适. 序二 [M]//科学与人生观. 上海：亚东图书馆，1923：30-31.
③ 独秀. 答适之 [M]//科学与人生观. 上海：亚东图书馆，1923：36-37.

<<< 第五章　误解与厘正——汉译日书对理解马克思主义概念的影响

人物的陈独秀尚且如此，这说明1923年前后，国人对唯物史观的认识的确还处于模糊不清的阶段。

（三）孤军派对唯物史观的运用及探讨

实际上，即使同处于社会主义阵营的学者间，对马克思主义及唯物史观的理解也有很大偏差。以河上肇为首的日本学者对唯物史观认识的不充分，也是这一偏差产生的原因之一。杜国庠、李春涛、王学文和郭心崧等人的"经济政策讨论"就是在这样的背景下发生的。

关于"经济政策讨论"，是1923年12月《孤军》杂志提出的连载话题。该杂志是由陈承泽、何公敢、萨孟武等人于上海创办的政治刊物，其成员以福建籍的留日学生居多。在《孤军》创立初期，主办人之一的何公敢发表了孤军派的政治主张，号召打倒军阀，倡导"法统"，并认为共产党"所主张用他们所谓革命的手段推倒异己掌握政权一层，我们很诚恳的提出反对，很诚恳的希望他们考虑一下"[1]。对于国民党几次劝诱《孤军》同人加入党内，他们也全都拒绝[2]。实际上，孤军派成员之间对"法统"的认识也并不一致[3]，但希望保持独立阵营的几名主要创办人，却始终与国共两党保持着一定距离。《孤军》的编辑及主要撰稿人中，有林植夫、萨孟武、郭心崧、范寿康、郭沫若、杜国庠、周佛海等人。其中杜国庠、周佛海曾在京都帝国大学留学，当时便是河上肇的门生。其他的人物也是河上肇著述的热心读者，并且都参与过译介河上肇著述的活动。而周佛海在《孤军》杂志中组织的"孤军经济研究会"以及在1923年末开辟的"经济政策讨论专栏"，也主要是受到了河上肇的启发。何公敢在后来回忆《孤军》的活动时，便提道"留日同学在苏联社会革命巨潮的影响下，在河上肇教授发表《贫乏物语》一书、并接着逐月刊行'社会问题研究'、鼓吹社会主义思想的影响下，多多少少，都感到经济问题的重要性"[4]。他们在《孤军》中连载了十三期的"经济政策讨论"，其中有不少是以河上肇的思想理论作为论争的依据，而论争得最为激烈的，就是"中国是否适合社会革命"这一问

---

[1] 公敢. 评努力周报的政治主张和中国共产党对于时局的主张[J]. 孤军, 1922, 1 (1): 13-14.

[2] 何公敢. 忆《孤军》[M]//福建文史资料：第十三辑. 福州：中国人民政治协商会议福建省委员会文史资料研究委员会, 1986：134-135.

[3] 邓丽兰. 从"法统"崇信到"革命"认同——从"孤军派"观国民革命时期中国知识界的思想动态[J]. 福建论坛（人文社会科学版）, 2008 (11).

[4] 何公敢. 忆《孤军》[M]//福建文史资料：第十三辑. 福州：中国人民政治协商会议福建省委员会文史资料研究委员会, 1986：135.

题。该问题其实是"社会主义论战"结束后，孤军派同人对这一问题的延伸讨论。与此前论战不同的是，这次讨论的参与者基本都是同情马克思主义的。他们以《孤军》为主要平台，这是在同一阵营内展开的内部讨论。①

1924年1月，杜国庠、李春涛的《社会主义与中国经济现状》在《孤军》2卷2期发表。该文用唯物史观分析了中国的经济现状，最后的结论是"现代中国之社会生产力，确已与生产关系冲突矛盾而变为消极的再生产，故若绳以马克思之唯物史观说，则中国今日，确已为社会革命到来之时代，可以无疑"②。因此，该文号召大家应时代之要求，准备迎接社会革命。作为河上肇的门生，杜国庠在这篇文章中运用"社会革命"的概念，与河上肇《社会组织与社会革命》对相关问题的解释有相似之处。而这篇文章很快便引来了其他学人的关注和讨论。《孤军》2卷4期刊载了由赵修鼎译自《社会组织与社会革命》的文章，命名为《时机尚早之社会革命计画》。文中河上肇的论述代辩了译者的观点：

> 马克思唯物史观公式中，有一著名之句曰："一种社会组织，若其一切生产力，尚有余地，遂其发展者，则非完全发展之后，绝不颠覆；而更新更高之生产关系，非其物质的存在条件，已酝酿于旧社会中者，绝不出现"，就此名言，予将提出一问题：即社会生产力，在从前社会组织之下，尚有发展余地；苟企图颠覆之者，则其结果将如何？予意此种问题，初见虽以为小，实则当溯去诸过历史，探究种种史实之关于社会组织改造，而终于失败者，加以综合判断，始能裁答。③

河上肇在分析了三处英领殖民地奴隶解放运动以及苏联的社会经济政策后，得出了"时机尚早之社会革命足招生产力之衰退"和"时机尚早之社会革命终归于失败"的结论，还指出"以此为目的的政治革命虽可成功，然其效果，亦不过限于政治革命"。赵氏选取《社会组织与社会革命》的这一段进行翻译，是针对杜、李二人的《社会主义与中国经济现状》一文，并认为当时在中国进行

---

① 孤军派受河上肇的影响所进行的"经济政策讨论"，本书参考了三田刚史. 留日中国学生论马列主义革命——河上肇的中国学生与《孤军》杂志[J]. 徐州师范大学学报, 2005 (5). 此外，关于孤军派社会主义思想的相关研究，本书还参考了：邓丽兰. 从"法统"崇信到"革命"认同——从"孤军派"观国民革命时期中国知识界的思想动态[J]. 福建论坛（人文社会科学版）, 2008 (11); 饶传平. 宪政与革命: 1920年代中国知识分子的"孤军"困境——以《孤军》杂志为中心[J]. 政法论坛, 2012 (5).

② 杜国庠, 李春涛. 社会主义与中国经济现状[J]. 孤军, 1924, 2 (2): 18.

③ 河上肇. 时机尚早之社会革命计画[J]. 赵修鼎, 译. 孤军, 1924, 2 (4): 1.

社会革命，必然是"时机尚早"。而《孤军》2卷7期郭心崧的《进化论与革命论》则指明道姓地对杜、李二人的观点进行批判，认为"中国资本主义，还未发达，欲采行社会主义，是非常困难的"①。郭氏在文中亦大段引用了河上肇的观点，为证明经济条件不成熟的情况下，革命必会失败。其后王学文在2卷8期发表的《社会革命之基础条件》，也运用了河上肇对社会革命的解释，强调进行社会革命，除了必须有一定的物质条件，还需要人的条件。中国是否具备这样的条件，王氏没有明说，但从其态度可知，要在中国进行社会革命，必须还要做出更加谨慎的思考。

对杜、李《社会主义与中国经济现状》有所异议的几位学人之间，所主张的观点虽然也不尽相同，但与杜、李一样，他们都将河上肇的著述及其思想作为理论工具，而《社会组织与社会革命》一书是他们引用最多的著作。正如郭心崧所说，众人所依据和引用的都是马克思主义之理论，但其推论的结果却大相径庭。②

导致这种"大相径庭"的原因，一方面是中国学人在理解唯物史观时有所差异，但另一方面，他们所依赖的《社会组织与社会革命》一书对于唯物史观和无产阶级革命论的理解，也的确还存在一些不明确的阐述。1920年，栉田民藏对河上肇的唯物史观研究进行质疑与批判后，河上肇便一直处于反思和纠正谬误的状态。直到1927年《与唯物史观相关的自我清算》发表，河上对马克思主义哲学的理解才进入较为成熟的阶段。而《社会组织与社会革命》一书写于前后两个阶段间的过渡期，其探讨社会革命的内容虽然引起中国学人的思考，但却并不能很好地回答他们希望解决的中国问题。

二、关于唯物辩证法

（一）"辩证法的唯物论"的初步引介

马克思主义唯物史观的引介，带来了诸多争论与误解。这种情况在1922年，因国人开始接受"辩证法的唯物论"的概念后，变得更加复杂。与此同时，一些之前让国人感到困惑的问题，也因"辩证法"的介入而得到解答。有研究认为，1930年代以后，马克思主义哲学在中国的传播与发展的重心，"从唯物史

---

① 郭心崧. 进化论与革命论［J］. 孤军，1924，2（7）：2.
② 郭心崧. 进化论与革命论［J］. 孤军，1924，2（7）：2.

观移向辩证法唯物论"①。实际上,"辩证法唯物论"的概念,在1922年就已通过枴田民藏的研究被介绍入中国。同年,李汉俊通过参考堺利彦、河上肇及高畠素之的论著写成《唯物史观不是什么?》一文,其中也简单提到了"辩证法"。

李汉俊的《唯物史观不是什么?》,是在众多厘清与界定"唯物史观"的文章中较为全面的一篇。该文分节界定了唯物史观与"哲学的唯物论""物质唯一主义""诡辩的唯物论""赫格尔哲学""单纯的唯物的历史观""盲目的经济史观",以及"机械论"等概念或学说的区别。其中"唯物史观不是诡辩的唯物论"一节中,李汉俊强调了"辩证"与"诡辩"的区别,认为辩证法"只是进化的思索法,或历史的思索法","就是在事物底根本的关系、连系、运动、起源及终结上,理解事物及其表现(即观念)的思索法"②。紧接着,李氏又在"唯物史观不是赫格尔哲学"一节中,通过恩格斯《社会主义从空想到科学的发展》的原文,指出黑格尔颠倒"现实"和"理性(idea)"的关系。根据恩格斯的论述,李汉俊认为"唯物史观是把赫格尔哲学里面不合理的部分除去了,只采取彼底辩证法的一种更进步的科学"。虽然只是简单介绍了辩证法的基本特征,但可以看出李汉俊对这一概念及其理论已有基本的把握。

李汉俊的文章发表后五个月,枴田民藏对辩证唯物史观的研究也被译介成中文,这让国人对马克思主义的辩证法有了进一步的了解。

枴田民藏(1885—1934)是河上肇的学生,但他是以批判恩师的马克思主义理论而成名的。中国译者将枴田民藏的论著引介入国内,主要也是因为枴田的作品对纠正河上肇唯物史观研究中的谬误,能起到十分有效的作用。③ 河上肇

---

① 李维武.从唯物辩证法论战到马克思主义哲学大众化——对艾思奇《大众哲学》的解读[J].吉林大学社会科学学报,2011(6):20.
② 李汉俊.唯物史观不是什么?[N].觉悟,1922-01-23(1).
③ 日本学者对枴田民藏的研究,也以他对河上肇的批判为中心而展开。本书参考的日本先行研究,有飯田鼎.櫛田民藏と史的唯物論[J].三田学会雑誌,1980(12);小林漢二.櫛田民藏の「河上学説」批判と福本和夫の「河上学説」否定:河上肇の『新たなる旅』をめぐって[J].愛媛経済論集,1993(2);國府田英二.没後七〇年-偉大な経済学者-櫛田民藏をしのぶ[J].科学的社会主義,2005(6);上谷繁之.河上肇の『社会的意識形態』論:櫛田民藏・福本和夫との論争を中心として[J].日本経済思想史研究,2013(3).中国学者对枴田民藏的关注并不多,在介绍马克思主义经典论著的转译过程时,会简单论及枴田对《共产党宣言》和《资本论》等作品的翻译,以及其对中国人的影响。参考李军林.马克思主义在中国的早期传播及其话语体系的初步建构[M].上海:学习出版社,2013;聂锦芳,彭宏伟.马克思《资本论》研究读本[M].北京:中央编译出版社,2013.

<<< 第五章 误解与厘正——汉译日书对理解马克思主义概念的影响

的《近世经济思想史论》在1920年和1922年，分别通过上海泰东书局和上海学术研究会出版，后又多次再版。该书有专门讨论马克思唯物史观和剩余价值说的章节。在解释马克思主义的三大原理时，汉译版有这样一段为国人所熟知的论述：

> 唯物史观，资本论，社会民主主义三者，皆马克思社会主义的理论与实际两方面之三大原理也。而此等原理之不可分离，已如上述矣。其所以互相联络密切而不可分离者，实如**金丝一线之阶级争斗说**有以系之。①

把阶级斗争论比作贯穿马克思主义三大原理的"金丝一线"，这一表述之所以为国人所熟知，除了《近世经济思想史论》汉译版的畅销以外，李大钊的《我的马克思主义观》对这段话的引用②，应该起到了更大的作用。这也是不少学者认为从日本译介入中国的马克思主义思想"囿于唯物史观"的论据之一。

此外，在讨论资本主义经济组织的矛盾时，河上肇认为马克思的劳动价值说和剩余价值说理论，是从以李嘉图为首的古典经济学者的成果中发展出来的，且与马克思的唯物史观并没有直接的关联。这一观点，在《近世经济思想史论》汉译版第三段第三节"资本主义的经济组织之必然崩坏"中，也进行了完整的论述。这些都是栉田民藏及福本和夫等人重点批判的内容。通过了解河上肇、栉田民藏、福本和夫等人对唯物史观的讨论，也能看到日本马克思主义哲学从幼稚到成熟的步伐。

栉田民藏对河上肇的批评，以《唯物史观与阶级斗争说及正统派经济学的关系》和《唯物史观在马克思学上底位置》这两篇文章为代表，其中后者在1922年被施存统翻译成了中文。

在《唯物史观与阶级斗争说及正统派经济学的关系》中，栉田首先对"阶级斗争论是金丝一线"的说法进行了批判。栉田认为，阶级斗争论不过是与"利润和工资的关系""资本的积累和贫困的集聚的关系""资本的增值和利润低下的法则的关系"等问题一样，是在马克思特有的辩证法下得出的表现方式。因此，他认为比起阶级斗争论，"辩证地看事物的方法才是贯穿马克思主义三大理论中的一条金线"③。关于唯物史观与剩余价值说的看法，栉田也指出河上肇

---

① 河上肇. 近世经济思想史论［M］. 李天培，译. 上海：上海泰东书局，1920：83.
② 李大钊表述为："这三部理论，都有不可分的关系，而阶级竞争说恰如一条金线，把这三大原理从根本上联络起来。"［李大钊. 我的马克思主义观［J］. 新青年，1919，6（5）：81.］
③ 櫛田民藏. 櫛田民藏全集：第一卷［M］. 東京：改造社，1947：22.

179

过分看重古典经济学对马克思的影响,完全没有看到唯物史观与劳动价值论间的关系。① 这些批判河上肇的观点,在栉田的另一篇文章《唯物史观在马克思学上底位置》中,则以更系统、清晰的方式表现了出来。施存统作为该文的译者,也凭借其丰富的译书经验及对日本社会主义思想的把握,很好地完成了中文的诠释:

> 唯物史观是由左面四要素成立的:
> 1. 一般文化的物质的基础;
> 2. 社会组织的辩证法的发展;
> 3. 阶级斗争的经济的基础;
> 4. 一般政策的前提(物质的条件)。
>
> 现在为容易了解起见,再把四段公式的各种对立的关系表明如左:
> 1. 个人和社会;
> 2. 财产关系和生产力;
> 3. 旧文化和新文化;
> 4. 旧社会和新社会的萌芽。
>
> 以上四者,都看作有对立的关系;而通过一切公式,都认经济的(或物质的)条件为基础的事实。换句话说,贯通这四个公式的东西,就是"**物质的条件的认识**"和"**辩证法的研究方法**"。因为这个缘故,所以我以为把唯物史观叫作**辩证法的唯物论**,是名实最相副的名称。②

对于唯物史观和剩余价值说的关系,《唯物史观在马克思学上底位置》中则有如下概括:

> 剩余价值说是构成狭义的马克思主义的要部的,没有了他,什么资本集积论哪,劳动者贫困论哪,社会崩坏论哪,都不能成立的。据我所见,剩余价值说(简单说就是"剩余价值是从劳动的使用价值和交换价值的差数发生的"学说)如果不把历史观做前提,是不能成立的。……把马克思的唯物史观,运动到现在经济社会里去,就是马克思的经济论。③

施存统的译文被刊载于1922年的《东方杂志》,此时大部分阅读河上肇论

---

① 栉田民藏. 栉田民藏全集:第一卷[M]. 東京:改造社,1947:23-24.
② 栉田民藏. 唯物史观在马克思学上底位置[J]. 施存统,译. 东方杂志,1922,19(11):40-41.
③ 栉田民藏. 唯物史观在马克思学上底位置[J]. 施存统,译. 东方杂志,1922,19(11):43.

<<< 第五章 误解与厘正——汉译日书对理解马克思主义概念的影响

著的中国知识群体，都还没有认识到河上肇在唯物史观的认识上所存在的问题。因此，"囿于唯物史观（或经济史观）"的部分社会主义者，认为在资本主义尚未发达的中国，社会主义革命并不可行。相比之下，施存统在结合了栉田民藏的理论后所进行的思考，则对中国的社会主义革命前景给予了很大肯定。在《唯物史观在马克思学上底位置》的译者附言中，施氏有如下论述：

> 有几个读死书的书呆子，拿了这段话（指马克思在《政治经济学批判》中认为社会组织的颠覆必须要存在"物质的条件"才会发生。——译者注）来大大地反对中国现在提倡社会主义，说在现在中国主张社会主义是违背马克思的教训的。这话骤然听见，好像有点道理，其实是大谬不然的。他们第一个错误，就是不懂资本主义和社会主义的国际性。……中国资本主义诚然不发达，然而世界资本主义却已由发达而渐渐崩坏了。……马克思在七十年前已经大叫"万国劳动者团结起来呵！"……中国劳动者，当然也要"团结起来"，为国际社会主义，同国际资本主义宣战。……
>
> 他们第二个错误，就是不知道除了资本主义的生产方法以外，还有社会主义的生产方法。……他们误认资本主义是达到社会主义必须经过的阶段（自然要稍稍经过），而不知增进资本主义的生产力的，乃在于工业主义。……要说要实行社会主义必须先实行资本主义，我们现在就万难承认了。……
>
> **唯物史观不是宿命论**，也就在此。我们要知道：现在是资本主义将亡的时候，同资本主义将兴时的情形绝对不同。……现在却正临资本主义将亡社会主义将兴之间，除非疯子，都应该跑到社会主义这方面来。……我们遵守唯物史观来实行社会主义，绝不会失败。我们知道要实行社会主义必须注意"物质的条件"，只要我们努力做成这个"物质的条件"，绝不会违背唯物史观。那种只知道读死书的人，乃正是马克思的罪人！①

在栉田民藏的影响下，施存统对辩证唯物主义的理论已经有一定把握，他跳出了仅关注"物质条件"的窠臼，表示即使中国的资本主义尚未发达，也应该以联动和运动的眼光观察世界资本主义的发展情况。同时，要发挥人的选择能力，在尊重唯物史观的情况下选择社会主义的道路。另一方面，针对国人受河上肇的影响而对唯物史观所产生的不充分理解，施存统也在此后的研究和翻

---

① 施存统. 唯物史观在马克思学上底位置·译者附言 [J]. 东方杂志, 1922, 19 (11): 37-38.

译工作中做出了更多的努力。下文将讨论的他对福本和夫《社会进化论》的译介，便是其中一个重要的成果。

关于辩证唯物主义在中国的引介，李泽厚与于良华都认为是瞿秋白在1923年通过苏俄的途径开创了先锋。① 李博的《汉语中的马克思主义术语的起源与作用》中，对"辩证法"一词在中文文献中的起源研究，也只追溯到了1923年。② 当时瞿秋白在上海大学讲授哲学和社会学的课程，包括了与唯物辩证法相关的内容，这对辩证唯物主义在中国的进一步理解与传播，的确起到重要的作用。但瞿秋白于1935年回忆自己与马克思主义的因缘时，却认为自己当时的研究并不成熟：

> 在一九二三年的中国，研究马克思主义以至一般社会科学的人还少得很；因此，仅仅因此，我担任了上海大学社会学系教授后，就逐渐的偷到所谓"马克思主义的理论家"的虚名。其实，我对这些学问，的确只知道一点皮毛。当时我只是根据几本外国文的书籍转译一下，变了一些讲义。现在看起来，是十分幼稚，错误百出的东西。③

实际上，除了瞿秋白以外，包括陈独秀、李大钊、李汉俊、施存统在内的大部分中国"马克思主义理论家"的研究，都是通过"外国文的书籍转译一下"而来的。瞿氏在1935年回忆时的说法是否只是自谦，可以从1923年他在《新青年》上发表的两篇文章，即《自由世界与必然世界》和《实验主义与革命哲学》中加以判断。

《自由世界与必然世界》是瞿秋白针对"科学与人生观论战"所发表的评价。该文以唯物史观的理论为出发点，探讨了自然现象和社会现象的"必然性"及"规律性"，并认为社会发展是有其必然规律的。该文对唯物辩证法的运用，在于对社会中一切事物都用"动象流变"及其"发展趋势"的角度去看待，并以此对"社会现象"和"人的意识"间的因果关系进行分析。瞿氏认为"人的意识是社会发展之果，既成社会力量之后亦能成为社会现象之因；然必自知此因果联系，人的意志方能成社会现象之有意识的因"④。虽然辩证法并没有作为一个完整的新概念出现在文中，但瞿氏对社会发展的动态观察及因果关系的分

---

① 李泽厚. 中国现代思想史论 [M]. 北京：东方出版社，1987：161；于良华. 中国研究辩证唯物论的历史概况 [J]. 毛泽东邓小平理论研究，1987（4）：76.
② 李博. 汉语中的马克思主义术语的起源与作用 [M]. 赵倩，王草，葛平竹，译. 北京：中国社会科学出版社，2003：294-295.
③ 瞿秋白. 多余的话 [M]. 北京：人民文学出版社，1973：14.
④ 瞿秋白. 自由世界与必然世界 [J]. 新青年，1923（2）：46.

析，明显是受到了辩证唯物主义的影响。

一年后，瞿秋白又发表了《实验主义与革命哲学》一文，在分析和批判实验主义的过程中，瞿氏提到了"互辩律的唯物论（de materialisme dialectique）"这个概念：

> **互辩律的唯物论**的根本观念，是承认我们对于外物的概念确与外物相符合。因此，我们要利用外物，只能尽他实际上所含有的属性，来满足我们的需要，达到我们的目的。客观的现实世界里所没有的东西，不能做我们行动的目标。现实只有一个，真理亦只有一个。我的观念及思想，当然是刻刻变的；然而这是因为客观的现实世界在那里刻刻的变。却并不是因为我们主观的目的在那里变。照互辩律的唯物论的意义，我们亦在时时刻刻变易外界的现实生活，然而只能依着客观的趋向。我们不能要做什么便做什么：现实生活处处时时矫正我们的行动。①

可以看到，瞿氏已认识到客观现实与主观意识的辩证关系。但相比于李汉俊和施存统对辩证唯物论的认识，瞿秋白也并没有更多优越的理解。从他们刊载文章的时间上看，李汉俊与施存统在1922年便已通过日本社会主义者的论文或著作对辩证法做出了介绍。再者，"辩证法"一词也是通过日本社会主义研究的语境传入，并保留了日文汉字的原样进入中文世界。瞿秋白将"dialetique"译成"互辩律"，最终也并没有被普遍接纳。实际上，李汉俊和施存统等人对日本社会主义文献中关于"辩证法的唯物论"的引介，以及国人最终采用了"辩证法"这一称呼，也并非出于偶然，而应该看作中国知识群体通过日本论著引介马克思唯物史观这一思想脉络中的重要一环。

正如栉田在《唯物史观与阶级斗争说及正统派经济学的关系》中所说，根据马克思的辩证唯物论，"社会变动的原因并不仅仅在于物质的条件对生产力发展所提出的要求，而应该要以矛盾的发展观（即辩证法地）去分析变动的形态"②。这段文字揭示了群众在社会变革中的主观能动作用。这一观点也是作为中文译者的施存统，在翻译与理解栉田论著的过程中所获得的最大收获。1928年以后，施存统还译介了山川均及福本和夫等日本社会主义者研究辩证唯物论的文章，国人对辩证法的理解，也因此有了更大的进步。

（二）"否定之否定"规律的理解与接纳

1922年以来，李汉俊、施存统和瞿秋白通过日本或俄国，对"辩证法"概

---

① 瞿秋白. 实验主义与革命哲学 [J]. 新青年，1924（3）：15.
② 栉田民蔵. 栉田民蔵全集：第一卷 [M]. 東京：改造社，1947：22.

念的引介，都还只停留在对其基本特征的介绍，即指出唯物辩证法具有联系、互动、发展等性质。但这些基本特征之下，还有更丰富的内涵。其中唯物辩证法的三大基本规律，是理解和运用马克思主义哲学时不可忽略的内容。1927年以后，关于这三大基本规律的论述，开始成为国人讨论的对象。而关于唯物辩证法的更多探讨，如它的起源、定义及范畴界定等研究，也越来越多。艾思奇在1934年回顾民国以来的哲学思潮时，也提到了1927年后"辩证法唯物论"在中国的流行：

> 自从人生问题的研究盛行起来，儒佛道诸家的学说竟成为哲辩研究者的主要对象了。直到一九二七年，辩证法唯物论的洪流席卷了全国，学者的眼光才开始知道由人生问题转向社会问题。研究有素如李石岑先生，亦不惜放弃了旧来的思想，而唯情哲学者朱谦之先生也开始在暨大讲授黑格尔哲学及唯物辩证法了。[1]

辩证唯物论"卷席全国"的现象，在日本马克思主义论著的译介中也有所反映。堺利彦的《辩证法的唯物论》就是在1927年被译成中文的。这也是较早在中国出版的专门介绍辩证唯物论的图书。作为不到50页的小册子，该书并没有对辩证法的内涵做出系统的论述，但却介绍了辩证法这一理论自提出后的历史发展，并分析了唯物辩证法与黑格尔、费尔巴哈、马克思、康德以及列宁等人的关系。该书的最后三章分别是"辩证法的思考方法""矛盾、斗争、均衡"以及"激变和突变"。可以看到堺利彦简单论述了辩证法的基本特征，同时也提及了三大规律中的前两个。至于唯物辩证法的第三个规律，即"否定之否定"的规律，堺利彦却并没有提及。[2]

介绍唯物辩证法时忽略了"否定之否定"的规律，在一篇译自山川均的文章中也有相同的情况。这篇同样名为《辩证法的唯物论》[3]的文章，对于唯物辩证法中"质变与量变""矛盾的冲突与发展"的解释，要比堺利彦的小册子更为详细，最后两节还分析了机械唯物论与辩证唯物论的区别。但对于"否定之否定"的规律，山川均和堺利彦一样并无提及。此译文刊载于《现代中国》杂志的次年，译者施存统又将其与刘若诗的《辩证法是什么?》一文合并成小册子出版。在出版序言中，施氏表示山川均的文章，"把唯物辩证法解释得十分清

---

[1] 艾思奇. 廿二年来中国哲学思潮 [J]. 中华月报, 1934, 2 (1): 43.
[2] 堺利彦. 辩证法的唯物论 [M]. 吕一鸣, 译. 北京: 北新书局, 1927.
[3] 山川均. 辩证法的唯物论 [J]. 施存统, 译. 现代中国, 1928, 2 (4).

<<< 第五章 误解与厘正——汉译日书对理解马克思主义概念的影响

楚而扼要，什么人都可以了解，而且还可以得到相当的应用"①。但实际上在三大基本规律未被完整纳入该文的情况下，唯物辩证法的全貌实际上是无法"清楚扼要"地展示给读者的。

"否定之否定"的规律，揭示了事物发展的曲折性和前进性。对于理解社会和历史的演进具有重要作用。比起另外两项基本规律，对"否定之否定"的掌握，需要更强的思辨能力，因此国人对它的接纳，也花费了更长的时间。从李达对辩证唯物论的介绍中，也能看到国人在理解此规律时经历了复杂的过程。

1929年，李达译成塔尔海玛（August Thalheimer，1884—1948）的《现代世界观》，该书首先论述了唯物辩证法的"前史""提出经过"及"反对意见"，接着详细介绍了辩证法的基本特征及唯物辩证法的三大规律，后又结合马克思主义的阶级理论和革命理论，对辩证法的唯物史观进行解说。李达在翻译该书时，主要参考了高桥一夫和广岛定吉的两个日译本，因此在行文中，也保留了诸如"打消（打ち消し）""模写（模写）"和"扬弃（揚棄）"等日文词汇。在论述唯物辩证法的内涵时，该书专用一章讨论"否定之否定"的规律，这也是此规律第一次较为完整地被译介成中文：

> 否定之否定的法则，比较前面所说"一切事物都是过程，一切事物都有变化"的单纯命题，更有特别的内容。这也是对于这变化、运动或发展的最普遍形式有所说明的。在这里首先要说的，便是一切变化、运动或发展都在对立或矛盾中实现，即因一事物的否定而实现。因此，我们说到否定方面。否定，即是**打消**。……否定是事物的运动或变化**模写**于头脑中的最普遍的形式和方法。这便是事物的过程的第一阶段，但是形成运动出发点的一个事物的否定，它自身又依从于"事物转化为其反对物"的法则。即否定再被否定。所以我们说否定之否定。
>
> 在普通的语言上，由两重否定生出一个肯定。但在辩证法上，由两重否定，并不再造出旧的事物和原来的事物，并不简单的复回到那出发点。而是发生新的事物。这是辩证法的特征。在这一点，过程已经开始出发的事物（或状态），就在较高的阶段上再造起来。所以从两重否定的过程出发，便发生别中的性质，便发生一个新的形态。那原来的性质，便在这中间被**扬弃**，而且被包含了。②

---

① 施存统. 序言 [M] //山川均. 辩证法浅说. 施存统, 译. 上海：现代中国社, 1928: 2.
② 塔尔海玛. 现代世界观 [M]. 李达, 译. 上海：昆仑书店, 1929: 168-171.

185

上文对"否定之否定"的内涵，已有较为准确的把握。而对于"旧事物的扬弃"及"新事物的产生"的理论，该书在随后探讨辩证唯物史观时，也将其运用到了人类历史发展的规律，即"无阶级社会—阶级社会—无阶级社会"的论述中。

李达在译介《现代世界观》的同一年，他还以"辩证法的唯物论"为主题，在上海大夏大学做过演讲。该演讲的内容，后被听众之一的邱鹤记录成文。这一记录并没有经李达校对，就刊载于《大夏期刊》上。因此，该文非常适合用于考察一般知识群体对辩证唯物论的理解程度。

该文在介绍"辩证法的三方式"时，将其分为"对立物的统一或同一的法则""否定之否定的法则"和"质变量或量变质的方法"三个部分，其中否定之否定的法则，邱氏是如此记录的：

> 第一法则（指对立统一的法则——译者注）在静的方面讲。此法在动的方面讲。静是横断面，动是纵断面。譬如原有物体中另有一种事物发生，他便将原有之物否定了。更有新事物发生，则便成了否定中的否定。他的公式如下。
>
> 正——反——合
> A——B——A
>
> 如太阳系而分为行星，行星成立把原来有行星之太阳系否定了。譬如麦粒种在地下，至相当时期成为苗芽，成苗芽后，便将原来的麦粒否定了，渐渐生长结成麦穗而产新的麦粒，则又将根叶也否定了，一为肯定，一为否定，一为否定的否定。适与上面的公式相同。①

以上是文中介绍否定之否定法则的全部文字。如此简短而模糊的阐述，显然是不够充分的。记录者是否真正理解该规律的内涵，也还存疑。文中否定之否定的公式，第二行的正确写法是"A——B——A′"。引文中的写法，并不能正确反映辩证法中事物曲线发展的规律。此外，第二段中太阳系和麦粒的例子也有语焉不详之嫌。关于如何将此法则运用到理解和认识社会的发展，邱氏则有如下记录：

> 社会原始共产制，这是肯定的，变为私产制，成为否定。又变成社会主义共产制，则为否定中之否定。然从前的共产和以后的共产不相同。"是""非""是"，后面的"是"，不是前面的"是"，此之谓 anphebon

---

① 李达. 辩证法的唯物论 [J]. 邱鹤，记. 大夏期刊，1930 (1).

<<< 第五章　误解与厘正——汉译日书对理解马克思主义概念的影响

（应为 Aufheben——引者注）"扬弃"是也。"扬弃"乃进步之现象。①

"否定之否定"相比于"对立统一""质变与量变"的规律，或许需要更细致的分析与说明。李达在 1929 年的译书中，已将其系统译介入中国。但对国内一般知识群体而言，"否定之否定"的规律仍需要更深入的解说。记录者虽然拼错了 Aufheben 一词，但既在文中特意提出，也能反映出李达在演讲时对"扬弃"这一概念的重视。考察"扬弃"一词的引介，可知它是来自福本和夫研究黑格尔辩证法时的翻译成果②，由此也可以看出，中国社会主义者在引介辩证唯物论的过程中，无论在概念、语汇还是思想内涵上，都无不受到日本的影响。

福本和夫（1894—1983）对中国人接受唯物辩证法的影响③，并不止于对"扬弃"一词的翻译。作为批判河上肇的日本学者，他的研究论著也于 1930 年代开始被译介入中国。福本毕业于东京帝国大学法学部，并于 1922 年作为日本文部省的外派研究员赴欧留学，在法兰克福大学社会研究所学习了马克思主义。在德期间，福本阅读了大量德国马克思主义文献，并积极参与当地马克思主义研究团体组织的活动。归国以前，福本已经对马克思的唯物史观和政治经济学有了较为深入的把握，而且被认为已远远超过同时期的河上肇等人在日本国内所发表的见解。④ 1924 年归国后，福本马上展开了对福田德三、河上肇和高畠素之等人的批判。对刚开始阅读和翻译《资本论》的日本国内学者而言，福本

---

① 李达. 辩证法的唯物论 [J]. 邱鹤，记. 大夏期刊，1930（1）.
② 丹羽道雄. 新人会用語辞典・後編 [J]. 東京帝大新人会研究ノート，1990（12）.
③ 日本学者对福本和夫的研究，多集中在福本和夫对河上肇的批判，以及福本主义对日本的影响。相关的先行研究，有しまね・きよし，清水多吉. 評伝福本和夫 [M]. 東京：思想の科学社，1988；小林漢二. 櫛田民蔵の「河上学説」批判と福本和夫の「河上学説」否定：河上肇の『新たなる旅』をめぐって [J]. 愛媛経済論集，1993（2）；小島亮，竹内良知. 福本和夫の思想 [M]. 東京：こぶし書房，2005；上谷繁之. 河上肇の『社会的意識形態』論：櫛田民蔵・福本和夫との論争を中心として [J]. 日本経済思想史研究，2013（3）. 中国学者对福本和夫的研究，多注重他对创造社，以及对中国"革命文学"的影响。相关的研究有：王野. "革命文学"论争与福本和夫 [J]. 中国现代文学研究丛刊，1983（1）；靳明全. 1928 年中国革命文学兴起的日本观照 [J]. 文学评论，2003（3）；王志松. 20 世纪日本马克思主义文艺理论研究 [M]. 北京：北京大学出版社，2012. 此外，对于福本和夫马克思主义思想的研究，有：贾纯. 福本哲学评价 [J]. 外国问题研究，1982（3）；梁星. 福本主义与日本马克思主义 [D]. 北京：北京大学，2004.
④ 八木紀一郎. 福本和夫の世界の同時性 [M] // 福本和夫. 福本和夫著作集：第一卷. 東京：こぶし書房，2010：496.

在精读《资本论》原著的基础上写成的《论经济学批判中〈资本论〉的范围》①一文，引起了日本知识界的很大震撼。与河上肇、山川均等人相比，年轻的福本和夫在日本社会主义思想研究和实践运动上都相当活跃，并很快受到年轻学生的追捧，被看作社会主义的新生力量及新权威。其后，福本还参加了1926年日本第二次共产党的创建，成为党内的理论指导者，并与劳农派的山川均等人围绕社会主义运动的方式进行了论争。

在日本共产党再建的前一年，福本曾受京都大学学生的邀请，以京大学友会"社会进化论讲座"的讲师身份参加了社会科学研究会的演讲会。一同被邀请的还有河上肇。在这次演讲会结束后，福本立即将他在会上的发言整理成《社会的构成及变革过程》一书，并于次年出版。施存统在1930年译成的《社会进化论》就是以该书为底本的。

施存统在译者序言中，评价该书是帮助中国人解决关于社会构成和社会变革问题的最佳指南。②从福本和夫撰写该书的背景来看，第一次日本共产党分裂后，日本无产阶级社会运动正处于无核心的状态。无产者需要具有怎样的社会学理论基础，才能与资本主义做斗争？这是福本和夫撰写该书的出发点。在福本看来，"考察这种社会的根据，考察我们在这里基于这种社会的根据而提出的问题——即考察'社会底构成及变革过程'这一问题，实在已变成我们目前的切实要求了"③。而社会组织结构的研究，在中国也是知识群体所关心和热衷于讨论的话题。因此，《社会进化论》的中译本出版后，也受到了国人的关注。

《社会进化论》除了全译《社会的构成及变革过程》以外，还添加了附录，这是施存统根据福本和夫在同年发表的《唯物史观的构成过程》译成的。结合正文和附录，可以看到福本和夫在讨论辩证唯物论的章节中，明显带有批判河上肇的意识。《唯物史观的构成过程》中所提出的"关于唯物史观的两个错误"，就都是以河上肇为例的说明：

> 有一派马克思研究者，把马克思于一八五九年在经济学批判底序文里"简单"写下的记述当作"唯物史观底公式"，把其他一切，都当作这个公式底"应用""适用"或"断片"。（例如河上肇氏）

---

① 福本和夫. 経済学批判のうちにおける『資本論』の範囲を論ず [J]. マルクス主義，1924（1）.
② 施存统. 译者序言 [M] // 福本和夫. 社会进化论. 施存统，译. 上海：大江书铺，1930：1.
③ 福本和夫. 社会进化论 [M]. 施存统，译. 上海：大江书铺，1930：3.

<<< 第五章 误解与厘正——汉译日书对理解马克思主义概念的影响

他们当论究唯物史观时,把经济学批判里所表现的简单的记述,解释为豫先被决定,被证明乃至被充实的东西(这种错误底发生,由于他们不能彻底理解唯物史观被决定、被证明乃至被充实所要通过的诸过程)底简单的表式——即"公式",所以否认那隐现于马克思及恩格斯底各种著述中的唯物史观的思想是由马克思自己底方法组织起来的。他们当论究唯物史观时,常常以这个公式为他们底出发点。因此,从这一个基本的错误里,产生了另一个错误,就是他们始终跳不出这个公式底文义的解释。①

福本和夫批判一些学者把一切都当作唯物史观公式的"应用"或"断片",明显是针对河上肇而提出的。此外,河上肇曾把唯物史观理解为"经济史观",未曾发现唯物史观中哲学、辩证的一面,也是福本和夫批判的重点之一。结合枥田民藏此前被译成中文的论著,可以发现他们在批判河上肇的唯物史观时都特别强调辩证唯物论在马克思主义思想体系中的重要作用。而《社会进化论》中福本对"辩证法的唯物论"的解释要比枥田在《唯物史观在马克思学上底位置》中更为系统和详细。《社会进化论》第七章的第三节名为《辩证法的唯物论(历史的唯物论)——无产阶级的意识形态》。福本首先分别追溯了"唯物论"和"辩证法"在马克思主义中的学术渊源,从马克思对费尔巴哈和黑格尔的研究中论述了二者的内涵与关联。最后,福本还强调了"无产阶级认识论的基础",认为表现无产阶级卓越性的理论,就是所谓的"历史唯物论"——"辩证法的唯物论"。②

福本和夫被看作辩证唯物主义在日本被早期引介和发展的代表人物之一。但《社会进化论》的原著写成之时,福本对辩证法的研究还处于初步阶段,他对辩证唯物论的认识也并非完全正确。有学者就指出他经常混淆唯物辩证法和唯物史观的概念③。但在《社会进化论》一书中,福本和夫对河上肇的唯物史观做出了与枥田不同角度的批判,并且通过西方哲学的思想渊源介绍了辩证唯物论的形成经过,这对中国社会主义者而言,的确具有很大的帮助。由于河上肇纠正自己对唯物史观谬见的《与唯物史观相关的自我清算》并没有被译成中文,因此《社会进化论》在中国的翻译与出版,也成为日本马克思主义哲学在中国的一次重要的"清算"。

综上所述,经由日本途径引入中国的马克思主义,并没有停留于"囿于唯

---

① 福本和夫.社会进化论[M].施存统,译.上海:大江书铺,1930:234-235.
② 福本和夫.社会进化论[M].施存统,译.上海:大江书铺,1930:195.
③ 岩崎允胤.日本における唯物弁証法の発展[J].北海道大学文学部紀要,1971(3).

物史观"的阶段。李大钊、陈独秀对唯物史观和阶级斗争说的关注是早期马克思主义在中国传播的特点之一。但观察河上肇、山川均和高畠素之等人被翻译的论著，便可发现在1927年以后，以资本论、剩余价值说为主题的作品明显更多。此外，栉田民藏、福本和夫这类针对河上肇早年唯物史观（经济史观）的谬见所做出的批判论著，也都被有意识地翻译成中文。1922年以后，"唯物辩证法"和"辩证唯物论"的引介及在这两个概念上的进一步探讨，成为纠正此前对"唯物史观"片面理解的关键。

在马克思主义论著的引介体系中，译自日文的论著比欧美、苏俄的译作更早介绍了唯物辩证法以及辩证唯物论，与此相关的概念和语汇也因此继续受日本翻译成果的影响，同时也带来了与译词相关的讨论和争议。但进入1930年代，国人对辩证唯物论的研究和探讨所依赖的外国文献却已明显地从日本转移到了苏俄。在这一转移的过程中，日本社会主义文献在整体上对中国的影响也已不如往昔。

（三）唯物辩证主义相关译书中的日本因素

经1920年代的引介，唯物辩证法在1930年代得到了更多的关注和讨论。其中"唯物辩证法论战"就是1930年代中国思想史上的一场重要论争。此论争由张东荪于1931年发起，并引来不同政治立场的学人参与其中。相关的讨论一直持续到1940年年初，为中国思想界带来了很大影响，同时也使中国知识群体对唯物辩证法的认识大为提升。

1931年9月，张东荪在《现代思潮》发表了《我亦谈谈辩证法的唯物论》一文，引来了以邓拓为代表的共产党人的批评，此后除了张东荪的再回应以外，牟宗三、郭湛波等人也参与到此论战中。1934年后，论战的重心转向了艾思奇与叶青之间对"新哲学"的争论。① 观察论战过程中的主要参与者，可见他们已少有日本留学的背景或翻译日书的经历。即使是曾经留学日本的艾思奇，在此次论战中所依赖的思想资源，也已经与日本的研究成果无甚联系。实际上，除了此次论战以外，与"辩证唯物主义"和"唯物辩证法"相关的汉译日书，在1931年以后的影响力也已有所下降，取而代之的是马恩原著以及布哈林、德波林、列宁等人的作品。整理民国期间辩证唯物主义译著的出版情况，如下表

---

① 关于唯物辩证法论战的先行研究，本书主要参考了：郭湛波．近五十年中国思想史[M]．上海：上海古籍出版社，2005；冯契．中国近代哲学史[M]．北京：三联书店，2014；田文军，吴根友．中国辩证法史[M]．郑州：河南人民出版社，2005；耿彦君．唯物辩证法论战研究[M]．北京：社会科学文献出版社，2005.

<<< 第五章　误解与厘正——汉译日书对理解马克思主义概念的影响

表 5.1　民国时期辩证唯物主义译书目录

	出版年	书名	作者	译者	出版社	出版地	备注
1	1927	《辩证法的唯物论》	（日）堺利彦	吕一鸣	北新书局	北京	
2	1928	《辩证法浅说》	（日）山川均	施存统	现代中国社	上海	
3	1929	《现代世界观》	（德）A. Thalheimer	李达	昆仑书店	上海	参考了日译版
4	1929	《辩证法唯物论》	（德）J. Dietzgen	柯柏年	联合书店	上海	由英译版转译
5	1929	《辩证法的逻辑》	（德）狄任	柯柏年	南强书局	上海	由英译版转译
6	1929	《辩证法与资本制度》	（日）山川均	施伏量	新生命书局	上海	
7	1929	《唯物辩证法与自然科学》	（苏）A. M. Deborin	林伯修	光华书局	上海	由日译版转译
8	1929	《伊里奇底辩证法》	（苏）A. M. Deborin	任白戈	辛垦书店	上海	由日译版转译
9	1929	《哲学的唯物论》	（苏）阿多拉茨基	高唯均	沪滨书局	上海	
10	1929	《辩证法底唯物论》	（苏）布哈林	李铁声	江南书店	上海	
11	1930	《辩证法经典》	（德）马克思等	程始仁	亚东图书馆	上海	
12	1930	《辩证法的唯物论入门》	（苏）德波林	林伯修	南强书局	上海	
13	1930	《辩证的唯物论者——乌里雅诺夫》	（苏）德波林	韦慎	秋阳书店	上海	
14	1930	《哲学与马克思主义》	（苏）德波林	张斯伟	乐群书店	上海	
15	1930	《辩证法的唯物论》	（苏）伏尔佛逊	林超真	沪滨书局	上海	
16	1930	《马克思主义的哲学问题》	（苏）G. V. Plekhanov	章子健转译	乐群书店	上海	
17	1930	《马克思主义经济学基础理论》	（日）河上肇	李达、王静、张栗原	昆仑书店	上海	
18	1931	《唯物辩证法者的理论斗争》	（日）河上肇	江半庵	星光书店	上海	
19	1931	《辩证法的唯物哲学》	（苏）A. M. Deborin	刘西屏	青阳书店	上海	由日译版转译
20	1932	《辩证法与资本制度》	（日）山川均	施伏量	新生命书局	北平	

续表

	出版年	书名	作者	译者	出版社	出版地	备注
21	1932	《辩证逻辑之基本原理》	（苏）陶汶尔考夫	彭苇森	春秋书店	上海	
22	1932	《辩证法唯物论教程》	（苏）西洛可夫等	李达、雷仲坚	笔耕堂书店	上海	参考了日译版
23	1933	《辩证的唯物论与乌里雅诺夫》	（苏）德波林	彭苇森	新光书店	北平	
24	1934	《唯物辩证法读本》	（日）大森义太郎	罗叔和	申报馆	上海	
25	1934	《唯物辩证法读本》	（日）大森义太郎	杨允修	新生命书局	上海	
26	1934	《现代哲学概论》	（日）永田广志	温建公	骆驼丛书出版部	北平	
27	1935	《新哲学纲要》	（日）德永直、渡边顺三	慎修等	辛垦书店	上海	
28	1936	《辩证法易解》	（苏）哥列夫	西流	亚东图书局	上海	
29	1936	《辩证唯物论与历史唯物论》	（苏）米丁	沈志远	商务印书馆	长沙	由英译版转译
30	1936	《新哲学大纲》	（苏）米丁	艾思奇、郑易里	读书出版社	上海	由英译版转译
31	1937	《新哲学讲话》	（日）德永直、渡边顺三	包刚	上海杂志公司	上海	
32	1937	《哲学》	（苏）米丁	张仲实	生活书店	上海	
33	1938	《通俗辩证法读本》	（日）德永直、渡边顺三	包刚	读者书店	汉口	
34	1938	《唯物辩证法讲话》	（日）秋泽修二	施复亮、钟复光	进化书局	上海	
35	1938	《辩证唯物论与历史唯物论》	（苏）苏联真理报	博古	中国出版社		
36	1938	《辩证法全程》	（苏）瓦囚斯坦	汪耀三、金奎光	光明书局	上海	
37	1938	《新哲学教程纲要》	苏联红色教授哲学院	吴清友	珠林书店	上海	
38	1939	《辩证认识论》	（苏）罗森塔尔	张仲实	生活书店	上海	
39	1939	《新哲学概论》	（苏）阿多拉茨基	吴大琨	生活书店	上海	
40	1939	《新哲学——唯物论》	（苏）B. L. Goreff	瞿秋白	霞社	上海	
41	1939	《新哲学概论》	（苏）阿多拉茨基	吴大琨	生活书店	上海	
42	1939	《新兴哲学体系》	（苏）米丁	胡明	光明书局	上海	

续表

	出版年	书名	作者	译者	出版社	出版地	备注
43	1940	《自然辩证法》	（德）恩格斯	杜畏之	言行出版社	上海	
44	1940	《辩证法与唯物论》	（苏）列宁	李大江	科学出版社	上海	
45	1940	《马克思主义的辩证法》	（苏）西脱科夫斯基 等				
46	1940	《新哲学教程》	（苏）罗森塔尔	张实甫	知识出版社	上海	
47	1940	《哲学论文集》	（苏）尤金	新华日报华北分馆辑	新华日报华北分馆		
48	1945	《通俗辩证法讲话》	（日）德永直、渡边顺三	包刚	上海杂志公司	上海	
49	1947	《唯物辩证法》	（苏）罗森塔尔	岳光	读书出版社	上海	
50	1947	《辩证唯物主义与历史唯物主义》	（苏）斯大林	唯真	新华书店	北平	
51	1949	《辩证唯物论讲话》	（苏）波齐涅尔	周韶华	光华出版社	上海	

从表中可见，共51种辩证唯物主义相关的译作中，有14种是翻译自日文的，但这些译自日文的作品中，也有4部并非日本学者原创。1931年后，来自德国与苏联的经典原作开始成为国人关注的对象，这让日系论著逐渐失去了以往几乎独占性的影响力。

李达翻译塔尔海玛的《现代世界观》，是参考高桥一夫和广岛定吉的两种日译本而成的。李达强调，他决定翻译该书的确是因为受到了日译本的启发，但后经友人寄来德语原书后，译书工作主要还是对照德语原版完成的①。到了1932年，当李达与雷仲坚合译《辩证法唯物论教程》的时候，虽然该书的书名和章节的安排，完全是参照广岛定吉和直井武夫合译的日译版②，但李达在译序中对日译版只字不提。对日本马克思主义文献不甚了解的读者，或会认为这是李、雷二人直译自俄文的作品。而作为精通日语却不甚熟稔俄语的译者，这样隐瞒转译事实的情况，在当时的译书作品中大有所在。上表中所列译自俄语的著述中，也许还有一些隐瞒转译事实的著书，因译者故意不提日译版的存在，也让不知情的读者无法简单辨认出来。这种情况在1931年以后尤为常见，这与中日关系恶化的趋势不无关系，但同时也反映了译者和读者对德国及苏联原著

---

① 李达. 译者例言［M］//塔尔海玛. 现代世界观. 李达，译. 上海：昆仑书店，1929.
② イー・シロコフ.『辯證法的唯物論』教程：ソヴェート黨學校及共産主義高等專門學校用教科書［M］. 廣島定吉，直井武夫，訳. 東京：白揚社，1932.

权威性的崇拜。此外，也能看出他们希望摆脱对日本文献依赖的复杂心态。

然而，由于日书汉译的传统已有30余年之长，这种依赖并不是能轻易摆脱的。其中，"辩证法"的译名就是极好的证例。张东荪在质疑辩证法的真理性时，就曾对此做出过讨论：

> 至于什么是辩证法，却不是一句话能答复的。须知辩证法是原文 dialectic 译语。这个译语根本上就不通。其故容我后来讲罢。现在姑且沿用这个名词。……查 dialectic 这个字本是希腊字，在原义只作"问答"或"诘问"或"对话"的意义。
>
> ……严幼陵先生主张一字数译，即完全看他的意义而变。现在的人们实在太忽视这一点了。我亦主张译外国名词当随其涵义而不同。就 dialectic 而言，照原义只应为"问答法"。但柏拉图的意思已经超出这个范围。康德与黑格尔更简直没有问答的意思包含在内。所以除照原来的意思尚可勉强译为辩证法。至于康德与黑格尔则这个"辩证法"的译语可谓全不适用。①

张氏的批评并非孤例。具有留欧经历的中国知识群体普遍对 dialectic 的中文译名感到不满。一位署名为"寄萍"、通晓欧文的论战参与者通过分析 dialectic 的词根，也提出了类似的意见：

> 辩证法一字，英文为 Dialectic or dialectik 法文为 Dialectiqve 德文为 dialectica。这一字可分为两部分：Dia 意谓"两"，lectic 意谓"言"，合之则为"两言"，即两人辩论之意也。至中国之译为辩证法，系来自日本，未见十分妥当。应译为"对勘"或"错综法"。中国的辩字，从"辛"从"言"，是两个有罪的人辩论，与外国的"两言"亦合。②

瞿秋白《实验主义与革命哲学》一文中将辩证法译为"互辩律"，也是对 dialectic 这一概念的另外一种解释。这些对译名的批判和探讨，对于国人理解辩证法的内涵，以及它从古希腊到近代的演变的确起到了一定作用，但 dialectic 被普遍译为"辩证法"的事实却并没有因此而动摇。实际上，早在明治末年，受明治政府雇请的德国哲学教师戈伯尔（Raphael von Koeber，1848—1923），在介绍古希腊哲学家赫拉克利特的思想时，就已经使用了"辩证法（弁证法）"一词。③ 到了大正时期，当黑格尔的哲学思想及恩格斯的《社会主义从空想到

---

① 张东荪. 辩证法的各种问题 [J]. 再生，1932，1 (5)：2-8.
② 寄萍. 唯物的辩证法与辩证法唯物论 [J]. 渭潮，1930 (5)：1.
③ ラファエル・フォン・コエーベル. 哲学要領 [M]. 東京：南江堂，1897.

<<< 第五章　误解与厘正——汉译日书对理解马克思主义概念的影响

科学的发展》被译介成日文时,"辩证法"在日本哲学语境中也已得到普遍运用。① 而在中国,1922年就已出现在出版物上的"辩证法"一词,其所指（signified）虽然并未完全为国人所理解,但其能指（signifier）却已深入人心。1930年代的唯物辩证法论战是对这一概念新的探讨,但译词本身显然已无法轻易被其他词语所替代,包括揭示"否定之否定"规律的"扬弃"一词,在1930年代的中国哲学研究中,甚至在部分文学作品中都得到了广泛的运用。在当今的辩证唯物主义研究中,这些受日本影响的语汇也早已成为几乎没有争议的术语。

除了词汇的沿用以外,受唯物辩证法论战的影响,永田广志、大森义太郎、德永直和渡边顺三等日本学者关于唯物辩证法和辩证唯物主义的论著,也于1934年以后被陆续译介成中文。从上表可见,1934年后译自日文的论著有8部,以《通俗辩证法读本》和《通俗辩证法讲话》为代表,这些译作都是入门、简介性质的小册子,面向基础较弱的初学者,起到宣传和普及唯物辩证法的作用。因此,这些译作及它们的译者都没有直接参与到唯物辩证法论战的正面交锋之中,而对于这些译自日文的作品,国人也没有像以往河上肇、山川均和福本和夫的论著那样做出更多的讨论。到了1937年以后,在马克思主义的译介资源中,译自日本的论著已为苏俄的文献让出了舞台中主演者的位置。

小结

新学说及新概念的传入,宛如先导者从国外带来火种,然后再将他人的思想逐渐点亮。从唯物史观及唯物辩证法的引介上看,经由河上肇等人传入国内的"火种",却并非纯正。国人对唯物史观的理解,就经历了不断更新与厘正的过程。在这一过程中,唯物辩证法的引入成为完善体系、转移论争的关键。

通过本章的论述可知,1922年,唯物辩证法的相关知识就已经由施存统通过译介栉田民藏的文章而被引介入中国。施氏因此对中国社会主义革命抱有更具前瞻性的见解。另一方面,直到1925年,孤军派中一些自称马克思主义者的学人,也还有人因为"囿于唯物史观"而采用静止观念看问题,并纠结于"中国是否适合社会革命"的烦恼之中。从施存统与孤军派之间对待同一问题的差异来看,即使都曾受河上肇的影响,但在理解和判断河上肇思想的局限性时,不同的人物也存在先知与后觉的区别。即使都自认为是马克思主义者,他们之间也还是存在异议和争论。

此外,通过转译塔尔海玛的论著,李达在1929年就系统介绍了唯物辩证法

---

① エンゲルス. 空想的及科学的社会主義［M］. 堺利彦, 訳. 東京: 大鐙閣, 1921.

的基本特征及三大规律。但就在同一年，听取李达授课的学生邱鹤却并没有完全理解辩证唯物论的真意，以致在整理和重述李达的讲义时，邱氏展现了一篇对辩证法似懂非懂的记录。这种情况也说明一般学人在理解唯物辩证法时，是明显滞后于"先导者"的。由于这种滞后性的存在，才更加凸显出普及入门读物的重要性。

本章的最后一部分介绍了1930年代以后汉译日本论著影响力的式微，但这并不意味着其影响的完全消失。作为了解马克思主义思想的捷径，永田广志、大森义太郎、德永直和渡边顺三等日本学者撰写的辩证唯物主义入门读物，与艾思奇的《大众哲学》一样，在1930年代以后仍在马克思主义哲学大众化的过程中发挥着重要的作用。

结　语

本书以社会主义思想在中日两国的早期传播为开端，并以五四以后、抗战以前的时间段为主体，论述了日本社会主义论著在中国的译介与影响。在欧美、苏俄及日本这三个译介新学的途径中，日本是地域和文化上都与中国最为接近的邻国，它虽然并非社会主义思想的发源地，却以"转运"的形式对中国造成了深远的影响。考察日书汉译参与者们的人脉关系，可知译者几乎都有留学东洋的背景，且译者之间的交流往来亦十分频繁。这让他们的译书工作相互联动，来自日本的论著也得以更系统、更全面地传入中国。在统计和分析了汉译日书的基本情况以后，本书还对河上肇、堺利彦、山川均和高畠素之等日本学者的汉译作品进行了文本分析，明确了他们在转译和解说马克思主义经典文献，以及介绍和研究苏俄问题等方面为中国知识群体带来的具体影响。此外，中日关系的变化以及现代思想史上几次重要的论战，也与日书汉译活动的发展进程互相牵连。1930年代后半期，在马克思主义思想中国化不断发展的进程中，日本因素的影响逐渐减弱，但"减弱"并不等于"消匿"，日本社会主义论著在中国的译介活动一直持续到二战以后，在当今也仍然能感受到它的影响。综合本书的论述，可获得以下几点思考与认识。

一、1919—1937年汉译日本社会主义论著的特点

1919—1937年，日本社会主义论著在中国的译介活动，经历了大起和渐落。艾思奇将五四比作中国的文艺复兴甚至启蒙运动①，新的科学方法开始建立，社会主义思想也成为一般知识青年乐于讨论的新文化、新知识。从国际社会主义发展的历程上看，一战的结束改变了世界的格局。列宁领导的布尔什维克党在巩固新生的社会主义革命政权。同时，共产国际的成立，为推动国际工人运动和马克思主义在东亚的发展，提供了强大的助力。回看东亚的情况，中日两国

---

① 艾思奇. 廿二年来中国哲学思潮[J]. 中华月报，1934，2(1)：43.

都被卷入了这股社会主义的潮流之中。在日本，除了国际形势的影响，日本国内兴起的大正民主运动，也为社会主义运动带来了良好的发展环境。山川均、堺利彦、河上肇、高畠素之等人主办的社会主义刊物，也在1919年后不断涌现。以《资本论》日译工作的展开为首，西欧和苏俄经典论著的日译活动，也在此时有了重大的进展，这为中国提供了颇具价值的文献资源。中国方面，经历五四后两年间的思想论战，中国知识群体对以马克思主义为主流的社会主义有了更深入的认识。在共产国际的帮助下，中国共产党于1921年成立。参与筹建中共的几位重要成员，如李大钊、陈望道、李汉俊、施存统、李达等人，也是译介日本社会主义论著的主要人物。他们的努力，让清末以来日书汉译的传统获得了新的发展。

下图统计了1919年以后从日本、苏俄以及欧美三种途径每年译介社会主义论著的册数。比较三种途径译书的发展趋势，也有助于了解"日本路径"的特点。

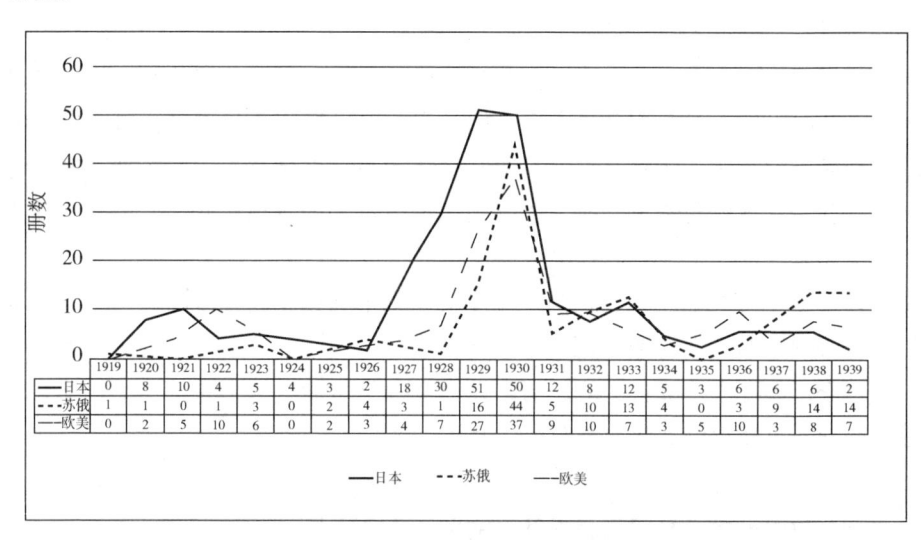

	1919	1920	1921	1922	1923	1924	1925	1926	1927	1928	1929	1930	1931	1932	1933	1934	1935	1936	1937	1938	1939
日本	0	8	10	4	5	4	3	2	18	30	51	50	12	8	12	5	3	6	6	6	2
苏俄	1	1	0	1	3	0	2	4	3	1	16	44	5	0	10	13	4	0	3	9	14	14
欧美	0	2	5	10	6	0	2	3	4	7	27	37	9	10	7	3	5	10	3	8	7

图结.1 三种译书路径年度社会主义译书册数折线图（1919—1939）①

1920—1921年，即"社会主义论战"期间，也是中共上海发起组开始活跃的时期，日本社会主义论著的译介活动达到了一次小高峰。到了出版事业最为兴盛的1927—1930年，汉译日本社会主义论著在数量上也一直保持着优势。1931年开始，日书译介在数量上已有明显下降，而1937年后，苏俄的社会主义

---

① 根据本书附录表B的统计数据制作而成，为了解1937年后的发展趋势，统计年份延长到1939年。

论著更为中国社会主义者所关注，基本上代替了日本原有的地位。

根据上图所呈现三种译书路径的发展趋势，结合译书的具体内容，可发现1919—1937年，日本社会主义论著的译介活动，有以下两个特点：

首先，大部分汉译日本社会主义论著，是浅显、通俗的初级读物，在国人接纳基础知识的过程中，带来了很大影响。初级读物对译者的语言能力和知识储备的要求不高，因此，参与初级读物译介工作的译者人数众多，出版成果也相当可观。这是汉译日书在数量上长期占优势的原因之一。如山川均的《资本制度浅说》、河上肇的《第二贫乏物语》、堺利彦的《劳动价值易解》，不少译自日文的初级读物都有多个汉译版本，且每个版本都再版多次，在国内十分畅销。它们为广大的中国知识群体以及一般群众，提供了了解社会主义思想的入门途径。这是《资本论》《政治经济学批判》和《国家与革命》等直译自西欧或苏俄的汉译经典作品所无法达到的效果。对希望深入理解马克思主义的人而言，停留在阅读初级读物的程度，自然是远远不够的。因此，不少译者都会提醒读者，"进而读马氏原著"①，才能真正了解马克思主义的真髓。汉译日本社会主义论著的影响，主要在基础入门的层面，这是其影响范围广，但研究深度不足的特点。

然而，基础入门的阶段也是至关重要的。从1919年开始，国人对支撑马克思主义理论的哲学概念的认识，是从河上肇等日本社会主义者的研究中获取的。正因如此，河上肇对"唯物史观"等基本概念的片面理解，也反映到了国人的知识体系内。他们对相关知识的理解，也经历了从误解到厘正的过程。1930年代以后，对马克思主义理论的理解有更高追求的中国知识群体，开始用批判和警惕的态度去对待"取径东洋"的思想资源。同时，他们也更加认识到直接引介经典文献的重要性。在通过日本接收到最初的基础知识以后，国人最终还是希望能努力摆脱对日文文献的依赖，力图通过多种途径，为思想学说的深入发展提供可能。

其次，国人通过"日本途径"译介社会主义论著，但却并不希望走"日本的路"。五四以后，除了俄国的布尔什维克主义以外，盛行于欧洲的社会民主主义、工团主义、基尔特社会主义和无政府主义，都是国人关心和引介的对象。社会主义发展成众多分支和派别，究竟何种类型更适合解决中国问题，引发了中国知识群体的激烈论战。走"德国的路"还是"俄国的路"，也是"社会主

---

① 罗琢章. 马克司社会主义之理论的体系·译者序言［N］. 学灯，1919-08-05（1）.

义论战"中重要的讨论话题。① 中国译者曾通过室伏高信、森户辰男和安部矶雄的论著，分别译了基尔特社会主义、无政府主义和基督教社会主义的相关研究。山川均、堺利彦等人对布尔什维克主义和苏俄国家建设的研究，也被国人大量译介成中文。他们通过日本学者的研究成果，了解西欧及俄国的社会主义发展模式，但日本社会主义的发展道路，却并非国人希望效仿的对象。

日本学者对社会主义的研究，倾注了足够的热情和努力，这是中国译者乐于从日本社会主义研究中获取思想资源的原因之一。但日本社会主义运动的发展，却长期处于混乱的状态。1920 年年底，日本社会主义同盟成立，但不到半年就被查禁解散。1922 年 7 月，第一次日本共产党成立，很快也因内部意见无法统一而分崩离析。对国人而言，对日本社会主义各党派的活动，虽有必要做出关注，但却不甚值得学习。可以说，自社会主义思想传入东亚以来，直到二战爆发以前，中日两国的社会主义者，都还在研究和探索本国社会主义发展模式的道路之上。

民国时期出版的社会主义译书，其中的日本原作者在国际社会主义发展史上，也明显处于次要的地位。按照国别，统计社会主义译书原作者的人数，以及观察主要原作者的名单，也有利于进一步分析他们的特点。

表结.1　民国期间社会主义译书原作者国别统计表②

国别	日本	苏俄	美国	德国	英国	法国
原作者人数	83	79	33	29	24	6
主要原作者	河上肇、山川均、堺利彦、高畠素之、大杉荣、福本和夫、栉田民藏、幸德秋水、德永直、渡边顺三、永田广志、佐野学等	列宁、托洛茨基、斯大林、布哈林、德波林、克鲁泡特金、普列汉诺夫、梁赞诺夫、列昂节夫、莫洛托夫、尤金、米丁等	塞利格曼（E. Seligman）、留伊斯（A. Lewis）、萨克思（A. S. Sachs）、E. Untermann、Smith Jessica 等	马克思、恩格斯、考茨基、柯诺（H. Cunow）、马克斯·比尔（Max Beer）、博洽德（J. Borchardt）等	柯尔（G. D. H. Cole）、柯曼（C. M. Coleman）、柯卡普（T. Kirkup）、拉尔金（M. P. Larkin）、拉斯基（H. J. Laski）等	拉法格（P. Lafargue）、施亨利（M. Henri See）、Charles Gide、Charles Rist 等

上表列出的德国原作者中，马克思、恩格斯的作品是最重要的经典文献。

---

① 张君劢，张东荪. 中国之前途：德国乎？俄国乎？[J]. 解放与改造，1920, 2 (14).
② 据本书附录表 B 的数据统计而成。各国主要原作者，选取被译介书目较多，以及影响较大的人物。

考茨基、柯诺和博治德，都是研究和解读马克思主义的重要人物。其中，柯诺和博治德也是德国社会民主党的重要成员。俄国的原作者中，列宁、斯大林、布哈林、普列汉诺夫等人是布尔什维克的核心领袖，德波林、梁赞诺夫、尤金、米丁等人是著名的马克思主义研究者、理论家和哲学家。此外，克鲁泡特金和柯尔，则分别是无政府主义和基尔特社会主义的代表人物。以上提及的西方原作者，在国际社会主义发展史上都占有重要的地位。中国译者将他们的原著直译成中文的作品，显然比河上肇、山川均等人的作品更具权威性。

值得留意的是，在这些权威论著被直译成中文以前，也已经有不少作品通过日译本被转译成中文。除了转译经典论著以外，大量由日本学者著成的研究与解说论著也成为国人关注的对象。在国人有足够知识储备和语言能力驾驭德文、俄文等原著以前，转译日著成为便捷之路。同时也可看到，在翻译一些日本学者的作品时，译者会专门转译马克思本人的论述，而忽略日本学者解说的部分①，或是删去日本学者结合社会主义思想论说日本国内问题的部分。② 另一方面，自1907年起，森近运平、堺利彦和石川三四郎等人，就已经开始撰写以"日本社会主义史"为主题的论著。1928年以后，以"日本社会主义运动史"为书名的著作，也开始陆续在日本出版。③ 但这些与日本社会主义本土化相关的作品，却都没有在当时被译介成中文。④ 可见国人希望通过日本了解西方社会主义思想，但对日本社会主义运动的发展模式，却并没有显现出同等程度的关心。

通过日本途径所了解的社会主义知识，毕竟是经日本学者筛选、解说后的内容。国人不仅要接受经日本人转运的"二手资源"，而且还不得已地处于一种等待资源的被动地位。例如，在1924年以前，不少中国学人就表示需要等高畠素之把《资本论》翻译完成⑤，才能通过日译版去阅读这部马克思的巨著。可以说，国人不希望模仿日本社会主义的发展道路，但在很长一段时间内，必须通过日本学者的眼睛，去看"西欧的路"或"俄国的路"。当然，中国共产党

---

① 如陈溥贤在1919年翻译河上肇的《马克思社会主义之理论的体系》，就删去了河上肇的解说部分，只转译马克思的原文。
② 如施存统在1930年翻译福本和夫的《社会构成与变革过程》，就删去了福本和夫对高田保马和福田德三的评论部分。
③ 如：横沟光晖. 日本社会主義運動史講話［M］. 東京：松華堂書店，1928；吉川守圀. 荊逆星霜史：日本社会主義運動側面史［M］. 東京：不二屋書房，1936.
④ 与"日本社会主义政党"相关的介绍文章，偶有在杂志上出现。如：陈溥贤. 东游随感录［J］. 晨报，1919-11-06 (7)；鸣田. 日本社会运动之现状［J］. 东方杂志，1921，18 (6).
⑤ 戴传贤. 马克斯资本论解说［J］. 建设，1919，1 (4)：1.

最终还是选择了直接通过苏俄来了解"俄国的路"。尤其是到了1930年代后半期，中日关系交恶、日本左翼阵营中"转向者"频出，而苏俄与共产国际则为中国的社会主义阵营提供了政策上的指导和经济上的援助。仅在思想支援上提供中转地的"日本路径"，自此逐渐失去了影响力。中国共产党也是在靠近"俄国的路"上，结合中国本土的实际情况，最终走出了自己的路。

二、日书译者的选择与命运

在西方的冲击下，近代中日两国受到的影响和做出的回应并不相同，但两国的知识群体都需要尝试解决类似的问题——意识层面上，要处理本国传统文化与西方新学之间的冲突与融合；现实发展中，要面临在新的国际视野下进行国家与社会的革新与建设。新旧思想冲突与融合的过程中，各持所见的学人形成了不同的立场与流派，但意识形态和政治派别并不是区别他们属性的唯一标准。尤其在关系到社会建设与民生问题的时候，即使立场不一，大部分学人也都曾了解和尝试过社会主义的解决方式。

社会主义思想在中国的引入和传播，离不开译者的译介工作。他们的努力，为社会主义在中国的长远发展打下了最初的基础。对民国时期的译者而言，他们自身的命运与译书活动也有着微妙的关系。译者有不同的教育背景和知识体系，他们通过不同国度的文献资源，将国外的社会主义论著翻译成中文。按照翻译语种的区别，可以整理出以下列表，从中亦可看到他们之间的区别与联系。

表结.2 民国期间各语种社会主义论著译者统计表[1]

译自语言	日语	俄语	英语	德语	法语
译者人数	168	105	87	68	12
主要译者	施存统、李达、吕一鸣、高希圣、钟复光、萨孟武、熊得山、周佛海、郭沫若、陈望道、陈溥贤、戴季陶等	李季、王唯真、瞿秋白、沈志远、张仲实、博古等	李季、袁振英、柯柏年、艾思奇、何锡麟、湛小岑、樊仲云等	郭大力、王亚南、李季、博古、侯外庐、柯柏年、何锡麟等	何思源、林超真、刘初鸿、黎东方等

---

[1] 据本书附录表B统计而成。各语种的主要译者，选取参与译书册数较多，以及影响较大的人物。

<<< 结语

　　本书论及的译者，主要是翻译日本社会主义论著的中国人。由于汉译日书数量庞大，译者人数众多，本书曾选出十几名译书活动频繁且带来过重要影响的人物，尝试对他们的翻译事迹及彼此间的交流往来进行考察。他们之间的人际网络十分复杂，其中也有夫妻、师友和事业合作伙伴等关系。从他们政治道路的走向上看，李达、李汉俊、陈望道、施存统、钟复光、陈启修和戴季陶这几名人物，在中国共产党创建前后，都曾与党有或深或浅的联系，但不久后，他们与党的关系都日渐疏离。当然，新中国成立后，陈望道、李达和钟复光分别在不同的时期重新恢复了党籍。这些人对社会主义思想在中国的普及与传播起到了很大作用，也为中国共产党的发展壮大建立了思想基础和群众基础，但在本书所讨论的民国时期，他们主要还是以党外知识人士的身份活动的。

　　倘若关注从欧美和苏俄路径译介社会主义文献的几名重要译者，可看出他们与中共大多保持着长期的、密切的关系。上表中，郭大力、王亚南是于1938年完译《资本论》的两名译者。《资本论》的完译，是马克思主义研究在中国进展到一定深度的重要成果；李季、侯外庐、博古和何锡麟，通过德文或英文文献，直译或转译了马恩的著作，包括《资本论》的节选，以及《价值、价格与利润》《社会主义从空想到科学的发展》等作品。其中，李季在1920年就已通过英国学者的著作翻译出版了《社会主义史》一书，其后又利用英、德、俄语的文献引介社会主义论著，为中国读者提供了大量直译自西欧和苏俄的经典著作；王唯真译介了列宁的《帝国主义》《论民族自决权》，以及斯大林的《论列宁主义基础》《马克思主义与民族问题》等苏俄领导人的论著；沈志远和张仲实，则翻译了列昂节夫、米丁等苏俄哲学家的经典作品，包括《辩证唯物论》和《政治经济学基础》。他们的译介工作，都获得了毛泽东的高度评价，其中不少人物，除了"译者"的身份，在马克思主义中国化的历史进程中，作为一名理论工作者，也起到了较为重要的推动作用。

　　这些译介德国与苏俄经典论著的译者大多在留学德、法、苏的时候，就成了国际共产主义组织与中共沟通联系的桥梁。译书工作是他们在国内宣传和组织无产阶级革命运动的重要方式之一。日本社会主义论著的译者们所参与的译书活动，当然也同样受到中共的影响，但与其他途径的译书活动相比，有些日书译者更偏向于个人自发的学术性活动，其中也包括一些依靠译书谋生的经济利益动机。

　　对这些参与译书活动的中国译者而言，翻译活动只是他们人生中或轻或重的一部分，如果说因为所译论著的国别不同，就影响到他们的政治立场，以及对中共的态度，必然是欠妥的结论。相对而言，1927年国民大革命的失败，才是部分学人对国、共两党都感到失望，决定退党的最大原因。译介社会主义论著册数最多的施存统，以及他的妻子钟复光，都是在大革命失败后脱离中共，从此专注于译书工作的。除了施氏以外，翻译河上肇《经济学大纲》① 的陈启修，也是在大革命以后流亡日本，并决心不问政治，转而从事写作、翻译和研究的工作。陈启修之后亡命日本的茅盾，在回忆大革命后的人心所向时，就表示当时不少国人都已对中国各派政党产生了蔑视之情。茅盾认为，"似乎经历了一九二七年那场大风暴的人们都有些变了"②。这种变化，也导致向往同一种思想、主义的人们最终走向了不同的道路。而施存统、李达和陈启修等人，则不约而同地做出了脱离政党、潜心学术与译书的选择。日本社会主义著书的译介成果，也正是在他们做出了此种选择以后才大量涌现的。

从另一个角度看，这些在译书活动上颇有贡献的学者，他们所学的语言以及他们因留学所获取的知识背景，也在一定程度上影响了他们了解社会主义思想的途径，从而影响到他们面对中国共产党做出或去或留的选择。具体到日书译者的情况，中国知识群体除了译介日本的社会主义文献以外，也十分关心每一位日本社会主义者的对华言论和思想变化。从几名最为中国人所熟知的日本社会主义者的活动范围和政治立场上看，河上肇是一名大学的经济学教授，以授课、研究和著书为主。虽然他于1932年加入了日本共产党，但在没有获得实际运动功绩前便已入狱；高畠素之作为马克思经典论著的翻译者，其人生的大部分精力也消耗在文字工作上，并在逝世前的最后几年转向了国家社会主义的立场；在政党和社会运动上较为活跃的堺利彦和山川均，他们早期有工团主义的倾向，并被中国社会主义者批评为缺乏实际行动力的"笔砚人物"。以这些日本社会主义者的论著作为译介的对象，译者们也大多选择了将自己的活动范围限制在远离政党活动的文字工作中。

此外，1930年代中期，一些曾经提出反战反侵略口号的日本社会主义者，表现出了支持军国主义的倾向，甚至也有不少放弃左派立场的"转向者"。原在大正期间活跃于各个社会主义党派的人物，包括三木清、长谷川如是闲、佐野学、锅山贞亲等人，都在高强度的镇压之下，或被迫或自愿地走向了脱离社会主义运动的道路。一些没有明确"转向"的人物，也从原来积极发声的态度，转变为消极地保持沉默。曾经的日本社会主义同盟，也在此时走向分裂。这样的结果，对关注和了解日本社会主义的中国译者而言，也是不无影响的。

---

① 河上肇. 经济学大纲 [M]. 陈豹隐，译. 上海：乐群书店，1929.
② 茅盾，韦韬. 茅盾回忆录：上 [M]. 北京：华文出版社，2013：315.

本书所论及的日书译者们，于五四前后，通过来自日本的文献接触到社会主义思想，当时他们的政治立场也并不统一。在学习与接纳了社会主义以后，他们之中也有一部分人受共产国际的推动，有志于建立国内的共产主义政党。但这些曾经参与筹备和创建中国共产党的人物，并非全都能长期与共产党保持一致的思想与行动。他们的选择与命运，和他们所熟知的日本社会主义者，似乎也有着种种相似之处。1930 年，翻译过河上肇作品的译者郑里镇，曾猜测过河上肇当时尚未加入日本共产党的原因。郑氏认为，正因为河上肇真正了解马克思的学说，认识到日本实行共产主义的条件尚未成熟，所以才保持着与共产党的距离。[①] 郑氏本人也并非共产党员，曾担任过广东省国民党的党部干事。从他对河上肇以及日本共产党的评价中，也能一瞥日书译者对中国共产党及中国社会主义革命的理解与态度。

三、社会主义思想在中日两国的发展与命运

社会主义思想在西方因资本主义不可调和的矛盾而生，是在资本主义发展到相对成熟的阶段而兴起的。19 世纪中后期，西方国家的自由民主主义和民族主义思想是意识形态的主流，这也是欧洲工人运动的兴起和科学社会主义创立的背景。当社会主义思想传入东亚以后，它却面临完全不同的土壤环境。有学者认为，自由民主主义、社会主义和国家主义同时传入日本，以致这三种思想都需要在彼此间的夹缝中成长。[②] 西方新学传入近代中国的情况，也与此十分相似。就结果而言，自由民主主义在中日两国的发展都不太成熟，但社会主义最终在中国成为主流的意识形态，而在日本，社会主义思想则被在 1930 年代成为强势的军国主义湮没了其发展的趋势。事实上，在 1919 年以后，就能看到中日两国的社会主义发展，逐渐走向了截然不同的方向。中国知识群体从日本译介大量社会主义论著，从中获取了社会主义革命的理论知识。在思想论战和群众动员的实践中，发展、壮大了无产阶级的革命力量，最终在 1949 年建立了社会主义国家，且如今也还在建设中国特色社会主义的道路上。反观日本，作为中国获取社会主义思想资源的国度之一，日本的社会主义势力在昭和以后就逐渐不见起色。二战以后，虽然日本共产党和日本社会民主党左派阵营，仍在国会拥有一定的议席，但它们始终无法成为日本国内意识形态与政治活动的主流。

---

① 郑里镇. 译者缀语 [M] //河上肇. 唯物史观研究. 郑里镇, 译. 上海：文华书局, 1930：1.

② 荒川幾男, 生松敬三. 近代日本思想史 [M]. 東京：有斐閣, 1973：113.

回溯1919年以来两国社会主义的发展，可以发现以下三点重要的区别：

第一，日本社会主义阵营的分裂与中国共产党的壮大。如《东方杂志》一名驻日记者所言，日本的社会主义派别繁多，他们的社会主义运动并没有一条清晰的主线，无产党派间的争锋对立和激烈论争也消磨了社会主义政党的总体实力。① 山川均、高畠素之和福本和夫等人对马克思主义和列宁主义的理解分歧，实际上也是政党派别之间的斗争。日本社会主义同盟解散后的次年，日本共产党在共产国际的帮助下成立，但在日本社会主义阵营中，共产党与非共产党之间的矛盾和冲突却仍然持续。没有统一的领导核心，是日本社会主义运动发展历程中的常态，这的确消磨了他们的实力。相比之下，中国共产党在成立后不久就成为无产阶级政党中最具影响力的群体，并在中国现代革命的进程中留下清晰的轨迹。此外，在处理与共产国际的关系上，虽然中日两国的社会主义政党，都需要面临抵抗共产国际错误指导方针的问题，但中共更善于吸收苏联与共产国际在理论、宣传和资金方面给予的有利援助，而日本社会主义政党，无论是大杉荣、山川均，还是其后以福本和夫为领导的第二次日本共产党，都在与共产国际斡旋的过程中，逐渐与其产生了隔阂，疏远了距离。②

第二，日本社会主义者在思想和理论研究上取得了收获，但在群众运动上却未能最终成功。一部分日本社会主义学者，以河上肇为首，是在日本最高学府中担任教职的经济学家。他们为学生和知识群体的思想观念带来了很大影响，但对于一般群众的动员却有所不足。山川均、堺利彦等人，曾在地方群众运动中做出过一定的努力，但日本社会主义的群众动员，仅限于规模较小的无产青年运动和部落解放等运动。③ 有学者认为，直到二战以前，社会主义也还没有找到和日本的历史、社会的实际情况相结合的合理方式。以马克思主义思想为主流，社会主义如果要在一个新的国度形成自己独特的形态，需要这个国家的无产阶级运动大众化，且劳动阶级要有脱离资本主义和小资本主义的政治从属地位、寻求社会运动科学指导理论的意愿。④ 从日本社会主义发展的实际情况来看，没有任何一个派别的社会主义政党对无产阶级的组织与动员能符合上述条

---

① 鸣田. 日本社会运动之现状［J］. 东方杂志, 1921, 18（6）: 79.
② 絲屋寿雄. 日本社会主義運動思想史：第Ⅱ卷［M］. 東京：法政大学出版社, 1980：314.
③ 渡部徹, 飛鳥井雅道. 日本社会主義運動史論［M］. 東京：三一書房, 1973：241, 278.
④ 小山弘健, 岸本英太郎. 日本の非共産党マルクス主義者——山川均の生涯と思想［M］. 東京：三一書房, 1962：14.

件。相比之下，中国共产党在大革命结束后进行的工农武装斗争和土地革命运动，则较为成功地达到了组织和动员无产阶级的效果。因此，日本社会主义者的理论研究成果，经汉译论著影响到中国社会主义思想的发展，但在日本本土，却在与群众运动相结合的过程中遇到了未能解决的困难。

第三，面对法西斯主义的压力，中日社会主义阵营采取了不同的应对方式。九一八事变以后，日本法西斯主义势力已十分强大。绝对主义的天皇制以军部和官僚为支柱，形成了对内高压、对外侵略的政策。严格的检举制度对社会主义政党产生了极大的遏制。在这样的情况下，出现了大批转向者，严重打击了社会主义运动在日本的发展。作为世界无产阶级阵营的一部分，他们本应站在反战、反专制的立场，但转向者表现出服从天皇制、支持侵略战争的态度，并对无产阶级运动的国际性意义也进行了质疑。仍然坚持固有主张的左派团体（如唯物论研究会），其力量也不足与强大的法西斯主义抗衡。因此，侵华战争爆发后，日本国内的社会主义党派，已基本处于被压制的状态。曾经公开反对侵略战争的社会主义者，也大多选择了沉默和妥协。相比之下，中国共产党在坚持抵抗日本法西斯侵略的过程中，不断扩充队伍，并获得了广大群众的支持。可以说，日本法西斯主义压制了日本国内的社会主义力量，却无法在实施侵华策略的过程中，压制住马克思主义在中国的发展，以及中国共产党的壮大。

然而，以马克思主义为主流的社会主义作为一门由西方引进的思想学说，对日本思想及学术上的影响却是举足轻重的。丸山真男在评价马克思主义对日本的影响时，就认为"日本的学术界借助它的力量，不仅第一次掌握了从政治、法律、哲学、经济等具体学科认识社会现实的方法，而且也学会了把它们相互联系起来综合考察的方法。对于历史，不仅是根据史料考证具体史实，或了解领导人物的盛衰荣辱，而且学会了从复杂多变的历史现象背后探究推动其前进的基本原因的方法"①。因此，马克思主义对日本知识群体的影响也是举足轻重的。经河上肇、山川均、堺利彦和高畠素之等日本学者的努力而著成的社会主义研究论著，也是这种影响在日本思想和学术上的有力证据。这些论著经留学生和译者的传播，让社会主义思想在中国获得了截然不同的发展局面。因此，社会主义在日本虽然没有获得充分的发展空间，但却为中国的社会主义发展提供了重要的思想资源，带来了深远的影响。

---

① 丸山真男. 日本の思想［M］. 東京：岩波書店，1961：55-56.

附　录

表 A　《新青年》汉译外文作品目录

期号	标题	译者	原作者	原作语言	备注
1915年9月第一卷第一号	《妇人观》	陈独秀	（法）Max O'roll	英语	
	《春潮》	陈嘏	（俄）屠格涅夫	俄语	文学作品
	《现代文明史》	陈独秀	（法）薛纽伯	法语	
	《青年论》		（美）W. F. Markwick、W. A. Smith	英语	
1915年10月第一卷第二号	《意中人》	薛琪瑛	（英）王尔德	英语	文学作品
	《赞歌》	陈独秀	（印）泰戈尔	英语	文学作品
	《亚美利加》	陈独秀	（美）Samuel F. Smith	英语	文学作品
	《近世国家观念与古相异之概略》	高一涵	（德）伯伦知理	德语	
	《托尔斯泰之逃亡》	汝非	（俄）Paul Barukoff	俄语	转译自英文版
1915年11月第一卷第三号	《近世思想中之科学精神》	刘叔雅	（英）赫胥黎	英语	
1915年12月第一卷第四号	《血与铁》	汝非		英语	译自伦敦《自由旬报》
	《叔本华自我意志说》	刘叔雅	（德）叔本华	德语	
	《人生科学（一）：女性与科学》	孟明	（日）小酒井光次	日语	
1916年1月第一卷第五号	《初恋》	陈嘏	（俄）屠格涅夫	俄语	文学作品
	《佛兰克林自传》	刘叔雅	（美）本杰明·富兰克林	英语	
	《英国少年团规律》	李穆		英语	
	《人生科学（二）：青年与性欲》	孟明	（日）小酒井光次	日语	
1916年2月第一卷第六号	《戴雪英国言论自由之权利论》	高一涵	（英）A. V. Dicey	英语	
	《美国人之自由精神》	刘叔雅	（英）Edmund Burke	英语	

续表

期号	标题	译者	原作者	原作语言	备注
	《人生科学（三）：人口问题与医学》	孟明	（日）小酒井光次	日语	
	《巡视美国少年团记》	澍生	（英）濮爱尔	英语	
1916年9月第二卷第一号	《决斗》	胡适	（俄）泰来夏甫	俄语	文学作品
	《弗罗连斯》	陈嘏	（英）王尔德	英语	文学作品
1916年10月第二卷第二号	《爱尔兰爱国诗人》	刘半农	爱尔兰诗人数名	英语	文学作品
	《赫克尔之一元哲学》	马君武	（德）赫克尔（Ernst Haeckel）	德语	
1916年11月第二卷第三号	《欧洲花园》	刘半农	（葡萄牙）希尔湟	葡萄牙语	文学作品
1916年12月第二卷第四号	《拜伦遗事》	刘半农	（英）拜伦	英语	文学作品
	《寺钟》	汪中明	（法）路梅脱	法语	文学作品
1916年12月第二卷第五号	《磁狗》	刘半农	（英）麦道克	英语	文学作品
1917年2月第二卷第六号	《基尔米里》	陈嘏	（法）龚枯尔兄弟	法语	文学作品
	《马赛曲》	刘半农	（法）克洛德·约瑟夫·鲁日·德·李尔	法语	文学作品
1917年3月第三卷第一号	《二渔夫》	胡适	（法）莫泊桑	法语	文学作品
	《天才与勤勉》	程师葛	（美）H. W. Beecher	英语	
1917年4月第三卷第二号	《梅吕哀》	胡适	（法）莫泊桑	法语	文学作品
	《金钱之功用及罪恶》	何先槎	（英）Samuel Smiles	英语	
1917年5月第三卷第三号	《中国学研究者之任务》	J. H. C. 生	（日）桑原隲藏	日语	
1917年6月第三卷第四号	《琴魂》	刘半农	（英）Margaret Marrill	英语	文学作品
	《缝衣曲》	刘半农	（英）Thomas Hood	英语	文学作品
	《罗斯福国防演说》	李权时	（美）罗斯福	英语	
	《基督教徒当为士卒否》	何源来	（英）裴尔特	英语	
1917年7月第三卷第五号	《诗与小说精神上之革新》	刘半农	（英）Samuel Johnson（美）Henry van Dyke	英语	译述
	《智乐篇》	胡善恒	（英）Sydney Smith	英语	
	《结婚与恋爱》	袁振英	（美）Emm Goldman	英语	
1917年8月第三卷第六号	《科学与基督教》	陈独秀	（德）赫克尔	德语	

续表

期号	标题	译者	原作者	原作语言	备注
1918年1月第四卷第一号	《陀思妥夫斯奇之小说》	周作人	(英)W. B. Trtses	英语	
1918年2月第四卷第二号	《柏格森之哲学》	刘叔雅	(法)亨利·柏格森	法语	
	《天明》	刘半农	(英)P. L. Wilde	英语	文学作品
	《古诗今译》	周作人	(古希腊)Theokritos	希腊语	文学作品
1918年3月第四卷第三号	《童子Lin之奇迹》	周作人	(俄)Fyodor Sologub	俄语	文学作品
1918年4月第四卷第四号	《皇帝之公园》	周作人	(俄)Aleksandr Jvanoviteh Kuprin	俄语	文学作品
	《老洛伯》	胡适	(苏格兰)A. Lindsay	英语	文学作品
1918年5月第四卷第五号	《贞操论》	周作人	(日)与谢野晶子	日语	
	《我行雪中》	刘半农	(印)Ratan Devi	英语	文学作品
1918年6月第四卷第六号	《娜拉》	罗家伦	(挪威)易卜生	英语	文学作品
	《国民之敌》	陶履恭	(挪威)易卜生	英语	文学作品
	《小爱友夫》	吴若男	(挪威)易卜生	英语	文学作品
	《易卜生传》	袁振英	(英)Edmund Gosse	英语	
1918年8月第五卷第二号	《Tagore诗二章》	刘半农	(印)泰戈尔	英语	文学作品
	《不自然淘汰》	周作人	(瑞典)August Strindber	英语	文学作品
	《改革》	周作人	(瑞典)August Strindber	英语	文学作品
1918年9月第五卷第三号	《结婚论》	杨昌济	(芬兰)威斯达马克		
	《译诗十九首》	刘半农	(印)Sarojini Naidn (俄)Ivan Turgenev	英语	文学作品
	《杨拉奴媪复仇的故事》	周作人	(希腊)Argyris Ephtaliotis	希腊语	文学作品
	《扬尼思老爹和他驴子的故事》	周作人	(希腊)Argyris Ephtaliotis	希腊语	文学作品
1918年10月第五卷第四号	《酋长》	周作人	(波兰)Henryk Sienkiowicz	德语	文学作品
1918年10月第五卷第五号	《协约国与普鲁士政治理想之对抗》	陈达才	(美)韦罗贝	英语	
	《空大鼓》	周作人	(俄)列夫·托尔斯泰	俄语	文学作品
1918年12月第五卷第六号	《小小的一个人》	周作人	(日)江马修	日语	文学作品
	《遣扇记》	沈性仁	(英)王尔德	英语	文学作品
1919年1月第六卷第一号	《卖火柴的女儿》	周作人	(丹麦)安徒生		文学作品

续表

期号	标题	译者	原作者	原作语言	备注
	《铁圈》	周作人	（俄）F. Sologub	俄语	文学作品
1919年2月第六卷第二号	《灵异论》	刘叔雅	（德）赫克尔	德语	
	《可爱的人》	周作人	（俄）契科夫	俄语	文学作品
	《近代戏剧论》	袁振英	（美）Emma Goldman	英语	
1919年3月第六卷第三号	《白璞田太太》	张黄	（法）莫泊桑	法语	文学作品
	《关不住了》	胡适	（美）Sara Teasdale	英语	文学作品
1919年4月第六卷第四号	《俄国革命之哲学的基础》	起明	（英）Angelo S. Rapport	英语	
	《选举权理论上的根据》	高一涵	（日）吉野作造	日语	
	《诗：希望》	胡适	（波斯）Omar Khayyam	英语	文学作品
	《诗：德国农歌》	苏菲		英语	文学作品
1919年5月第六卷第五号	《马克思的唯物史观》	陈溥贤	（日）河上肇	日语	
1919年11月第六卷第六号	《文艺的进化》	朱希祖	（日）厨川白村	日语	
	《奏乐的小孩》	沈钰毅、天风	（英）Austin Dobson	英语	文学作品
	《沙漠间的三个梦》	周作人	（南非）Olive Schreiner	英语	文学作品
	《启发托尔斯泰的两个农夫》	邹诩	（日）昇曙梦	日语	
1919年12月第七卷第一号	《精神的独立宣言》	张崧年	（法）罗曼·罗兰等	法语	转译自英文版
	《齿痛》	周作人	（俄）L. Andrejev	俄语	文学作品
1920年1月第七卷第二号	《美国城市自治的约章制度》	张慰慈		英语	美国法律条文
	《一个青年的梦》	鲁迅	（日）武者小路实笃	日语	文学作品
	《摩诃末的家族》	周作人	（俄）V. Dantshenko	俄语	文学作品
1920年2月第七卷第三号	《与支那未知的友人》	周作人	（日）武者小路实笃	日语	
	《诱惑》	周作人	（波兰）Stefan Zeromski	英语	文学作品
	《黄昏》	周作人	（波兰）Stefan Zeromski	英语	文学作品
	《近代心理学》	张崧年		英语	译自《自然》杂志
1920年4月第七卷第五号	《新闻记者》	沈性仁	（挪威）Bjornson	英语	文学作品
	《晚间的来客》	周作人	（俄）A. Kuprin	俄语	文学作品
1920年5月第七卷第六号	《职工同盟论》	C.S	（俄）S. A. P.	俄语	

续表

期号	标题	译者	原作者	原作语言	备注
	《俄罗斯苏维埃联邦共和国劳动法典》	李泽彰		俄语	苏联法律条文
1920年9月第八卷第一号	《女子的将来地位》	李汉俊	（德）Bebel	德语	转译自英文版
	《俄罗斯苏维埃政府》	张慰慈	（美）Rose、Perlman	英语	
	《俄罗斯同业组合运动》	李汉俊	伦敦俄罗斯人民通信社		英语
	《我在新俄罗斯的生活》	李汉俊	（美）Wilfred K. Humphries	英语	
1920年10月第八卷第二号	《梦与事实》	张崧年	（英）罗素	英语	
	《工作与报酬》	凌霜	（英）罗素	英语	
	《民主与革命》	张崧年	（英）罗素	英语	
	《游俄之感想》	沈雁冰	（英）罗素	英语	
	《哲学里的科学法》	张崧年	（英）罗素	英语	
	《玛加尔的梦》	周作人	（俄）科罗连科	俄语	文学作品
	《苏维埃共和国底产妇和婴儿及科学家》	李汉俊	（美）LincoIn Eyre	英语	
	《苏维埃的平民教育》	杨明齐		俄语	译自莫斯科《苏维埃年历公报》
	《文学与现在的俄罗斯》	郑振铎	（俄）高尔基	俄语	转译自英文版
	《哥尔基在莫斯科万国大会演说》	李少穆	（俄）高尔基	俄语	
1920年11月第八卷第三号	《能够造成的世界》	李季	（英）罗素	英语	
	《自序》	郑振铎	（英）罗素	英语	
	《民族自决》	袁振英	（俄）列宁	俄语	
	《罗素论苏维埃俄罗斯》	沈雁冰	（美）Jacob Wittmer Hartmann	英语	
	《被幸福忘却的人们》	周作人	（俄）David Pinski	俄语	文学作品，转译自英文版
	《我们要从哪里做起?》	袁振英	（俄）杜洛斯基	俄语	
	《俄国职工联合会发达史》	杨明齐	（俄）托穆斯基	俄语	
	《全俄职工联合大会》	袁振英	（挪威）Jakob Friis	英语	译自纽约《苏联周报》
	《劳农协社》	袁振英	（俄）V. Milyutin	英语	译自纽约《苏联周报》
	《俄罗斯的我观》	袁振英	（英）R. Williams	英语	译自纽约《苏联周报》
	《列宁：最可恶的和最可爱的》	袁振英	（英）George Lansbury	英语	译自纽约《苏联周报》
	《克鲁巴特金说"停战罢"》	袁振英	（俄）克鲁泡特金	英语	译自英国无政府共产党机关报《自由》

续表

期号	标题	译者	原作者	原作语言	备注
	《杂译诗二十三首》	周作人	（英）J. A. Symonds 等	英语、世界语等多种语言	文学作品
1920年12月第八卷第四号	《幸福》	鲁迅	（俄）阿尔支拔绥夫	俄语	文学作品
	《深夜的喇叭》	周作人	（日）千家元磨	日语	文学作品
	《反动力怎样帮忙》	袁振英	（美）杜威	英语	
	《法国〈劳动总联合会〉会章》	李汉俊		法语	
	《批评罗素论苏维埃俄罗斯》	袁振英	（美）Jacob Wittmer Habtmann	英语	译自纽约《苏联周报》
	《罗素——一个失望的游客》	袁振英		英语	译自纽约《苏联周报》
	《苏维埃的教育》	袁振英	（俄）Lunacharsky	法语	译自巴黎《人道报》
	《俄罗斯的教育状况》	袁振英		英语	译自纽约《苏联周报》
	《彼得格拉的写真》	袁振英		法语	译自巴黎《共产报》
	《苏维埃俄罗斯的劳动组织》	袁振英		英语	译自纽约《苏联周报》
	《革命的俄罗斯底学校和学生》	袁振英	Dubliris Watchword	英语	译自纽约《苏联周报》
	《苏维埃政府的经济政策》	袁振英		英语	译自纽约《苏联周报》
	《文艺和布尔赛维克》	袁振英		英语	译自纽约《苏联周报》
	《赤军教育》	袁振英	（俄）V. Rosovsky	英语	译自纽约《苏联周报》
	《中立派大会》	袁振英	（俄）A. Myasnikov	英语	译自纽约《苏联周报》
	《俄罗斯的实业问题》	袁振英	（美）Henry G. Alsberg	英语	译自美国《国民杂志》
	《苏维埃俄罗斯的社会改造》	袁振英	（美）Henry G. Alsberg	英语	译自美国《国民杂志》
	《劳农政府召集经过情形》	杨明齐		俄语	译自莫斯科《普拉夫报》
	《过渡时代的经济》	袁振英	（俄）列宁	俄语	译自纽约《苏联周报》
1921年1月第八卷第五号	《到工团主义的路》	李季	（英）J. H. Harley	英语	
	《少年的悲哀》	周作人	（日）国木田独步	日语	文学作品
	《罗素与哥尔基》	袁振英		英语	译自纽约《苏联周报》
	《苏维埃政府底保存艺术》	袁振英	（俄）A. Lunacharsky	英语	译自纽约《苏联周报》
	《俄国与女子》	袁振英	（俄）布哈林等	英语	译自纽约《苏联周报》
	《劳农俄国底劳动联合》	陈望道	（日）山川均	日语	
	《俄国底社会教育》	袁振英		英语	译自纽约《苏联周报》

续表

期号	标题	译者	原作者	原作语言	备注
	《劳农俄国底农业制度》	周佛海		日语	译自日本《社会主义研究》
1921年4月第八卷第六号	《愿你有福了》	周作人	（波兰）显克微支	世界语	文学作品
	《世界的征》	周作人	（波兰）普路斯	世界语	文学作品
	《一滴的牛乳》	周作人	（亚美尼亚）阿伽洛年	世界语	文学作品
	《一封公开的信给自由人（月刊）记者》	沈雁冰	Miss Black	英语	
	《废止工钱制度》	高一涵	（英）Cole	英语	
	《俄国农民阶级斗争史》	李达	（日）佐野学	日语	
	《劳农俄国底结婚制度》	李达	（日）山川菊荣	日语	
	《俄罗斯》	袁振英	（丹麦）Georg Brandes	英语	译自纽约《苏联周报》
	《列宁与俄国进步》	袁振英		英语	译自纽约《苏联周报》
1921年5月第九卷第一号	《从科学的社会主义到行动的社会主义》	李达、陈望道	（日）山川均	日语	
	《西门的爸爸》	沈雁冰	（法）莫泊桑	法语	文学作品
	《快乐》	沈泽民	（俄）Kuprin	俄语	文学作品
1921年6月第九卷第二号	《社会主义国家与劳动组合》	周佛海	（日）山川均	日语	
	《无产阶级政治》	成舍我	（俄）列宁	俄语	
	《列宁底妇女解放论》	李达	（俄）列宁	俄语	译自《劳农俄罗斯中劳动的研究》
1921年7月第九卷第三号	《三浦右卫门的最后》	鲁迅	（日）菊池宽	日语	文学作品
	《劳农俄国底妇女解放》	李达	（日）山川菊荣	日语	
	《劳农俄国底电气化》	邓生	（俄）克尔柴诺夫斯基	俄语	
1921年8月第九卷第四号	《夏天的黎明》	刘复	（英）Wilfrid Wilson Gibson	英语	文学作品
	《狭的笼》	鲁迅	（俄）埃罗先珂	俄语	文学作品
	《一队骑马的人》	沈雁冰	（挪威）J. Bojer	英语	文学作品
	《杂译日本诗》	周作人	（日）石川啄木等	日语	文学作品
1921年9月第九卷第五号	《对于华盛顿太平洋会议》	张椿年	共产国际执行委员会	俄语	
	《对于太平洋会议的我见》		（日）山川均	日语	
	《太平洋会议》		（日）堺利彦	日语	
	《结群性与奴隶性》	周建人	（英）戈尔敦	英语	
	《海青赫佛》	沈雁冰	（爱尔兰）Lady Gregory	英语	文学作品
	《颠狗病》	周作人	（西班牙）Vicente Blosco Ibanez	西班牙语	文学作品

续表

期号	标题	译者	原作者	原作语言	备注
1922年7月第九卷第六号	《马克思学说之两节》	赭	(德)贝尔	德语	
	《俄国的新经济政策》	沈雁冰	(俄)布哈林	俄语	
	《俄罗斯革命和唯物史观》	施存统	(日)河上肇	日语	
	《马克思主义上所谓"过渡期"》	施存统	(日)河上肇	日语	
1923年第1期	《世界革命中之农民问题》	亦农	Varga		
	《共产主义与劳工运动》		(俄)洛若夫斯基	俄语	
	《东方问题之题要:共产国际第四次世界大会通过》	一鸿		英语	
	《俄罗斯革命之五年》		(俄)列宁	俄语	
	《殖民地及半殖民地职工运动问题之题要》	陈独秀		俄语	赤色职工国际第二次世界大会决议
1923年第2期	《革命》	文虎	(德)海涅	德语	文学作品
	《进行曲(赤军)》	文虎			文学作品
	《列宁论》	张秋人	(奥地利)Karl Radek	英语	
	《狗熊》	曹靖华	(俄)柴霍甫	俄语	文学作品
	《俄国的新经济政策》	王国源	(日)山川均	日语	
	《俄罗斯无政府党宣言》	张国焘		俄语	
1924年第3期	《现在的力量》	赵世炎	(俄)洛若夫斯基	俄语	
	《社会主义的社会之基本条件和新经济政策》	尹宽	(俄)布哈林	俄语	
	《马克思主义认证法的几个规律》	石夫	(俄)阿多那那基	俄语	
	《马克思与俄罗斯共产党》	罗忍	(俄)黎亚赞诺夫	俄语	
	《辩证法与逻辑》	郑超麟	(俄)蒲列哈诺夫	俄语	
1924年第4期	《亚洲的醒悟》	仲武	(俄)列宁	俄语	
	《中国战争》	任弼时	(俄)列宁	俄语	
	《革命后的中国》	仲武	(俄)列宁	俄语	
	《东方革命之意义与东方大学的职任:托洛茨基"东大"第三周年纪念会上之演说辞》	郑超麟	(俄)托洛茨基	俄语	
	《落后的欧洲及先进的亚洲》	仲武	(俄)列宁	俄语	
	《列宁主义之民族问题的原理》	蒋光赤	(俄)斯大林	俄语	
	《民族与殖民地问题:列宁在第二次国际大会之演说》	蒋光赤	(俄)列宁	俄语	

215

续表

期号	标题	译者	原作者	原作语言	备注
	《第三国际第二次大会关于民族与殖民地问题的议案》	蒋光赤	（俄）列宁	俄语	
1925年第1期	《社会主义国际的地位和责任》	陈乔年	（俄）列宁	俄语	
	《第三国际及其在历史上的位置》	郑超麟	（俄）列宁	俄语	
	《专政问题的历史观》	郑超麟	（俄）列宁	俄语	
	《列宁》	华林	（奥地利）Karl Radek	英语	
1925年第2期	《西欧农民运动的前途》	郑超麟	（俄）马丁诺夫	俄语	
	《托洛茨基主义或列宁主义？》	郑超麟	（俄）斯大林	俄语	
1926年第3期	《马克思主义者的列宁》	郑超麟	（俄）布哈林	俄语	
1926年第5期	《世界职工运动之现状与共产党之职任》	瞿秋白	（俄）洛若夫斯基	俄语	
	《国际共产主义运动之目前的问题》	郑超麟	（俄）季诺维埃夫	俄语	
	《苏联政治经济概况在第十四次全俄共产党大会（一九二五年末）之报告》	蒋光赤	（俄）斯大林	俄语	
	《英国大罢工的原因及其经过》	耳悚	（日）剑持平太	日语	

注：1. 上表统计与收录了1915年—1926年《新青年》全九卷译自外文的作品。在多期杂志上连载的作品只计为一篇。

2. 表中注明了每篇文章的原作语言，中文译者若是转译自其他语言，将在备注中做出说明。

3. 统计的作品中，若是小说、戏剧、诗歌等文学作品，将在备注中说明。

4.《新青年》杂志上署名为笔名的译者，若能确定原名的，则以原名记录，如"雁冰"记为"沈雁冰"，"振瀛"记为"袁振英"。原作者若是著名人物，且在《新青年》杂志上署名为外文或不常见的音译，则转换为现今的习惯译名，如"屠尔格涅甫"记为"屠格涅夫"，"Oscar Wilde"记为"王尔德"。

表B 社会主义译书目录稿（1919—1937）

年份	书名	作者	译者	出版社	出版地	译自语言	备注
1919	《近世科学与无政府主义》	（俄）克鲁泡特金	凌霜	自刊		俄语	
1920	《科学的社会主义》	（德）恩格斯	郑次川	群益书社	上海	德语	
1920	《马克思经济学说》	（德）考茨基	陈溥贤	商务印书馆	上海	日语	转译自高畠素之

续表

年份	书名	作者	译者	出版社	出版地	译自语言	备注
1920	《马克思学体系》	(德)马克思 (德)恩格斯 (苏)萨可夫斯基	高希圣	平凡书局	上海	俄语	
1920	《共产党宣言》	(德)马克思、恩格斯	陈望道	社会主义研究社	上海	日语	转译自幸德秋水、堺利彦
1920	《贫乏论》	(日)河上肇	止止(李凤亭)	上海泰东书局	上海	日语	
1920	《近世经济思想史论》	(日)河上肇	李培天	上海泰东书局	上海	日语	
1920	《救贫丛谈》	(日)河上肇	杨山木	商务印书馆	上海	日语	
1920	《劳动问题概论》	(日)卖文社编	冯飞	华星印书社	北京	日语	
1920	《马格思资本论入门》	(英)M. Marcy	李汉俊	文化印务局		日语	转译自远藤无水
1920	《社会主义史》	(英)T. Kirkup 著、E. R. Pease 修订	李季	新青年社	上海	英语	
1920	《社会问题概观》	(日)生田长江、本间久雄	周佛海	中华书局	上海	日语	
1921	《社会改造之八大思想家》	(日)生田长江、本间久雄	林本等	商务印书馆	上海	日语	
1921	《经济思想史》	(日)小林丑三郎	高一涵	商务印书馆	上海	日语	
1921	《工签劳动与资本》	(德)马克思	袁让	人民出版社	上海	德语	
1921	《布尔什维主义底心里》	(美)J. Spargo	陈国渠	商务印书馆	上海	英语	
1921	《社会问题详解·第一册》	(日)高畠素之	盟西	商务印书馆	上海	日语	
1921	《社会问题详解·第二册》	(日)高畠素之	盟西	商务印书馆	上海	日语	
1921	《社会问题详解·第三册》	(日)高畠素之	盟西	商务印书馆	上海	日语	
1921	《社会问题总览》	(日)高畠素之	李达	中华书局	上海	日语	
1921	《唯物史观解说》	(荷兰)郭泰	李达	中华书局	上海	日语	转译自堺利彦
1921	《女性中心说》	(美)L. F. Ward	李达	商务印书馆	上海	日语	转译自堺利彦

217

续表

年份	书名	作者	译者	出版社	出版地	译自语言	备注
1921	《欧洲劳佣问题之大势》	（日）桑田熊藏	刘景译、吴贯因校	内务部编译处	北京	日语	
1921	《苏维埃研究》	（日）山川均	王文俊	新知书社	北京	日语	
1921	《基尔特社会主义发凡》	（英）柯尔、密洛	郭梦良、徐六几	北京大学社会主义研究会	北京	英语	
1921	《工团主义》	（英）J. H. Harley	李季	新青年社	上海	英语	
1921	《社会主义与个人主义》	（英）Oscar Wilde	袁振英	受匡出版部	香港	英语	
1922	《人生哲学与唯物史观》	（德）考茨基	徐六几转译	商务印书馆	上海	英语	
1922	《价值价格及利润》	（德）马克思	李季	商务印书馆	上海	英语	
1922	《社会主义与社会改良》	（美）R. T. Ely	何正雄	商务印书馆	上海	英语	
1922	《马克斯学说概要》	（日）高畠素之	施存统	商务印书馆	上海	日语	
1922	《社会主义与进化论》	（日）高畠素之	夏丏尊、李继桢	商务印书馆	上海	日语	
1922	《社会经济丛刊》	（日）河上肇、北泽新次郎、山川均	施存统	泰东图书局	上海	日语	
1922	《最新经济思潮史》	（日）小林丑三郎	邝摩汉、徐冠	舆论报社	北京	日语	
1922	《俄国革命记实》	（苏）托洛茨基	周诠	人民出版社	广州	俄语	
1922	《基尔特的国家》	（英）泰罗（G. R. S. Taylor）	沈泽民	商务印书馆	上海	英语	
1922	《基尔特社会主义与劳动》	（英）柯尔	郭梦良、郭刚中	商务印书馆	上海	英语	
1922	《基尔特社会主义与赁银制度》	（英）柯尔	郭梦良、郭刚中	商务印书馆	上海	英语	
1922	《社会论》	（英）柯尔	张东荪、吴献书	商务印书馆	上海	英语	
1922	《劳动之世界》	（英）柯尔	胡善恒	商务印书馆	上海	英语	
1922	《马克思派社会主义》	（英）拉尔金	李凤亭	商务印书馆	上海	英语	
1922	《妇女问题》	（美）Edward Bellamy	唐伯焜	民智书局	上海	日语	转译自堺利彦
1923	《经济思想小史》	（法）Charles Gide、Charles Rist	王建祖	商务印书馆	上海	法语	

续表

年份	书名	作者	译者	出版社	出版地	译自语言	备注
1923	《资本主义与社会主义》	(美)E. P. Seligman Nearing	岑德彭	商务印书馆	上海	英语	
1923	《马克斯经济学原理》	(美)E. Untermann	周佛海	商务印书馆	上海	英语	
1923	《近世社会主义论》	(美)R. T. Ely	黄尊三	商务印书馆	上海	英语	
1923	《新俄罗斯》	(日)川上俊彦	王辑唐	商务印书馆	上海	日语	
1923	《土地国有论》	(日)安部矶雄	佘叔奎	黎明书局	上海	日语	
1923	《马克思主义与唯物史观》	(日)河上肇、枥田民藏	施存统	商务印书馆	上海	日语	
1923	《妇人和社会主义》	(日)山川菊荣	祁森焕	商务印书馆	上海	日语	
1923	《社会主义神髓》	(日)幸德秋水	高劳	商务印书馆	上海	日语	
1923	《国家论》	(俄)克鲁泡特金	徐苏中	民钟社		俄语	
1923	《土地与劳工》	(俄)托尔斯泰	郎醒石、张国人	商务印书馆	上海	俄语	
1923	《无产阶级斗争之战术与策略》	(苏)司徒乔夫	瞿秋白			俄语	
1923	《基尔特社会主义》	(英)柯尔	吴献书	商务印书馆	上海	英语	
1923	《社会主义之意义》	(英)B. Glasier	刘建阳	商务印书馆	上海	英语	
1924	《经济学史概论》	(日)北泽新次郎	周佛海	商务印书馆	上海	日语	
1924	《基督抹杀论》	(日)幸德秋水	狸弔疋	亚东图书馆	上海	日语	
1924	《增订妇人问题十讲》	(日)本间久雄	姚伯麟	学术研究会总会	上海	日语	
1924	《女性中心说》	(美)L. F. Ward	夏丏尊	民智书局	上海	日语	转译自堺利彦
1925	《社会主义底发展》	(德)恩格斯	朱镜我	创造社	上海	德语	参考了堺利彦的日译本和E. Aveling的英译本
1925	《伦理与唯物史观》	(德)考茨基	董亦湘	新文化书社	上海	德语	
1925	《社会组织与社会革命》	(日)河上肇	郭沫若	商务印书馆	上海	日语	
1925	《资本制度浅说》	(日)山川均	施存统	上海书店	上海	日语	
1925	《帝国主义》	(日)幸德秋水	赵必振	国耻宣传部	上海	日语	

续表

年份	书名	作者	译者	出版社	出版地	译自语言	备注
1925	《新社会观》	(苏)郭范仑科	王伊维译、瞿秋白校	平民书社		俄语	
1925	《帝国主义浅说》	(苏)列宁	李春蕃			俄语	
1926	《哥达纲领批判》	(德)马克思	李春蕃	解放丛书社	上海	德语	
1926	《劳动之改造》	(法)Charles Gide	姚伯麟	学术研究会总会	上海	法语	
1926	《妇人与社会主义》	(日)山川菊荣	李达	商务印书馆	上海	日语	
1926	《唯物史观研究》	(日)河上肇	何嵩龄	商务印书馆	上海	日语	
1926	《帝国主义之政策的基础》	(苏)巴波鲁	朱则	中国国民党中央执行委员会宣传部		俄语	
1926	《共产主义的ABC》	(苏)布哈林		新青年社	汉口	俄语	
1926	《俄国共产党之建设》	(苏)卡冈诺维奇		中国国民党中央组织部		俄语	
1926	《社会主义与农业问题》	(苏)米留金	邹敬芳	中国国民党中央执行委员会农民部		俄语	
1926	《共产主义的ABC问题及附注》	美国工党教育部	中国青年社	中国青年社	汉口	英语	
1927	《社会主义史》	(德)Max Beer	胡汉民	民智书局		日语	转译自西雅雄
1927	《社会主义史》	(德)N. Bear	胡汉民	民智书局	上海	德语	
1927	《新经济学》	(德)R. Luxemburg	陈寿僧译、胡汉民校	中国新闻社	上海	德语	
1927	《资本论解说》	(德)考茨基	戴季陶转译、胡汉民补译	民智书局	上海	日语	转译自高畠素之
1927	《近代欧美社会经济之组织及其发展》	(法)Charles Gide	何思源	中山大学政治训育宣传部	广州	法语	
1927	《马克思主义与社会史观》	(美)M. William	刘芦隐、郎醒石	民智书局	上海	英语	
1927	《经济学新论》	(日)安部矶雄	曾毅	太平洋书店	上海	日语	
1927	《社会思想史概论》	(日)波多野鼎	杨浴泉	商务印书馆	上海	日语	
1927	《苏俄之赤化运动》	(日)布施胜治	冷石			日语	

续表

年份	书名	作者	译者	出版社	出版地	译自语言	备注
1927	《近世社会主义》	（日）福井准造	赵必振	时代书店	上海	日语	
1927	《无产阶级运动》	（日）河上肇		新华书局	上海	日语	
1927	《农民问题研究》	（日）河西太一郎	周亚屏	民智书局	上海	日语	
1927	《西洋文明与唯物主义》	（日）荒村晓月		北新书局	北京	日语	
1927	《辩证法的唯物论》	（日）堺利彦	吕一鸣	北新书局	北京	日语	
1927	《社会主义学说大要》	（日）堺利彦	吕一鸣	北新书局	北京	日语	
1927	《国际劳动问题》	（日）浅利顺次郎	张月澄	国际社会问题研究社	广州	日语	
1927	《唯物史观略解》	（日）桥野昇	吕一鸣	北新书局	北京	日语	
1927	《列宁传》	（日）山川均	张亮	广州人民出版社	广州	日语	
1927	《资本主义的解剖》	（日）山川均	崔物齐	光华书局	上海	日语	
1927	《资本主义之玄妙》	（日）山川均	吕一鸣	北新书局	北京	日语	
1927	《社会主义的妇女观》	（日）山川菊荣、堺利彦	吕一鸣	北新书局	北京	日语	
1927	《经济科学概论》	（俄）波格丹诺夫	周佛海	商务印书馆	上海	俄语	
1927	《国家论及其他》	（俄）克鲁泡特金	旅东	克氏全集刊行社	上海	俄语	
1927	《经济科学大纲》	（苏）A. Bogdanov	施存统	新青年社	上海	日语	转译自赤松克麿
1927	《国家与革命》	（苏）列宁	中外研究学会	中外研究学会		俄语	
1928	《社会主义发展史纲》	（德）恩格斯	黄思越	泰东图书局	上海	日语	转译自堺利彦
1928	《恐怖主义与共产主义》	（德）考茨基	黄惠平	新时代丛书社	上海	德语	
1928	《马克思的伦理概念》	（德）柯诺	朱应祺、朱应会	泰东图书局	上海	德语	
1928	《马克斯的民族社会及国家概念》	（德）柯诺	朱应祺、朱应会	泰东图书局	上海	德语	
1928	《马克斯的经济概念》	（德）柯诺	朱应祺、朱应会	泰东图书局	上海	德语	

续表

年份	书名	作者	译者	出版社	出版地	译自语言	备注
1928	《共同社会与利益社会》	(德)Ferdinand Temnies	杨正宇	太平洋书店	上海	日语	转译自波多野鼎
1928	《革命与进化》	(法)Reclus、(美)Mark Fisher	袁振英	受匡出版部	香港	法语	
1928	《普通选举与无产政党》	(日)安部矶雄	罗赵彦	太平洋书店	上海	日语	
1928	《唯物史观批评》	(日)八太舟三、(德)辛考维基	柳絮	南华书店		日语、德语	
1928	《劳动经济论》	(日)北泽新次郎	朱应祺、朱应会	泰东图书局	上海	日语	
1928	《基尔特社会主义》	(日)北泽新次郎	佘叔奎	太平洋书店	上海	日语	
1928	《近世社会思想史》	(日)波多野鼎	徐文亮	开明书店	上海	日语	
1928	《国际劳工运动之现势》	(日)产业劳动调查所	佘叔奎	太平洋书店	上海	日语	
1928	《资本主义经济学之史的发展》	(日)河上肇	林植夫	商务印书馆	上海	日语	
1928	《社会改革底必然性》	(日)河上肇	沈绮雨	创造出版部	上海	日语	
1928	《马克思主义经济学》	(日)河上肇	温盛光	启智书局	上海	日语	
1928	《社会主义哲学史要》	(日)河田嗣郎	潘大道	商务印书馆	上海	日语	
1928	《农业社会化运动》	(日)河田嗣郎	黄枯桐	启智书局	上海	日语	
1928	《马克思国家论》	(日)河野密	佘叔奎	商务印书馆	上海	日语	
1928	《世界农民运动之现势》	(日)河西太一郎	佘叔奎	太平洋书店	上海	日语	
1928	《基督教社会主义论》	(日)贺川丰彦	阮有秋	太平洋书店	上海	日语	
1928	《无产政党与劳动组合》	(日)麻生久	阮叔清	太平洋书店	上海	日语	
1928	《资本主义文化与社会主义文化》	(日)平林初之辅	阮有秋	太平洋书店	上海	日语	
1928	《国际劳工问题》	(日)浅利顺次郎	佘叔奎	太平洋书店	上海	日语	
1928	《辩证法浅说》	(日)山川均	施存统	现代中国社	上海	日语	

续表

年份	书名	作者	译者	出版社	出版地	译自语言	备注
1928	《增订资本制度解说》	（日）山川均	施存统	新东方出版社	上海	日语	
1928	《资本主义批判》	（日）山川均	高希圣	励群书店	上海	日语	
1928	《俄国革命运动史》	（日）山内封介	卫仁山	太平洋书店	上海	日语	
1928	《社会主义评判》	（日）室伏高信	潘柱人	太平洋书店	上海	日语	
1928	《共产主义批评》	（日）室伏高信	沈茹秋	开明书店	上海	日语	
1928	《资本主义与战争》	（日）松下芳男	徐文亮	启智书局	上海	日语	
1928	《世界资本主义经济之现势》	（日）丸冈重尧	佘叔奎	太平洋书店	上海	日语	
1928	《各国劳工运动改观》	（日）永井亨	国民政府财政部驻沪调查货价处	国民政府财政部驻沪调查货价处	上海	日语	
1928	《金融资本论》	（日）猪俣津南雄	林伯修	创造社	上海	日语	
1928	《农民与政治运动》	（日）庄原达	刘宝书	太平洋书店	上海	日语	
1928	《俄罗斯的革命经过》	（苏）柯罗夫	朱应会	太平洋书店	上海	俄语	
1928	《心与物》	（英）C. E. M. Joad	张君劢	商务印书馆	上海	英语	
1929	《宗教·哲学·社会主义》	（德）恩格斯	林超真	亚东图书局	上海	法语	转译自拉法格
1929	《现代世界观》	（德）A. Thalheimer	李达	昆仑书店	上海	日语	转译自高桥一夫、广岛定吉
1929	《辩证法唯物论》	（德）J. Dietzgen	柯柏年转译	联合书店	上海	日语	
1929	《新社会之哲学的基础》	（德）K. Korsch	彭嘉生	南强书局	上海	德语	
1929	《资本论解说》	（德）博洽德	李云	昆仑书店	上海	德语	
1929	《社会科学研究初步》	（德）布朗德尔	瞿秋白	社会科学研究社	上海	德语	
1929	《新唯物论的认识论》	（德）狄慈根	杨东莼	昆仑书店	上海	德语	
1929	《辩证法的逻辑》	（德）狄任	柯柏年	南强书局	上海	英语	

续表

年份	书名	作者	译者	出版社	出版地	译自语言	备注
1929	《费尔巴哈论》	（德）恩格斯	彭嘉生	南强书局	上海	德语	参考了Austin Lewis的英译本和佐野文夫的日译本
1929	《社会主义伦理学》	（德）考茨基	叶星	平凡书局	上海	德语	
1929	《社会革命论》	（德）考茨基	萨孟武	新生命书局	上海	德语	
1929	《工资、价格及利润》	（德）马克思	朱应祺、朱应会	泰东图书局	上海	德语	
1929	《通俗资本论》	（德）马克思	李季	社会科学社	上海	德语	
1929	《历史的唯物主义》	（德）梅林（F. Mehring）	屈章	创造出版部	上海	德语	
1929	《社会主义与进化论》	（荷）Anton Pannekoek	傅烈	北京大学出版组	北平	英语	
1929	《社会主义与进化论》	（荷）Anton Pannekoek	张定夫	昆仑书店	上海	日语	转译自堺利彦
1929	《苏联劳动之保护》	（美）George Price	游宇	民声书局	上海	英语	
1929	《苏俄劳动保障》	（美）George Price	刘曼	华通书局	上海	英语	
1929	《苏联之经济组织》	（美）Scott Nearing、Jack Hardy	张民养	泰东图书局	上海	英语	
1929	《苏联的经济组织》	（美）Scott Nearing、Jack Hardy	汉钟	大东书局	上海	英语	
1929	《苏俄的经济组织》	（美）Scott Nearing、Jack Hardy	蒋国炎	太平洋书店	上海	英语	
1929	《苏联的经济组织》	（美）Scott Nearing、Jack Hardy	魏学智	春潮书局	上海	英语	
1929	《苏俄的妇女问题》	（美）Smith Jessica	漫琴	启智书局	上海	英语	
1929	《苏俄的妇女》	（美）Smith Jessica	孙亮	泰东图书局	上海	英语	
1929	《科学的社会主义底基本原理》	（美）萨克思	彭芮生	创造社出版部	上海	英语	
1929	《经济思想史的展开》	（日）北泽新次郎	温盛光	启智书局	上海	日语	
1929	《现代思潮和妇女问题》	（日）本间久雄	张佩芬	泰东图书局	上海	日语	
1929	《苏俄宪法与妇女》	（日）大竹博吉	陆宗赟	平凡书局	上海	日语	

续表

年份	书名	作者	译者	出版社	出版地	译自语言	备注
1929	《日本社会运动史》	（日）冈阳之助	冯叔中	联合书店	上海	日语	
1929	《资本主义合理化的各种问题》	（日）高村洋一	温盛光	启智书局	上海	日语	
1929	《剩余价值学说概要》	（日）高畠素之	吕一鸣	北新书局	上海	日语	
1929	《棒喝主义》	（日）高畠素之	龙绍臣	华通书局	上海	日语	
1929	《经济学上的主要学说》	（日）高畠素之	邓绍先	华通书局	上海	日语	
1929	《苏俄政治制度》	（日）高桥克己、内山彼得	施伏量	新生命书局	上海	日语	
1929	《经济学大纲》	（日）河上肇	陈豹隐	乐群书店	上海	日语	
1929	《社会主义经济学》	（日）河上肇	邓毅	光华书局	上海	日语	
1929	《人口问题批评》	（日）河上肇	丁振一	南强书局	上海	日语	
1929	《资本论入门》	（日）河上肇	刘坒平	晨曦书社	上海	日语	
1929	《工资劳动与资本》	（德）马克思	朱应祺、朱应会	上海泰东书局	上海	日语	转译自河上肇
1929	《农业理论之发展》	（日）河西太一郎	黄枯桐	乐群书店	上海	日语	
1929	《马克思经济学说的发展》	（日）河西太一郎、朱俣津南雄、向坂逸郎	萨孟武、樊仲云、陶希圣	新生命书局	上海	日语	
1929	《唯物史观经济史》	（日）河野密	钱铁如	昆仑书店	上海	日语	
1929	《妇女问题的本质》	（日）堺利彦	吕一鸣	北新书局	上海	日语	
1929	《现代社会生活》	（日）堺利彦	高希圣	光华书局	上海	日语	
1929	《新俄的妇女》	（日）近藤荣藏	何盈	芳草书店	上海	日语	
1929	《社会主义思想之史的解说》	（日）久保田明光	丘哲	启智书局	上海	日语	
1929	《各国劳工运动史》	（日）林定平	邓伯粹	商务印书馆	上海	日语	
1929	《显微镜下的资本主义》	（日）林癸未夫、高桥龟吉	江裕基	北新书局	上海	日语	
1929	《近代社会思想史要》	（日）平林初之辅	施存统、钟复光	大江书铺	上海	日语	
1929	《观念形态论》	（日）青野季吉	若俊	南强书局	上海	日语	
1929	《俄国革命与农民》	（日）山川均	高希圣	平凡书局	上海	日语	

续表

年份	书名	作者	译者	出版社	出版地	译自语言	备注
1929	《辩证法与资本制度》	（日）山川均	施伏量	新生命书局	上海	日语	
1929	《社会问题大要》	（日）山川均	施复亮	南强书局	上海	日语	
1929	《苏俄之现势》	（日）山川均	温盛光	启智书局	上海	日语	
1929	《苏俄之现势》	（日）山川均	汪允揆	南强书局	上海	日语	
1929	《现代经济学》	（日）山川均、田所照明	巴克	启智书局	上海	日语	
1929	《唯物史观经济史》	（日）山川均	熊得山	昆仑书店	上海	日语	
1929	《妇女问题与妇女运动》	（日）山川菊荣	李达	远东图书公司	上海	日语	
1929	《社会科学概论》	（日）杉山荣	李达、钱铁如	昆仑书店	上海	日语	
1929	《世界社会史》	（日）上田茂树	施复亮	昆仑书店	上海	日语	
1929	《唯物史观经济史》	（日）石滨知行	施复亮	昆仑书店	上海	日语	
1929	《基督教社会主义》	（日）石川三四郎	李博	华通书局	上海	日语	
1929	《欧美物产政党研究》	（日）藤井悌	施伏量	新生命书局	上海	日语	
1929	《世界各国的左倾政党》	（日）藤井悌	盛光	商务印书馆	上海	日语	
1929	《俄国劳动运动史》	（日）近藤荣藏	黄芝藏	江南书店	上海	日语	
1929	《物观经济学史》	（日）住谷悦治	熊德山	昆仑书店	上海	日语	
1929	《社会主义经济学史》	（日）住谷悦治	宁敦五	昆仑书店	上海	日语	
1929	《社会意识学大纲》	（俄）波格达诺夫	陈望道、施存统	大江书铺	上海	日语	转译自林房雄
1929	《新经济学问答》	（俄）波格达诺夫	陶伯	泰东图书局	上海	俄语	
1929	《反马克思主义》	（俄）辛克贺维祺	徐天一	民智书局	上海	俄语	
1929	《唯物辩证法与自然科学》	（苏）A. M. Deborin	林伯修转译	光华书局	上海	日语	
1929	《伊里奇底辩证法》	（苏）A. M. Deborin	任白戈	辛垦书店	上海	日语	转译自河上肇
1929	《哲学的唯物论》	（苏）阿多拉茨基	高唯均	沪滨书局	上海	俄语	
1929	《俄罗斯大革命史》	（苏）毕英特哥夫斯基	万武之	新社会书店	上海	俄语	

续表

年份	书名	作者	译者	出版社	出版地	译自语言	备注
1929	《社会主义社会学》	（苏）波达诺夫	萨孟武	新生命书局	上海	俄语	
1929	《辩证法底唯物论》	（苏）布哈林	李铁声	江南书店	上海	俄语	
1929	《唯物史观与社会学》	（苏）布哈林	许楚生	社会问题研究社	上海	俄语	
1929	《新经济学方法论》	（苏）宽恩	彭桂秋	南强书局	上海	俄语	
1929	《政治经济学》	（苏）拉比杜斯、奥斯特罗维采诺夫	陆一远	京南书店	上海	俄语	
1929	《恩格斯马克思合传》	（苏）梁赞诺夫	李一氓	江南书店	上海	俄语	
1929	《革命与考茨基》	（苏）列宁	胡瑞鳞	中外研究会	上海	俄语	
1929	《帝国主义论》	（苏）列宁	刘野平	启智书局	上海	俄语	
1929	《最后阶段的资本主义》	（苏）列宁	章一元	春潮书局	上海	俄语	
1929	《社会农业及其根本思想与工作方法》	（苏）恰耶诺夫	王若冰	亚东图书馆	上海	俄语	
1929	《社会农业及其根本思想与工作方法》	（苏）恰耶诺夫	李季	亚东图书馆	上海	俄语	
1929	《一九零五年至一九零七年俄国革命史》	（苏）史列泼柯夫	潘文鸿	中外研究学会	上海	俄语	
1929	《经济科学大纲》	（俄）波格达诺夫	施存统	大江书铺	上海	日语	转译自赤松克麿、林房雄
1929	《帝国主义没落期之经济》	（匈）瓦尔加	宁敦五	昆仑书店	上海	英语	
1929	《史的唯物主义》	（意）拉伯利奥拉	黄药眠转译	江南书局	上海	英语	
1929	《没落期的资本主义》	（英）C. M. Colman	绍明	启智书局	上海	英语	
1929	《社会主义初步》	（英）T. Kirkup	孙百刚	中华书局	上海	英语	
1929	《资本论概要》	（英）W. H. Emmett	汤澄波	远东图书公司	上海	英语	
1929	《科学的宇宙观》	（英）爱里渥德	陈豹隐	乐群书店	上海	英语	
1929	《旧唯物论底克服》		林伯修	创造社	上海	日语	

续表

年份	书名	作者	译者	出版社	出版地	译自语言	备注
1930	《新帝国论》	（德）桑特尔	刘沁仪	春秋书店	上海	德语	
1930	《社会主义的必然（上下册）》	（俄）塞姆柯甫士基编，（德）马克思、恩格斯、考茨基，（法）拉法格等著	刘沁仪	春秋书店	上海	德语	
1930	《费尔巴哈古典哲学终末》	（德）恩格斯	向省吾	江南书店	上海	德语	参考了佐野文夫、阪野胜、河野密三个日译本
1930	《马克思主义经济学方法论》	（德）G. Cohn	陈宝骅、邢墨卿	新生命书局	北平	德语	
1930	《马克斯家族发展过程》	（德）H. Cunow	朱应祺、朱应会	泰东图书局	上海	德语	
1930	《史的唯物论概说》	（德）J. Borchardt	汪馥泉转译	神州国光社	上海	日语	
1930	《社会斗争通史》	（德）Max Beer	叶启芳	神州国光社	上海	德语	
1930	《马克思及其学说》	（德）Max Beer	易桢	社会科学研究会	上海	德语	
1930	《社会主义与社会运动》	（德）W. Sombart	刘侃元	春潮书局	上海	德语	
1930	《经济学的基本概念》	（德）博洽德	严灵峰	春秋书店	上海	德语	
1930	《马克思主义与土地改革》	（德）达马斯基	付英伟	中德书局	南京	德语	
1930	《反杜林论》	（德）恩格斯	钱铁如	昆仑书店	上海	德语	
1930	《社会进化的原理》	（德）恩格斯	刘济间	春秋书店	上海	德语	
1930	《德意志新社会政策》	（德）格尔拉哈	邓绍光	华通书局	上海	德语	
1930	《科学社会主义的历史来源》	（德）考茨基	桂秋	沪滨书局	上海	德语	
1930	《马克思底经济学说》	（德）考茨基	汪馥泉	神州国光社	上海	日语	转译自高畠素之
1930	《资本论概要》	（德）考茨基	洪涛	神州国光社	上海	日语	转译自石川准十郎
1930	《农业问题论》	（德）考茨基	章子健	神州国光社	上海	德语	

续表

年份	书名	作者	译者	出版社	出版地	译自语言	备注
1930	《马克思唯物论历史理论》	（德）柯诺	朱应祺、朱应会	泰东图书局	上海	德语	
1930	《马克思的阶级斗争理论》	（德）柯诺	朱应祺、朱应会	泰东图书局	上海	德语	
1930	《马克斯的国家发展过程》	（德）柯诺	朱应祺、朱应会	泰东图书局	上海	德语	
1930	《哲学之贫困》	（德）马克思	杜竹君	水沫书店	上海	法语	
1930	《马克思论文选译》	（德）马克思	李一氓转译	社会科学研究会		俄语	
1930	《社会主义的基础》	（德）马克思	巴克	山城书店	山海	德语	
1930	《经济学批判》	（德）马克思	刘曼	乐群书店	上海	德语	
1930	《自由贸易问题》	（德）马克思	邹钟隐	联合书店	上海	德语	
1930	《共产党宣言》	（德）马克思、恩格斯	华岗	中外社会科学研究社	上海	德语	
1930	《辩证法经典》	（德）马克思等	程始仁	亚东图书馆	上海	德语	
1930	《经济决定论》	（法）拉法格	刘初鸿	辛垦书店	上海	法语	
1930	《在历史观中底唯心主义与唯物主义》	（法）饶勒斯、拉法格	青锐	辛垦书店	上海	法语	
1930	《苏联农民与妇女》	（美）A. L. Strong	叶鸿	秋阳书店	上海	英语	
1930	《社会主义社会学》	（美）A. Lewis	刘家筠	华通书局	上海	日语	转译自高畠素之
1930	《马克斯主义经济学》	（美）E. Untermann	刘曼	乐群书店	上海	英语	
1930	《劳动法原理》	（美）J. R. Commons、J. B. Andrews	国民政府财政部驻沪调查货价处	卿云图书公司	上海	英语	
1930	《社会主义的理论与实际》	（美）M. Hilquit	周佛海	中华书局	上海	英语	
1930	《苏俄的妇女》	（美）Smith Jessica	蔡咏裳、董绍明	中华书局	上海	英语	
1930	《科学社会主义底理论体系》	（美）波定	余慕陶	金马书堂	上海	英语	
1930	《社会主义社会学》	（美）留伊斯	汪馥泉	神州国光社	上海	英语	

续表

年份	书名	作者	译者	出版社	出版地	译自语言	备注
1930	《社会学入门》	(美)留伊斯	高维翰	水沫书店	上海	英语	
1930	《社会思想史概论》	(日)波多野鼎	张定	启智书局	上海	日语	
1930	《社会政策原理》	(日)波多野鼎	刘侃元	大江书铺	上海	日语	
1930	《日本劳动运动发达史》	(日)赤松克麿	许秋冈	现代书局	上海	日语	
1930	《社会问题总览》	(日)河田嗣郎	阮有秋	华通书局	上海	日语	
1930	《土地经济论》	(日)河田嗣郎	李达、陈家瓒	商务印书馆	上海	日语	
1930	《社会进化论——社会底构成及变革进程》	(日)福本和夫	施复亮	大江书铺	上海	日语	
1930	《社会学总论》	(日)高田保马	杜季光	商务印书馆	上海	日语	
1930	《马克思十二讲》	(日)高畠素之	萨孟武、陈宝骅、邢墨卿	新生命书局	上海	日语	
1930	《地租思想史》	(日)高畠素之	夏维海、胡一贯	新使命出版社		日语	
1930	《经济思想主潮》(原名《经济学上的主要学说》)	(日)高畠素之	朱一民	乐群书店	上海	日语	
1930	《资本论大纲》	(日)高畠素之	施复亮	大江书铺	上海	日语	
1930	《唯物史观的基础》	(日)河上肇	巴克	明日书店	上海	日语	
1930	《马克思主义批判者之批判》	(日)河上肇	江半庵	申江书店	上海	日语	
1930	《马克思主义经济学基础理论》	(日)河上肇	李达、王静、张栗原	昆仑书店	上海	日语	
1930	《新经济学之任务》	(日)河上肇	钱铁如	昆仑书店	上海	日语	
1930	《唯物史观研究》	(日)河上肇	郑里镇译、郑斌校阅	上海文华书局	上海	日语	
1930	《唯物论纲要》	(日)河上肇	周拱生	上海乐华图书公司	上海	日语	
1930	《社会问题体系》	(日)河田嗣郎	阮有秋	华通书局	上海	日语	
1930	《农业问题之理论》	(日)河西太一郎	李达	昆仑书店	上海	日语	

续表

年份	书名	作者	译者	出版社	出版地	译自语言	备注
1930	《近世社会学成立史》	(日)加田哲二	杨逸棠、张资平	乐群书店	上海	日语	
1930	《近世社会学成立史》	(日)加田哲二	李培天	商务印书馆	上海	日语	
1930	《社会学概论》	(日)加田哲二	刘叔琴	开明书店	上海	日语	
1930	《妇女与儿童》	(日)堺利彦、山川菊荣	康陶父	神州国光社	上海	日语	
1930	《工会运动底理论与实际》	(日)山川均	施复亮、钟复光	大江书铺	上海	日语	
1930	《资本论大纲》	(日)山川均	傅烈	辛垦书店	上海	日语	
1930	《现代社会讲话》	(日)山川均	杨冲屿	新新书店	上海	日语	
1930	《台湾民众的悲哀》	(日)山川均	宋蕉农	新亚洲书局	北平	日语	
1930	《马克斯资本论大纲》	(日)山川均	陆志青	未明社	上海	日语	
1930	《妇女自觉史》	(日)山川菊荣	高希圣	泰东图书局	上海	日语	
1930	《社会科学理论之体系》	(日)杉山荣	张栗原	神州国光社	上海	日语	
1930	《社会科学十二讲》	(日)杉山荣	温盛光	乐华图书公司	上海	日语	
1930	《美国资本主义发达史》	(日)石滨知行	施复亮、周白棣	春秋书店	上海	日语	
1930	《经济史纲》	(日)石滨知行	施复亮、周白棣	大公报社	天津	日语	
1930	《西洋社会运动史六讲》	(日)石川三四郎	黄源	华通书局	上海	日语	
1930	《社会运动史》	(日)石川三四郎著、大西伍一编		青春书店	北平	日语	
1930	《俄国革命外史》	(日)石川一郎	潘既闲	心弦书社	上海	日语	
1930	《社会主义批判》	(日)室伏高信		乐群书店	上海	日语	
1930	《劳动法总论》	(日)孙田秀春	林众可、盛沛东	华通书局	上海	日语	
1930	《苏联经济政策及社会政策》	(日)田中九一	施复亮、钟复光	春秋书店	上海	日语	
1930	《乌托邦社会主义》	(日)土田杏村	刘下谷	春明社	上海	日语	
1930	《资本论》	(日)小泉信三	霜晓	青春书店	北平	日语	
1930	《唯物论的哲学》	(日)佐野学	巴克	乐华图书公司	上海	日语	

续表

年份	书名	作者	译者	出版社	出版地	译自语言	备注
1930	《唯物论的哲学》	（日）佐野学	徐韫知	乐华图书公司	上海	日语	
1930	《唯物论与宗教》	（日）佐野学	邓毅	秋阳书店	上海	日语	
1930	《从唯心论到唯物论》	（俄）普列汉诺夫	王凡西	沪滨书局	上海	俄语	
1930	《由唯心论到唯物论》	（俄）普列汉诺夫	高晶斋	新生命书局	上海	俄语	
1930	《战斗的唯物论》	（俄）普列汉诺夫	杜畏之	神州国光社	上海	俄语	
1930	《马克思主义的基本问题》	（俄）普列汉诺夫	成嵩	泰东图书局	上海	俄语	
1930	《唯物史观的根本问题》	（俄）普列汉诺夫	刘侃元	春秋书店	上海	俄语	
1930	《马克思主义的根本问题》	（俄）普列汉诺夫	彭康	江南书店	上海	俄语	
1930	《现代经济的基本问题》	（俄）普列汉诺夫	李麦麦	社会科学研究会	上海	俄语	
1930	《马克思主义的哲学问题》	（苏）G. V. Plekhanov	章子健转译	乐群书店	上海	日语	
1930	《唯物史观的改造》	（苏）M. I. Tugan-Baranovskii	胡一贯、张文心	新生命书局	上海	日语	转译自高畠素之
1930	《马克思昂格斯农工问题论》	（苏）波波夫	章子健	乐群书店	上海	俄语	
1930	《俄国党史》	（苏）波波夫	曾鼎	社会科学研究社	上海	俄语	
1930	《一九零五》	（苏）波克罗夫斯基	李麦麦	历史研究会	上海	俄语	
1930	《唯物史观》	（苏）布哈林	陶伯	泰东图书局	上海	俄语	
1930	《历史的唯物论》	（苏）布哈林	梅根、依凡	普益出版社	上海	俄语	
1930	《历史的唯物论》	（苏）布哈林	刘伯英	现代书局	上海	俄语	
1930	《社会主义之路》	（苏）布哈林	邝广沫、许平	辛垦书店	上海	俄语	
1930	《社会主义大纲》	（苏）布哈林	高希圣、郭真	平凡书局	上海	俄语	
1930	《世界经济与帝国主义》	（苏）布哈林	杨伯恺	辛垦书店	上海	俄语	
1930	《转形期经济学》	（苏）布哈林	向省吾	乐华图书公司	上海	俄语	

续表

年份	书名	作者	译者	出版社	出版地	译自语言	备注
1930	《转型期的经济学》	(苏)布哈林	潘怀素	北新书局	上海	俄语	
1930	《辩证法的唯物论入门》	(苏)德波林	林伯修	南强书局	上海	俄语	
1930	《哲学与马克思主义》	(苏)德波林	张斯伟	乐群书店	上海	俄语	
1930	《辩证的唯物论者——乌里雅诺夫》	(苏)德波林	韦慎	秋阳书店	上海	俄语	
1930	《辩证法的唯物论》	(苏)伏尔佛逊	林超真	沪滨书局	上海	俄语	
1930	《唯物史观的哲学》	(苏)哥列夫	屈章	明日书店	上海	俄语	
1930	《政治经济学(下卷)》	(苏)拉比杜斯、奥斯特罗维采诺夫	周维渥	东方书店	北平	俄语	
1930	《马克斯与恩格斯》	(苏)梁赞诺夫	刘侃元	春秋书店	上海	俄语	
1930	《唯物论与经验批判论》	(苏)列宁	笛秋、朱铁笙	明日书店	上海	俄语	
1930	《左派幼稚病》	(苏)列宁	吴凉	中国社会科学研究学会		俄语	
1930	《俄国资本主义的发展》	(苏)列宁	彭苇秋、杜畏之	春秋书店	上海	俄语	
1930	《(理论与实践的)社会科学根本问题》	(苏)卢波尔	李达	心弦书社	上海	俄语	
1930	《经济学入门》	(苏)米哈列夫斯基	李达	乐华图书公司	上海	俄语	
1930	《经济学入门》	(苏)米哈列夫斯基	朱镜我	神州国光社	上海	俄语	
1930	《社会主义的农业理论》	(苏)米留金	蒯君荣	联合书店	上海	俄语	
1930	《无政府主义与社会主义》	(苏)蒲列哈诺夫	青锐	辛垦书店	上海	俄语	
1930	《马克思世界观》	(苏)萨可夫斯基	彭桂秋	平凡书局	上海	俄语	
1930	《史的唯物论》	(苏)萨可夫斯基	叶作舟	平凡书局	上海	俄语	
1930	《史的唯物论》	(苏)塞姆科甫士基	刘沁仪	春秋书店	上海	俄语	
1930	《什么是政治经济学?》	(苏)史蒂班诺夫	陆一远	乐群书店	上海	俄语	
1930	《政治经济学大纲》	(苏)史威特罗夫、伯尔德尼罗夫	高希圣、郭真	北新书局	上海	俄语	

续表

年份	书名	作者	译者	出版社	出版地	译自语言	备注
1930	《战术与策略》	(苏)司徒乔夫	丁奇夫	社会科学研究会	上海	俄语	
1930	《极左派与马克思主义》	(苏)托洛茨基	乐三、叶元新	国际研究会		俄语	
1930	《苏俄之前途》	(苏)托洛茨基	梁鉴舜	新宇宙书店	上海	俄语	
1930	《到社会主义之路》	(苏)雅·鲁道义	徐包天	东方书店	北平	俄语	
1930	《世界农民运动概况》	(匈)瓦尔加	王开化	乐群书店	上海	英语	
1930	《学生底马克思》	(英) Edward Aveling	吴曲林	联合书店	上海	英语	
1930	《社会主义与资本主义》	(英) G. Bernard Shaw	周容	开明书店	上海	英语	
1930	《共产主义论》	(英)拉斯基	黄肇年	新月书店	上海	英语	
1930	《苏联五年计划》	苏联国家设计委员会	吴寿彭	平凡书局	上海	俄语	
1931	《反杜林论》	(德)恩格斯	吴黎平	江南书店	上海	德语	参考了俄日两种译本
1931	《近代农村经济的趋向》	(德)考茨基	宗华	国立中央研究院社会科学研究所	上海	德语	
1931	《政治经济学批判》	(德)马克思	郭沫若	神州国光社	上海	德语	
1931	《社会与哲学的研究》	(法)拉法格	张达	新生命书局	上海	法语	
1931	《史太林》	(美) I. D. Levine	方钟益	良友图书印刷公司	上海	英语	
1931	《唯物史观之批评的研究》	(美)波伯尔	刘天予	大东书局	上海	英语	
1931	《社会政策论》	(日)北泽新次郎	周宪文	新生命书局	上海	日语	
1931	《地租思想史》	(日)高畠素之	王亚南	神州国光社	上海	日语	
1931	《社会科学原论》	(日)河上肇	郭沫若	上海联合书店	上海	日语	
1931	《唯物辩证法者的理论斗争》	(日)河上肇	江半庵	星光书店	上海	日语	
1931	《社会学讲座》	(日)堺利彦、山川均、波多野新、麻生久等	高蓉夫、高希圣、以冲	平凡书局	上海	日语	

续表

年份	书名	作者	译者	出版社	出版地	译自语言	备注
1931	《劳工保护法》	（日）林癸未夫	何环源	新世纪书局	上海	日语	
1931	《近代社会思想史》	（日）平林初之辅	许亦非	中华书局	上海	日语	
1931	《苏俄之政治经济社会》	（日）山内一雄	王锡纶	新生命书局	上海	日语	
1931	《近世社会主义运动史》	（日）石川三四郎	胡石明	大成出版公司	上海	日语	
1931	《美国资本主义发达史》	（日）石浜知行	陈绶荪	新世纪书局	上海	日语	
1931	《现代经济之批判》	（俄）杜罗斯基	陈豹隐	文艺书局	上海	俄语	
1931	《马克思主义的基本问题》	（俄）普列汉诺夫	李麦麦	辛垦书店	上海	俄语	
1931	《辩证法的唯物哲学》	（苏）A. M. Deborin	刘西屏转译	青阳书店	上海	日语	
1931	《历史唯物论入门》	（苏）毕谪列夫斯基	严灵峰转译	新生命书局	上海	英语	
1931	《俄国大革命前史》	（苏）波克罗夫斯基	郁文	海洋社	上海	俄语	
1931	《史的唯物论（社会学的体系）》	（苏）布哈林	郭仕莪	乐群书店	上海	俄语	
1931	《列宁略传》	（苏）苏林	唯真	中央出版局		俄语	
1931	《世界农民运动之现状》	（匈）瓦尔加	王林修	大东书局	上海	英语	
1931	《资本家的联合战线》	（英）C. M. Colman	冯谷如	南京书店	南京	英语	
1931	《价值论概要》	（英）W. Smart	邹宗儒、何光尼译，章植校阅	黎明书局	上海	英语	
1932	《机械论的唯物论批判》	（德）恩格斯	杨东莼、宁敦伍	昆仑书店	上海	德语	
1932	《英汉合璧费尔巴哈论》	（德）恩格斯	青骊	社会主义研究社	上海	德语	
1932	《德国的社会政策》	（德）格尔拉哈	郭寿华	民众运动月刊社	上海	德语	
1932	《资本论》	（德）马克思	陈启修	昆仑书店	上海	德语	
1932	《资本论》	（德）马克思	王慎明、侯外庐	国际学社	北平	德语	

续表

年份	书名	作者	译者	出版社	出版地	译自语言	备注
1932	《欧美经济学说史》	（法）Charles Gide、Charles Rist	陈汉平、于锡来	神州国光社	上海	法语	
1932	《思想起源论》	（法）拉法格	刘初鸿	辛垦书店	上海	法语	
1932	《劳工运动之理论》	（美）S. Perlman	王斐荪	民众运动月刊社	南京	英语	
1932	《土地公有论》	（日）安部矶雄	张知本	华通书局	上海	日语	
1932	《日本资本主义发达史》	（日）高桥龟吉	刘家鋆	大东书局	上海	日语	
1932	《马克思主义经济学大纲》	（日）河上肇	江伯玉			日语	
1932	《马克思主义经济学》	（日）河上肇	李季	上海人民出版社	上海	日语	
1932	《通俗剩余价值论》	（日）河上肇	钟古熙译、施复亮校	神州国光社	上海	日语	
1932	《社会政策新原理》	（日）林癸未夫	周宪文	中华书局	上海	日语	
1932	《资本主义的机构》	（日）山川均	陈华	长城书店	上海	日语	
1932	《物观日本史》	（日）佐野学	陈公培	神州国光社	上海	日语	
1932	《苏俄外交密幕》	（苏）贝斯杜夫斯基	杨历樵节译	大公报社	天津	英语	转译自挪盖特
1932	《布哈林及其机械唯物论批判》	（苏）布哈林、列宁等	曾春	时潮书店	上海	俄语	
1932	《资本主义之解构》	（苏）布若布软斯基	陈文瑞	启新书店	上海	俄语	
1932	《辩证法唯物论教程》	（苏）西洛可夫等	李达、雷仲坚	笔耕堂书店	上海	俄语	
1932	《苏联五年计划概论》	（苏）格林科	沈君实	国际文化学会	天津	俄语	
1932	《政治经济学教程》	（苏）拉比杜斯、奥斯特罗维采诺夫	李达、熊得山	笔耕堂书店	北平	俄语	
1932	《国家论》	（苏）列宁		浦江书店	上海	俄语	
1932	《经济学教程》	（苏）列宁	高希圣、郭真	神州国光社	上海	俄语	
1932	《机械论批判》	（苏）史托里雅诺夫	任白戈	辛垦书店	上海	俄语	
1932	《辩证逻辑之基本原理》	（苏）陶泼尔考夫	彭苇森	春秋书店	上海	俄语	
1932	《列宁传》	（苏）托洛茨基	韩起	国际译报社	南京	俄语	

续表

年份	书名	作者	译者	出版社	出版地	译自语言	备注
1932	《苏俄最近实况》	(英)Paul Haensel	李百强	新声通讯社出版部	上海	英语	
1933	《苏联现状论》	(德)Hermarr Remmele	陈彬和	申报馆	上海	德语	
1933	《价值学说史》	(德)Wilhelm Liebknecht等	孙寒冰、林一新	黎明书局	上海	德语、俄语	
1933	《乌托邦社会主义之评判》	(德)考茨基	邓季雨、钟维明	拔提书店	南京	德语	
1933	《苏俄经济生活》	(美)C. B. Hoover	刘炳藜、赵演	中华书局	上海	英语	
1933	《苏俄制度泛系制度与资本自读》	(美)G. S. Counts	林光澄等	商务印书馆	上海	英语	
1933	《社会主义思想史》	(美)H. W. Laidler	郑学稼	黎明书局	上海	英语	
1933	《政治经济常识丛书》	(日)高畠素之、五来欣造、泽田谦、市村今朝藏、石川三四郎	刘友惠、邓绍先等	华通书局	上海	日语	
1933	《苏联经济地理》	(日)国松久弥、川西勇	许亦非	商务印书馆	上海	日语	
1933	《马克斯主义经济初步问答》	(日)河上肇	潘敬业	华北编译社	北平	日语	
1933	《民族的社会主义论》	(日)今中次麿	金奎光	华通书局	上海	日语	
1933	《苏俄研究集》	(日)近藤荣藏	陶父	开华书局	上海	日语	
1933	《资本主义社会的解剖》	(日)山川均	张我军	青年书店		日语	
1933	《社会主义讲话》	(日)山川均	徐懋庸	生活书店	上海	日语	
1933	《转形期底经济理论》	(日)山川均	施复亮、钟复光	新生命书局	上海	日语	
1933	《资本主义社会的解剖》	(日)田边忠男、本位田祥男、林癸未夫、高田保马、山川均	张我军	青年书店	北平	日语	
1933	《苏联计划经济》	(日)日本经济批判会	冬青	开明书店	上海	日语	

续表

年份	书名	作者	译者	出版社	出版地	译自语言	备注
1933	《苏俄革命之研究》	（苏）P. N. Milyukov	王希夷	商务印书馆	上海	日语	转译自大竹博吉
1933	《马克思列宁主义的理论基础》	（苏）阿多拉茨基	柯雪飞	中华书店	上海	俄语	
1933	《帝国主义之诸家学说》	（苏）拔夫罗维季	王斐荪	新生命书局	上海	俄语	
1933	《十九二十世纪经济学说史》	（苏）贝尔林	杨心秋	黎明书局	上海	俄语	
1933	《俄国革命运动史纲》	（苏）波克罗夫斯基	吴季兰	新生命书局	上海	俄语	
1933	《辩证的唯物论与乌里雅诺夫》	（苏）德波林	彭苇森	新光书店	北平	俄语	
1933	《列宁回忆录》	（苏）克卢普斯卡娅	韩起	正中书局	上海	俄语	
1933	《政治经济学方法论》	（苏）拉比杜斯	吴清友	神州国光社	上海	俄语	
1933	《苏联第二次五年计划》	（苏）莫洛托夫	韩起	世界出版合作社	上海	俄语	
1933	《苏联第二次五年计划》	（苏）莫洛托夫	李荣廷	新新通讯社出版部		俄语	
1933	《苏俄哲学论战》	（苏）史托里雅诺夫	吴清友	大中华书店	上海	俄语	
1933	《俄国革命与五年计划》	（苏）托洛茨基	刘镜园	新生命书局	上海	俄语	
1933	《列宁主义初步》	（苏）亚洛曼绥夫	周靖明	扬子江书店	上海	俄语	
1933	《社会进化与生物进化》	（荷）Anton Pannekoek	钟复光译、施复亮校	神州国光社	上海	日语	转译自堺利彦
1933	《社会主义运动》	（英）J. R. MacDonald	尹恩椿	商务印书馆	上海	英语	
1934	《马克思主义体系之崩溃》	（奥）庞巴维克	汪馥泉	黎明书局	上海	德语	
1934	《社会主义概论》	（美）Cohan	华汉光	神州国光社	上海	英语	
1934	《唯物辩证法读本》	（日）大森义太郎	罗叔和	申报馆	上海	日语	
1934	《唯物辩证法读本》	（日）大森义太郎	杨允修	新生命书局	上海	日语	
1934	《苏联经济概论》	（日）加田哲二、桥木胜彦	徐渊若	申报馆	上海	日语	

续表

年份	书名	作者	译者	出版社	出版地	译自语言	备注
1934	《近世社会思想史大纲》	（日）小泉信三	陈燦章	东昇印务局	广州	日语	
1934	《现代哲学概论》	（日）永田广志	温建公	骆驼丛书出版部	北平	日语	
1934	《农业经济学》	（苏）廖谦珂	吴觉农	黎明书局	上海	俄语	
1934	《唯物论与经验批判论》	（苏）列宁	傅子东	言行出版社	上海	俄语	
1934	《苏俄十月革命纪念报告》	（苏）莫洛托夫	李仲武	内外通讯社	南昌	俄语	
1934	《列宁主义问题》	（苏）斯大林		中共苏区中央局		俄语	
1934	《五年计划论战》	（苏）斯大林	潘天觉、陈清晨	神州国光社	上海	俄语	
1934	《资本的集中》	（英）C. M. Colman	曾豫生	远东图书公司	上海	英语	
1935	《苏联经济论》	（德）Gerhard Dobbert	杨华日	商务印书馆	上海	德语	
1935	《反利润制度》	（美）Harry F. Ward	陈泽	青年协会书局	上海	英语	
1935	《世界革命与苏联》	（美）M. T. Florisky	董霖	商务印书馆	上海	英语	
1935	《苏联第一第二五年计划之技术分析》	（美）Zara Within	谭炳训	新中国建设学会		英语	
1935	《新哲学纲要》	（日）德永直、渡边顺三	慎修等	辛垦书店	上海	日语	
1935	《苏俄合作制度》	（日）泽村康	唐易庵、孙久	商务印书馆	上海	日语	
1935	《现代欧洲政治经济》	（英）G. D. H. Cole、M. I. Cole	樊仲云	商务印书馆	上海	英语	
1935	《苏联母性与儿童之保护》	日本俄国问题研究会	林启明	商务印书馆	上海	日语	
1936	《英国社会主义史》	（德）Max Beer	汤澄波	商务印书馆	上海	德语	
1936	《土地问题》	（德）考茨基	岑纪	商务印书馆	上海	德语	
1936	《经济通史》	（德）柯诺	吴觉先	商务印书馆	上海	德语	
1936	《资本论》	（德）马克思	玉枢、右铭	世界名著译文社		德语	
1936	《农业经济学导论》	（美）F. R. Yoder	万国鼎	正中书局	南京	英语	

续表

年份	书名	作者	译者	出版社	出版地	译自语言	备注
1936	《现代经济学论》	（日）波多野鼎	彭迪先	商务印书馆	上海	日语	
1936	《新社会科学讲话》（原名《第二贫乏物语》）	（日）河上肇	雷敢	朴社	北平	日语	
1936	《苏联经济地理》	（日）平竹云三	陈此生、廖璧光	商务印书馆	上海	日语	
1936	《俄国社会经济史》	（日）小林良正	顾志坚	商务印书馆	上海	日语	
1936	《历史与经济组织》	（日）石滨知行	曾仲谋	商务印书馆	上海	日语	
1936	《辩证法易解》	（苏）哥列夫	西流	亚东图书局	上海	俄语	
1936	《大众政治经济学》	（苏）列昂节夫	吴大琨、庄纪尘	文化编译社	上海	俄语	
1936	《黑格尔伦理学大纲》	（苏）列宁	刘及辰	知识书店	天津	日语	转译自川内唯彦
1936	《共产主义运动中的"左派"幼稚病》	（苏）列宁	中文编译部	自刊		俄语	
1936	《辩证唯物论与历史唯物论》	（苏）米丁	沈志远	商务印书馆	长沙	英语	
1936	《新哲学大纲》	（苏）米丁	艾思奇、郑易里	读书出版社	上海	英语	
1936	《马克思之真谛》	（英）柯尔	谌小岑	商务印书馆	上海	英语	
1936	《论政治学与经济学之关系》	（英）柯尔	徐渭津	商务印书馆	上海	英语	
1936	《政治原理与经济原理之关系》	（英）柯尔	孟云峤	生活书店	上海	英语	
1937	《资本肯定论》	（奥）庞巴维克	曾迪先	商务印书馆	上海	英语	转译自威廉·斯马特
1937	《费尔巴哈论》	（德）恩格斯	张仲实	生活书店	上海	俄语	转译自普列汉诺夫
1937	《从一个人看一个新世界》	（法）Henri Barbusse	徐懋庸	大陆书社	上海	法语	
1937	《经济组织论》	（日）北泽新次郎	吴斐丹	商务印书馆	上海	日语	
1937	《通俗资本论读本》	（日）川上贯	林文	潮峰出版社	上海	日语	
1937	《新哲学讲话》	（日）德永直、渡边顺三	包刚	上海杂志公司	上海	日语	

续表

年份	书名	作者	译者	出版社	出版地	译自语言	备注
1937	《现代唯物论》	（日）永田广志	卢心远	辛垦书店	上海	日语	
1937	《现代唯物论》	（日）永田广志	施复亮、钟复光	进化书局	上海	日语	
1937	《科学的历史观》	（日）永田广志	阮均石	新知书店	上海	日语	
1937	《政治经济学方法论》	（苏）阿贝支加乌斯、杜科尔	莫耐军	一般书店	上海	俄语	
1937	《政治经济学讲话》	（苏）列昂节夫	张仲实	生活书店	上海	俄语	
1937	《政治经济学基础教程》	（苏）列昂节夫	胡明	经济学会	天津	俄语	
1937	《社会发展简史》	（苏）列昂节夫		解放社	北平	俄语	
1937	《哲学》	（苏）米丁	张仲实	生活书店	上海	俄语	
1937	《论广义政治经济学》	（苏）帕石克夫	李伟	新知书店	上海	俄语	
1937	《列宁主义概论》	（苏）斯大林		解放社		俄语	
1937	《史的唯物论》	（苏）亚达米阳	康敏夫	南国出版社	上海	俄语	
1937	《苏联第二次五年计划》	（英）W. P. Coates、Z. K. Coates	包玉珂	商务印书馆	长沙	英语	

注：1. 上表收录了1919—1937年译自外文的社会主义相关著作。包括哲学（辩证法、辩证唯物主义、历史唯物主义等）、社会学（社会主义社会理论、社会福利、人口学等）、政治学（社会主义政党、阶级理论、无产阶级革命、工农劳动组织与运动等）、经济学（马克思主义政治经济学、马克思主义资本论、生产力与生产关系、社会主义经济建设等）、历史（社会主义历史发展理论、马克思主义社会发展史、社会主义学者传记等）方面的内容。文学作品（小说、散文、诗集、剧本等）不记在列。

2. 上表主要根据北京大学图书馆、中山大学图书馆、国家图书馆以及上海图书馆的馆藏书目，以及CADAL中美百万册数字图书馆整理而成，并参考了《民国时期图书总目》（北京图书馆编，书目文献出版社，1986年）、《民国时期出版书目汇编》（刘洪权编，国家图书馆出版社，2010年）以及三田刚史『甦る河上肇』中的『中国語訳日本社会科学文献目録稿』（藤原書店，2003年）等目录文献。

3. 上表书目按出版年顺序排列，为易于观察原著的来源，同一年出版的图书按国别和原作者顺序排列。若译者翻译成中文时是转译自其他语言的译本，将在备注中说明。

4. 内容相同的译作，除非有修改或增订，仅更改书名，或在不同出版社再版的作品，不再新增条目记录。

表 C1　民国时期中文报刊中所见河上肇论著一览表[③]

	译文				原文		
	所载报刊	刊载日期	题名	编译/译述者	所载报刊/著作	刊载日期	题名
1	《生活日报》	1914年5月3日、1914年5月7日	《共同生活与寄生生活》	咏黄	「国民経済雑誌」	1912年10月19日	「共同生活と寄生生活」
2	《东方杂志》	1914年6月（10卷12号）	《共同生活与寄生生活》	咏黄	「国民経済雑誌」	1912年10月19日	「共同生活と寄生生活」
3	《大中华》	1916年6月24日（2卷6号）	《战后世界之文明》	丁锡华	「経済論叢」一巻大礼記念号	1915年11月1日	「戦後世界ノ文明」
4△	《晨报》	1919年4月1日、1919年4月4日	《近世社会主义鼻祖马克思之奋斗生涯》	渊泉	「社会問題管見」	1918年9月	「マルクスの『資本論』」
5	《晨报》	1919年5月5日、1919年5月6日、1919年5月8日	《马克思的唯物史观》	渊泉	「社会問題研究」第二、三冊	1919年2月5日、1919年3月15日	「マルクスの社会主義の理論的体系」
6	《新青年》	1919年5月（6卷5号）	《马克思的唯物史观》	渊泉	「社会問題研究」第二、三冊	1919年2月5日、1919年3月15日	「マルクスの社会主義の理論的体系」
7△	《新青年》	1919年5月（6卷5号）	《马克思奋斗生涯》	渊泉	「社会問題管見」	1918年9月	「マルクスの『資本論』」
8△	《新青年》	1919年5月（6卷5号）	《我的马克思主义观》	李大钊	「社会問題研究」	1919年1月20日	「マルクスの社会主義の理論的体系」

续表

	译文				原文	
	所载报刊	刊载日期	题名	编译/译述者	所载报刊/著作	刊载日期	题名
9	《学灯》	1919年5月19日—1919年5月21日、1919年5月23日、1919年5月26日—1919年5月27日	《马克思的唯物史观》	渊泉	『社会問題研究』第二、三冊	1919年2月5日、1919年3月15日	「マルクスの社会主義の理論的体系」
10	《晨报》	1919年5月9日—1919年6月1日	《劳动与资本》	马克思原著 食力转译	『社会問題研究』第四冊	1919年4月4日	「マルクス 賃労働と資本」
11	《学灯》	1919年6月11日—1919年6月16日	《社会主义之进化》	摩汉	『社会問題研究』第五冊	1919年5月1日	「社会主義の進化」
12	《晨报》	1919年7月6日—1919年7月7日	《共同生活和寄生生活》	騺客	『社会問題管見』	1918年9月	「共同生活と寄生生活」
13	《觉悟》	1919年7月10日—1919年7月13日	《共同生活和寄生生活》	騺客	『社会問題管見』	1918年9月	「共同生活と寄生生活」
14	《学灯》	1919年7月25日—1919年7月29日、1919年7月26日 1919年7月31日、1919年8月1日—1919年8月2日、1919年8月4日	《劳动与资本》	食力	『社会問題管見』第四冊	1919年4月4日	「マルクス 賃労働と資本」

243

续表

	译文					原文	
	所载报刊	刊载日期	题名	编译/译述者	所载报刊/著作	刊载日期	题名
15	《学灯》	1919年8月5日—1919年8月8日、1919年8月11日、1919年8月22日—1919年8月27日、1919年9月3日、1919年9月5日、1919年9月6日、1919年9月8日、1919年9月12日、1919年10月28日、1919年11月1日、1919年11月4日、1919年11月12日—1919年11月13日、1919年11月23日—1919年12月24日	《马克司社会主义之理论的体系》	罗琢章、籍碧	「社会問題研究」第一一十冊	1919年1月20日、1919年11月20日	「マルクスの社会主義の理論的体系」
16	《解放与改造》	1919年9月1日	《共同生活及寄生生活》	筑山醉翁	「社会問題管見」	1918年9月	「共同生活と寄生生活」
17	《学灯》	1919年12月6日—1919年12月9日	《河上肇博士关于马可思之唯物史观的一考察》	安体诚	「経済論叢」九巻四号	1919年10月	「マルクスの唯物史観に関する一考察」
18	《学灯》	1919年12月9日	《利己主义与利他主义》	东里	「社会問題研究」第六冊	1919年6月1日	「利己主義と利他主義」

续表

	译文				原文		
	所载报刊	刊载日期	题名	编译/译述者	所载报刊/著作	刊载日期	题名
19	《学灯》	1919年12月25日	《思索之必要与研究之态度》	佚名	「社会問題研究」第一冊	1919年1月20日	「思索の必要と研究の態度」
20△	《星期评论》	1920年1月	《〈萨波达举〉的研究》	戴季陶	「経済論叢」九巻五号	1919年11月	「同盟罷業の道徳的批判に就いて」
21△	《学灯》	1920年1月8日—1920年1月13日	《社会主义者所见的大战真因》	李培天	「社会問題研究」第二～五冊	1919年2月15日、1919年3月5日、1919年5月1日	「一社会主義者の観たる世界戦争の真因」
22	《法政学报》	1920年（2巻4号、2巻7-8合并号）	《马克思之经济论》	罗琢章	「社会問題研究」第八冊	1919年9月8日	「マルクスの社会主義の理論的体系」
23	《学艺》	1920年4月—1920年11月	《救贫纵谈》	杨山木	「貧乏物語」	1917年	
24	《星期评论》	1920年（第48号）	《妇女劳动问题底一瞥》	陈望道	「社会問題管見」	1918年9月	「婦人問題講話」（九）～（十二）
25	《觉悟》	1920年6月12日	《脑筋问题》	于树德	「社会問題研究」第十五冊	1920年5月5日	「カアペントリック脳味噌の問題」
26	《觉悟》	1920年6月17日	《马克斯底唯物史观》	陈望道	「近世経済思想史論」	1920年	第三講 第二段

续表

	译文					原文	
	所载报刊	刊载日期	题名	编译/译述者	所载报刊/著作	刊载日期	题名
27	《学灯》	1920年6月27日、1920年6月29—1920年6月30日、1920年7月3日、1920年7月5—1920年7月6日	《马克斯剩余价值论》	邝摩汉	『近世経済思想史論』	1920年	第三講 第三段
28	《学灯》	1920年7月7日	《资本家思想底一例》	黄七五	『社会問題研究』第九冊	1919年10月15日	「資本家的思想の一例」
29	《建设》	1920年8月（2卷6号）	《见于资本论的唯物史观》	徐苏中	『経済論叢』十巻二号	1920年2月1日	「資本論に見はれたる唯物史観」
30	《学灯》	1920年9月2日—1920年9月6日	《社会主义之进化谈》	黄七五	『社会問題研究』第五冊	1919年10月15日	「社会主義の進化」
31	《建设》	1920年12月（3卷1号）	《科学的社会主义与唯物史观》	徐苏中	『社会問題研究』第十七冊	1920年7月	「エンゲルス科学的社会主義と唯物史観」
32	《东方杂志》	1921年1月（18卷1号）	《马克思的唯物史观》	范寿康	『社会問題研究』第三冊	1919年3月	「マルクスの社会主義理論的体系（三）」
33	《觉悟》	1921年2月27日—1921年2月28日	《社会主义底进化》	施存统	『社会問題研究』第五冊	1919年5月1日	「社会主義の進化」

续表

	译文				原文	
	所载报刊	刊载日期	题名	编译/译述者	所载报刊/著作	刊载日期	题名
34	《觉悟》	1921年5月15日	《见于共产党宣言中的唯物史观》	施存统	『社会问题研究』第十六册	1920年6月	「共产党宣言に见はれたる唯物史观」
35	《曙光》	1921年6月（2卷3号）	《断片（见日本改造杂志）》	李茂齐	『改造』三卷四号	1921年4月	「断片」
36	《觉悟》	1921年7月19日	《马克斯主义和劳动全收权》	施存统	『我等』三卷五、六号	1921年5月、1921年6月	「次の日の问答」
37△	《新青年》	1921年8月（9卷4号）	《马克思共产主义》	施存统	『我等』三卷五、六号	1921年5月、1921年6月	「次の日の问答」
38	《东方杂志》	1921年11月（18卷22号）	《俄国近时的经济地位》	椎志	『社会问题研究』第二十二册	1921年10月	「レーニン露国现时の经济的地位」
39	《觉悟》	1921年12月18日	《马克斯主义上所谓"过渡期"》	施存统	『经济论丛』十三卷六号	1921年12月1日	「マルクス主义に谓ふ所の过渡期に就いて」
40	《觉悟》	1922年1月19日	《俄罗斯革命唯物史观》	施存统	『我等』四卷一号	1922年1月1日	「唯物史观问答—唯物史观と露西亚革命」
41	《东方杂志》	1922年3月（19卷6号）	《马克思主义底理想及其实现底过程》	施存统	『社会问题研究』第二十七册	1921年11月	「マルクスの理想及び其の实现の过程」

247

续表

	译文				原文		
	所载报刊	刊载日期	题名	编译/译述者	所载报刊/著作	刊载日期	题名
42	《今日》	1922年3月15月	《社会主义的未来国（borchurdt著，河上肇译）》	熊得山	「社会問題研究」第二十七册、二十二册	1921年3月1日、1921年4月20日	「ボルシュビルト社会主義の未来国 一、二」
43	《新青年》	1922年7月1日（9卷6号）	《马克思主义上所谓"过渡期"》	施存统	「経済論叢」十三卷六号	1921年12月1日	「マルクス主義に謂ふ所の過渡期に就いて」
44	《新青年》	1922年7月1日（9卷6号）	《俄罗斯革命和唯物史观》	施存统	「我等」四卷一号	1922年1月1日	「唯物史観問答―唯物史観と露西亜革命」
45	《学艺》	1922年7月（4卷1号）	《经济学批评序中之唯物史观公式》	何崧龄	「唯物史観研究」上篇第一章	1921年	「経済学批判」の序文に見はれた唯物史観の公式」
46	《学艺》	1922年8月（4卷2号）	《唯物史观公式中之一句》	何崧龄	「唯物史観研究」上篇第二章	1921年	「唯物史観公式中のひ一句について」
47	《学艺》	1922年10月（4卷3号）	《唯物史观中所见"生产力""生产关系"的意义》	何崧龄	「唯物史観研究」上篇第三章	1921年	「唯物史観に所謂「生産」「生産力」「生産関係」の意義」
48	《孤军》	1924年5月（2卷4期）	《时机尚早之社会革命计画》	敌修鼎	「社会組織と社会革命に関する若干の考察」第四章	1922年	「時机尚早なる社会革命の企」

续表

	译文				原文	
	所载报刊	刊载日期	题名	编译/译述者	所载报刊/著作	刊载日期	题名
49	《学艺》	1924日8月（6卷4号）	《社会革命与政治革命》	郭沫若	『社会組織と社会革命に関する若干の考察』第二章	1922年	『社会革命と政治革命』
50△	《孤军》	1924年11月（2卷7期）	《进化论与革命论》	郭心崧	『社会組織と社会革命に関する若干の考察』第二章、第五章	1922年	『社会革命と政治革命と露西亜革命と社会主義革命』
51	《学艺》	1924年12月（6卷6号）	《社会革命及社会政策》	郭沫若	『社会組織と社会革命に関する若干の考察』第三章	1922年	『社会革命と社会政策』
52	《孤军》	1925年4月（2卷11期）	《社会革命及社会政策》	赵修鼎	『社会組織と社会革命に関する若干の考察』第三章	1922年	『社会革命と社会政策』
53△	《孤军》	1925年7月（3卷2期）	《何以"经济发展的后进国一如俄一反先揭共产之旗"？》	李春涛	『社会問題研究』第五十五冊	1924年9月1日	『唯物史観と因果関係』

249

日本社会主义论著在中国的译介及影响（1919—1937） >>>

续表

	译文				原文	
	所载报刊	刊载日期	题名	编译/译述者	所载报刊/著作	刊载日期	题名
54△	《孤军》	1925年8月（3卷3期）	《唯物史观的真意义》	周佛海	『社会問題研究』第三冊	1919年3月	「マルクスの社会主義理論的体系」
55	《孤军》	1925年8月（3卷3期）	《生产政策之社会主义》	大风	『経済論叢』八卷一号	1921年	「生産政策としての社会主義」
56	《金中周刊》	1926年10月10日、1926年10月24日	《马克思之所谓社会的意识形态》	杜国庠	『経済論叢』二十二巻一号	1919年	「マルクスの謂ゆる社会的意識形態について」
57	《北新》	1930年4月1日（4卷7期）	《唯物史观的要领》	栗剑超	『唯物史観研究』第七章	1925年1月1日	「唯物史観の要領」
58	《前锋》	1934年（第16、19期）	《辩证法的唯物论》	绣佛	『第二貧乏物語』改造社 第二十五章	1930年	「弁証法的唯物論」

注：1. 上表收录了民国时期中文报刊中所见译自河上肇的文章，包括直译、转译以及大量引用、借用的情况。按中文文章发表时间排序。其中标记△的文章并非直译，而是大量引用，借用了河上肇的文章。
2. 上表在三田刚史『甦るか河上肇——近代中国の知の源泉』（藤原书店，2003年）所录表格《河上肇の著作中国语訳目録》，赵利栋《略论二十世纪二十年代中国马克思主义的思想资源》（《中国社会科学院近代史研究所青年学术论坛》2004年卷，社会科学文献出版社，2005年）等论著的基础上，收集整理而成。

250

<<< 附录

表 C2 民国时期汉译河上肇著作一览表 ④

	译著				原著		
	书名	出版时间	译者	出版社	书名/文章名	出版时间	出版社所载杂志
1	《贫乏论》	1920	止止（李凤亭）	上海·泰东图书局	「貧乏物語」	1917	弘文堂書房
2	《近世经济思想史论》	1920	李培天	上海·泰东图书局	「近世経済思想史論」	1920	岩波書店
3	《救贫丛谈》	1920	杨山木	上海·商务印书馆	「貧乏物語」	1917	弘文堂書房
4	《近世经济思想史论》	1922	李培天	上海·学术研究会总会	「近世経済思想史論」	1920	岩波書店
5*	《社会经济丛刊》	1922	施存统编译	上海·泰东图书局	「社会主義の進化」	1919	「社会問題研究」第五册
					「共産党宣言に見はれたる唯物史観」	1920	「社会問題研究」第十六册
6*	《马克思主义与唯物史观》	1923	施存统编译	上海·商务印书馆	「マルクスの理想及び其の実現の過程」	1921	「社会問題研究」第二十七册
7	《社会组织与社会革命》	1925	郭沫若	上海·商务印书馆	「社会組織と社会革命に関する若干の考察」	1922	弘文堂書房
8*	《唯物史观研究》	1926	何嵩龄编著	上海·商务印书馆	「唯物史観研究」	1921	弘文堂書房
9×	《无产阶级运动》	1927	匿名	上海·新华书局	「階級闘争の必然性と其の必然的転化」	1926	弘文堂書房

251

续表

	译著				原著		
	书名	出版时间	译者	出版社	书名/文章名	出版时间	出版社/所载杂志
10	《资本主义经济学之史的发展》	1928	林植夫	上海·商务印书馆	『資本主義経済学の史的発展』	1923	弘文堂書房
11	《社会改革底必然性》	1928	沈绮雨	上海·创造出版部	『階級闘争の必然性と其の必然的転化』	1926	弘文堂書房
12	《马克思主义经济学》	1928	温盛光	上海·启智书局	『マルクス主義経済学』	1928	上野書店
13	《进化论与阶级问题》	1929	陈宝骅、刑墨卿译，萨孟武校	上海·新生命书局	『階級闘争の必然性と其の必然的転化』	1926	弘文堂書房
14	《经济学大纲》	1929	陈豹隐	上海·乐群书店	『経済学大綱』	1928	改造社
15	《社会主义经济学》	1929	邓毅	上海·光华书局	『マルクス主義経済学』	1928	上野書店
16	《人口问题批评》	1929	丁振一	上海·南强书局	『人口問題批判』	1927	叢文閣
17	《资本论入门》	1929	刘楚平	上海·晨曦书社	『資本論入門』	1928	弘文堂書房
18	《工资劳动与资本》	1929	朱应祺、朱应会转译	上海·泰东图书局	『賃労働と資本 マルクス著 河上肇訳』	1921	弘文堂書房
19	《唯物史观的基础》	1930	巴克	上海·明日书店	『経済学研究』第十三章、十四章	1922	博文館

续表

	译著				原著		
	书名	出版时间	译者	出版社	书名/文章名	出版时间	出版社所载杂志
20	《马克思主义批判者之批判》	1930	江半庵	上海·申江书店	『マルクス主義批判者の批判』	1929	希望閣
21	《马克思主义经济学基础理论》	1930	李达、王静、张栗原	上海·昆仑书店	『マルクス主義経済学の基礎理論』	1929	改造社
22	《新经济学之任务》	1930	钱铁如	上海·昆仑书店	『マルクス主義のために』	1929	希望閣
23	《伊里奇底辩证法》	1930	任白戈转译	上海·辛垦书店	「レーニンの弁証法」デボーリン著 河上肇訳	1926	弘文堂書房
24	《唯物史观研究》	1930	郑郋镇译、郑斌校阅	上海·文华书局	『唯物史観研究』	1921	弘文堂書房
25	《唯物论纲要》	1930	周拱生	上海·乐华图书公司	『マルクス主義経済学の基礎理論』	1929	改造社
26*	《经济理论之基础知识》	1930	周佛海编译	上海·新生命书局	(取材于河上肇在京都大学的未刊讲义)	1923	
27	《社会科学原论》	1931	郭沫若	上海·联合书店			

253

续表

	译著				原著		
	书名	出版时间	译者	出版社	书名/文章名	出版时间	出版社所载杂志
28	《唯物辩证法者的理论斗争》	1931	江半庵	上海·星光书店	「マルクス主義批判者の批判」	1929	希望閣
29	《社会组织与社会革命》	1932	郭沫若	嘉陵书店	「社会組織と社会革命に関する若干の考察」	1922	弘文堂書房
30	《马克思主义经济学大纲》	1932	江伯玉	自刊			
31	《马克思主义经济学》	1932	李季	上海·上海人民出版社	「マルクス主義経済学」	1928	上野書店
32	《通俗剩余价值论》	1932	钟古熙译、施复亮校	上海·神州国光社	「資本主義的搾取のカラクリ」	1930	同人社
33	《马克斯主义经济初步问答》	1933	潘敬业	华北编译社	「第二貧乏物語」	1930	改造社
34	《人口问题批评》	1933	丁振一	上海·中华书局	「人口問題批判」	1927	叢文閣
35*	《经济思想史》	1935	邓毅生编著	自刊	（多取材于河上肇的著作，具体未详）		

254

续表

	译著				原著		
	书名	出版时间	译者	出版社	书名/文章名	出版时间	出版社/所载杂志
36	《社会主义经济学》	1936	邓毅	上海·大光书局	「マルクス主義経済学」	19928	上野書店
37	《新社会科学讲话》（原名《第二贫乏物语》）	1936	雷敢	北平·朴社	「第二貧乏物語」	1930	改造社
38*	《科学的经济学方法论》（附录2）	1936	刘及辰著	北平·时代文化社	「資本論入門」	1928	弘文堂書房
39	《近世经济思想史论》	1945	李培天	上海·启智书局	「近世経済思想史論」	1920	岩波書店
40	《工资劳动与资本》	1947	朱应祺、朱应会转译	上海·世界文化出版社	「賃労働と資本」マルクス著 河上肇訳	1921	弘文堂書房
41	《经济学大纲》	1949	匿名	北京·三联书店	「経済学大綱」	1928	改造社

注：1. 上表收录了民国时期出版的译自河上肇论著的中文著作，包括全译、摘译，不包括节译某一章节或某一部分的中文著作；标记＊的是译自河上肇原版书的单行本。标记※的是译自河上肇中文综合目录，无法做出判断的著作。

2. 上表在谭汝谦、实藤惠秀《中国译日本书综合目录》（香港中文大学出版社，1980年），三田刚史『甦るか河上肇——近代中国馬克思主义的思想资源》の源泉』（藤原書店，2003年）所録河上肇の著作中国語目録」，赵利栋《略论二十世纪二十年代中国马克思主义的思想资源》（《中国社会科学院近代史研究所青年学术论坛》2004年卷，社会科学文献出版社，2005年），田雁《汉译日文图书总书目》（社会科学文献出版社，2015年）等论著的基础上，收集整理而成。

255

日本社会主义论著在中国的译介及影响（1919—1937）

表 C3　民国时期中文报刊中所见堺利彦论著一览表

	所载报刊	刊载日期	题名	编译/译述者
1	《良心》	1913（第 1 期）	《森近运平传》	重忧
2	《良心》	1913（第 1 期）	《社会主义纲要》	曹文麟
3	《新潮》	1919（第 1 卷第 5 期）	《男女关系的进化》	郭须静
4	《晨报副刊》	1919 年 6 月 29 日	《男女关系论》（卡朋特著，堺利彦译）	厚庵（转译）
5	《晨报副刊》	1919 年 7 月 18 日	《马氏唯物史观概要》（普汀著，堺利彦译）	陈溥贤（转译）
6	《闽星》	1919（第 1—4 期）	《伦理与唯物的历史观》（考茨基著，堺利彦译）	伯阳（转译）
7	《解放与改造》	1919（第 1—4 期）	《广义派之建设》	寿凡
8	《解放与改造》	1919（第 1—3 期）	《福利耶之社会主义》	祝枕江
9	《星期评论》	1919（双十节纪念号）	《英国的劳动组合》（拉金原著，堺利彦译）	戴季陶（转译）
10	《星期评论》	1919（第 28，30 期）	《自由社会的男女关系》（卡朋特著，堺利彦译）	哲父（转译）
11	《新潮》	1919（第 2 卷第 2 期）	《物质变动与道德变动》	李大钊
12	《东方杂志》	1920（第 17 卷第 24 期）	《社会主义发达的经过》	丹卿
13	《觉悟》	1920 年 1 月 5 日—1920 年 1 月 8 日	《科学的社会主义》（恩格斯著，堺利彦译）	衡石（转译）
14	《妇女评论》	1921（第 1—2，4—6，19—22 期）1922（第 23—24，31—38，41 期）	《女性中心说》	夏丏尊（转译）
15	《妇女评论》	1921（第 12 期）	《自由恋爱说》	伯焜

续表

	所载报刊	刊载日期	题名	编译/译述者
16	《妇女评论》	1921（第14期）	《妇女底天职》	伯焜
17	《妇女评论》	1921（第16期）	《我们的家庭主义》	伯焜
18	《妇女评论》	1921（第18期）	《女子国有什么？》	伯焜
19	《妇女评论》	1921（第19期）	《男女结合底目的》	伯焜
20	《妇女评论》	1921（第20—21期）	《妇女与经济平等》（Edward Bellamy著，堺利彦译）	伯焜（转译）
21	《妇女评论》	1921（第22期）	《妇女问题概观》	伯焜
22	《学灯》	1921年7月7日	《伦理与唯物史观》（考茨基著，堺利彦译）	秋明（转译）
23	《新青年》	1921（第9卷第5期）	《太平洋会议》	
24	《少年中国》	1921（第2卷第11期）	《唯物史的宗教观》（郭泰著，堺利彦译）	李达（转译）
25	《觉悟》	1921年5月29日	《女性底演说》	陈望道
26	《觉悟》	1921年12月16日	《劳动者底天下》	晋青
27	《少年世界》	1921（增刊日本号）	《日本社会主义运动小史》	一葵
28	《妇女评论》	1922（第52期）	《〈女天下〉的社会学的解说》	夏丏尊
29	《觉悟》	1922年9月7日	《伦理与唯物史观》（考茨基著，堺利彦译）	董亦湘（转译）
30	《泰东月刊》	1928（第2卷第3期）	《家族私有财产及国家之起源讲述》（恩格斯著，堺利彦译）	左寿昌（转译）
31	《海上旬刊》	1928（第1卷第1期）	《人的一生》	郭国梁

续表

	所载报刊	刊载日期	题名	编译/译述者
32	《河北民国日报副刊》	1929（第12期）	《妇人问题之本质》	左寿昌
33	《新女性》	1929（第4卷第4—5期）	《妇人问题之本质》	陶父
34	《北新》	1929（第3卷第16期）	《家族私有财产及国家之起源》（恩格斯著，堺利彦讲述）	宋斐如
35	《星期评论》	1929（第3卷第30期）	《日本无产政党现状》	钦荣
36	《地球》	1929（第1期）、1930（第2期）	《社会主义大意》	江岩
37	《日文与日语》	1935（第2卷第1—6期）	《空想的社会主义》	张我军
38	《西北评论》	1935（第2卷第6期）	《社会科学常识》	大森
39	《青年中国》	1937年（第1卷第12期）	《凯哈队》	攻心

附 录

表 C4 民国时期汉译堺利彦著作一览表

	译著				原著		
	书名	出版时间	译者	出版社	书名/篇名	出版时间	出版社/所载杂志
1	《共产党宣言》	1920	陈望道（转译）	社会主义研究社	『共産党宣言』マルクス/エンゲルス/著 幸德秋水/堺利彦訳	1906	『社会主義研究』第1巻第1号
2	《唯物史观解说》	1921	李达（转译）	中华书局	『唯物史観解説』ゴルテル著 堺利彦訳述	1919	賣文社
3	《女性中心说》	1921	李达（转译）	商务印书馆	『女性中心説』ウォード著 堺利彦訳述	1916	牧民社
4	《妇女问题》	1922	唐伯焜	商务印书馆	『婦人問題』	1907	金尾文淵堂
5	《马克思主义和达尔文主义》	1922	施存统（转译）	民智书局	『マルクス説とダアウィン説』	1919	『社会主義研究』第1巻第1号
6	《女性中心说》	1924	夏丏尊（转译）	民智书局	『女性中心説』ウォード著 堺利彦訳述	1916	牧民社
7	《辩证法的唯物论》	1927	吕一鸣	北新书局	『弁証法的唯物論』	1926	無産社

259

续表

	译著				原著		
	书名	出版时间	译者	出版社	书名/篇名	出版时间	出版社/所载杂志
8	《社会主义学说大要》	1927	吕一鸣	北新书局	「社会主義学説大要」	1925	無産社
9	《社会主义的妇女观》	1927	吕一鸣	北新书局	「社会主義の婦人観」	1926	上西書店
10	《妇女问题的本质》	1929	吕一鸣	北新书局	「婦人問題の本質」	1927	無産社
11	「社会主义与进化论」	1929	张定夫	昆仑书店	「社会主義と進化論」 シネコック著 堺利彦譯	1923	無産社
12	《现代社会生活》	1929	高希圣	光华书局	「現代社会生活の不安と疑問」	1925	文化学会出版部
13	《妇女与儿童》	1930	康陶父	神州国光社	「婦人問題の本質」	1928	無産社
14	《社会进化的过程》（《社会学讲座》中的一章）	1931	高蓉夫	平凡书局	「社会進化の過程」 Henry Mayers Hyndman 著 堺利彦譯	1928	無産社

260

续表

	译著				原著		
	书名	出版时间	译者	出版社	书名/篇名	出版时间	出版社/所载杂志
15	《社会进化与生物进化》	1933	钟复光译、施复亮校	神州国光社	『社会主義と進化論』パンネコック著 堺利彦譯	1923	無産社
16	《日华对译社会主义与进化论》	1934	卢爱知	海阳出版社	『社会主義と進化論』	1923	無産社
17	《劳动价值说易解》	1938	西流（转译）	亚东图书馆	『利潤の出処』マルクス著 堺利彦訳	1923	無産社

261

日本社会主义论著在中国的译介及影响（1919—1937）

表 C5　民国时期中文报刊中所见山川均论著一览表

	所载报刊	刊载日期	题名	编译/译述者
1	《星期评论》	1920（第 34 期）	《〈萨波达举〉的研究》	戴季陶
2	《东方杂志》	1920（第 17 卷第 21 期）	《智识阶级对于劳动运动之地位》	君实
3	《觉悟》	1921 年 2 月 23 日—1921 年 2 月 24 日	《现代文明底经济的基础》	存统
4	《觉悟》	1921 年 4 月 22 日，1921 年 4 月 24 日—1921 年 4 月 29 日	《考茨基底劳农政治反对论》	存统
5	《国民》	1921（第 2 卷第 4 期）	《苏维埃俄国底经济组织》	陈国渠
6	《国民》	1921（第 2 卷第 4 期）	《苏维埃俄国底新农制度》	陈国渠
7	《觉悟》	1921 年 4 月 7 日	《由英归俄后的克鲁泡特金》	鸣田（抄译）
8	《觉悟》	1921 年 6 月 1 日	《劳农俄国底安那其主义者》	存统
9	《共产党》	1921（第 5 期）	《劳农制度研究》	均
10	《觉悟》	1921 年 7 月 12 日	《梅雨节的日本》	罗豁
11	《觉悟》	1921 年 7 月 8 日	《从科学的社会主义到行动的社会主义（选）》	李达
12	《觉悟》	1921 年 8 月 19 日	《劳动组合运动和阶级斗争》	施存统
13	《觉悟》	1921 年 11 月 14 日	《奴隶和铁素》	晋青
14	《觉悟》	1921 年 12 月 6 日	《农民为什么苦呢？》	Y. D.
15	《新青年》	1921（第 8 卷第 5 期）	《劳农俄国底劳动联合》	陈望道
16	《新青年》	1921（第 8 卷第 5 期）	《劳农俄国底农业制度》	周佛海
17	《新青年》	1921（第 9 卷第 1 期）	《从科学的社会主义到行动的社会主义》	李达译、陈望道附记

续表

	所载报刊	刊载日期	题名	编译译述者
18	《新青年》	1921（第9卷第2期）	《社会主义国家与劳动组合》	周佛海
19	《新青年》	1921（第9卷第5期）	《对于太平洋会议的我见》	象子
20	《晨报副刊》	1922年2月15日	《劳农俄国底建设事业》	长庚
21	《觉悟》	1922年5月1日	《水槽底水》	方乐宵
22	《东方杂志》	1922（第19卷第16期）	《俄国的农民》	熊得山
23	《今日》	1922（第2卷第3期）	《国际劳动同盟的历史》	
24	《家庭研究》	1922（第2卷第2期）	《产儿制限与新马尔塞斯主义：生育节制和新马尔塞斯主义》	
25	《东方杂志》	1923（第20卷第24期）	《劳动组合的进化及其职务》	王国源
26	《新青年》	1923（第2期）	《俄国的新经济政策》	李春涛
27	《晨报副刊》	1925（第18—19期）	《现代生活矛盾之悲哀》	张我军
28	《台湾民报》	1926（第105—115期）	《弱小民族的悲哀：在"一视同仁""内地延长主义""同化融合政策"下的台湾》	施存统
29	《现代中国》	1928（第2卷第4期）	《辩证法的唯物论》	修
30	《国闻周报》	1928（第5卷第12期）	《日本新政局之透视》	
31	《前锋》	1929（第5期）	《田中政治与莫索里尼政治》	施复亮
32	《文艺研究》	1930（第1期）	《工会运动底理论与实际》	蕉衣
33	《新东方》	1930（第1卷第3—4期）	《日本帝国主义铁蹄下的台湾》	张逸美
34	《社会改造》	1930（第1卷第7期）	《资本主义社会的批判》	

263

续表

	所载报刊	刊载日期	题名	编译/译述者
35	《北新》	1930（第4卷第17期）	《资本主义之根本的特征》	江伯玉
36	《社会改造》	1930（第1卷第7期）	《资本主义社会的批判》	张逸美
37	《微音月刊》	1931（第1卷第9—10期）	《空想的社会主义》	钟复光
38	《政治学论丛》	1931（创刊号）	《劳动组合的各种形态》	
39	《生机》	1932（第13期）	《矛盾的悲哀》	燕合
40	《国闻周报》	1934（第11卷第4期）	《忆片山潜氏》	王赓尧
41	《时事类编》	1934（第2卷第11期）	《日本右翼改造运动向那里去？》	果
42	《燕大周刊》	1935（第6卷第9期）	《法西斯主义诸问题特辑：墓沙里尼要捌合吗？》	田佐
43	《现代评坛》	1936（第2卷第4期）	《日本七大国策及其实现性》	琳郎
44	《时事类编》	1936（第4卷第2期）	《时论撮要：墨索里尼失败么？》	高璘度
45	《中外经济拔萃》	1937（第1卷第7期）	《日本新内阁之政策：近卫内阁出现之意义》	
46	《国闻周报》	1937（第14卷第21期）	《外论介绍：总选举后的日本政局》	紫嫩
47	《文摘》	1937（第2卷第1期）	《从林到田：近卫内阁出现的意义》	张律钧
48	《国论》	1937（第2卷第5期）	《日本军部与议会政治》（寺池净，山川均共著）	静观
49	《时事类编》	1937（第5卷第15期）	《日本资本主义现阶段：近卫内阁出现的意义》	高璘度
50	《时事类编》	1937（第5卷第5期）	《日本政局展望：由二月廿六日到二月廿六日》	高璘度
51	《时事类编》	1937（第5卷第8期）	《日本军部的政治地位：日本法西主义的特质》	高璘度
52	《外论通信稿》	1937（第1875期）	《日近卫内阁之前途》	

表 C6 民国时期汉译山川均著作一览表

	译著				原著		
	书名	出版时间	译者	出版社	书名/篇名	出版时间	出版社/所载杂志
1	《苏维埃研究》	1921	王文俊	新知书社	『ソビエトの研究』	1921	『改造』
2	《劳动总同盟研究》	1921	邹敬芳	泰东图书局	『フランス労働総同盟の研究』	1920	『改造』
3	《社会经济丛刊》	1922	施存统编译	泰东图书局	『カウツキーの労農政治反対論』	1921	『社会主義研究』
4	《劳农俄国研究》	1922	李达编译	商务印书馆	『労農露西亜の研究』山川菊栄、堺利彦共著	1922	アルス
5	《资本制度浅说》	1925	施存统	上海书店	『資本主義のからくり』	1922	僚友社
6	《列宁传》	1927	张亮	广州人民出版社	『レーニンとトロッキー』	1921	改造社
7	《资本主义的解剖》	1927	崔物齐	光华书局	『資本主義のからくり』	1925	プロカルト叢書刊行所
8	《资本主义之玄妙》	1927	吕一鸣	北新书局	『資本主義のからくり』	1926	建設社
9	《资本制度浅说》	1928	施存统	国光书店	『資本主義のからくり』	1922	僚友社
10	《增订资本制度解说》	1928	施存统	新东方出版社	『資本主義のからくり』	1922	僚友社
11	《辩证法浅说》	1928	施存统	现代中国社	『辯證法的唯物論とは何か』	1928	無産社

续表

	译著				原著	
	书名	出版时间	译者	出版社	书名/篇名	出版时间	出版社/所载杂志
12	《资本主义批判》	1928	高希圣	励群书店	「資本主義批判」	1928	「社会経済体系」第15巻
13	《资本主义批判》	1929	高希圣	平凡书局	「資本主義批判」	1928	「社会経済体系」第15巻
14	《俄国革命与农民》	1929	高复亮	平凡书局	「労農露西亞の農業制度」	1921	水曜会出版社
15	《社会同题大要》	1929	施伏量	南强书局	「無産社講話」	1926	プレブス出版社
16	《辩证法与资本制度》	1929	施伏量	新生命书局	「辩證法的唯物論とは何か」「資本主義のかから(り)」	1928 1926	無産社 建設社
17	《苏俄之现势》	1929	温盛光	启智书局	「社会主義サヴェート共和国同盟の現勢」	1928	日本評論社
18	《苏俄之现势》	1929	汪允揆	南强书局	《社会主義サヴェート共和国同盟の現勢》	1928	日本評論社
19	《现代经济学》	1929	巴克	启智书局	「プロレタリア経濟學」山川均、田所照明共編	1923	科學思想普及會
20	《唯物史观经济史》	1929—1930	熊得山	昆仑书店	「唯物史觀經濟史」	1929	改造社

续表

	书名	译者 出版时间	译者 译者	译者 出版社	原著 书名/篇名	原著 出版时间	原著 出版社/所载杂志
21	《工会运动底理论与实际》	1930	施复亮、钟复光	大江书铺	『労働組合の理論と実際』	1929	時事通信社
22	《资本论大纲》	1930	傅烈	辛垦书店	『マルクス資本論大綱』	1919	三田書房
23	《现代社会讲话》	1930	杨冲屿	新新书店	『無産者運動』	1927	南末書院
24	《台湾民众的悲哀》	1930	宋蕉衣	新亚洲书局	『殖民政策下の台湾 弱小民族の悲哀』	1926	プレス出版社
25	《马克斯资本论大纲》	1930	陆志青	未明社	『マルクス資本論大綱』	1919	三田書房
26	《资本主义的机构解剖》	1932	陈华	长城书店	『資本主義のからくり』	1930	建設社
27	《资本主义社会的解剖》	1933	张我军	青年书店	『資本主義批判』	1928	『社会経済体系』第15巻
28	《社会主义讲话》	1933	徐懋庸	生活书店	『社会主義の話』	1930	千倉書房
29	《转形期底经济理论》	1933	施复亮、钟复光	新生命书局	『転形期の経済』山川均、桧六郎共著	1931	『経済学全集』第27巻

267

表 C7 民国时期中文报刊中所见高畠素之论著一览表

	报刊名	刊载日期	题名	编译/译述者
1	《晨报》	1919年6月2日—1919年11月11日	《马氏资本论释义》（考茨基著，高畠素之译）	陈溥贤（转译）
2	《觉悟》	1919年11月2日	《商品生产的性质》（考茨基著，高畠素之译）	戴季陶（转译）
3	《建设》	1919（第1卷第4—5期；1920（第1卷第6期，第2卷第2—3、5期，第3卷第1期）	《马克斯资本论解说》（考茨基著，高畠素之译）	戴季陶（转译）
4	《新中国》	1920（第2卷第7期）	《社会主义与进化论》	张光焘
5	《东方杂志》	1921年第18卷第11期	《社会主义底意义及其类别》	陈望道
6	《觉悟》	1921年8月26日，1921年8月28—1921年8月29日	《个人主义与社会主义》	陈望道
7	《觉悟》	1921年3月10日—1921年3月11日，1921年3月13日—1921年3月14日，1921年3月16日—1921年3月17日，1921年3月20日，1921年3月22日—1921年3月23日，1921年4月17日—1921年4月21日	《社会主义与进化论》	夏丏尊，李继桢
8	《学艺》	1921（第3卷第1期）	《马尔萨斯人口论之盛衰与资本主义》	陈昭彦
9	《新女性》	1928（第3卷第7期）	《社会进化过程中的女性地位》	陶秉珍
10	《东方杂志》	1929（第26卷第14期）	《高畠素之的资本主义功过论》	宋斐如
11	《河北民国日报副刊》	1929（第60—61期）	《论资本主义的功罪》	吕希圣

续表

	报刊名	刊载日期	题名	编译/译述者
12	《社会改造》	1930（第1卷第3期）	《马克思资本主义崩坏说之批判》	粟剑超
13	《青春周刊》	1936（第4卷第10期）	《关于亚丹斯蜜的国富论》	伍忠道

表 C8 民国时期汉译高畠素之著作一览表

	译著				原著		
	书名	出版时间	译者	出版社	书名	出版时间	出版社
1	《马克思经济学说》	1920	陈溥贤转译	商务印书馆	「マルクス資本論解説」カール・カウツキー著高畠素之訳	1919	卖文社出版部
2	《社会问题详解·第一册》	1921	盟西	商务印书馆	「社会問題総覧」	1920	公文書院
3	《社会问题详解·第二册》	1921	盟西	商务印书馆	「社会問題総覧」	1920	公文書院
4	《社会问题详解·第三册》	1921	盟西	商务印书馆	「社会問題総覧」	1920	公文書院

269

续表

	译著				原著		
	书名	出版时间	译者	出版社	书名	出版时间	出版社
5	《社会问题总览》	1921	李达	中华书局	『社会問題総覧』	1920	公文書院
6	《马克斯学说概要》	1922	施存统	商务印书馆	『社会主義的諸研究』	1920	大衆社
7	《社会主义与进化论》	1922	夏丏尊、李继桢	商务印书馆	『社会主義と進化論』	1919	大衆社
8	《资本论解说》	1927	戴季陶转译、胡汉民补译	民智书局	『マルクス資本論解説』カール・カウツキー一著 高畠素之訳	1919	完文社出版部
9	《剩余价值学说概要》	1929	吕一鸣	北新书局	『マルクスの剰余価値説』	1924	而立社
10	《经济学上的主要学说》	1929	邓绍先	华通书局	經濟學上の主學說	1925	事業之日本社
11	《棒喝主义》	1929	龙绍臣	华通书局	『ムッソリーニとその思想』	1929	『大思想エンサイクロペヂア』・16・経済学
12	《经济思想主潮》（原名《经济学上的主要学说》）	1930	朱一民	乐群书店	『經濟學上の主學說』	1928	実業之世界社
						1929	『大思想エンサイクロペヂア』・16・経済学

续表

	译著				原著		
	书名	出版时间	译者	出版社	书名	出版时间	出版社
13	《社会主义社会学》	1930	刘家鹤转译	华通图局	『社会主義社会学』アー・レウィス著 高畠素之訳	1927	改造社
14	《马克思底经济学说》	1930	汪馥泉转译	神州国光社	『資本論解説』カール・カウツキー著 高畠素之訳	1927	改造社
15	《资本论大纲》	1930	施复亮	大江书铺	『マルクス経済学』	1929	日本評論社
16	《地租思想史》	1930	夏维海、胡一贯	新使命出版社	『地代思想史』	1928	日本評論社
17	《马克思十二讲》	1930	萨孟武、陈宝骅、邢墨卿	新生命书局	『マルクス十二講』	1926	新潮社
18	《唯物史观的改造》	1930	胡一贯、张文心转译	新生命书局	『唯物史観の改造』ツガン・バラノウスキイ著、高畠素之訳	1924	新潮社
19	《资本论大纲》	1930	施复亮	勤奋书屋	『マルクス経済学』	1929	日本評論社
20	《地租思想史》	1931	王亚南	神州国光社	『地代思想史』	1928	日本評論社

日本社会主义论著在中国的译介及影响（1919—1937）

表 D 报刊中所见"社会主义论战"主要论作及相关汉译日本论作列表（1919 年 12 月—1922 年 9 月）

刊载日期（期号）	报刊名	题名	作者／译者
1919 年 12 月 1 日（第 1 卷第 7 号）	《解放与改造》	《我们为甚么要讲社会主义？》	张东荪
1919 年 12 月 6 日—1919 年 12 月 9 日	《学灯》（时事新报副刊）	《河上肇博士关于马可思之唯物史观的一考察》	河上肇／安体诚
1920 年 1 月 1 日（第 2 卷第 1 号）	《解放与改造》	《物质生活上改造的方针》	周佛海
1920 年 1 月 5 日—1920 年 1 月 8 日	《觉悟》（民国日报副刊）	《科学的社会主义》（恩格斯著）	堺利彦／衡石（转译）
1920 年 1 月 8 日—1920 年 1 月 13 日	《学灯》（时事新报副刊）	《社会主义者所见的大战真因》	河上肇／李培天
1920 年 3 月—1920 年 6 月	《时事新报》	《欧游心影录》	梁启超
1920 年 3 月 15 日（第 2 卷第 6 号）	《解放与改造》	《社会主义与劳动组合》	室伏高信／周佛海
1920 年 5 月 1 日—1920 年 8 月 15 日（第 2 卷第 9—16 号）	《解放与改造》	《克鲁泡特金之社会思想研究》	森户辰男／枕江
1920 年 5 月 15 日（第 2 卷第 10 号）	《解放与改造》	《工行社会主义之国家观》	室伏高信／周佛海
1920 年 6 月 17 日	《觉悟》（民国日报副刊）	《社会主义底性质》	周佛海
1920 年 6 月 27 日，1920 年 6 月 29 日—1920 年 6 月 30 日；1920 年 7 月 3 日，1920 年 7 月 5 日—1920 年 7 月 6 日	《学灯》（时事新报副刊）	《马克斯底唯物史观》	河上肇／陈望道
1920 年 7 月 1 日（第 2 卷第 13 号）	《解放与改造》	《马克斯剩余价值论》	河上肇／忾摩汉
		《由集权向分权》	安部矶雄／明权

272

续表

刊载日期（期号）	报刊名	题名	作者/译者
1920年7月7日	《学灯》（时事新报副刊）	《资本家思想底一例》	河上肇/黄七五
1920年7月15日（第2卷第14号）	《解放与改造》	《社会主义之改造》	室伏高信/明权
1920年9月1日（第8卷第1号）	《新青年》	《中国之前途：德国乎？俄国乎？》	张东荪、张君劢
		《谈政治》	陈独秀
1920年9月2日—1920年9月6日	《学灯》（时事新报副刊）	《社会主义史序》	蔡元培
1920年11月6日	《觉悟》（民国日报副刊）	《社会主义之进化谈》	河上肇/黄七五
1920年11月7日	《时事新报》	《由内地旅行而得又一教训》	张东荪
1920年11月7日	《觉悟》（民国日报副刊）	《张东荪现原形》	李达
1920年11月8日	《觉悟》（民国日报副刊）	《评东荪君底〈又一教训〉》	陈望道
1920年11月14日	《时事新报》	《再评东荪君底〈又一教训〉》	邵力子
1920年12月1日（第8卷第4号）	《新青年》	《大家须切记罗素先生给我们的忠告》	张东荪
		《关于社会主义的讨论》	陈独秀
1920年12月7日（第2号）	《共产党》	《社会革命底商榷》	李达
1920年12月15日（第3卷第4号）	《改造》	《现在与将来》	张东荪
1921年1月1日（第8卷第5号）	《新青年》	《劳农俄国底劳动联合》	山川均/陈望道
		《劳农俄国底农业制度》	山川均/周佛海
		《实行社会主义与发展实业》	周佛海

273

续表

刊载日期（期号）	报刊名	题名	作者/译者
1921年2月15日（第3卷第6号）	《改造》	《复张东荪书论社会主义运动》	梁启超
		《社会主义与中国》	蓝公武
		《我的社会主义讨论》	蒋百里
		《我对于张东荪和陈独秀两先生所争论的意见》	彭一湖
		《对于社会主义争论问题提出两大关键》	费觉天
		《社会主义与资本制度》	蓝公彦
		《一个申说》	张东荪
1921年2月23—24日	《觉悟》（民国日报副刊）	《现代文明底经济的基础》	山川均/施存统
1921年2月27—28日	《觉悟》（民国日报副刊）	《社会主义底进化》	河上肇/施存统
1921年3月1日（第3卷第7号）	改造	《私产之种类及其道德价值》	井上哲次郎/傅岩
	《觉悟》（民国日报副刊）	《基尔特社会主义研究》	徐六几
1921年3月10日—1921年3月11、1921年3月13日—1921年3月14日、1921年3月16日—1921年3月17日、1921年3月20日、1921年3月22日—1921年3月23日；1921年4月17日—1921年4月21日		《社会主义与进化论》	高畠素之/夏丏尊、李继桢

续表

刊载日期（期号）	报刊名	题名	作者/译者
1921年4月1日（第8卷第6号）	《新青年》	《俄国农民阶级斗争史》	佐野学/李达
		《劳农俄国底结婚制度》	山川菊荣/李达
		《社会主义与中国》	李季
1921年4月7日	《觉悟》（民国日报副刊）	《由英归俄后的克鲁泡特金》	山川均/鸣田（抄译）
1921年4月22、24-29日	《觉悟》（民国日报副刊）	《考茨基底劳农政治反对论》	山川均/施存统
1921年5月1日（第9卷第1号）	《新青年》	《从科学的社会主义到行动的社会主义》	山川均/李达译，陈望道附记
		《讨论社会主义并质梁任公》	李达
1921年5月15日	《觉悟》（民国日报副刊）	《见于共产党宣言中的唯物史观》	河上肇/施存统
1921年6月1日	《觉悟》（民国日报副刊）	《劳农俄国底安那其主义者》	山川均/施存统
		《社会主义国家与劳动组合》	山川均/周佛海
1921年6月1日（第9卷第2号）	《新青年》	《马克思派社会主义》	李达
		《从资本主义组织到社会主义组织底两条路——进化与革命》	周佛海
1921年6月7日（第5号）	《共产党》	《劳农制度研究》	山川均/均
1921年7月1日（第9卷第3号）	《新青年》	《我们要怎么样干社会革命》	施存统
		《社会主义批评》	陈独秀
1921年7月1日（第3卷第12号）	《改造》	《评山川均〈从科学的社会主义到行动的社会主义〉》	徐六几

275

续表

刊载日期（期号）	报刊名	题名	作者/译者
1921年7月7日	《学灯》（时事新报副刊）	《伦理与唯物史观》（考茨基著）	堺利彦/秋明（转译）
1921年7月8日	《觉悟》（民国日报副刊）	《从科学的社会主义到行动的社会主义》	山川均/李达
1921年7月15日（第3卷第11号）	《改造》	《再论社会主义》	蓝公武
1921年7月19日	《觉悟》（民国日报副刊）	《马克斯主义和劳动全收权》	河上肇/施存统
1921年8月1日（第9卷第4号）	《新青年》	《马克思底共产主义》	施存统
1921年8月19日	《觉悟》（民国日报副刊）	《劳动组合运动和阶级斗争》	山川均/施存统
1921年8月26，28-29日	《觉悟》（民国日报副刊）	《个人主义与社会主义》	高畠素之/陈望道
1921年9月1-2日	《觉悟》（民国日报副刊）	《从罗素临别赠言中所见的"政治支配经济策"》	费觉天
1921年9月25日	《觉悟》（民国日报副刊）	《读费觉天君底"从罗素底临别赠言中所见的'政治支配经济策'"》	施存统
1921年11月14日	《觉悟》（民国日报副刊）	《奴隶利铁索》	山川均/晋青
1921年11月22日	《觉悟》（民国日报副刊）	《共产主义与基尔特社会主义》	许新凯
1921年12月6日	《觉悟》（民国日报副刊）	《农民为什么会苦呢？》	山川均/Y. D.
1921年12月15日（第4卷第4号）	《改造》	《农业社会主义论》	河田嗣郎/于树德
1921年12月16日	《觉悟》（民国日报副刊）	《劳动者底天下》	堺利彦/晋青
1921年12月18-19日	《觉悟》（民国日报副刊）	《马克思主义上所谓"过渡期"》	河上肇/陈溥贤
1922年1月19日	《觉悟》（民国日报副刊）	《俄罗斯革命和唯物史观》	河上肇/施存统
1922年4月28日	《觉悟》（民国日报副刊）	《中国底经济问题》	周佛海

续表

刊载日期（期号）	报刊名	题名	作者/译者
1922年7月1日（第9卷第6号）	《新青年》	《俄罗斯革命和唯物史观》	河上肇/施存统
		《马克思主义上所谓"过渡期"》	河上肇/陈溥贤
		《读新凯先生底"共产主义与基尔特社会主义"》	施存统
		《再论共产主义与基尔特社会主义：答张东荪与徐六几》	许新凯
1922年9月7日	《觉悟》（民国日报副刊）	《伦理与唯物史观》（考茨基著）	堺利彦/董亦湘（转译）
1922年9月15日（第4卷第10号）	《改造》	《无政府主义之批评》	室伏高信/伯隽

注：1. 上表收录了1919年12月—1922年9月，"社会主义论战"中，与《新青年》《共产党》《解放与改造》（《改造》）中，相关的主要文章，以及同一时期这些报刊中所刊载的汉译日本论作。汉译日本论作中，包括介绍和讨论马克思主义、基尔特社会主义、工团主义和无政府主义的译作。
2. 为表明论战的历时性，所有文章和译作按所载报刊的发行时间排序。
3. 为区分原创文章和译作，中国知识群体所著原创文章，以加粗字体标出。
4. 制作此表的目的，是为观察同一种报刊中，国人的讨论与日本译作的思想联系。因此，有些报纸和刊物，几乎没有刊载论战的文章（如《民声》《评论之评论》《社会主义研究》等），暂不列入表内。

参考文献

中文文献

专著

[1] 艾思奇. 哲学讲话 [M]. 上海: 读书生活社, 1936.

[2] 波格达诺夫. 经济科学大纲 [M]. 赤松克麿, 林房雄, 译. 施存统, 转译. 上海: 新青年社, 1927.

[3] 赤松克麿. 日本劳动运动发达史 [M]. 许秋冈, 译. 上海: 现代书局, 1930.

[4] 德永直, 渡边顺三. 通俗辩证法读本 [M]. 包刚, 译. 上海: 上海杂志公司, 1944.

[5] 东北行健学会. 计划经济论 [M]. 北平: 北平民友书局, 1933.

[6] 冯自由. 社会主义与中国 [M]. 香港: 社会主义研究所, 1920.

[7] 福本和夫. 社会进化论 [M]. 施存统, 译. 上海: 大江书铺, 1930.

[8] 郭泰. 唯物史观解说 [M]. 李达, 译. 上海: 中华书局, 1921.

[9] 郭真. 中国社会思想概观 [M]. 上海: 光华书局, 1929.

[10] 河上肇, 栉田民藏. 马克思主义与唯物史观 [M]. 施存统, 译. 上海: 商务印书馆, 1923.

[11] 河上肇. 近世经济思想史论 [M]. 李天培, 译. 上海: 上海泰东书局, 1920.

[12] 河上肇. 救贫丛谈 [M]. 杨山木, 译. 上海: 商务印书馆, 1920.

[13] 河上肇. 马克斯主意经济论初步问答 [M]. 潘敬业, 译. 北平: 华北编译社, 1933.

[14] 河上肇. 马克思主义经济学 [M]. 温盛光, 译. 上海: 启智书局, 1928.

[15] 河上肇. 马克思主义经济学基础理论 [M]. 李达, 王静, 张栗原, 译. 上海: 昆仑书店, 1930.

[16] 河上肇. 社会主义经济学 [M]. 邓毅, 译. 上海: 光大书局, 1936.

[17] 河上肇. 社会组织与社会革命 [M]. 郭沫若, 译. 上海: 商务印书馆, 1951.

[18] 河上肇. 社会组织与社会革命 [M]. 郭沫若, 译. 上海: 商务印书馆, 1925.

[19] 河上肇. 唯物史观研究 [M]. 郑里镇, 译. 上海: 文华书局, 1930.

[20] 河上肇. 新经济学之任务 [M]. 钱铁如, 译. 上海: 昆仑书店, 1930.

[21] 河上肇. 新社会科学讲话 [M]. 雷敢, 译. 北平: 朴社, 1936.

[22] 河上肇. 资本论入门 [M]. 刘野平, 译. 上海: 晨曦书社, 1929.

[23] 河田嗣郎. 土地经济论 [M]. 李达, 陈家瓒, 译. 上海: 商务印书馆, 1930.

[24] 河西太一郎. 农业问题之理论 [M]. 李达, 译. 上海: 昆仑书店, 1930.

[25] 堺利彦. 辩证法的唯物论 [M]. 吕一鸣, 译. 上海: 北新书局, 1927.

[26] 堺利彦. 妇女问题 [M]. 唐伯焜, 译. 上海: 民智书局, 1922.

[27] 堺利彦. 妇女问题的本质 [M]. 吕一鸣, 译. 上海: 北新书局, 1929.

[28] 考茨基. 马克思底经济学说 [M]. 高畠素之, 译. 汪馥泉, 转译. 上海: 神州国光社, 1930.

[29] 考茨基. 资本论解说 [M]. 高畠素之, 译. 戴季陶, 胡汉民, 转译. 上海: 民智书局, 1927.

[30] 柯资基. 马克思经济学说 [M]. 高畠素之, 译. 陈溥贤, 转译. 上海: 商务印书馆, 1920.

[31] 梁启超. 新大陆游记 [M]. 上海: 广智书局, 1904.

[32] 列宁. 经济学教程 [M]. 高希圣, 郭真, 译. 上海: 神州国光社, 1932.

[33] 马克思. 劳动价值说易解 [M]. 堺利彦, 译. 西流, 转译. 上海: 东亚图书馆, 1938.

[34] 平林初之辅. 近代社会思想史要 [M]. 施存统, 钟复光, 译. 上海:

大江书铺，1929.

[35] 青野季吉. 观念形态论 [M]. 若俊，译. 上海：南强书局，1929.

[36] 山川均. 辩证法浅说 [M]. 施存统，译. 上海：现代中国社，1928.

[37] 山川均. 辩证法与资本制度 [M]. 施存统，译. 上海：新生命书局，1929.

[38] 山川均. 工会运动底理论与实际 [M]. 施存统，钟复光，译. 上海：大江书铺，1930.

[39] 山川均. 列宁传 [M]. 张亮，译. 广州：广州人民出版社，1927.

[40] 山川均. 社会主义讲话 [M]. 徐懋庸，译. 上海：生活书店，1933.

[41] 山川均. 苏俄之现势 [M]. 温盛光，译. 上海：启智书局，1929.

[42] 山川均. 台湾民众的悲哀 [M]. 宋蕉农，译. 上海：新亚洲书局，1931.

[43] 山川均. 现代社会讲话 [M]. 杨冲屿，译. 上海：新新书店，1930.

[44] 山川均. 资本制度浅说 [M]. 施存统，译. 上海：上海书店，1922.

[45] 山川均. 资本主义的解剖 [M]. 崔物齐，译. 上海：光华书局，1927.

[46] 山川均. 资本主义之玄妙 [M]. 吕一鸣，译. 上海：北新书局，1927.

[47] 杉山荣. 社会科学概论 [M]. 李达，钱铁如，译. 上海：昆仑书店，1929.

[48] 世界社编. 旅欧教育运动 [M]. 都尔：旅欧杂志社，1916.

[49] 塔尔海玛. 现代世界观 [M]. 李达，译. 上海：昆仑书店，1929.

[50] 田中九一. 苏联经济政策及社会政策 [M]. 施存统，钟复光，译. 上海：春秋书店，1930.

[51] 伍启元. 新文化运动概观 [M]. 上海：现代书局，1934.

[52] 谢彬. 民国政党史 [M]. 上海：学术研究会总会，1926.

[53] 永田广志. 现代唯物论 [M]. 施存统，钟复光，译. 上海：进化书局，1937.

[54] 张东荪. 唯物辩证法论战 [M]. 上海：民友书局，1934.

[55] 张君劢等. 科学与人生观 [M]. 上海：亚东图书馆，1923.

[56] 章炳麟. 訄书 [M]. 东京：翔鸾社，1904.

[57] 中国文化建设协会编. 十年来的中国 [M]. 上海：商务印书馆，1937.

[58] 佐野学. 唯物论的哲学 [M]. 徐韫知, 译. 上海: 乐华图书公司, 1930.

[59] 佐野学. 唯物论与宗教 [M]. 邓毅, 译. 上海: 秋阳书店, 1930.

[60] 佐野学. 物观日本史 [M]. 陈公培, 译. 上海: 神州国光社, 1932.

[61] 艾思奇文稿整理小组编. 一个哲学家的道路——回忆艾思奇同志 [M]. 昆明: 云南人民出版社, 1981.

[62] 陈公博, 周佛海. 陈公博、周佛海回忆录合编 [M]. 香港: 春秋出版社, 1971.

[63] 陈望道. 陈望道全集 [M]. 杭州: 浙江大学出版社, 2011.

[64] 戴季陶. 戴季陶集 [M]. 武汉: 华中师范大学出版社, 1990.

[65] 傅兰雅. 佐治刍言: 全三卷 [M]. 上海: 上海书店出版社, 2002.

[66] 广东省哲学社会科学研究所历史研究室. 孙中山年谱 [M]. 北京: 中华书局, 1980.

[67] 郭沫若. 郭沫若全集 [M]. 北京: 人民文学出版社, 1992.

[68] 胡适. 胡适文集 [M]. 北京: 北京大学出版社, 1992.

[69] 瞿秋白. 多余的话 [M]. 北京: 人民文学出版社, 1973.

[70] 黎庶昌. 西洋杂志 [M]. 长沙: 湖南科学技术出版社, 1981.

[71] 李达. 李达文集 [M]. 北京: 人民出版社, 1980.

[72] 李大钊. 李大钊全集 [M]. 北京: 人民出版社, 2013.

[73] 李凤苞. 使德日记 [M]. 北京: 中华书局, 1985.

[74] 梁启超. 饮冰室合集 [M]. 北京: 中华书局, 1989.

[75] 林林. 扶桑杂记 [M]. 天津: 百花文艺出版社, 1982.

[76] 刘国铭. 中国国民党百年人物全书 [M]. 北京: 团结出版社, 2005.

[77] 茅盾, 韦韬. 茅盾回忆录 [M]. 北京: 华文出版社, 2013.

[78] 萨孟武. 学生时代 [M]. 桂林: 广西师范大学出版社, 2005.

[79] 谢巍. 中国历代人物年谱考录 [M]. 北京: 中华书局, 1992.

[80] 徐懋庸. 徐懋庸回忆录 [M]. 北京: 人民文学出版社, 1982.

[81] 张国焘. 我的回忆 [M]. 北京: 现代史料编刊社, 1980.

[82] 钟少华. 早年留日者谈日本 [M]. 济南: 山东画报出版社, 1996.

[83] 朱文通. 李大钊年谱长编 [M]. 北京: 中国社会科学出版社, 2009.

[84] 党德信. 文史资料存稿选编 [M]. 北京: 中国文史出版社, 2002.

[85] 福建文史资料 [M]. 福州: 中国人民政治协商会议福建省委员会文史资料研究委员会, 1986.

[86] 葛懋春，等．无政府主义思想资料选［M］．北京：北京大学出版社，1984．

[87] 姜广辉．中国哲学：第一辑［M］．北京：三联书店，1979．

[88] 姜义华．社会主义学说在中国的初期传播［M］．上海：复旦大学出版社，1984．

[89] 林代昭，潘国华．马克思主义在中国——从影响的传入到传播［M］．北京：清华大学出版社，1983．

[90] 上海人民出版社党史资料丛刊编辑部．党史资料丛刊［M］．上海：上海人民出版社，1980．

[91] 中共中央党史研究室．中国共产党组织史资料［M］．北京：中共党史出版社，2000．

[92] 中共中央党校科研办公室．社会主义思想在中国的传播［M］．北京：中共中央党校科研办公室，1985．

[93] 中国第二历史档案馆．中华民国史档案资料汇编［M］．南京：江苏古籍出版社，1994．

[94] 中国革命博物馆党史研究室．党史研究资料［M］．成都：四川人民出版社，1981．

[95] 中国科学院历史研究所第三所．五四运动回忆录［M］．北京：中国社会科学出版社，1959．

[96] 中国社会科学院现代史研究室．"一大"前后［M］．北京：人民出版社，1985．

[97] 钟离蒙，杨凤麟．社会主义论战（中国现代哲学史资料汇编续集）［M］．沈阳：辽宁大学哲学系，1984．

[98] 钟离蒙，杨凤麟．中国现代哲学史资料汇编［M］．沈阳：辽宁大学哲学系，1982．

[99] 谭汝谦，实藤惠秀．中国译日本书综合目录［M］．香港：香港中文大学出版社，1980．

[100] 北京图书馆．民国时期总书目［M］．北京：书目文献出版社，1986．

[101] 寻霖，龚笃清．湘人著述表［M］．长沙：岳麓书社，2010．

[102] 刘洪权．民国时期出版书目汇编［M］．北京：国家图书馆出版社，2010．

[103] 田雁主．汉译日文图书总书目［M］．北京：社会科学文献出版社，2015．

[104] 蔡国裕. 一九二〇年代初期中国社会主义论战 [M]. 台北：台湾商务印书馆，1988.

[105] 曹军. 中国共产党与共产国际关系史研究 [M]. 西安：陕西人民出版社，2001.

[106] 陈永发. 中国共产革命七十年：上下册 [M]. 台北：联经出版社，1998.

[107] 德里克. 革命与历史：中国马克思主义历史学的起源 1919—1937 [M]. 翁贺凯，译. 南京：江苏人民出版社，2008.

[108] 丁守和，殷叙彝. 从五四启蒙运动到马克思主义的传播 [M]. 北京：三联书店，1979.

[109] 渡力与五郎. 西学东渐：中日近代化比较研究 [M]. 北京：中国社会科学出版社，2008.

[110] 冯契. 中国近代哲学史 [M]. 北京：三联书店，2014.

[111] 冯天瑜. "封建"考论 [M]. 北京：中国社会科学出版社，2010.

[112] 冯天瑜. 新语探源 [M]. 北京：中华书局，2004.

[113] 耿彦君. 唯物辩证法论战研究 [M]. 北京：社会科学文献出版社，2005.

[114] 郭刚. 中国早期马克思主义的传播——梁启超与西学东渐 [M]. 北京：人民出版社，2010.

[115] 郭湛波. 近五十年中国思想史 [M]. 上海：上海古籍出版社，2005.

[116] 郝斌，欧阳哲生. "五四"运动与二十世纪的中国 [M]. 北京：社会科学文献出版社，2001.

[117] 胡培兆，林圃. 《资本论》在中国的传播 [M]. 济南：山东人民出版社，1985.

[118] 金观涛，刘青峰. 观念史研究：中国现代重要政治术语的形成 [M]. 北京：法律出版社，2009.

[119] 近代日本思想史研究会. 近代日本思想史：全3卷 [M]. 马采，李民，那庚辰，译. 北京：商务印书馆，1991.

[120] 李博. 汉语中的马克思主义术语的起源与作用 [M]. 赵倩，王草，葛平竹，译. 北京：中国社会科学出版社，2003.

[121] 李军林. 马克思主义在中国的早期传播及其话语体系的初步建构 [M]. 上海：学习出版社，2013.

[122] 李泽厚. 中国现代思想史论 [M]. 北京：东方出版社，1987.

[123] 刘会军. 陈豹隐传 [M]. 长春: 吉林大学出版社, 2009.

[124] 刘明逵. 中国工人阶级历史状况 [M]. 北京: 中共党史出版社, 1985.

[125] 罗志田. 激变时代的文化与政治 [M]. 北京: 北京大学出版社, 2006.

[126] 罗志田. 权势转移——近代中国的思想与社会 [M]. 北京: 北京师范大学出版社, 2014.

[127] 马汉儒. 哲学大众化第一人——艾思奇哲学思想研究 [M]. 昆明: 云南人民出版社, 2002.

[128] 马祖毅, 等. 中国翻译通史 [M]. 武汉: 湖北教育出版社, 2006.

[129] 聂锦芳, 彭宏伟. 马克思《资本论》研究读本 [M]. 北京: 中央编译出版社, 2013.

[130] 彭鹏. 研究系与五四时期新文化运动——以1920年前后为中心 [M]. 广州: 中山大学出版社, 2003.

[131] 皮明庥. 近代中国社会主义思潮觅踪 [M]. 长春: 吉林文史出版社, 1991.

[132] 森正藏. 风雪之碑: 日本近代社会运动史 [M]. 赵南柔, 曹成修, 闵德培, 等译. 北京: 中国建设出版社, 1948.

[133] 石川祯浩. 二十世纪中国的社会与文化 [M]. 北京: 社会科学文献出版社, 2013.

[134] 石川祯浩. 中国共产党成立史 [M]. 袁广泉, 译. 北京: 中国社会科学出版社, 2006.

[135] 石川祯浩. 中国近代历史的表与里 [M]. 北京: 北京大学出版社, 2015.

[136] 史黛西·比勒. 中国留美学生史 [M]. 张艳, 译. 北京: 三联书店, 2010.

[137] 宋镜明. 李达传记 [M]. 武汉: 湖北人民出版社, 1986.

[138] 宋庆阳. 徐州与南社 [M]. 北京: 团结出版社, 2014.

[139] 田文军, 吴根友. 中国辩证法史 [M]. 郑州: 河南人民出版社, 2005.

[140] 汪佩伟. 江亢虎研究 [M]. 武汉: 武汉出版社, 1998.

[141] 王刚. 马克思主义中国化的起源语境研究 [M]. 北京: 人民出版社, 2011.

[142] 王奇生. 中国留学生的历史轨迹：1872—1949 [M]. 武汉：湖北教育出版社, 1992.

[143] 王伟光. 社会主义通史：全8卷 [M]. 北京：人民出版社, 2011.

[144] 王晓秋. 近代中日文化交流史 [M]. 北京：中华书局, 1999.

[145] 王志松. 20世纪日本马克思主义文艺理论研究 [M]. 北京：北京大学出版社, 2012.

[146] 狭间直树, 石川祯浩. 近代东亚翻译概念的发生与传播 [M]. 北京：社会科学文献出版社, 2015.

[147] 徐勇. 近代中国军政关系与"军阀"话语研究 [M]. 北京：中华书局, 2009.

[148] 许宝强, 袁伟. 语言与翻译的政治 [M]. 北京：中央编译出版社, 2001.

[149] 薛秀霞. 大浪淘沙——浙籍中共早期党员人生探索 [M]. 杭州：浙江大学出版社, 2013.

[150] 杨静娴. 20世纪前半叶马克思主义中国化的若干问题研究 [M]. 郑州：郑州大学出版社, 2011.

[151] 杨奎松, 董士伟. 海市蜃楼与大漠绿洲——中国近代社会主义思潮研究 [M]. 上海：上海人民出版社, 1991.

[152] 杨鹏. 中国近代史学兴起发展中的日本影响因素研究 [M]. 北京：中国文史出版社, 2013.

[153] 杨幼炯. 中国政党史 [M]. 商务印书馆, 1936.

[154] 张玉春. 百年暨大人物志 [M]. 广州：暨南大学出版社, 2006.

[155] 张玉萍. 戴季陶与日本 [M]. 北京：北京大学出版社, 2014.

[156] 张忠任. 马克思主义经济思想史：日本卷 [M]. 北京：东方出版中心, 2006.

[157] 郑匡民. 梁启超启蒙思想的东学背景 [M]. 上海：上海书店出版社, 2009.

[158] 郑匡民. 西学的中介：清末民初的中日文化交流 [M]. 成都：四川人民出版社, 2008.

[159] 中共一大会址纪念馆. 中国共产党创建史研究论文集（2002—2012）[M]. 上海：上海人民出版社, 2013.

[160] 周维强. 太白之风：陈望道 [M]. 杭州：浙江人民出版社, 2006.

[161] 邹振环. 影响中国近代社会的一百种译作 [M]. 北京：中国对外翻

译出版公司, 1996.

[162] 赵利栋. 略论二十世纪二十年代中国马克思主义的思想资源[M]//中国社会科学院近代史研究所. 中国社会科学院近代史研究所青年学术论坛: 2004年卷. 北京: 社会科学文献出版社, 2005.

[163] 信洪林. 戴季陶与中共上海发起组[M]//中共一大会址纪念馆, 上海革命历史博物馆筹备处. 上海革命史资料与研究: 第10辑. 上海: 上海古籍出版社, 2010.

[164] 赵妍杰. 20世纪初中国与俄、日过激派的思想关联[M]//北京大学亚太研究院编. 未名亚太论丛: 第五辑. 北京: 中国社科文献出版社, 2012.

期刊

[1] 巴斯蒂. 中国近代国家观念溯源——关于伯伦知理《国家论》的翻译[J]. 近代史研究, 1997 (4).

[2] 陈晋. 毛泽东阅读史略 (三) [J]. 中共党史研究, 2013 (8).

[3] 陈力卫.《共产党宣言》的翻译问题——由版本的变迁看译词的尖锐化[J]. 二十一世纪, 2006 (93).

[4] 陈力卫. "主义"概念在中国的流行及其泛化[J]. 学术月刊, 2012 (9).

[5] 陈思和, 李辉. 论巴金前期的爱国主义思想[J]. 齐鲁学刊, 1983 (6).

[6] 党为. 1921年以前马克思学说在日本的传播——兼及中国的转译[J]. 湖北社会科学, 2013 (3).

[7] 邓丽兰. 从"法统"崇信到"革命"认同——从"孤军派"观国民革命时期中国知识界的思想动态[J]. 福建论坛 (人文社会科学版), 2008 (11).

[8] 方红, 王克非.《共产党宣言》在中国的早期翻译与传播[J]. 外国语文, 2011 (6).

[9] Д. И. 高尔德别耳格. 1897—1906年日本的工人运动和社会主义运动[J]. 杨树人, 译. 外国问题研究, 1981 (1).

[10] 高瑞泉. 略论近代中日哲学的相关性[J]. 天津社会科学, 1993 (4).

[11] 葛夫平. 法国政府与留法勤工俭学运动[J]. 社会科学研究, 2009 (5).

[12] 郭圣福. 五四时期戴季陶对马克思主义的介绍和研究[J]. 学术月刊, 1990 (9).

[13] 何家炜. 范寿康 [J]. 浙江档案, 1989 (9).

[14] 洪峻峰. 五四时期研究系的"社会主义研究"评析 [J]. 厦门大学学报（哲学社会科学版）, 1990 (1).

[15] 胡成. 二十世纪初中国基尔特社会主义的思想矛盾 [J]. 南京大学学报（哲学·人文·社会科学）, 1996 (1).

[16] 胡晓进. 学贯政法 著译精深——萨孟武的学术经历与政治思想 [J]. 社会科学论坛, 2014 (1).

[17] 吉田阳介. 近十年来日本的社会主义研究 [J]. 当代世界与社会主义, 2014 (5).

[18] 贾纯. 福本哲学评价 [J]. 外国问题研究, 1982 (3).

[19] 贾纯. 河上肇与唯物史观（上篇）[J]. 外国问题研究, 1984 (4).

[20] 贾纯. 河上肇与唯物史观（下篇）[J]. 外国问题研究, 1985 (1).

[21] 江沛. 南京政府时期舆论管理评析 [J]. 近代史研究, 1995 (3).

[22] 蒋大椿. 五四运动前唯物史观理论在中国的传播 [J]. 安徽史学, 1995 (2).

[23] 靳明全. 1928年中国革命文学兴起的日本观照 [J]. 文学评论, 2003 (3).

[24] 靳明全. 中国新文化运动早期的"日本影响"因素 [J]. 重庆师院学报（哲学社会科学版）, 1999 (4).

[25] 黎克明, 徐超眉. 正确理解马克思的唯物史观公式 [J]. 华南师范大学学报（社会科学版）, 1983 (1).

[26] 李良玉. 江亢虎早期政治思想研究 [J]. 社会科学研究, 1989 (1).

[27] 李维武. 从唯物辩证法论战到马克思主义哲学大众化——对艾思奇《大众哲学》的解读 [J]. 吉林大学社会科学学报, 2011 (6).

[28] 林理明. 略论张仲实在新民主主义革命时期书刊出版史上的历史性贡献 [J]. 中国编辑研究, 2004 (2).

[29] 刘晶芳. 五四运动与马克思主义在中国的传播 [J]. 史学集刊, 2009 (2).

[30] 刘明诗. 20世纪上半叶李达社会主义思想的基本特点 [J]. 武汉大学学报（人文科学版）, 2014 (3).

[31] 吕元明. 河上肇的著作在中国 [J]. 吉林师大学报, 1979 (2).

[32] 罗志田. 士变——二十世纪上半叶中国读书人的革命情怀 [J]. 新史学, 2007 (4).

[33] 罗志田. 他永远是他自己——陈独秀的人生和心路 [J]. 四川大学学报（哲学社会科学版），2010（5）.

[34] 毛传清. 马克思主义传入中国的三条渠道之比较 [J]. 武汉理工大学学报，2000（4）.

[35] 邱捷. 1912年广州《民生日报》刊载的《共产党宣言》译文 [J]. 中山大学学报（社会科学版），2011（6）.

[36] 饶传平. 宪政与革命：1920年代中国知识分子的"孤军"困境——以《孤军》杂志为中心 [J]. 政法论坛，2012（5）.

[37] 三田刚史. 留日中国学生论马列主义革命——河上肇的中国学生与《孤军》杂志 [J]. 徐州师范大学学报，2005（5）.

[38] 桑兵. 世界主义与民族主义——孙中山对新文化派的回应 [J]. 近代史研究，2003（2）.

[39] 深町英夫. 中国同盟会在东京、香港、新加坡轴线上的革命宣传活动 [J]. 广东社会科学，2011（5）.

[40] 沈骏. 江亢虎的社会主义与中国社会党 [J]. 华中师范大学学报（哲学社会科学版），1989（2）.

[41] 宋嘉扬，靳明全. 周恩来与周佛海同期师学河上肇之差异 [J]. 重庆大学学报（社会科学版），2006（2）.

[42] 孙立祥. "九一八"事变前后部分日共党员"转向"的原因初探 [J]. 社会科学战线，1994（6）.

[43] 田雁. 倒影在汉译日文书目中的中日文化交流群像 [J]. 科技与出版，2015（7）.

[44] 王奇生. 民国时期的日书汉译 [J]. 近代史研究，2008（6）.

[45] 王奇生. 取径东洋转道入内——留日学生与马克思主义在中国的传播 [J]. 中共党史研究，1989（6）.

[46] 王伟光. 论艾思奇对马克思主义哲学中国化的重要贡献 [J]. 哲学研究，2008（7）.

[47] 王学振. 巴金笔下的日军轰炸 [J]. 南阳师范学院学报（社会科学版），2012（11）.

[48] 王野. "革命文学"论争与福本和夫 [J]. 中国现代文学研究丛刊，1983（1）.

[49] 翁有为. 20世纪30年代初一位日本学者对侵华思潮的批判——读室伏高信《满蒙论》[J]. 抗日战争研究，2002（2）.

[50] 吴海勇. 中国共产党创建时期李季翻译经历考述 [J]. 上海党史与党建, 2010 (11).

[51] 吴汉全. 留学生与马克思主义在中国的传播 [J]. 徐州师范大学学报 (哲学社会科学版), 2001 (1).

[52] 吴婷, 王雯. 日本转向文学和战时文学的考察 [J]. 文学教育, 2014 (2).

[53] 许广明.《西洋伦理学史》和译者谢晋青 [J]. 伦理学与精神文明, 1983 (3).

[54] 杨华. 日本无产阶级转向文学与转向作家 [J]. 时代文学, 2011 (3).

[55] 杨奎松. 李大钊与河上肇 [J]. 党史研究, 1985 (2).

[56] 于良华. 中国研究辩证唯物论的历史概况 [J]. 毛泽东邓小平理论研究, 1987 (4).

[57] 于宁. 通州事件与南京大屠杀关系研究 [J]. 日本侵华史研究, 2016 (2).

[58] 袁咏红, 罗福惠. 对胡适与室伏高信对话的回顾与分析 [J]. 近代史研究, 2008 (3).

[59] 张法. 共和国前期四大哲学家与中国马克思主义哲学体系的确立 [J]. 中国政法大学学报, 2011 (2).

[60] 张海鹏. 孙中山社会主义思想研究评说 [J]. 历史研究, 1991 (5).

[61] 张立波. 翻译与马克思主义中国化 [J]. 现代哲学, 2007 (2).

[62] 张琳. 马克思主义在中国早期传播的历史局限 [J]. 理论视野, 2013 (9).

[63] 张琳. 马克思主义在中国早期传播过程中的文本问题 [J]. 毛泽东邓小平理论研究, 2009 (5).

[64] 张玉萍. 戴季陶的日本观——以五四时期为中心 [J]. 史林, 2012 (6).

[65] 赵立彬. 沟通政治与社会: 从大历史看民初孙中山的建设主张 [J]. 历史教学问题, 2014 (1).

[66] 郑大华, 高娟.《改造》与五四时期社会主义思想的传播 [J]. 求是学刊, 2009 (5).

[67] 郑丽芬. 民国时期商务印书馆哲学类图书的翻译出版 [J]. 出版科学, 2013 (2).

[68] 郑师渠. 论杜亚泉与新文化运动 [J]. 北京师范大学学报（社会科学版），1994（2）.

[69] 朱绍文. 河上肇博士的经济思想与科学精神——纪念河上肇博士诞生一百周年 [J]. 经济研究，1979（10）.

论文

[1] 安井伸介. 中国无政府主义的思想基础 [D]. 台北：台湾大学，2011.

[2] 丁兆梅. 李达社会主义思想研究 [D]. 济南：山东师范大学，2012.

[3] 高娟. 《改造》与五四时期社会主义思想传播 [D]. 长沙：湖南师范大学，2008.

[4] 耿春亮. 《晨报副刊》与马克思主义在中国的传播（1918—1926）[D]. 北京：清华大学，2015.

[5] 古玥. 李达马克思主义大众化研究 [D]. 长春：东北师范大学，2013.

[6] 简金生. 瞿秋白与中国马克思主义 [D]. 台北：台湾政治大学，2000.

[7] 梁星. 福本主义与日本马克思主义 [D]. 北京：北京大学，2004.

[8] 滕峰丽. 从前、后《甲寅》看章士钊的思想转变（1914—1927）[D]. 武汉：华中师范大学，2004.

[9] 王梅清. 艾思奇与马克思主义大众化 [D]. 武汉：武汉大学，2013.

[10] 王永乐. 瞿秋白与马克思主义中国化早期历史进程研究 [D]. 上海：上海社会科学院，2013.

[11] 吴太平. 中国近代社会主义思潮与日本之关系：一八七〇至一九三七年 [D]. 香港：香港中文大学，1983.

[12] 岳远尊. 《东方杂志》作者群社会主义观念研究 [D]. 济南：山东大学，2013.

[13] 张新强. 马克思主义著作在中国的出版、流通与阅读（1927—1937）[D]. 北京：中共中央党校，2015.

[14] 杨奎松. 早期马克思主义中国化过程和原由 [N]. 深圳特区报，2011-5-17（2）.

日文文献

专著

[1] 加藤弘之. 真政大意：上下卷 [M]. 東京：山城屋佐兵衛，1870.

[2] 佐々木秀二郎. 新聞記者列伝 [M]. 東京：共同社，1880.

[3] ウールセイ. 古今社会党沿革説 [M]. 宍戸義知，訳. 東京：弘令社

出版局,1882.

[4] ラファエル・フォン・コエーベル. 哲学要領 [M]. 東京:南江堂,1897.

[5] 村井知至. 社会主義 [M]. 東京:労働新聞社社会主義図書部,1899.

[6] 福井準造. 近世社会主義 [M]. 東京:有斐閣,1899.

[7] 幸徳秋水. 廿世紀之怪物帝国主義 [M]. 東京:警醒社,1901.

[8] 幸徳秋水. 社会主義神髄 [M]. 東京:朝報社,1903.

[9] 片山潜. 我社会主義 [M]. 東京:社会主義図書部,1903.

[10] Edwin Robert Anderson Seligman. 新史観:歴史之経済的説明 [M]. 河上肇,訳. 東京:昌平堂川岡書店,1905.

[11] 森近運平,堺利彦. 社会主義綱要 [M]. 東京:鶏声堂,1907.

[12] 堺利彦. 婦人問題 [M]. 東京:金尾文淵堂,1907.

[13] 堺利彦. 女性中心説 [M]. 東京:牧民社,1916.

[14] カール・カウツキー. マルクス資本論解説 [M]. 高畠素之,訳. 東京:賣文社出版部,1919.

[15] メリー・イー・マーシー. 通俗マルクス資本論 [M]. 遠藤無水,訳. 東京:文泉堂,1919.

[16] 山川均. レーニンとトロッキー [M]. 東京:改造社,1921.

[17] 河上肇. 唯物史観研究 [M]. 京都:弘文堂書房,1921.

[18] エンゲルス. 空想的及科学的社会主義 [M]. 堺利彦,訳. 東京:大鐙閣,1921.

[19] マルクス. 利潤の出処 [M]. 堺利彦,訳. 東京:無産社,1923.

[20] カール・カウツキー. 改訂資本論解説 [M]. 高畠素之,訳. 東京:而立社,1924.

[21] 田所輝明. 第一無産者読本 [M]. 東京:プロカルト叢書刊行所,1925.

[22] 山川均. 改訂版資本主義のからくり [M]. 東京:無産階級社,1926.

[23] 高畠素之. マルキシズムと国家主義 [M]. 東京:改造社,1927.

[24] 山川均. 社会主義サヴェート共和国同盟の現勢 [M]. 東京:日本評論社,1928.

[25] 横溝光暉. 日本社会主義運動史講話 [M]. 東京:松華堂書店,1928.

[26] レーニン. 經濟學教程 [M]. 河野重弘, 譯. 東京：共生閣, 1929.

[27] 高畠素之. 批判マルクス主義 [M]. 東京：日本評論社, 1929.

[28] 河上肇. 第二貧乏物語 [M]. 東京：改造社, 1930.

[29] 田中惣五郎. 東洋社会党考 [M]. 東京：一元社, 1930.

[30] 佐藤义亮. 世界現狀大观 [M]. 東京：新潮社, 1930.

[31] イー・シロコフ.「辯證法的唯物論」教程：ソヴェート黨學校及共産主義高等專門學校用教科書 [M]. 廣島定吉, 直井武夫, 訳. 東京：白揚社, 1932.

[32] 山川均. からす [M]. 東京：日本評論社, 1935.

[33] 古川守圀. 荊逆星霜史：日本社会主義運動側面史 [M]. 東京：不二屋書房, 1936.

[34] 小泉信三. 共産主義批判の常識 [M]. 東京：新潮社, 1949.

[35] 高田保馬. マルクス批判 [M]. 東京：弘文堂, 1950.

[36] 室伏高信. 室伏高信著作集：全3卷 [M]. 東京：批評社, 1926.

[37] 高畠素之. 自己を語る [M]. 東京：人文会出版社, 1928.

[38] 福本和夫. 革命は楽しからずや [M]. 東京：教育書林, 1952.

[39] 森近運平, 堺利彦. 森近運平・堺利彦集 [M]. 東京：青木書店, 1955.

[40] 佐野学. 佐野学著作集 [M]. 東京：佐野学著作集刊行会, 1957.

[41] 西周. 西周全集 [M]. 東京：宗高書房, 1960.

[42] 石川啄木. 啄木全集：全16卷 [M]. 東京：岩波書店, 1961.

[43] 山川均. 山川均自伝 [M]. 東京：岩波書店, 1961.

[44] 山川均. 山川均全集 [M]. 東京：勁草書房, 1966.

[45] 堺利彦. 堺利彦全集 [M]. 京都：法律文化社, 1970.

[46] 大杉栄. 自叙伝——日本脱出記 [M]. 東京：岩波書店, 1971.

[47] 幸徳秋水. 幸徳秋水全集：全12卷 [M]. 東京：日本図書センター, 1982.

[48] 河上肇. 河上肇全集 [M]. 東京：岩波書店, 1982.

[49] 荒畑寒村. 荒畑寒村著作集 [M]. 東京：平凡社, 1976.

[50] 櫛田民蔵. 櫛田民蔵全集 [M]. 東京：社会主義協会出版局, 1978.

[51] 河上荘吾. 河上肇と左京——兄弟はどう生きたか [M]. 京都：かもがわ出版, 2002.

[52] 福本和夫. 福本和夫著作集 [M]. 東京：こぶし書房, 2008.

[53] 細川嘉六,渡部義通,塩田庄兵衛. 日本社会主義文献解説 [M]. 東京: 大月書店, 1950.

[54] 近代日本史料研究会編. 特別要視察人状勢一斑 [M]. 東京: 明治文献資料刊行会, 1957.

[55] 日本労働組合総同盟 50 周年記念事業資料蒐集委員会. 友愛会・総同盟 50 年史年表 [M]. 東京: 日本労働組合同盟, 1961.

[56] 明治文化研究会. 明治文化全集 [M]. 東京: 日本評論社, 1967.

[57] 村田陽一. コミンテルンと日本: 第 1 巻 [M]. 東京: 大月書店, 1986.

[58] 荒畑寒村. 日本社会主義運動史 [M]. 東京: 毎日新聞社, 1948.

[59] 明治史料研究連絡会. 自由民権運動 [M]. 東京: 御茶の水書房, 1956.

[60] 近代日本思想史研究会. 近代日本思想史 [M]. 東京: 青木書店, 1956.

[61] 古田光. 河上肇 [M]. 東京: 東京大学出版会, 1959.

[62] 鈴木鴻一郎.「資本論」と日本 [M]. 東京: 弘文堂, 1959.

[63] さねとう・けいしゅう. 中国人日本留学史 [M]. 東京: くろしお出版, 1960.

[64] 小山弘健,岸本英太郎. 日本の非共産党マルクス主義者——山川均の生涯と思想 [M]. 京都: 三一書房, 1962.

[65] 大内兵衛. 現代日本思想大系: 河上肇巻 [M]. 東京: 筑摩書房, 1964.

[66] 古在由重. 古在由重著作集: 第三巻 [M]. 東京: 勁草書房, 1965.

[67] 天野敬太郎,野口務. 河上肇の人間像 [M]. 東京: 図書新聞社, 1968.

[68] 大沢正道. 大杉栄研究 [M]. 東京: 同成社, 1968.

[69] 田中惣五郎著,鈴木正. 東洋社会党考 [M]. 東京: 新泉社, 1970.

[70] 岩崎允胤. 日本マルクス哲学史序説 [M]. 東京: 未来社, 1971.

[71] 橋川文三,鹿野政直,平岡敏夫. 近代日本思想史の基礎知識 [M]. 東京: 有斐閣, 1971.

[72] 関忠果,小林英三郎,松浦総三,等. 雑誌『改造』の四十年 [M]. 東京: 光和堂, 1977.

[73] 松澤弘陽. 日本社会主義の思想 [M]. 東京: 筑摩書房, 1973.

[74] 渡部徹，飛鳥井雅道．日本社会主義運動史論 [M]．京都：三一書房，1973．

[75] 荒川幾男，生松敬三．近代日本思想史 [M]．東京：有斐閣，1973．

[76] 藤田省三．転向の思想史的研究 [M]．東京：岩波書店，1975．

[77] 狭間直樹．中国社会主義の黎明 [M]．東京：岩波書店，1976．

[78] 日本政治学会．日本における西欧政治思想 [M]．東京：岩波書店，1976．

[79] 田中真人．高畠素之——日本の国家社会主義 [M]．東京：現代評論社，1978．

[80] 河上肇生誕百年記念誌 [M]．東京：河上肇生誕百年記念祭実行委員会，1979．

[81] 絲屋寿雄．日本社会主義運動思想史 [M]．東京：法政大学出版社，1979．

[82] 山本武利．近代日本の新聞読者層 [M]．東京：法政大学出版会，1981．

[83] 一海知義．河上肇そして中国 [M]．東京：岩波書店，1982．

[84] 杉原四郎，一海知义．河上肇：人と思想 [M]．東京：新評論，1986．

[85] 三木清．三木清全集：第20巻 [M]．東京：岩波書店，1986．

[86] 住谷悦治．河上肇 [M]．東京：吉川弘文館，1986．

[87] しまね・きよし，清水多吉．評伝福本和夫 [M]．東京：しまね・きよし遺稿刊行会，1988．

[88] 山泉進．社会主義事始——「明治」における直訳と自生 [M]．東京：社会評論社，1990．

[89] 石母田正．石母田正著作集：第十五巻 [M]．東京：岩波書店，1990．

[90] 鶴見俊輔．鶴見俊輔集：第4巻 [M]．東京：筑摩書房，1991．

[91] ゲイル・L.バーンスタイン著．河上肇：日本的マルクス主義者の肖像 [M]．清水靖久，千本秀樹，桂川光正，訳．京都：ミネルヴァ書房，1991．

[92] 遠山茂樹．遠山茂樹著作集：第三巻 [M]．東京：岩波書店，1991．

[93] 内田義彦．作品としての社会科学 [M]．東京：岩波書店，1992．

[94] 住谷一彦．河上肇研究 [M]．東京：未来社，1992．

[95] 小林漢二．河上肇：マルクス経済学にいたるまでの軌跡［M］．京都：法律文化社，1994．

[96] 茂木実臣．高畠素之先生の思想と人物：急進愛国主義の理論的根拠［M］．東京：大空社，1996．

[97] 加藤周一．河上肇：21世紀に生きる思想［M］．京都：かもがわ出版，2000．

[98] 鶴見俊輔，鈴木正，いいだもも．転向再論［M］．東京：平凡社，2001．

[99] 石川禎浩．中国共産党成立史［M］．東京：岩波書店，2001．

[100] 三田剛史．甦る河上肇——近代中国の知の源泉［M］．東京：藤原書店，2003．

[101] 小島亮編，竹内良知．福本和夫の思想［M］．東京：こぶし書房，2005．

[102] 一海知義．漢詩人河上肇［M］．東京：藤原書店，2008．

[103] 石川禎浩．革命とナショナリズム1925—1945［M］．東京：岩波書店，2010．

[104] 石川禎浩．中国社会主義文化の研究［M］．京都：京都大学人文科学研究所，2010．

[105] 石川禎浩，狭間直樹編．近代東アジアにおける翻訳概念の展開［M］．京都：京都大学人文科学研究所，2013．

期刊

[1] 渡辺庫輔．東洋社会党［J］．日本歴史，1955（80）．

[2] 定平元四良．明治20年代の社会主義文献［J］．関西学院大学社会学部紀要，1961（9）．

[3] 平野義太郎．『天義』及び『新世紀』について［J］．アジア経済旬報，1966（2）．

[4] 中村勝範．明治社会主義意識の形成［J］．法学研究，1968（8）．

[5] 橋川文三．国家社会主義の発想様式——北一輝・高畠素之を中心に［J］．日本政治学会年報政治学，1968（12）．

[6] 土肥昭夫．小崎弘道の思想と行動［J］．キリスト教社会問題研究，1970（3）．

[7] 岩崎允胤．日本における唯物弁証法の発展［J］．北海道大学文学部紀要，1971（3）．

[8] 飯田鼎．明治の社会主義——明治初期における社会主義思想の影響とくに東洋社会党をめぐって [J]．三田学会雑誌，1973 (12)．

[9] 星野周一郎．文学と経済学——河上肇の文学 [J]．帝塚山学院大学研究論集，1973 (12)．

[10] 有馬学．高畠素之と国家社会主義派の動向——大正中期社会運動の一面 [J]．史学雑誌，1974 (10)．

[11] 佐々木敏二．日本の初期社会主義 [J]．経済資料研究，1974 (8)．

[12] 小山常実．マルクス-エンゲルスと高畠素之 [J]．京都大学教育学部紀要，1977 (3)．

[13] 飯田鼎．櫛田民蔵と史的唯物論 [J]．三田学会雑誌，1980 (12)．

[14] 辻野功．『六合雑誌』における村井知至 [J]．同志社法學，1981 (5)．

[15] 藤井満州男．河上肇と毛沢東 [J]．アジア経済旬報，1982 (2)．

[16] 小林太郎．なぜ日本共産党と名のるか——その由来とコミュニズムの翻訳をめぐって [J]．前衛，1983 (493)．

[17] 木原正雄．日本における社会主義経済研究 [J]．経済資料研究，1985 (4)．

[18] 小林漢二．櫛田民蔵の"河上学説"批判と福本和夫の"河上学説"否定：河上肇の『新たなる旅』をめぐって [J]．愛媛経済論集，1993 (2)．

[19] 杉原四郎．河上肇の農業論 [J]．関西大学経済論集，1993 (6)．

[20] 石川禎浩．若き日の施存統：中國共產黨創立期の「日本小組」を論じてその建黨問題におよぶ [J]．東洋史研究，1994 (9)．

[21] 石川禎浩．施存統と中國共產黨 [J]．東方学報，1996 (3)．

[22] 嵯峨隆．大杉栄と中國-近代における日中社会主義運動交流の一側面 [J]．教育論叢，1998 (3)．

[23] 加藤哲郎．1922年9月の日本共産党綱領 [J]．大原社会問題研究所雑誌，1998 (481)．

[24] 田中真人．初期社会主義における〈経済〉と〈政治〉[J]．キリスト教社会問題研究，2003 (12)．

[25] 國府田英二．没後七〇年 偉大な経済学者 櫛田民蔵をしのぶ [J]．科学的社会主義，2005 (6)．

[26] 佐々野昭弘．明治期の社会主義思想 [J]．近畿大学短大論集，2007 (12)．

[27] 田中秀臣. 福田徳三と中国 [J]. 上武大学ビジネス学部紀要, 2007 (9).

[28] 有山輝雄. 『資本論』を読んだ人々：下からのメディア史の試み [J]. 桃山学院大学人間科学, 2008 (35).

[29] 大村泉. 幸徳秋水/堺利彦訳『共産党宣言』の成立・伝承と中国語訳への影響 [J]. 大原社会問題研究所雑誌, 2009 (1).

[30] 中野嘉彦. 社会主義への通過点論としての河上肇の株式会社論 [J]. 経済論叢（京都大学）, 2009 (7).

[31] 福家崇洋. 一九三〇年代初期日本における国家社会主義運動：そのナチ党論と「ファシズム」論に焦点をあてて [J]. 史學雜誌, 2009 (8).

[32] 廣畑研二. 山辺健太郎旧蔵『日本社会主義同盟名簿』 [J]. 大原社会問題研究所雑誌, 2009 (10).

[33] 大和田寛.1920年代におけるマルクス主義の受容と社会科学文献 [J]. 大原社会問題研究所雑誌, 2010 (3).

[34] 住谷一彦. 新渡戸稲造と河上肇——日本農政学の系譜 [J]. 環, 2010.

[35] 久保誠二郎. 『日本マルクス主義文献』と大正・昭和初期のマルクス・ブーム [J]. 経済学史学会第75回全国大会, 2011 (11).

[36] 林彰. 表象としての「社会党」：明治期を中心にして [J]. 初期社会主義研究, 2012 (24).

[37] 上谷繁之. 河上肇の『社会的意識形態』論：櫛田民蔵・福本和夫との論争を中心として [J]. 日本経済思想史研究, 2013 (3).

[38] 堀茂.「国家社会主義者」高畠素之と「革新官僚」 [J]. 政治経済史学, 2014 (2).

[39] 深澤竜人. 河上肇のマルクス経済学への転身に関して：日本マルクス経済学史Ⅱ [J]. 山梨学院大学経営情報学論集, 2019 (25).

[40] 崔秀婷. 巴金の日本認識の転換プロセス：一九三〇年代巴金の日本滞在体験の考察 [D]. 長春：東北師範大学, 2014.

英文文献

[1] KAUTSKY K. The Economic Doctrines of Karl Marx [M]. London：N. C. L. C Publishing, 1936.

[2] DURKHHEIM E. Socialism and Saint-Simon [M]. London：Routledge,

1958.

［3］ GRAY J. Modern China's Search for a Political Form ［M］. New York：Oxford University Press, 1969.

［4］ LI Y N. The Introduction of Socialism into China ［M］. New York：Columbia University Press, 1971.

［5］ BERNAL M. Chinese Socialism to 1907 ［M］. New York：Cornell University Press, 1976.

［6］ MEISNER M. Li Ta-chao and the Origins of Chinese Marxism ［M］. New York：Atheneum, 1977.

［7］ WOOLSEY T D. Communism and Socialism in Their History and Theory：a Sketch ［M］. New York：C. Scribner's Sons, 1880.

［8］ DIRLIK A. The Origins of Chinese Communism ［M］. Oxford：University of Press, 1989.

［9］ HOSTON G A. The State, Identity, and the National Question in China and Japan ［M］. Princeton：Princeton University Press, 1994.